2015 年南京大学语言学高峰论坛合影

南京大学文学院徐兴无院长赠字给李宇明

左起分别为：
何宝璋、徐丹、蒋平

左起分别为：
曾晓渝、蒋平、徐丹

左起分别为：
端木三、蒋平、张洪明

金陵老友小聚（照片为蒋平提供）

甲子学者治学谈

主　　编：冯胜利　　李亚非　　沈　阳
执行主编：沈　阳

北京语言大学出版社
BEIJING LANGUAGE AND CULTURE UNIVERSITY PRESS

图书在版编目（CIP）数据

甲子学者治学谈／冯胜利，李亚非，沈阳主编. 一北京：北京语言大学出版社，2017.1

ISBN 978-7-5619-4805-7

Ⅰ. ①甲… Ⅱ. ①冯… ②李… ③沈… Ⅲ. ①语言学-文集 Ⅳ. ①H0-53

中国版本图书馆CIP数据核字(2016)第299477号

甲子学者治学谈
JIAZI XUEZHE ZHIXUE TAN

排版制作：北京创艺涵文化发展有限公司
责任印制：姜正周

出版发行：北京语言大学出版社
社　　址：北京市海淀区学院路15号　100083
网　　址：www.blcup.com
电子信箱：service@blcup.com
电　　话：编 辑 部　8610-82303647/3592/3395
　　　　　国内发行　8610-82303650/3591/3648
　　　　　海外发行　8610-82303365/3080/3668
　　　　　北语书店　8610-82303653
　　　　　网购咨询　8610-82303908
印　　刷：北京九州迅驰传媒文化有限公司

版　　次：2017年1月第1版　　印　　次：2017年1月第1次印刷
开　　本：787毫米×1092毫米 1/16　　字　　数：480千字
定　　价：78.00元

PRINTED IN CHINA

序

有一首歌以这句话开头："我们这一辈，和共和国同年岁。"生于1955年的人，伴随着共和国的童年长大成人。

在我们因为久远而变得模糊的记忆里，还能依稀听到家中长辈用紧张的语调谈论某某被打成右派（尽管我们根本不知道右派为何物），还能隐隐地尝到在饥荒年代吃到嘴里的味道怪异的食物（尽管到现在也未必清楚那些食物究竟是什么）。当今天的初中生还是父母羽翼下的孩子，同龄的我们已经拿起锄头，开动机床，穿上军装，在十年"文革"中磕磕绊绊地从11岁的少年变为21岁的青年。特定的成长经历，塑造了我们的性格、价值观和思维方式，因而也直接或者间接地影响了我们的学术生涯。我们懂得了真理和荒唐只有半步之隔，我们看到了人性中所具备的宗教式狂热，我们学会了对权威的可信性给以冷静的怀疑，我们失去了对时髦思想的单纯的虔诚。我们不得不独立思考，我们只能选择坚韧和坚持。当这样的思维和性格特质被应用于一个远非成熟的学术领域（比如语言学），注定会产生一批富有特色的学者。这本集子的13位作者就来自这样的群体。

毋庸讳言，我们这一代的中国语言学家中只有佼佼者而没有大师。为什么当代中国不能产生大师？这是一个著名的问题，曾经并将继续引发诸多的解释。为什么当代中国不能产生语言学大师？其部分答案或许已经隐含在这部集子之中。

任何以足够的理性观察语言的人，都能得出这样的结论：在纷纭的表象之下必定存在着某些普遍性规则。在过去的几十年里，语言学开始把注意力放在发现这些规则上面，取得了初步的却也是令人充满希望的成果。但是，语言本身涉及太多的方面，因而也呈现出大量的不确定性。往往，虽然相当数量的语言材料已然指向某个一般规律的存在，语言学界仍旧没有足够的知识积累来为其提供一个精确的界定，各种不同的观点和定义由此而生。

在感到迷路的时候，人类的天性倾向于期待和依赖敢于站出来领路的人。毕竟，我们从生物演化的坎坷险峻中一路走来，知道跟随强者和智者可以增加生存的概率、成为主流群体的一员有望以更小的代价获得更多的资源。这份天性，跟学术界至少在理论上所推崇的独立思考和质疑权威风尚形成对立。每一个从事语言研究的学者，都在这样的对立中有意或无意地、本能或理智地选定自己的平衡点。我们这一代大陆背景下的语言学家们，因为前面提到的成长环境，更倾向于把自己的平衡点向后一方靠拢。然而，这个选择是要付出代价的。

拒绝毫无保留地追随权威，对时髦理论保持理性的距离，警惕任何具有造神意味的倾向，崇尚独立的观察和结论。如此治学，在语言学这样一个太多的事实有待发现和梳理、理论中的未知部分远远大于已知部分的领域内，必然会产生与西方主流不尽相同的见解和观点。而主流之所以为主流，理所当然地会对不和谐的非主流声音置若罔闻。权威的分量和不同的文明文化背景，将这样的“忽视”进一步强化。

国际环境如此，再回头看看国内。当九百六十万平方公里土地上的大大小小服装店所使用的人体模型全都带有高加索人种的五官特征时，当一个国家的学术界把对学术水平的评判权毫无保留地交给西方（尽管这样的选择在现阶段很可能具有正面意义）时，中国语言学家的任何不同于西方主流并因此被忽视的成果，在国内自然难以获得客观的评价，遑论成为成就大师的依据。而被西方主流所接受的成果，只是为他人已有的理论宫殿增砖添瓦、漆墙画栋，不可能具备根本意义上的创新，因此仍旧不能造就大师。这是一个大师注定跟中国语言学家无缘的时代。

我们不是圣人。在自己的辛勤成果得不到相应认可的时候，我们做不到心如止水、大而化之，也不会如佛祖一样无声微笑、宝相庄严。但是，我们有自幼练就的坚韧；我们的过往经历让我们相信，理性的思考和对事实的尊重是通往真理的最可靠途径；更重要的是，我们热爱破解语言奥秘这份充满挑战的工作。所以，我们几十年如一日地坚守着自己的原则，继续着自己的研究，把心得变成一篇篇文章、一部部专著。这本集子中的每一篇，都凝聚了其作者对自身学术历程的回顾、总结和提炼，也带有我们成长的那个特定时代所植入的性格标记。

我们这一代中国语言学家在治学上究竟达到何种高度，大概只能留待时间去评说。但我们希望这本集子中的文字，至少可以对年轻的中国语言学人有所启发、有所借鉴、有所助益、有所激励。跟物理学和生物学等其他的基础学科不同，现代语言学即使从索绪尔算起，也才不过一百年。所谓的乔姆斯基革命，即把语言设想为一个基于人脑生物学结构的公理性运算系统的努力，满打满算还不到六十年。中国语言学家并没有落后太多，还有很多机会赶上并超过我们的西方同行。如果后继者们能够从这些文字之中看到如何学习他人而强健自身，看到如何从事独立的理性思考和不卑不亢地对待权威并以此来揭示语言的内在规律，这本集子的主要目的就已经达到了。我们相信，循着这条路走下去，中国语言学界一定能够出现举世公认的世界级大师。当那一天来临，我们这代学者将如毛泽东《咏梅》一词所喻："待到山花烂漫时，她在丛中笑。"

是为序。

冯胜利、李亚非、沈　阳

目　录

上　编：论　文

3　从音系研究看语言的共性与任意性 / 端木三

28　韵律语法与语体语法的机制及其之间的相关原理 / 冯胜利

59　对外汉语教学语法再思考 / 何宝璋

81　北京话甚低语调及其功能——兼论语气词“啊”“吧”的性质 / 贺　阳

95　从实例分析看音系学理论的发展 / 蒋　平

119　“以……名义”格式之“名”“实”考辨 / 李向农

132　论句法研究的实证科学性 / 李亚非

168　语言技术对语言生活及社会发展的影响 / 李宇明

187　变换移位、提升并入、拷贝删除及其他——与结构变换相关的句法分析理论及在汉语句法研究中的应用 / 沈　阳

208　语言调节与第二语言学习者语言能力发展研究 / 王建勤

230　甘青语言区域——语言类型转变及语言替换 / 徐　丹

252　汉语侗台语接触类型及相关理论探讨 / 曾晓渝

275　教学语法研究的内容与方法 / 周小兵

下　编：随　笔

305　我的人生经历 / 端木三

320　学术人生 / 冯胜利

336　金陵随笔：跌跌撞撞到耳顺 / 何宝璋

340　往事的回想 / 贺　阳

344　一路拾“肥”到耳顺 / 蒋　平

350　人生逢甲子，三个二十年 / 李向农

357　我的读书经历 / 李亚非

361　书之缘——写在甲子之年 / 李宇明

372　一直在路上——六十年人生风景一瞥 / 沈　阳

385　向学三十年，转瞬一甲子 / 王建勤

389　时不我待 / 徐　丹

392　六十随笔 / 曾晓渝

396　半世耕耘且做零 / 周小兵

412　后　记 / 沈　阳

上　编

论　文

（以作者姓名的拼音字母为序）

从音系研究看语言的共性与任意性 *

端木三

提　要　不同语言到底是以共性为主还是以特性（任意性）为主？认为共性为主的学者往往着眼于语言的普遍规律，认为特性为主的学者往往着眼于语言的分类。本文通过实例，说明四个问题：第一，语言的共性比人们想象的要多。第二，东西方理论都有待进一步完善。第三，汉语、英语都有独特之处，可以帮助我们从不同的角度窥测语言的普遍规律。第四，量化数据是描写和研究的有效工具，也是学者们最能接受的共同语言，应该更多地使用。

关键词　音系　量化数据　语言的共性　语言的任意性

* 这篇文章源于“2015 年南京大学语言学高峰论坛”。感谢会议主办人沈阳、李亚非、冯胜利三位先生的邀请、南京大学为会议提供的服务、参加会议的各位学者在会上会下的积极交流，以及听众们的提问和讨论。根据编者的要求，本文以“治学、为学”为主，从“本人多年来某方面研究成果”的角度展开讨论。

一、引言：语言的共性和特性（任意性）

不同的语言既有共性，也有特性（即任意性）。共性的例子可见（1），特性的例子可见（2）：

（1）已知的语言共性举例：

a. 句子由词（语素）组成。

b. 词（语素）由语音组成。

c. 诗歌的押韵，以韵母相同为基础，声母、介音不必相同，如“晒－帅－外 [ʂai]-[ʂwai]-[wai]”押韵。

（2）已知的语言特性（任意性）举例：

a. 汉语用声调区别词义，英语不用。

b. 现代汉语的音节没有复辅音声母（如 [kl]），而英语的有。

c. 有的语言音位多，有的语言音位少。

d. 有的语言词重音在第一音节，有的语言词重音在最后一个音节。

e. 英语的单音节词少，汉语的单音节词多。

当然，也有意见分歧的情况，而且很多。它们往往源于我们对有关问题尚不完全了解，例子见（3）：

（3）共性还是特性答案不清楚的情况举例：

a. 升调、降调，是不是都是平调（高、低）的组合？

b. 所有语言是否都以元音、辅音为音位？

c. 所有语言是否都有音节结构？

d. 所有语言是否都有重音？

关于声调，我们知道非洲语言的升调是“低＋高”两个平调的组合，降调是“高

+低”两个平调的组合（Leben，1972；Williams，1976；Goldsmith，1976、1981）。这个性质是不是语言的共性？如果是，汉语也应该如此。如果分析不适合汉语，那么这个性质就没有普遍性。在这个问题上，有人认为汉语的升调、降调也是平调的组合，有人认为不是，一直没有统一看法。又如，西方传统描写某种语言，一般从音位开始，首先要弄清该语言有什么元音、辅音。音位分析，有没有普遍性？如果有，汉语是不是也应该从音位入手？如果汉语不适合用音位分析，那么音位分析就没有普遍性（游汝杰等，1980；Ladefoged，2001）。再如，中国传统描写某种语言，一般从音节开始，首先要问的是该语言或方言有什么声母、韵母，有多少音节。音节分析，有没有普遍性？如果有，英语是不是也应该用音节分析？可是英语的音节分析问题不少，以致有的学者认为音节分析不适合英语（Chomsky and Halle，1968；Steriade，1999），认为音节理论没有普遍性。关于重音，我们知道英语有，可是汉语有没有，意见至今仍然不一致。

对中国的语言学家来讲，这些问题往往涉及西方理论是否适合用来分析汉语。因为西方理论很少是根据汉语发展出来的，所以在用于汉语时，往往不是那么直接了然。

面对未知问题，为什么有人认为语言有普遍规律，有人认为没有呢？这跟语言学理论有一定关系。比如，生成语法认为，语言的很多规律十分复杂，语言学家花了很多工夫都不容易搞清楚，儿童更不可能从别人那里学到这些规律，所以，这些知识应该是天生的、是人类语言共有的，正如婴儿天生知道会认人、鸟天生知道会飞、企鹅天生知道会游泳（Chomsky，1986）。同意这个理论的人，如果琢磨出一条规则，而且是常人不容易想到的规则，那么自然会推测，这个规则应该是普遍的。可是，对大多数人来说，语言之间的不同才是最引人注目的，因为面对一种陌生的语言，你的第一感觉就是什么都不懂。因此，语言之间的共性，也许有、也许没有，而语言之间的区别则一定是有的。

对未知问题有不同看法，本来是正常现象。只要不影响研究、不影响我们寻求答案，什么样的态度似乎关系不大。可是，以上两种态度的确会对研究者产生不同的影响。为了方便，我们把两种观点称为“普遍论”和“分类论”。当然，也有人在两者之间摇摆或采取折中态度。比如，Chomsky（1981）提出的“原则和参数理论（principles and parameters theory）”，其中的“原则”反映了普遍论观点，而“参数”反映了分类论观点。

我们用气温的季节变化来举例。在中国任何地方都是一月冷七月热，可是在新西兰却相反，一月热七月冷。面对这种情况，两种观点会采取不同的研究方法，从而得到不同的结果，见（4）：

（4）“普遍论”和“分类论”如何看待各地季节的不同：

	理论假设	对以下事实的看法：中国一月冷七月热 新西兰一月热七月冷	研究计划	研究结果
普遍论	季节有普遍规律	意外	寻找答案	气温跟日照有关
分类论	季节无普遍规律	不意外	分类	新的分类

普遍论认为，季节变化应该有普遍性，因此，见到不一致的情况会感到意外，从而需要寻求答案。研究的结果是，“一月冷七月热”不是根本规律，“一月热七月冷”也不是根本规律，而日照的长度和角度才是根本规律。日照长时天气热（中国的七月、新西兰的一月），日照短时天气冷（中国的一月、新西兰的七月）。

分类论认为，季节变化不一定有普遍性，因此，见到不一致的情况并不意外，只需要加以分类就行了：中国是“一月冷七月热”，新西兰是“一月热七月冷”。研究到此结束。

可以看出，在遇到不一致的情况时，普遍论往往会进行新的研究，而且可能有新的发现。而分类论对任何情况都不感到意外，不需要进行新的研究，只需加以分类即可。因此，分类论很少得到新的发现。

下面我们具体考虑普遍论的新贡献在哪里。总结起来有两点：第一，如果已知事实之间的关系不明确，我们需要发现一组新的事实，以便解释原来两者之间的关系；第二，我们需要提出一个统一的理论，将两组事实之间的关系明确化，进而解释已知事实之间的区别。同时，新的理论还有预测性。以上讨论可以用（5）和（6）来总结：

（5）“普遍论”对气温的研究和发现：

已知事实：气温	发现新事实：日照	联系两组事实的理论
在中国一月冷七月热	中国一月日照短、七月日照长	日照短时气温低 日照长时气温高
在新西兰一月热七月冷	新西兰一月日照长、七月日照短	日照短时气温低 日照长时气温高

（6）“普遍论”发现的气温理论的预测性：

气温	日照	理论
已知：一月热七月冷	预测：一月日照长、七月日照短	日照短时气温低 日照长时气温高
预测：一月热七月冷	已知：一月日照长、七月日照短	日照短时气温低 日照长时气温高

首先，因为两个已知事实不一致，普遍论需要寻找新的有关事实，结果发现两地的日照长短不同。有了新旧两组事实以后，又可以发现它们之间的关系，即“日照短时气温低、日照长时气温高”这一统一理论。新的理论不但可以解释各地气温的不同，还有预测能力。假如知道某地的日照情况，我们就可以预测其季节的气温。反之，假如知道某地的季节气温，我们就可以预测其日照情况。现在我们将普遍论和分类论的比较进行总结，见（7）：

（7）“普遍论”和“分类论”对待不一致情况的态度和结果：

	假设	发现不一致	寻找新事实	寻找新理论	理论的预测力
普遍论	普遍规律多	寻求解释	会	会	有
分类论	普遍规律少	冠以新类	不会	不会	无

普遍论认为自然界的规律很多，因此总是想寻求规律，进而也有更多的机会发现新的有关事实、新的理论，而且可以对未知情况做出预测。分类论认为规律不一定有普遍性，因此主要着眼于分类，不会寻求新的事实或理论，很难有机会发现新规律，对未知情况也无预测力。

从波普尔的角度来看，两种理论的价值也很不一样。普遍论有很高的“可证伪性（falsifiability）”，即我们很容易证明普遍论的错误，很容易发现它的缺点，进而很容易发展新的理论（Popper，1959）。一个理论的可证伪性越强，这个理论的价值就越高。分类论却认为，什么新类型在理论上都是可能的，因此它很难被证伪，也很难得到改进，从而价值也有限。

不过有人可能会说，以上的例子属于自然科学，我们知道自然规律有普遍性。而语言规则有没有普遍性却很难说，凭什么把它跟自然科学相提并论？下面我们就从语言的实例来看看，语言规则有没有普遍性。我们在第二节讨论声调，第三节讨论音节，第四节讨论音位，第五节讨论量化分析，第六节讨论语言的任意性。从音步和重音也可以得出类似的结论，不过限于篇幅本文不能包括，有兴趣的读者可参阅端木三（2016）。

二、声调

关于声调，20 世纪 80 年代生成语法的主流看法是，升调是“低＋高”两个平调的组合，降调是“高＋低”两个平调的组合（Leben，1972；Williams，1976；Goldsmith，1976、1981；Yip，1980）。经典的文章有 Williams（1976）对非洲语言 Margi 的分析，例子见（8），分析见（9）。我们根据习惯，用 [ˇ] 表示升调、[ˋ] 表示低调、[ˊ] 表示高调、横线表示音节界、L 表示低调、H 表示高调、S 表示音节、竖线与斜线表示声调与音节的连接关系。

（8）Margi 语“升调”与“低＋高”的转换：

底层	表层	音节声调	译文
	věl	升	“跳”
věl ＋ ani	vèlání	低－高－高	“使（别人）跳”

（9）Margi 语声调的分析：

底层	表层	音节声调
vel LH	S |\\ LH	LH（升）

（续表）

底层	表层	音节声调
vel + ani LH	SSS | |/ LH	L-H-H（低－高－高）

动词“跳”单读时是升调。加上本身无调的“使动”后缀 ani 后，三个音节的声调成了“低－高－高”。两种调型之间的关系，见（9）的分析。动词“跳”的本调是 LH 两个平调。没有后缀时，LH 连接到同一个音节，体现为升调。多于一个音节时，声调和音节从左到右一一对应地连接，而且多余的音节可以跟最后一个调连接，最终产生“低－高－高”调型。

英语也有同样的例子。Goldsmith（1981）发表了一篇文章，叫《英语是个有调语言》（*English as a tone language*）。他的意思不是说声调在英语有区别词义的功能，而是说，英语跟非洲语言有同样的声调规律，即升、降调都是平调的组合。他提出，英语单词的基本调型是 MHL，其中 M 是个可有可无的中调，而 H、L 必须出现。例子见（10），分析见（11），其中重读音节用黑体和下横线表示，S 表示音节。

（10）英语的基本单词调：

单词	音节调
Chi**ca**go	中－高－低
A**mer**ica	中－高－低－低
Boston	高－低
France	降
Ber**lin**	中－降

（11）英语基本单词调的分析：

单词	分析	音节调
Chi**ca**go	S **S** S | | | M H L	M-H-L（中－高－低）
A**mer**ica	S **S** S S | | | / M H L	M-H-L-L（中－高－低－低）

（续表）

<table>
<tr><th>单词</th><th>分析</th><th>音节调</th></tr>
<tr><td>Boston</td><td>S S
| |
M H L</td><td>H-L（高－低）</td></tr>
<tr><td>France</td><td>S
|\
M H L</td><td>HL（降）</td></tr>
<tr><td>Berlin</td><td>S S
| |\
M H L</td><td>L-HL（中－降）</td></tr>
</table>

根据分析，英语单词的基本调都是 MHL，其中 M 只在第一音节无重音时出现，H 总是跟重音连接。HL 跟同一个音节连接时体现为降调，否则体现为平调。

以上的声调理论，在非洲语言、英语、日语等一系列语言中都行之有效，因此不少人认为是普遍规律。而且，Yip（1980）认为汉语也如此。可是对母语是汉语的人来讲，说升调、降调是平调的组合，直觉上很难认同。而且，普通话的升调、降调，在后面有轻声（无调）音节时，仍然保持升调、降调，不会分解成“低＋高”或“高＋低”，例子见（12），其中 0 表示无调音节。

（12）普通话的升、降调不分解为平调：

例词	实际音节调	预测音节调	注
来	LH（升）	LH（升）	
来了	LH-0（升－0）	L-H（低－高）	违反预测
去	HL（降）	HL（降）	
去了	HL-0（降－0）	H-L（高－低）	违反预测

面对汉语的例外，有人提出了分类论的处理，即升降调有两种：一种可分（是平调的组合），一种是不可分解的基本单位（如 Pike，1948；Wang，1967；Yip，1989）。比如，Yip（1989）用（13）表示两种升调跟元音 [a] 的连接结构。

（13）“分类论”提出的两种升调：

可分升调	不可分升调
LH ∨ [a]	LH ∨ o | [a]

可分升调有两条连接线，分别跟载调单位（这里是 [a]）连接。不可分升调先组成一个单位（以圆圈表示），然后通过一条连接线跟载调单位连接。非洲语言、英语、日语属于前者，汉语属于后者。可是，汉语的上海话又是一个例外：上海话的升调、降调跟非洲语言一样，可以一分为二，变成两个平调，例子见（14）：

（14）上海话的升、降调可以分解为平调：

例词	实际音节调	预测音节调	注
来	LH（升）	LH（升）	
来了	L-H（低 – 高）	L-H（低 – 高）	符合预测
交	HL（降）	HL（降）	
交了	H-L（高 – 低）	H-L（高 – 低）	符合预测

上海话的情况给分类论提出一个难以回答的疑问：为什么上海话跟非洲语言相同，可以分为一类，而不能跟其他汉语方言分为一类？

从普遍论的角度来看，上海话不是例外，普通话（和其他汉语方言）才是例外，所以，我们应该进一步寻找原因。经过研究，发现两个有关事实：音节结构和调型数量。

在音节结构方面，普通话的一般音节都是“长音节”，即每个音节有两个韵位，也叫“莫拉”位（Woo，1969；Duanmu，1990、1994）。如果每个莫拉可以负载一个平调，一个长音节就可以负载两个平调，即升调或降调；而轻声音节只有一个莫拉，一般不能负载升调或降调。普通话的分析见（15），其中 M 表示莫拉。动词“去”“来”分别有两个莫拉，“了”只有一个莫拉。

（15）普通话的声调分析：

例词	声调连接	实际音节调
来了	M M-M | | L H	LH-0（升－0）
去了	M M-M | | H L	HL-0（降－0）

根据分析，普通话跟其他语言一样，声调连接也是从左到右一一对应，升调、降调也是平调的组合。所不同的是，普通话的载调单位是莫拉，不是音节。

下面我们考虑调型数量的作用。我们看到，在轻声音节前，普通话的升调、降调仍然保留在原来的音节，而上海话的升调、降调却一分为二，一半给了轻声音节。上海话的动词为什么只留一个平调？一个可能是，上海话的音节只有一个莫拉，所以只能负载一个平调，只有万不得已时（如以单音节出现时），才负载两个平调（Duanmu，1990）。可是，根据语音测量，上海话的第一音节是个长音节（Zhu，1995），因此应该有两个载调单位。为什么这个音节不保留两个平调呢？

Duanmu（1999）提出，答案在于调型的数量。表面上看，上海话有五个声调（许宝华等，1988）。不过，如果排除声母清浊、入声音节等因素，上海话的基本调型只有两个，即升调（LH）或降调（HL）。而普通话有四个基本调型，可以用高（H）、升（LH）、低（L）、降（HL）表示。调型数量跟两字组调型有什么关系？首先，我们考虑两条基本原则，见（16）（17）。其中“保持对立”是语言学的一条根本原则，而“简单调”跟语言学中的“省力原则（principle of minimal effort）”有关。

（16）保持对立：

尽量保持有对立的区别，避免产生歧义。

（17）简单调：

尽量使用简单调（平调），避免复杂调（升调、降调）。

可以看出，在连接声调时，如果载调单位是音节，就容易满足“简单调”（即一个音节一个平调）；如果载调单位是莫拉，就很容易产生复杂调。

以上两条原则，有时不能同时满足，这时必须考虑两者的相对重要性。在“优选论”（Prince and Smolensky，1993）里，这叫作“限制的排序（constraint ranking）”。两条原则的排序见（18）：

（18）保持对立 >> 简单调（“保持对立”比“简单调”更重要）。

下面我们对普通话和上海话的声调进行重新分析，见（19）、（20）。其中，为了体现普通话可能出现的歧义，我们用了不同的例字。

（19）普通话的声调分析：

例词	音节调选择	保持对立	简单调	注
淘了	LH-0（升－0）	符合	违反	最佳选择
	L-H（低－高）	违反（与“讨了”相混）	符合	
告了	HL-0（降－0）	符合	违反	最佳选择
	H-L（高－低）	违反（与“高了”相混）	符合	

（20）上海话的声调分析：

例词	音节调选择	保持对立	简单调	注
来了	LH-0（升－0）	符合	违反	
	L-H（低－高）	符合	符合	最佳选择
交了	HL-0（降－0）	符合	违反	
	H-L（高－低）	符合	符合	最佳选择

普通话的LH-0（升–0），如果以L-H（低–高）出现，就会跟L-0（低–0）相混（“淘了”跟“讨了”相混），因为普通话的L-0（低－0）通常以L-H（低－高）出现。同样，普通话的HL-0（降－0），如果以H-L（高－低）出现，就会跟H-0（高－0）相混（“告了”跟“高了”相混），因为H-0跟H-L的声调曲线很相似。因为“保持对立”比“简单调”更重要，普通话的最佳选择是保留原来音节的升降调。

上海话只有HL、LH两个基本调型。如果LH-0（升－0）以L-H（低－高）出现，仍然不会跟HL-0（降–0）相混，也不会跟H-L（高–低）相混。同样，如果HL-0（降–0）以H-L（高－低）出现，仍然不会跟LH-0（升－0）相混，也不会跟L-H（低–高）相混。因此，上海话的最佳选择是将升降调一分为二，变成简单的平调。

下面我们将“普遍论”对升降调的研究和发现总结于（21）。可以看出，由于普遍论力求寻找普遍规律，不但发现了新的有关事实，而且发现了新的理论。新理论不但可以解释已知事实，而且有明确的预测力。而“分类论”不求寻找新事实或新理论，没有新发现，也没有预测力。

（21）“普遍论”对升降调的研究和发现：

已知事实	发现新事实	联系两组事实的理论
非洲语言、英语可分	声调数量少	保持对立 >> 简单调
普通话不可分	声调数量多	保持对立 >> 简单调

以上的讨论说明几个问题：第一，声调规律有普遍性；第二，研究声调不能只着眼于声调，还必须考虑音节结构、调型数量等其他因素；第三，汉语有多种复杂的情况，但它们并不说明分类论合理，而是可以帮助我们更好地认识语言的普遍规律，帮助我们完善前人的理论。

三、音节

在音节研究方面，提出普遍规律的人不多。我们先考虑“响度”理论，因为很多人认为它有普遍性，并用它来确定音节的数量和音节的分界。比如，Jespersen（1904）提出，元音、辅音的“响度（sonority）”可以分为十级，见（22），其中级别数越大，响度越大。语音的“元”指元音，“介”指介音，“卷”指卷舌响音，“边”指边音，“鼻”指鼻音，“擦”指擦音，“塞”指塞音。

（22）语音的响度级别（Jespersen，1904：186）：

级别	10	9	8	7	6	5	4	3	2	1
语音	低元	中元	高元 / 介	卷	边	鼻	浊擦	浊塞	清擦	清塞
举例	[a]	[o]	[u/w]	[r]	[l]	[n]	[z]	[d]	[s]	[t]

Jespersen还提出，音节成分的响度顺序（也称“响度曲线”）应该先从低到高，然后从高到低，形成一个山峰型，其中的“响度峰（sonority peak）”应该是音节的韵腹。多音节单词，我们可以先确定有几个响度峰，进而确定有几个音节（每个响度峰就是一个音节）。而音节的边界，就是响度谷，即响度的最低点。我们以英语单词print（印）、publication（出版）为例，分析见（23）、（24）。

（23）英语单词print（印）的响度分析：

响度　1 7 8 6 1

语音　[p r ɪ n t]

（24）英语单词publication（出版）的响度分析：

响度　1 9 3 6 8 1 9 8 2 9 5

语音　[p ʌ b l ɪ k e i ʃ ə n]

单词print的响度顺序是1-7-8-6-1，其中有一个响度峰，峰值是8，在韵腹[ɪ]，左边的响度顺序1-7-8是从低到高，右边的8-6-1是从高到低。单词publication的响度顺序是1-9-3-6-8-1-9-8-2-9-5，其中有四个响度峰，峰值依次是9、8、9、9，因此该单词有四个音节。峰值间的响度谷分别是3、1、2，即音节间的分界点在[b k ʃ]。

不过，响度理论有不少问题。比如，该理论没有明确说明响度谷的音属于前一音节还是后一音节，使得这个问题成为后来的争议之一。还有，响度峰跟音节的关系有时不一致。比如，英语单词texts（文字）的分析见（25）：

（25）英语单词texts（文字）的响度分析：

响度　1 9 1 2 1 2

语音　[t ɛ k s t s]

该单词的响度曲线是1-9-1-2-1-2，其中[s]比[k t]的响度大，因此一共有三个响度峰，应该是三个音节，可是一般认为这个单词只有一个音节。如果把[s k t]的响度算成同一个等级（Kenstowicz，1994），都算成是1，那么末尾辅音[ksts]的响度是平的 1-1-1-1，而不是从高到低。还有，英国英语的双元音 [ɪə] [ʊə] 也是个问题，例见（26）：

（26）英国英语单词 tear（泪）的响度分析：

响度 1 8 9

语音 [t ɪ ə]

一般认为，音节的最响成分是韵腹，可是根据响度分析，tear 的响度峰在 [ə]，而该单词的韵腹却是 [ɪ]。

鉴于以上问题，后人对响度理论进行过不少修改，可是基本问题仍然无法解决。下面我们还会回到这点。

在音节研究方面，分类论倒是十分流行。分类论根据语言的最大音节，将语言分为各种类型（Blevins，1995）。比如，汉语的最大音节是 CGVC，英语的是 CCCVCCCC，其中 C、G、V 分别指辅音、介音、元音。不过，音节分类也有不少问题。比如，汉语的最大音节 CGVC 几乎没有限制，出现率很高，而英语的最大音节 CCCVCCCC却只是一个理论音节，没有一个实例，只是根据最大词首辅音组CCC（如 street“街”）和最大词尾辅音组 CCCC（如 texts“文字”）拼合而成的。

Borowsky（1986）发现，在非词尾位置，英语音节的韵母一般不超过两个韵位，即 VV 或 VC，她称之为 VX。Duanmu（2008）进一步指出，英语的最大声母辅音组 CCC只限于词首位置，而非词首的最大声母辅音组是CR，其中R是个响音，即[j w l r]之一。换言之，如果排除词首、词尾的多余辅音，英语的最大音节是 CGVX，跟汉语的 CGVX 是一样的。而词首、词尾的多余辅音往往跟语言是否有词缀有关。比如，英语有辅音后缀 [s z t d θ]，而词尾的多余辅音往往就是这些，而不能是其他辅音。而且，如果词首词尾的多余辅音可以从词缀的角度来解释，那么也就没有必要认为它们必须是音节的一部分。

还有，英语的 CR，汉语的 CG，都可以分析为一个“复合音”。比如，英语声母 [pr] 中，[p] 的发音器官是唇，[r] 的发音器官是舌尖，因为发音器官不同，两个发音动作可以同时进行，形成一个复合音。而英语声母 [sr] 中，[s] 的发音器官是舌尖（不卷舌），[r] 的发音器官也是舌尖（要卷舌），因此两个发音动作不能同时进行，必须按序先后进行。因此，[sr] 必须是两个音。经过对英语词库的检验，[pr] 可以出现在非词首音节，而 [sr] 只出现在词首音节，不出现在非词首音节。因此，英语、汉语的最大音节实际上都是 CVX，即 CVV 或 CVC，其中 C 可以是个复合音。而且，如果排斥词缀影响，任何语言的最大音节可能都不超过 CVX，至少没有看到明确的反例（Duanmu，2008）。

如果最大音节是 CVX，我们也可以更好地理解响度理论的问题。比如，上面讨论过，英语单词 texts[tɛksts] 不符合响度理论，因为 [s] 的响度应该低于 [k]，实际上却高于 [k]。可是根据 CVX 音节理论，词尾的 [sts] 属于词缀类辅音（包括是词缀的辅音，或者类似词缀的辅音），不必算在音节内。因此，基本音节只有 [tɛk]，符合响度分析。

下面我们将“普遍论”对最大音节的研究和发现总结一下，见（27）。例子说明，在已知事实不一致时，普遍论要求我们寻求解释，从而发现了解释。

（27）“普遍论”对最大音节的研究和发现：

已知事实	发现新事实	联系两组事实的理论
英语有 CCCVXCCC	英语有辅音词缀	词界辅音不必在音节内； 复合音； 最大音节是 CVX
汉语有 CGVX	汉语无辅音词缀	词界辅音不必在音节内； 复合音； 最大音节是 CVX

以上的讨论说明几个问题：第一，音节结构的普遍性大于前人的想象；第二，前人的理论往往不完善，比如，西方的音节理论往往忽略词界与非词界的区别；第三，因为汉语没有词缀，词界对音节没有影响，因此音节结构十分简单而清楚，但它并不说明汉语、英语的音节属于不同种类。相反，汉语英语的区别可以帮助我们发现音节的普遍规律，促进音节理论的发展。

四、音位

音位理论认为，无论什么语言的单词都是由一组元音辅音组成的。音位理论最成功的例证在于拼音文字的发明和广泛使用。有学者认为，音位理论是音系研究的最大成就（Goldsmith，2011）。音位理论产生于西方，西方学者描写一种语言时，一般也是从音位分析入手的。从英语版的语法书里面，很容易搜集到各种语言的音位组，从而建立一个音位数据库，如 Mielke（2004—2007）所建的 P-base。

不过，音位研究也有一些棘手问题。比如，赵元任很早就指出，音位分析有“多解性（non-uniqueness of phonemic solutions）”，即经常有多种答案，我们无法判断哪个答案最好（Chao，1934）。比如普通话的元音，Duanmu（2007）认为有 5 个，而 Lee and Zee（2003）认为有 21 个，两者的数量居然相差四倍。

而且，语言不一定非得用拼音文字。比如，汉语是音节文字，日语的片假名也是音节文字。中国语言学界对汉语音节的研究有很长的历史，特别是各种韵书，对音节表进行了穷尽的排列。现代的汉语方言研究，一般也从穷尽的声母表、韵母表开始，经常还有穷尽的音节表。而西方的传统描写，比如对英语的描写，没有穷尽的音节表。笔者曾经想根据汉语文献，建立一个“中国音位数据库”，包括中国的各种语言、方言，可是很快发现绝大多数汉语文献都只提供音节分析，不提供音位分析。因此，现在建立了一个“中国音系数据库”(端木三，2015)，里面包括声母韵母表，以及音节表，但是没有音位表。

为什么东西方的音系研究有如此不同的传统？有人认为这是语言不同所致。比如，有人认为，音节不适合英语的研究（Chomsky and Halle，1968；Steriade，1999）；也有人认为，音位不适合汉语的研究（游汝杰，1980），主要因为音位分析的多解性太多。比如，不同学者对同一种语言音位数量的判断往往分歧很大，而对这种语言声母、韵母数量的判断分歧却不大。Ladefoged（2001）甚至认为，音位也不适合英语的研究。

严格讲，从音位和音节来看，语言之间的不同有多种可能情况。就汉语、英语来讲，起码有9种情况，见（28），其中加号表示有此性质，减号表示无此性质。

（28）从音位和音节来看，汉语、英语之别的各种可能情况：

	汉语		英语		
	音位	音节	音位	音节	
1	+	+	+	+	皆有偏见
2	−	+	−	+	东对西错
3	+	−	+	−	东错西对
4	−	+	+	−	东西皆对
5	+	+	+	−	东偏西对
6	+	+	−	+	东偏西错
7	+	−	+	+	东错西偏
8	−	+	+	+	东对西偏
9	+	−	−	+	东西皆错

这些情况学术界讨论不多，正确答案是什么也无定论。因篇幅所限，我们不逐一仔细探讨，只挑1、4、9三种情况作为例子。

第1种可能情况是，汉语、英语都既有音节又有音位。如果如此，汉语传统忽略了音位研究，而西方传统忽略了音节研究。所以，现在双方应该互相借鉴。

第4种可能情况是，汉语有音节没有音位，而英语有音位没有音节。如果如此，东西方传统正好都正确。而且，我们不应该生搬硬套，把只适合别的语言的理论，强加到自己的语言上来。

第9种可能情况是，汉语有音位没有音节，而英语有音节没有音位。如果是这样，东西方传统恰恰都搞反了，双方都错了。换言之，分析汉语应该强调音位、放弃音节，而分析西方语言应该强调音节、放弃音位。不过，这个情况的可能性不大。

可以看出，“普遍论”倾向认为汉语、英语是相同的，所以第1种情况的可能性最大；而“分类论”认为汉语、英语有不同是正常现象，所以第4种情况可能性最大。要证明第1种情况，我们必须证明两点：第一，英语有音节，而且跟汉语的相似；第二，汉语有音位，而且音位分析的多解性没有前人想象的多。对于第一点，我们在前一节有所讨论。前人对英语的音节分析产生怀疑，一般是因为响度理论不够完善。而且，前人的音节理论往往忽略了词界的影响，因此很难看出音节结构的规则。如果排除词首、词尾的多余辅音，英语的音节结构十分简单，跟汉语的完全一样（Duanmu，2008）。

关于汉语的音位分析，Ao（1992）、Duanmu（2007）认为，多解性远远没有赵元任所想象的那么多。我们以普通话的元音数量举例，两种分析见（29）：

（29）普通话元音音位的两种分析：

作者	总数	元音组
Lee and Zee（2003）	21 个	[i u y a ə ɤ ai au ou ei uo ye ie ia ua uə iu iau uai iou uei]
Duanmu（2007）	5 个	[i u y a ə]

首先，单元音的 [ə] [ɤ] 并无对立，其中 [ɤ] 只用于无韵尾音节，[ə] 只用于有韵尾音节。如果排除 [ɤ]，则两种分析的单元音数量一致。其次，双元音和三元音的成分都是现有的单元音，没有新的成分。所以，两种分析的区别在于如何处理双元音和三元音：它们到底是不可切分的最小音位（Lee and Zee，2003），还是由两个或三个单元音构成的元音组（Duanmu，2007）？如果我们考虑音节结构，那么答案十分清楚：双元音由两个单元音组成，三元音由三个单元音组成。

我们先考虑三元音。我们知道，普通话的 [ian]（眼）、[uan]（碗）、[man]（满）押韵。单音节押韵的条件是韵母相同，韵头可以不同。以上三者的相同部分是 [an]，也就是说，[ian] [uan] 不是最小单位，而起码是两个单位，即 [i] + [an]、[u] + [an]。同样，[uo ye ie ia ua uə iu] 也应该分别是两个单位。

下面我们考虑前响双元音 [ai au ou ei]。首先，这些元音后面不能跟辅音，而单元音后面可以跟辅音。这说明，前响双元音相当于一个单元音加一个辅音，即相当于两个音位。而且，声学实验表明，前响双元音的长度跟单元音加辅音基本相等，如 [ai] [an] 的长度基本相等。

以上讨论说明，普通话的音位数量不是可多可少，而是有相当明确的答案。音位分析的多解性往往源于着眼面太窄，没有考虑其他有关因素，如押韵、音节结构、时长等。如果我们考虑了有关因素，音位分析的多解性远远不如前人想象的多。

下面我们将“普遍论”对音位的研究和发现总结一下，见（30）。例子再次说明，在已知事实不一致时，普遍论要求我们寻求解释，从而发现了解释。

（30）“普遍论”对音位的研究和发现：

已知事实	发现新事实	联系两组事实的理论
有人把双元音、三元音算单音	与音节结构不符	音位分析应该跟音节分析一致
有人把双元音、三元音切分成更小的音	与音节结构相符	音位分析应该跟音节分析一致

如果音位分析不考虑音节信息，则经常会出现“多解性”，且不易做出最佳选择；如果考虑了音节信息，则很少出现“多解性”，而且音位分析完全适合于汉语。

五、量化数据

传统的音系研究，量化数据用得不多，一般的习惯是将凭语感或零星收集来的例子作为理论的证据。其结果是，有人举出一类例子来证明一种理论，有人举出另一类例子来证明另一种理论，多种理论并存，分不清孰对孰错。下面我们举个例子。

Lu and Duanmu（1991、2002）提出，名名结构的四种词长搭配中，2 + 2、2 + 1、1 + 1 的韵律结构合理（如“煤炭商店、煤炭店、煤店”），1 + 2 的不合理（如“煤商店”）。动宾结构的四种词长搭配中，2 + 2、1 + 2、1 + 1 的韵律结构合理（如“种植大蒜、种大蒜、种蒜”），2 + 1 的不合理（如“种植蒜”）。其韵律分析是，名名结构的重音在左（英语亦然），所以第一个名词不能短于第二个，否则会产生一个单拍音步，违反“双拍步（foot binarity）”的要求；动宾结构的重音在右（英语亦然），所以宾语不能短于动词，否则也会产生一个单拍音步，违反“双拍步”的要求。Lu and Duanmu（1991、2002）举的例子不多，每类皆屈指可数，但所举的例子语感都很清楚。

王灿龙（2002）则认为，名名结构各种词长搭配都是自由的，包括 1 + 2 也是合理结构。虽然有“煤商店”这类反例，但可出现的 1 + 2 名名例子也很多，见（31）：

（31）可出现的 1+2 名名结构举例（王灿龙，2002：152）：

皮背包、糖葫芦、书呆子、铁砂锅、铝饭盒、面疙瘩、纸飞机、竹凉席、木音箱、纸尿布、电衙门、酒文化、金项链、奶山羊、票贩子、鬼故事、茶饮料、肉包子、官本位

这么一长串例子，读者看了很容易信服。王灿龙还说，动宾结构的各种长短搭配也是自由的，包括 2+1。虽然有“种植蒜”这样的反例，也有很多可出现的例子，见（32）：

（32）可出现的 2+1 动宾结构举例（王灿龙，2002：152）：

观察猫、吓唬人、尊重人、教育人、坑害人、折磨人、看重钱、糟蹋钱、相信鬼、冶炼铜、提炼锌、克隆羊

这组例子虽然不如前一组多，但也挺有说服力。王灿龙的结论是，名名、动宾的词长搭配完全是自由的、不受韵律的限制。柯航（2007）也持同样观点。

以上两种观点都没有量化数据，很难判断谁对谁错。为了澄清事实，Duanmu（2012）用“兰卡斯特汉语语料库”（McEnery and Xiao，2004）做了一个统计研究，结果发现，在名名结构中 1+2 的出现率不到总数的 2%，在动宾结构中 2+1 的出现率也不到总数的 2%。如果把出现率极低的例子跟普通例子混为一谈，那么理论明显是忽略了重点。

研究还发现，名名的反例多数限于三种类型：第一个名词是“材料”；第一个名词是“所有格”；两个名词都“无弹性”（无词长选择）。王灿龙的例子多数不超出这三类，见（49）：

（33）王灿龙（2002）所举的 1 + 2 名名结构反例分析：

材料	皮背包、糖葫芦、铁砂锅、铝饭盒、面疙瘩、纸飞机、竹凉席、木音箱、纸尿布、金项链、茶饮料、肉包子
所有格	（系主任、县医院、门把手、校领导等）
无弹性	电衙门、酒文化、奶山羊、鬼故事、官本位
其他	书呆子、票贩子

王灿龙的例子多数来自两种类型，即“材料”类和“无弹性”类。比如，“皮背包”的“皮”是“背包”的材料；“电衙门”的“电”没有双音节形式，“衙门”没有单音节形式。剩下例子只有“书呆子”“票贩子”两个，而且它们可能还有其他解释。我们还看到，“所有格”这类反例也很好找，但王灿龙一个也没想到。

王灿龙（2002）所举的2+1动宾例子，也全都局限于一个特殊类型，即“无弹性”类：他的例子中，单音节宾语“猫、人、钱、鬼、铜、锌、羊”都没有同义的双音节形式；双音节动词多数也没有同义的单音节形式，如“观察、尊重、折磨、看重、糟蹋、克隆”等。严格讲，“无弹性”类例子，跟韵律对词长选择的限制没有很大关系，因为后者指的是有词长选择的情况。“无弹性”类例子，Lu and Duanmu（1991、2002）已经有所讨论。

可以看出，量化数据有不少好处。比如，量化数据可以澄清事实，区分主要规律与特殊例外，明确理论的预测及其验证方法，增加论证的可信度和可重复性，以及发现新的规律（如名名例外的“材料”类和“所有格”类）。而最重要的是，量化数据可以帮助我们发现语言的普遍规律。比如，对词长搭配的量化研究，证明了韵律在汉语中的作用，而因为汉语的韵律规律跟英语的一样，进而为韵律的普遍性提供了支持。因此，量化数据应该成为音系研究不可缺少的成分。

六、语言的任意性

上面讨论的都是语言的共性，下面我们考虑语言的“任意性（arbitrariness）”。既然是任意的，也就没有别的原因，也无进一步解释的必要。那么我们如何判断，哪些区别只是表面现象、需要进一步解释，哪些区别是任意的、无须进一步解释呢？

语言的任意性，最常见的表现是词或语素的音义结合。对于一个事物（或动作、概念等），一种语言可以任意选用一组语音来表达。比如，莎士比亚说，一朵玫瑰无论你怎么称它，都丝毫不会影响它的香味。那么除了词的音义结合以外，语言还有哪些任意性？我们如果试试看就会发现，要想出一个可靠的例子并不容易。所以，Duanmu（2000：v）指出："除了词汇以外，各种语言都惊人地相似。（Beyond the lexicon, languages are strikingly similar.）"我们根据这个观点，提出一个明确的假设，见（34）：

（34）语言任意性的限定：

语言的任意性仅局限于造词，即词（或语素）的音义结合。

虽然语言的任意性只有一条，但是我们可以从中推出语言之间的一系列其他区别。比如，我们在（2）中列举过一些例子，重复于（35）：

（35）从音义结合的任意性推出的语言之间的其他区别：

a. 汉语用声调区别词义，英语不用。

b. 现代汉语的音节没有复辅音声母（如 [kl]），而英语的有。

c. 有的语言音位多，有的语言音位少。

d. 有的语言词重音在第一音节，有的语言词重音在最后一个音节。

e. 英语的单音节词少，汉语的单音节词多。

一种语言是否用声调别义，可以归因于音义结合的任意性。一种语言是否用复辅音声母，也可以归因于音义结合的任意性。因为造词可以（无计划地）任意选音，所以有的语言选得多，有的选得少，这也可以归因于音义结合的任意性。词的重音在哪个音节，也属于音义结合的一个方面，所以也是任意的。最后，词的长短（音节数），也是音义结合的一个方面，所以也是任意的。因此，上述区别全部可以归因于造词过程的音义结合，无须其他解释。需要指出的是，虽然音义结合是任意的，但是词的语音仍然必须符合音系的普遍规则，如语音必须组成音节，音节不能超过 CVX（Duanmu，2008），重音必须由长音节负载（端木三，2016），等等。

七、结语

看到两种语言有不同表现时有两种常见反应，我们称之为"普遍论"和"分类论”。“普遍论”认为语言有普遍规律，语言之间的不同需要解释；“分类论”认为语言本来就不同，只需分类，不需其他解释。本文通过音系研究的一些实例说明，如果以“普遍论”做指导，研究成果会更多，经常会发现新事实、新理论；如果以“分类论”做指导，研究则缺乏新意，也难有新发现。

当然，语言之间除了共性，也有任意性。那么，我们如何判断语言之间的某个区别，到底是表面现象、掩盖着共性，还是体现了语言的任意性、无需进一步解释？作为回答，本文提出一个明确假设：语言的任意性仅限于造词这一个方面，即词的音义结合；其他所有方面，皆应该有共性可以寻找。

“普遍论”并不意味着照搬西方的理论，或沿用中国的研究传统。东西方理论都有不足，都有待进一步完善。汉语、英语是极好的研究材料，两种语言没有已知的历史渊源，而且分别有很多独特之处，使我们能通过不同的窗口来窥测语言的普遍规律。如果在两者之间找到共性，相信在其他语言里也能找到。我们还看到，量化数据的使用有助于澄清事实，增加论证的可信度和可重复性，帮助我们发现新的规律。

参考文献：

端木三，2015.《中国音系数据库》的构建及用途 [A]. 甘于恩主编. 南方语言学 [C]. 广州：暨南大学出版社.

端木三，2016. 音步和重音 [M]. 北京：北京语言大学出版社.

柯 航，2007. 现代汉语单双音节搭配研究 [D]. 博士学位论文. 北京：中国社会科学院语言研究所.

王灿龙，2002. 句法组合中单双音节选择的认知解释 [A]. 中国语文杂志社编. 语法研究和探索（第 11 辑）[C]. 北京：商务印书馆.

许宝华、汤珍珠主编，游汝杰、钱乃荣、石汝杰、沈亚明著，1991. 上海方言词汇 [M]. 上海：上海教育出版社.

游汝杰、钱乃荣、高钲夏，1980. 论普通话的音位系统 [J]. 中国语文，5（158）：328-334.

Ao, Benjamin X. P. 1992. The Non-Uniqueness Condition and the Segmentation of the Chinese Syllable [J]. *Working Papers in Linguistics*, 42: 1-25. Ohio State University.

Blevins, Juliette. 1995. The Syllable in Phonological Theory [A]. In John Goldsmith (ed.), *The Handbook of Phonological Theory* [C]. Cambridge, MA: Blackwell. Pp. 206-244.

Borowsky, Toni. 1986. Topics in the Lexical Phonology of English [D]. Doctoral Dissertation, University of Massachusetts, Amherst.

Chao, Yuen-Ren. 1934. The Non-Uniqueness of Phonemic Solutions of Phonetic Systems [J]. *Bulletin of the Institute of History and Philology, Academia Sinica*, 4.4: 363-397.

Chomsky, Noam. 1981. *Lectures on Government and Binding* [M]. Dordrecht: Foris.

Chomsky, Noam. 1986. *Knowledge of Language: Its Nature, Origin, and Use* [M]. New York: Prager.

Chomsky, Noam and Morris Halle. 1968. *The Sound Pattern of English* [M]. New York: Harper and Row.

Duanmu, San. 1990. A Formal Study of Syllable, Tone, Stress and Domain in Chinese Languages [D]. Doctoral Dissertation, MIT, Cambridge, Mass. Distributed by MIT Working Papers in Linguistics.

Duanmu, San. 1994. Against Contour Tone Units [J]. *Linguistic Inquiry*, 25.4: 555-608.

Duanmu, San. 1999. Metrical Structure and Tone: Evidence from Mandarin and Shanghai [J]. *Journal of East Asian Linguistics*, 8.1: 1-38.

Duanmu, San. 2000. *The Phonology of Standard Chinese* [M]. Oxford: Oxford University Press.

Duanmu, San. 2007. *The Phonology of Standard Chinese* [M]. 2nd ed. Oxford: Oxford University Press.

Duanmu, San. 2008. *Syllable Structure: The Limits of Variation* [M]. Oxford: Oxford University Press.

Duanmu, San. 2012. Word-Length Preferences in Chinese: A Corpus Study [J]. *Journal of East Asian Linguistics*, 21.1: 89-114.

Goldsmith, John. 1976. Autosegmental Phonology [D]. Doctoral Dissertation, MIT, Cambridge, Mass. Reproduced by the Indiana University Linguistics Club, Bloomington, Indiana.

Goldsmith, John. 1981. English as a Tone Language [A]. In Didier L. Goyvaerts (ed.), *Phonology in the 1980's* [C]. Ghent, Belgium: E. Story-Scientia. Pp. 287-308.

Goldsmith, John. 2011. Syllables [A]. In John Goldsmith, Jason Riggle, and Alan C. L. Yu (eds.), *Handbook of Phonological Theory* [C]. MA: Wiley-Blackwell. Pp. 164-196.

Jespersen, Otto. 1904. *Lehrbuch Der Phonetik* [M]. Leipzig & Berlin: Teubner.

Kenstowicz, Michael. 1994. *Phonology in Generative Grammar* [M]. Oxford: Blackwell.

Ladefoged, Peter. 2001. *Vowels and Consonants: An Introduction to the Sounds of Languages* [M]. Malden, MA: Blackwell.

Leben, William. 1973. Suprasegmental Phonology [D]. Doctoral Dissertation, MIT, Cambridge, Mass.

Lee, Wai-Sum and Eric Zee. 2003. Standard Chinese (Beijing) [J]. *Journal of the International Phonetic Association*, 33.1: 109-112.

Lu, Bingfu and San Duanmu. 1991. *A Case Study of the Relation between Rhythm and Syntax in Chinese*[C]. The Third North America Conference on Chinese Linguistics, May 3-5, Ithaca.

Lu, Bingfu and San Duanmu. 2002. Rhythm and Syntax in Chinese: A Case Study [J]. *Journal of the Chinese Language Teachers Association*, 37.2: 123-136.

Mcenery, Tony and Richard Xiao. 2004. The Lancaster Corpus of Mandarin Chinese: A Corpus for Monolingual and Contrastive Language Study [A]. In Maria Teresa Lino, Maria Francisca Xavier, FÁTima Ferreira, Rute Costa, and Raquel Silva (eds.), *Proceedings of the Fourth International Conference on Language Resources and Evaluation (LREC) 2004* [C]. May 24-30, Lisbon. Pp. 1175-1178.

Mielke, Jeff. 2004-2007. *P-Base V1.92* [A/OL]. http://aix1.uottawa.ca/~jmielke/pbase/.

Pike, Kenneth. 1948. *Tone Languages* [M]. Ann Arbor: University of Michigan Press.

Popper, Karl R. 1959. *The Logic of Scientific Discovery* [M]. New York: Basic Books.

Prince, Alan and Paul Smolensky. 1993. *Optimality Theory: Constraint Interaction in Generative Grammar* [M]. Ms., Rutgers University and University of Colorado. [Revised 2002, Rutgers Optimality Archive 537]

Steriade, Donca. 1999. Alternatives to Syllable-Based Accounts of Consonantal Phonotactics [A]. In Osamu Fujimura, Brian D Joseph, and Bohumil Palek (eds.), *Proceedings of LP'98: Item Order in Language and Speech (Columbus, the Ohio State University, September 15-20, 1998), Vol. I* [C]. Prague: Karolinum Press (Charles University in Prague). Pp. 205-245

Wang, William S-Y. 1967. Phonological Features of Tone [J]. *International Journal of American Linguistics*, 33.2:93-105.

Williams, Edwin. 1976. Underlying Tone in Margi and Igbo [J]. *Linguistic Inquiry*, 7.3:436-468.

Woo, Nancy. 1969. Prosody and Phonology [D]. Doctoral Dissertation, MIT, Cambridge, Mass.

Yip, Moira. 1980. Tonal Phonology of Chinese [D]. Doctoral Dissertation, MIT, Cambridge, Mass.

Yip, Moira. 1989. Contour Tones [J]. *Phonology*, 6:149-174.

Zhu, Xiaonong. 1995. Shanghai Tonetics [D]. Doctoral Dissertation, Australian National University, Canberra.

韵律语法与语体语法的机制及其之间的相关原理 *

冯胜利

提 要 本文从理论上探讨韵律语法与语体语法之间的相关性。文章首先讨论韵律语法中“韵律删除（P-Filter）”与“韵律激活（P-Activator）”两大核心操作的程序及其理论意义，其次探讨语体语法“二元对立”“三维分体”“四度定位”的机制及其所构体系的“交际原理”。文章指出：无论“韵律语法”还是“语体语法”，尽管其研究对象不同（前者是轻重等韵律规则制约的句法，后者是正俗等语体规则控制的句法），但其机制与原理均有相关甚至相同之处。要言之，体系的“派生性（derivability）”与现象的“发现力（discoverability）”，既可以看作两种语法体系的共同点，又可看作“体系”所以成“体”有“系”的基础。

关键词 韵律语法 语体语法 韵律删除 韵律激活 韵律层级 派生性

* 本文曾在“2015年南京大学语言学高峰论坛”（2015年6月15日—16日）上宣读，得到与会者的指教，谨表谢意。本项研究得到教育部人文社科重点研究基地重大项目的支持（“语体用语研究”，项目号：14JJD740003），特此鸣谢。

一、韵律句法与韵律层级

韵律句法学是一个新兴学科。从韵律制约句法观念的提出（Zec and Inkelas，1990；Feng，1991）到韵律句法学理论的建立，至今已有二十余年。今天我们又看到该学科的新发展：一是韵律语法层级范畴的提出，即动词短语韵律（VP-Prosody）、时间短语韵律（IP-Prosody）与句标短语韵律（CP-Prosody）；二是韵律制约句法两个模式的提出，即韵律删除（P-Filter）与韵律激活（P-Activator）。

韵律语法层级范畴如图所示：

（1）韵律句法的层级结构：

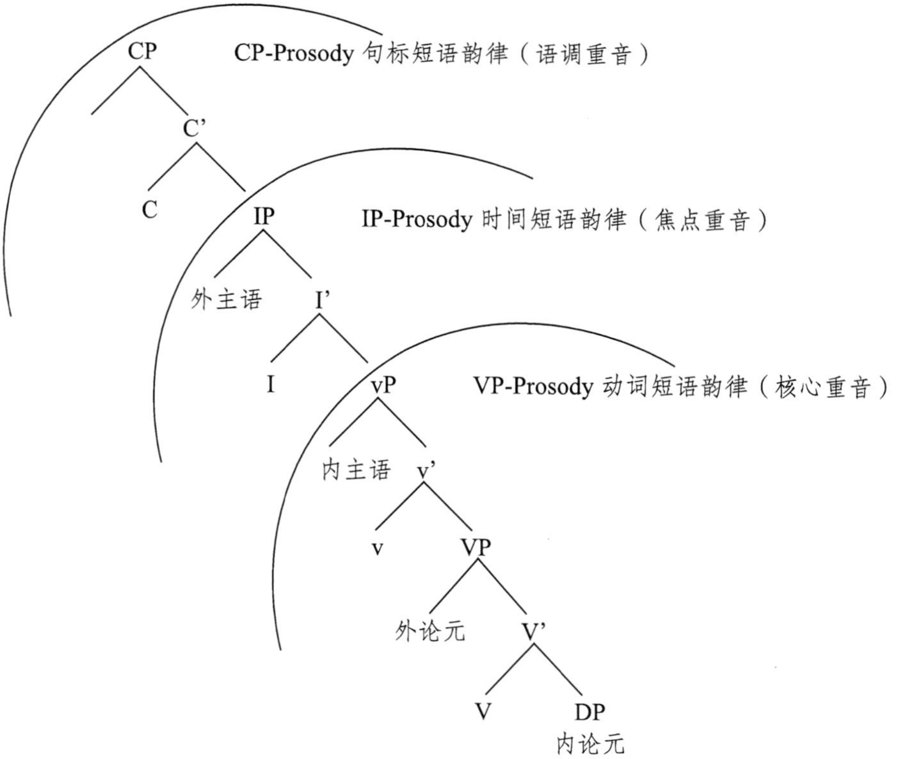

这个树形结构的最底层是 VP（或 vP）里面的核心重音（nuclear stress，简称 NS）。中间层是时间短语韵律，属于焦点重音的范域，其中包括对比重音、强调重音和信息重音。人类语言的重音不仅有 VP 层的核心重音，有 IP 层的焦点重音，同时还有整个句子的 CP 层的语调重音（或曰句标短语韵律 CP-Prosody）。现在的韵律语法比起 20 年来的 VP 韵律（核心重音）要丰富得多，尽管如此，VP 核心重音仍然是基础（冯胜利，2013b）。下面逐一介绍三个范域里面的韵律系统和机制。

1.1　动词短语韵律结构

首先看核心重音。经过长期的比较研究和实验，我们总结出如下不同类型的核心重音指派法，汉语的核心重音是其中的一个类型。

（2）核心重音的类型：

a. **Nuclear Stress Rule 核心重音规则**（Chomsky and Halle，1968/1991）

Stress is assigned to the rightmost stressable vowel in a major constituent.

重音指派到主要成分最右边的可承重元音之上。

b. **Nuclear Stress Rule 核心重音规则**（Liberman and Prince，1977）

任一对姊妹结点 [N1 N2]，若 [N1 N2]P 中 P 为短语，那么 N2 较重。

c. **Depth Stress Principle 深重原则**（Cinque，1993：287）

结构内嵌最深（most embedded）的成分得到重音。

d. **NSR in Chinese 汉语核心重音**（Feng，1995：48）

The [s] feature must be assigned to the last element of an elementary tree.

"[s]"特征必须指派给基干树形结构的最后成分。

e. **Selectionally-based NSR 选择原则**（Zubizarreta，1998：19）

给定两个姊妹结点 C_i 和 C_j，若 C_i 和 C_j 为选择次序（selectionally ordered），那么较低的一个则较凸显（the one lower in the selectional ordering is more prominent）。

f. **Government-based NSR 管约式核心重音**（Feng，1995；冯胜利，2013a）

给定两个姊妹结点 C_i 和 C_j，若 C_i 和 C_j 为选择次序（selectionally ordered），且彼此管辖（mutually govern），那么 C_j 则较凸显（the selected C_j is more prominent）。

所谓“管约式核心重音”就是指动词直接支配的成分得到重音，用树形图表示，即：

（3）动词短语韵律结构：

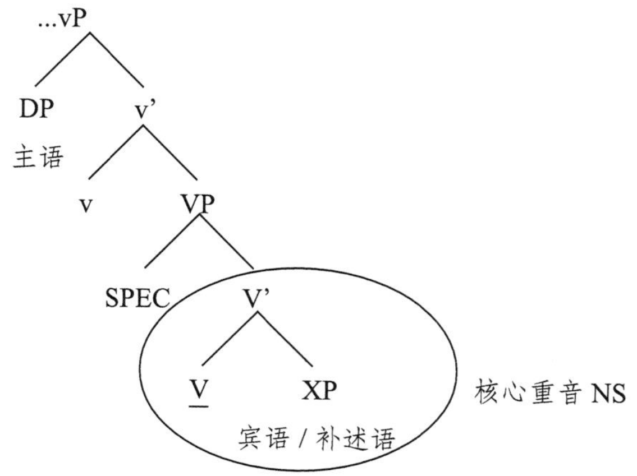

核心重音是韵律句法两种“结构锁定”的结果：动词一经决定，重音位置便不能改。核心重音是陈述句类型（或广域焦点类型）的重音格式。核心重音的规律如何限定句法呢？过去二十余年来的研究揭示出大量这方面的现象。首先是韵律删除现象的发现。如：

（4）a. VO+FP　　　　* 小王看见三个人三次。

比较：　　　　小王看见他三次。

b. VO+NP　　　　* 小王给了三个人五本书。[①]

比较：　　　　小王给了他五本书。

c. VO+PP　　　　* 挂衣服在墙上

比较：　　　　挂在了墙上、把衣服挂在了墙上

d. VO +NP　　　　* 收徒弟北师大

比较：　　　　在北师大收徒弟、收徒北师大

e. VRR+NP　　　　* 打牢固基础

① 陈平（1987：81-92）曾指出：双宾语结构中的近宾语具有“由定指格式的名词性成分充当的强烈倾向”，而远宾语具有“由不定指格式的名词性成分充当的强烈倾向”。可供参考。

比较：　　　　　　打牢基础、把基础打牢固

f. VRR+PP　　　　＊摆公平到彼此满意的程度

g. V+PP+O　　　　＊放那儿了一本书

如果从句型上看，我们发现：

（5）a. 把字句　　　＊把工厂关　　　　把工厂关闭

b. 被字句　　　＊经常被老师批　　　经常被老师批评（比较：经常被批）

用形式句法的树形结构可以简单地表示为：

（6）

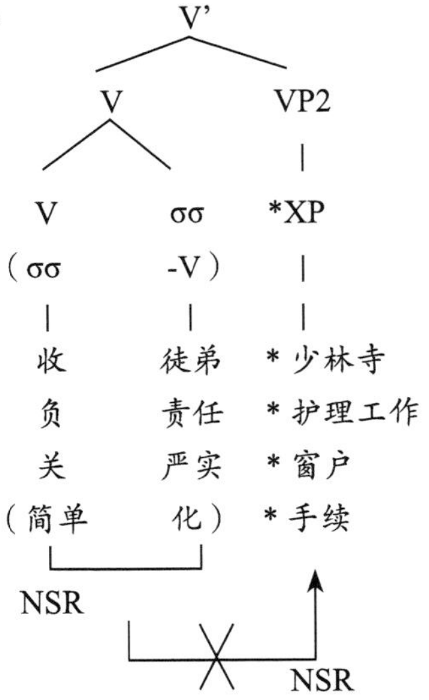

核心重音具有韵律上推拉句法成分的作用，著名的核心重音的“离合力”就是一例。请看黄梅（2008：80）的图示：

（7）

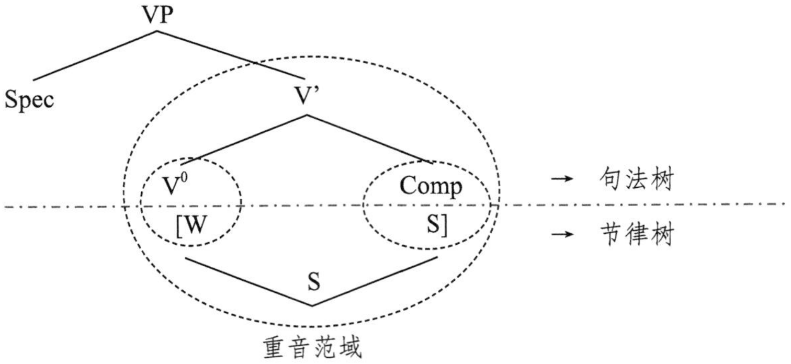

没有核心重音不可能有“离合力”，而离合力概念重要性表现在它的语法功能上，亦即：

（8）i. 如果动词（V^0）节点带有补述语，那么它所俯瞰分支节点就可以被压成一个韵律词——轻位可贴附异体而合一。

ii. 如果动词（V^0）节点没有补述语，那么核心重音可以把它拆成短语——重位者可脱离母体而独立。（**幽默、体操**）

有了上面的“压”“拆”两点，离合力的韵律效应就可以定义为：

（9）动词修饰语和动词的补述语，都会因其位置的不同而受到核心重音离合力的影响而发生变化。

在传统的句法分析里我们只看到离合的现象，而没有离合动力的来源。事实上，没有来源的现象不仅是无本之木，而且很快就会成为无源之水而枯竭。原因很简单，因为没有动力源，现象会越来越少、越来越局限。反之，有了韵律的动源，新现象的发掘将会层出不穷。譬如“嵌偶词”就是最新发现的语言单位的“新类型”。试举“遍”为例（其使用和分布的语法属性）：

（10）不合法：***遍查找、*遍访问、*遍吃喝、*普遍查、*普遍问、*普遍喝**

合　法：**遍查、遍访、遍吃**

我们原来只知道“遍”是黏着语素，因为它不能单说：*我想遍访问北京市的语言学家——不合法。然而，殊不知不能单说（韵律上的限制）不等于不能单用（句法上的允准）。于是我们发现了一个语法上的词语新类型——嵌偶词，即“韵律黏着、句法自由”的语言单位。根据我们的理论，这是核心重音作用的结果，然而事实还不仅于此，进一步发现告诉我们：没有宾语的出现，嵌偶副词也不会产生。

（11）结果：遍 V + [Object]（“遍 V”之后面几乎没有不带宾语者）

预测

嵌偶副词（如“遍”）以动词宾语的出现为前提的事实，显然是核心重音的作用。核心重音不仅删除而且创造（或激活）历史上从未用过的句法运作。如现代汉语里面的 P-Incorporation（介词并入）就是韵律促发的句法运作。请看：

（12）a. * 张三把它放了在桌子上。

a'.　张三把它放在了桌子上。

b. * 张三放了那些书在桌子上。

b'.* 张三把那些书放了在桌子上。

b''. 张三把那些书放在了桌子上。

上面句子里的“了”只能出现在“放在”之后才合法，说明“在”和“放”组合成了一个复杂动词，然后再和“了”组合。这种介词和前面动词的组合在形式句法学里面叫作“介词并入”；而其所以必须并入的原因，是韵律。因为第一，不并入介词的宾语就得不到重音；第二，句法上不并入也合法。就是说，句法没有必须如此的原因，而韵律上不如此就不合法，于是就促发了这种句法运作。

核心重音不仅创造了现代汉语原来没有的句法运作，而且还可以创造人类语言未曾用过的句法运作。如上面说的“韵律黏着、句法自由”的嵌偶词，就是一例。如果说韵律语法有它的贡献，那么由它造成的人类语言从来没有发现过的语言现象（嵌偶词），恐怕不能不说是它对人类语言所以如此的一个最重要贡献吧。

1.2　时间短语韵律结构

如果说 VP 里面的核心重音可以决定句法而无视局部焦点的话，那么 IP 里面的重音则是句法和焦点信息决定的产物。最明显的就是不同的句法位置有不同的读音（重音）形式。先看下面的结构（蔡维天，2013）：

（13）
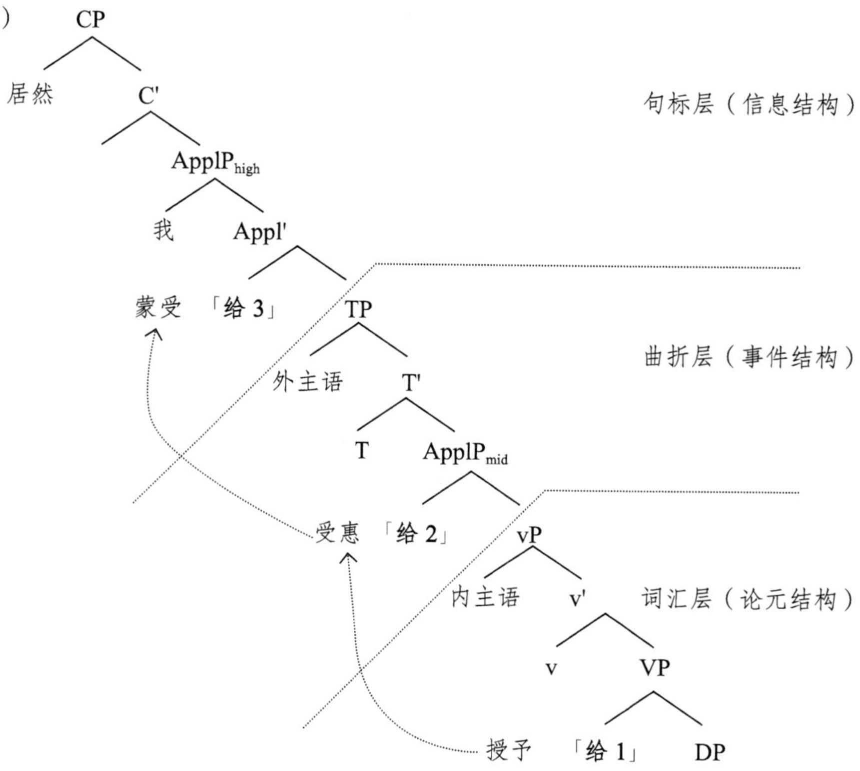

这里有三个“给”，亦即“授予”“受惠”和“蒙受”三种意义上的“给”，譬如：

（14）问：那本书呢？

答：张三给 [gei] 李四了。

张三给 [gəi] 李四还图书馆了。

张三给 [gə] 弄丢了。

注意：这三个“给”不仅语法性质不一样，其发音也不同。它们除了主要元音的央化（轻化）有程度的不同外，声调的表现也不同：动词性授予义的“给”一般带全调，介词的“给”则是半三声，而蒙受义轻动词的“给”则几乎是轻声，没有调了。这种元音和声调的轻重，是由它们不同的句法性质决定的。这是 IP-Prosody 的韵律性质：韵律标记句法和词法。下面的例子更能说明这个属性：

（15）他怎么去北京？

怎么他去北京了？

疑问词“怎么”如果在 VP 内（在主语后面）则重读，问的是方式，如果在 IP 前面（主语前面）则轻读，问的是原因。不同的句法位置有不同的重音的形式，这是 IP 韵律的一大特点；焦点重音在一定的情况下也可以促发句法的移位，这是 IP 韵律的另一大特点。譬如：

（16）a. 我想用这把刀切。

b. 他想切这把刀。

c. 他想用这把刀切三次。

d. * 他想切这把刀三次。

（16a）可以通过核心词移位转换成（16b）（“切”移入无音形式“用”的位置，或“切”上移后剔除有音的“用”），因为焦点是“这把刀”（因此重读）。然而同样的运作不能发生在（16c）和（16d）之间，因为那里的焦点是“三次”。

总之，IP-Prosody 的特点是焦点对应重音、重音标记句法。西方学者所说的“P-Movement”（Zubizarreta，1998）实际都是焦点重音促发的句法移位。这个层面的韵律语法和 VP 层面的韵律语法有着本质上的不同：IP 韵律里的重音只标记句法，调整句法，而不能删除句法。

1.3　句标短语韵律结构

CP 句标短语韵律是近年来刚刚提到韵律语法日程上来的一个新的研究领域，其促动韵律语法研究的主要原因是我们发现人类语言中“语调”和“句末语气词”的同源属性。我们知道，句子成立的韵律条件是语调：无论是单词句还是复杂句，加上语调才是句子。语调多种多样，我们熟悉的有：

（17）a. 陈述语气：他知道。　　　　句末语调下降

b. 疑问语气：他知道吗？　　　　句末语调上升（He is a student?）

c. 怀疑语气：他知道？　　　　句末语调上升

d. 肯定语气：他知道。　　　　　　句末语调下降

e. 警示语气：你再哭，我走了啊。　句末语气调曲折上下

北京话的警示语气词“啊”有自己独特的语调。英文没有句末语气词，但是有类似的语调，如：

（18）{Don't cry, or I am leaving}

{Don't cry, I am leaving }

——Cornelius Kubler by Personal Communication

无论哪种语言的语调，其句法结构都是这样的：

（19）

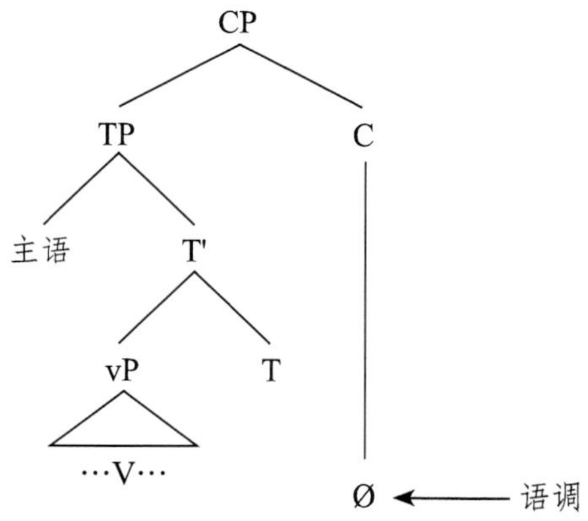

核心重音

我们从上图可以看出，语调和重音分属不同的系统，它们各自有不同的调阈。① 尽管如此，重音仍然是语调表现语气的一种必不可少的手段。重音和语调一般认为是通过“音高、音强、音长”这三种基本语音手段来实现的，但因语言自身音系的机制不同而有所偏重。汉语的重音主要靠音长（停延也是时长的一种），语调主要靠音高

① 如上文（1）所示，不同的句法层级有不同的重音规则。由此可以直接推演的结果是不同的句法层级也可构成不同的调阈：DP 里面有词调（声调）、IP 里面有语法调（词缀为功能成分）、CP 里面是语调。事实上，藏语里面的调阈分布正是如此，不过名称不同而已：区别词汇意义的叫字调，区别语法意义的叫词调，出现在句子末一节奏单位的重读音节上区别整个句子语气意义的，叫语调（还有分歧，参见瞿霭堂，2013）。

（劲松，1992）。语调最复杂，它和重音密不可分，因此研究语调也是理解汉语重音的一个重要方面。根据劲松（1992）、沈炯（1992）、曹文（2007）等的研究，北京话表达语气的韵律手段主要是“音高”和“音长”，前者表现为语调，后者表现为重音。因此语气语调和语气重音在上面的三种基本语音手段上，彼此交织，相互作用。不仅如此，它们在实现的时候还要和语言中的小波浪（字调、词汇和逻辑重音）相互作用。就是说，大波浪（语调）和小波浪之间此起彼伏的机制、运作和结果，构成了解汉语（尤其是北京话）重音系统的一个必不可少的环节。

上面说过，最近 CP 韵律领域的研究有了一个新的突破：语调和句末语气词实际是一张纸的两个面。我在 2015 年的文章里把这种对应属性定义为：①

CP-Prosody 句标短语韵律：语调 = 句末语气词（冯胜利，2015a）

语言的音高特征要么主要实现为声调，要么主要实现为语调；因此，在复杂声调系统的语言中，语调则趋变为句末语气词。②

因为“语调”与“声调”都是 fundamental frequency，i.e.，F0，当语调受到语言其他系统使用的 F0 的影响后，就会趋变于句末语气词。下面的例子可以说明这一点：

（20）Oh，man! 人<u>啊</u>!

Oh，God! 天<u>啊</u>!

英文感叹可以说：“Oh, man!” 汉语不能说：“哎，人！” 为表达这种语气，汉语的语调要用“啊”来协助，说成“哎，人啊（= 人呐）”——汉语的语气词就是语调的“音段化”（参见 Li，2000）。所以如此，就是因为汉语有声调（当然有人持反对意见，

① 以前有关语调和句末语气词的研究也有人注意到二者之间的对应关系，如赵元任（1929）及冯胜利（2015a）中的引文，但没有指出二者之间的对应关系实际是一个现象的不同变体（亦即：句末语气词是语调的变体），当然也没有从语音基频的角度认识其本质属性，更没有严格的定义（见下条注解）。正因为如此，以往的研究只是观察和归纳而没有理论和推演，以及证明和证伪。

② 为避免误解和歧义，这里给出英文的定义：The Fundamental Frequency F0 (pitch) is used either for tonemic or intonationemic purpose and thus within a rich tonal system, the intonationeme will be alternated into sentential final particles.

参见《语言学论丛》2016 年第 2 辑）。事实上，下面这个例证可以清楚地证明这一点。首先，林培瑞发现（冯胜利，2015a）：

（21）The word GOOD in "**I'm good**" is pronounced in "first tone plus second tone", they mean "yes". When "**good**" is pronounced in two fourth tones, it means "no".

——Link, Personal Communication

就是说：

（22）Good ↗ ＝好<u>哇</u>！（表示接受）

Good ↘ ＝我好<u>了</u>。（表示拒绝）

不难看出英文的"语调"在汉语里是由"句末语气词"来完成的。如果是这样，"上古汉语没有声调也没有语气词"（如西周文献《尚书·西伯戡黎》中的"我生不有命在天？"到了汉代文献《史记·殷本纪》中就说成了"我生不有命在天<u>乎</u>？"）、"汉语方言中声调越多句末语气词就越多"、"人类语言有声调的语言不存在没有句末语气词"等一系列表面毫不相干实则相互关联的现象，均是这里假设的必然结果且信而有征。

不仅如此，如果（句末）语气词和语调是一张纸的两个面，那么汉语句子的韵律结构就当呈现出不同类型的重音和不同语调之间的交错与重叠。譬如：

（23）他没**来**。（陈述语调、核心重音）

他没**来**？（疑问语调）

他没来。（对比重音，不是别人）

他没来？（对比重音＋疑问语调）

Chao（1933）谈到字调和语调的冲突时说：

（24）（你说）这个坏？这个好！这里的第一个分句也用上升的语调，第二个分句用下降的语调，但是降和升不是叠加在最后一个音节上的，而是加在后面，加在低调读完以后，如：这个坏↗？这个好↘！这样我们看到有两种叠加现象，一类是并合叠加，一类是后续叠加……

> (Do you say) this is bad? It is (decidedly) good! 这个坏？这个好！This first clause will also have a rising intonation and the second a falling intonation in Chinese, but the fall and rise will not be added simultaneously to the last syllables, but will be joined on successively, after the word-tones are completed, thus: 这个坏↗? 这个好↘! Thus we see there are at least two types of tonal additions, simultaneous addition and successive addition, ……(Chao，1933:24)

这里是字调上的语调叠加。事实上，复杂的情况还包括如赵元任（1922）所说的字调和重音的关系：

> 字调的形状也只能取平均的形状，因为特别说重的字，音高的上下极很会伸长，特别轻的时候会缩小。用图画的言语说，就是比方把平均曲线画在一个半松半紧的橡皮带上，把这带子上下一拉，这曲线的竖位标底变度就加大了；把这带子一放松，这曲线就缩扁了，竖位标底的变度就小了。

这里说的是强调重音和字调之间的关系。我们知道，强调重音的实现是“音高的上下极的伸长与缩小”(所谓“上下拉”），核心重音的实现是“音长的延伸与缩短”，字调本身的实现也靠音的高低和长短，于是语调的实现要在几层中 / 小波浪之上才能进行，如下图所示（间隔线表示语调、⌐● 表示焦点重音、▬ 表示核心重音、箭头表示字调、x 代表字）：

（25）汉语音调四重波浪图：

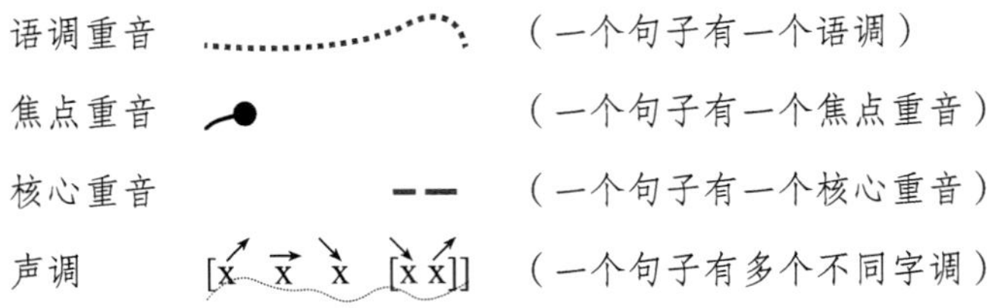

最底层的是声调（字调），第二层是核心重音（VP-Prosody），第三层是焦点重音（IP-Prosody），最上面的才是语调。曹文（2007）说：

> 通常情况下，汉语**语调需要“照顾”字调**，字调虽受语调的影响，但还

能保持声调的区别性；比如“我姓叶，你姓王。”（赵元任，1929），比如“去重庆？去重庆。”（林茂灿，2006），等等。这种情况较为常见，研究者们也提得较多（Kratochvil，1968：35–47；吴宗济，1982；沈炯，1985；Garding，1987；胡明扬，1987：154–155，曹剑芬，2002；林茂灿，2006）。然而有时候，在语调的大浪下，字调的小浪也会被完全吞没，失去“自我”；比如“好（耗）家货！”（赵元任,1929），比如“向右看齐！”（路继伦,2006），等等。这种情况多出现在一些感叹句、命令句中。

这仅仅是两层波浪之间作用的结果。本文的理论告诉我们，汉语的音调实际是在大、中、小四层波浪中实现和运作的（既有相对独立，也有交叉、覆盖和叠加）。当然把这四层波浪全部综合起来做统一的考虑，这还是第一次。请看下面的例子：

（26）a. 问：怎么回事？（疑问语调）

b. 答：张三打碎了一个杯子。（核心重音）

c. 问：张三打碎了一个杯子？（疑问语调）

d. 答：不是，张三打碎了两个杯子。（更正性强调重音）

e. 问答：什么？两个杯子？（反诘语调）三个诶！（更正性前调重音＋语调）

我们知道，通常一个句子一个核心重音，一个句子一个强调重音，一个句子一个语调。问题是：一种重音出现的时候，其他类型的重音或语调还存在与否，受不受影响？如果存在，在多大程度上存在；如果受影响，受多大程度的影响。显然，上面不同类型的重音和语调在多大程度上受字调的影响？毫无疑问，这些问题的提出，都是在“语气词是语调变体（Intonation=SFP）”这一结论下所促发出来的最前沿的韵律语法的问题（冯胜利，2013b、2015a）。

二、语体语法和“形式—功能对应律”

语体语法也是一个新兴学科。从语体的机制和体系的提出（冯胜利，2010a），到风、雅、颂的古今语体一概三分的论证，至今仅有五六年的时间。下面先介绍语体语法的理论体系，然后比较韵律语法，看它们之间的相关的机制与原理。

2.1　语体机制的原理

首先，语体是根据人们交际的基本属性来定义的，它是一种语言的功能，是人们用语言来确定和调节在场“说/听者”之间关系的一种语言功能。语言的功能多种多样，只有确定和调节发话和听话者之间关系的那种语言的功能，才是我们这里说的语言的语体功能。说话和谈话者之间的关系也多种多样；语体的调距功能所侧重的只是语言调节说者和听者之间高低远近“距离”的功能。这里的交际距离如果从人类社会活动的角度看，就表现为“正式与非正式”“庄典与通俗”两大对立的范畴（冯胜利，2010a）。决定交际时距离的高下、远近，或者说决定交际时关系是正式还是随意，是庄重典雅还是通俗随便，要看以下四点基本要素的具体情况，亦即：谈话内容、场合、对象、态度。这样看来，语言就其本性而言，自身就具有交际上的“体”的功能。那么，“体”怎么会成为“法”的呢？换言之，语体是修辞还是语法呢？这个问题搞不清楚，语体理论就建立不起来。事实上，正是语体语法的理论思考，才帮助我们发现了下面的现象：

（27）a. * 昨天他写和唱了一首歌。

b. 昨天他创作和演唱了一首歌曲。

“写”和“唱”并列成句，在汉语的句法上是非法的；然而意义相近的“创作”和“演唱”则可并列成句而不违法。没有语体语法以前，人们很少注意这种合法度的对立。然而，它们的存在不但证明了语体的语法属性，而且还揭示了更多的同类现象。

我们知道，（27a）是非正式的口语说法，而（27b）则是正式场合的正式体。这里最令人关注的是：语体不同则语法亦异。“语体语法”说的就是“和语体对应的语法格式”。换言之，不同的语体使用不同的语法。[①] 反之亦然，不同的语法或结构具

① 这当然不是说没有混合体，见下文。

有不同的语体性质和功能——这是人类语言的属性之一。

就（27）中的例子而言，上面正反两个命题都是必然的，否则无法解释为什么单音节动词组成的 [V&V] 不合法，而双音节动词组成的 [VV&VV] 就合法的事实。显然，如果双音节动词的组合不是口语而是正式体的表达，那么单双二者彼此语法的不同，便有了比较合理的解释。如此看来，语体功能和语法结构必然具有某种对应性，否则结构和功能就成了任意的组合而没有规律而言。倘若没有对应的规律，不仅上面“语体不同则语法亦异”的命题不能成立，而且语体研究也因之而成了偶然现象的分类，不可能成为语体之“学”。原因很简单，没有必然规律的现象不能成“学”。如此而言，语体语法的理论基础就在于形式和功能的对应律。形式和功能之间有必然的规律可言吗？这是语体理论所关注的核心问题。

2.2 形式与功能的自然属性

乔姆斯基说人的语言能力是人的先天生理决定的，因此形式句法的组织方式和原理是人的大脑生物结构的反应，是与生俱来的。那么形式的功能呢？功能也具有生理或生物的先天性吗？先看下面一组事实：

（28）噼里啪啦、吊儿郎当 [3124] 式轻重格 ＝ 随便的风格

尼加拉瓜、郑重其事 [1324] 式轻重格 ＝ 正式的语体

[3124] 式的节律上下落差很大，我们叫作“悬差律”（冯胜利，2010b）。这种悬差律绝不适用于正式场合。而 [1324] 是古典成语的四字格节律，一般不在俗常口语里使用。换言之，悬差律有其特定的口语功能，而四字格也有其固有的庄典本性。于是我们不禁会问：难道形式的功能也有先天的“本性”吗？这首先要看是什么功能。形式的功能可以多种多样，而这里我们所说的“功能”指的是形式的“语体功能”。什么是语体功能呢？语体功能是指人们在说话时，根据交际对象、场合、内容以及听说者态度所选取的、决定交际关系（亲疏、远近或 [± 正式]/[± 庄典]）的语言形式的表意能力。

为什么“对象、场合、内容、态度”这四要素决定着语言形式的选择呢？拉波夫

在2012年5月香港中文大学中文系和语言学系联合召开的“拉波夫、王士元对话会”上，阐释人的社会本能时，给了我们很大的启示：

> 我想人是社会的动物，是我们称作社会智能的交际动物。我们（人类）所承传下来的是和（动物所有的）物体智力相当不同的社会智能，它是语言用为概念计算的基础。语言是为我们生物遗传上多种不同取向的基因服务的。

人是社会的动物，是交际的产物；人的社会属性不是后天的，而是人类基因的遗传。什么是社会？社会的定义非常复杂，但是其基本、必要的组成要素是“交际”。交际的基本行为就是要确定和调节彼此的关系（所谓远近高低）。人类调节彼此的关系要用语言，因此，什么样的关系（亲近、疏远、高贵、低下）选用什么样的言语方式和形式（声音形式、词汇形式、语法形式等）。于是，“对象、场合、内容、态度”这些构成关系的交际要素，就成了决定不同语言形式选择的基本参数。拉波夫说：人的社会智能（social intelligence）源于人类的生理基因。因此，从社会基因的角度上说，交际关系的调节是人类社会本能的反应。

如果乔姆斯基和拉波夫的理论都是正确的话，那么我们就可以据此将不同的语法体系概括为如下的关系：

（29）

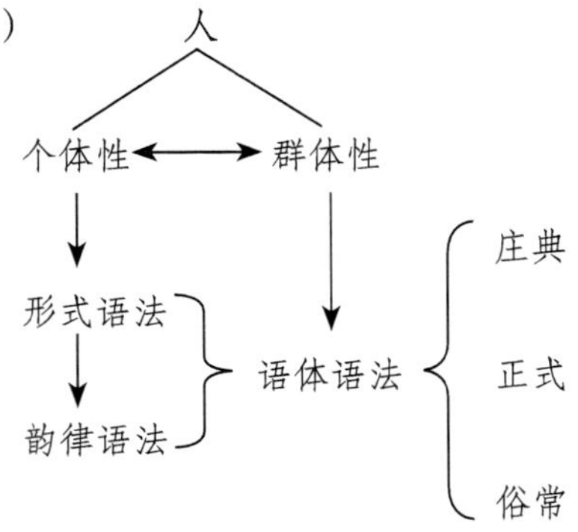

上图所表达的是：如果“语法”指的是“说话的法则”(包括语音、韵律、构词、造句、语用和语体等），那么语法的“个体性”指的就是语法的生物结构性，而

其“群体性”则是语言社会性所赖以存在的基因和条件。前者是形式语法和韵律语法的属性（存在于每个人的大脑之中），后者是语体语法的本质（离开他人，则无法存在）。换言之，形式句法和韵律句法是建立在人的大脑生物结构之上的产物，而语体语法则是人的群体性社会基因的结果。句法是人类生物本能的表现，交际关系的调节是人类社会本能的表现。如果关系的调节（社会本能）需要以语言的形式（语法本能）为工具的话，那么形式本身与关系属性（远近亲疏）是否具有某种特定的、必然的联系呢？

我们知道，自索绪尔以来语言学上的一个普遍的共识就是“人类语言声音和意义的结合是任意的（the relationship between sounds and meanings is arbitrary）”。这不足为奇：中文叫“天”，英文叫“sky”——不是偶然，无法解释为什么人类语言里同一个东西叫不同的名字。“音义偶然（或荀子的‘约定俗成’）”，颠扑不破。

然而，语言中的很多形式和它们的功能，如上文所见和下文所示，彼此之间的关系并不都是偶然的。换言之，“音—义”虽偶然，“形—能”有必然——形式和功能之间确有必然的对应关系。当然，这并不是说所有语言的“形式和功能”都有必然联系，但需要注意的是：在普天之下莫非“任意”的音义结合论的笼罩之下，如果我们能够发现哪怕十分有限的必然无疑的“形式—功能对应律”，那就不只突破了索绪尔“音义偶然”的樊篱而进入另一个人类认知的世界，而且也可因此开辟一大块可供耕种的“禁地”。问题是“形式—功能对应”这一命题是否真的是一块可耕之“地”(真的命题）。真否可以从两方面来检验：一是做化学实验——化验该地的土壤成分（用语言理论来检测），二是做生态考察——调查该地的生命现象（做语言实例的调查）。后一点当然比前一点更能说问题。请看：

（30）	声音：	发声细高	=	亲昵
		发声低粗	=	悲痛
	节律：	悬差律	=	轻快
		齐整律	=	典正

这是从声音的属性和结构上（元音、声调）来看它们“表意”或“象征”的功

能。显然，这里不但有对应性，而且其对应性（发声细高对应亲昵、悬差律对应轻快）是人类所共有的。譬如，悬差律在任何一种语言里都不能用在庄典、正式的场合。英文的打油诗（limerick）就是其例：

（31）a. ws | wws | wws | w　　There was /a young la/dy of Ni/ger

b. ws | wws | wws | w　　Who smiled/ as she rode /on a ti/ger

c. wws | wws |　　they returned / from the ride

d. wws | wws |　　with the la/dy inside

e. wws | wws | wws | w　　(And) the smile /on the face /of the ti/ger.

这种 /wws/（轻轻重）型节律固有一种内在的诙谐意味，正如 Laurence Perrine（1963：200）所说："那些轻快诱人的节奏及其强调性韵脚，使得它只用于幽默和逗笑的场合……而不适用于表达严肃的内容。"[①] 日文也是如此。松浦友久（1995：92）说："（五七五）这种不稳定的矛盾的节奏感，作为节奏本身，通常容易产生一种滑稽味道、谐谑味道。" 譬如：

（32）腰酸腿亦麻

他方客舍暂为家

正好看藤花（[日]松尾芭蕉）

回过头来看汉语，我们也发现如下范例：

（33）a. 看报 > 读报 > 阅读书报 > 书报阅读 > 书报的阅读

b. 装电脑　修电脑　*电脑装　*电脑修　*电脑的装　*电脑的修

装电脑　修理电脑　*脑组装　*脑修理　*脑的组装　*脑的修理

这里的对立不只是句法合法化的不同，更重要的是口语和正式的对立。首先，这里单音节动词的动宾结构具有口语性，双音节动词的动宾结构具有正式性。这是汉语

[①] 原文是：The limerick form is used exclusively for humorous and nonsense verse, for which, with its swift catchy meter, its short lines and emphatic rimes, it is particularly suitable. …The limerick form is apparently inappropriate for the serious treatment of serious material.

动词单双上的“形式—功能对应律”。不仅是动词本身，动词的组配也体现出形式—功能的对应性。请看：

（34）a. [V NP]　　讲故事　　＝具体性　动宾行动

[NP VV]　　故事讲述　　＝概括性　动宾行为

[NP 的 VV]　　故事的讲述　　＝抽象性　动作事件

b. V　　VV　　[…的 VV]

动作　>　行为　>　概念

act　　acting　　action

这里单音节动词的动宾结构具有具体性、事态性和非抽象性，双音节动词组配的动宾倒置则具有概括性、非事态性。倒置 [宾的动] 结构则更进一步，具有明显的抽象性。三者对比，前者是“动作”，中间是“行为”，最后则是“概念”。由此可见，形式和功能确实相互联系而非任意。

2.3　语体的“俗、典、正”与《诗经》的“风、雅、颂”

语体语法的研究在上述“形式功能对应律”基础上进一步提出了语体研究一直没有引起注意的两大范畴的对立：正式与庄典。这两大范畴的对立是语体语法理论的最大特征，它的提出不仅具有共时研究的意义，而且具有历时研究的意义。[①]

首先，“正式”这个范畴，古人已然有过明确的阐释。“正式”语体中，官方语体是其典型代表。《论语》有言曰：

（35）子所雅言，诗书执礼皆雅言也。(《论语·述而》)

根据我们对古代语体的分析，雅言是古代语体的体制，是当时社会文化制度的重要组成部分，是其语言礼教的一个制度和需要。《大戴礼记·保傅篇》论之极详：

（36）天子宴瞻其学，左右之习反其师，答远方诸侯，不知文雅之辞，应群臣左右，不知已诺之正，简闻小诵，不传不习，凡此其属，少师之任也。……号呼歌

① 有关语体语法的历时意义，参见殷晓杰（2015）。

谣，声音不中律。宴乐雅诵，送乐序；不知日月之时节，不知先王之讳与大国之忌，不知风雨雷电之眚，凡此其属，太史之任也。

不难看出，古代的“语体”不仅是语言的客观存在，同时也是官方培训和教育的结果。

古人的“语言礼教”除了“尊敬”“严肃”的正式体以外，还有孔夫子所谓的“敬鬼神而远之”的“敬远体”，这就是我们所说的“庄典体”。请看：

（37）不袁（远）不敬，不敬不严，不严不尊，不尊不共（恭），不共（恭）不礼。（马王堆帛书《五行》经文第十二章）

以其外心与人交，袁（远）也。袁（远）而[庄]之，敬也。敬而不解（懈），严也。严而威之，奠（尊）也。奠（尊）而不驕（骄），共（恭）也；共（恭）而博交，礼也。【说】……［严而威之，尊也，既严］之，有（又）从而畏忌之，则无间夫闲何繇（左下从言）（由）至乎才（哉），是必尊矣。（马王堆帛书《五行》经文第十六章）

出土文献和传世文献在语体的庄典分类上有同样的记载。譬如：

（38）我其夙夜，畏天之威，于时保之。（《诗·周颂·清庙》）

敬迓天威，嗣守文武大训，无敢昏逾。……眇眇予末小子，其能而乱四方以敬忌天威。（《周书·顾命》）

匪言不能，胡斯畏忌。（《诗·大雅·桑柔》）

小心畏忌，不惰其身。（《仪礼·士虞礼》）

为刑罚威狱，使民畏忌，以类其震耀杀戮。（《左传·昭公二十五》）

乐也者，始于惧，惧故祟。（《庄子·天运》）

这里敬忌天威的态度和语言，是典型的敬畏体，它不仅“始于惧”，重要的是“惧故祟”——祟敬出于敬惧的心理条件。

有了古代文献记录的见证，语体语法的三维分体论——俗、正、典＝风、雅、颂就可以得到史证而泰山不移。用图形表示，即：

（39）

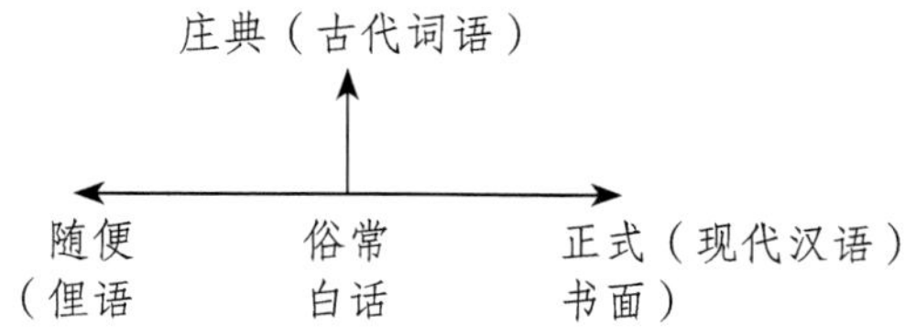

在此基础上，我们建立了语体语法“二元对立、三维分体、四度定位”的系统。具体言之，即：

（40）a. 二元对立：正式↔非正式、俗常↔庄典

b. 三维分体：正式 formal、非正式 informal、庄典 elevated

c. 四度定位：对象、场合、内容、态度

对任何一个表达来说，都可以根据上面不同的因素找到自己的语体位置：

（41）

	日常	正式	庄典
a. 对象（人）	妈妈	国家领导	神、祖
b. 场合（地）	厨房	人大会堂	庙堂、国典
c. 内容（事）	家常	政治法律	祈福、弭灾
d. 态度（意）	亲密	严肃	敬畏

在这个系统里，我们尽可研究不同等级、不同程度的典型体、中介体甚至跨界语体的不同语体组配出来文体和文类。

（42）

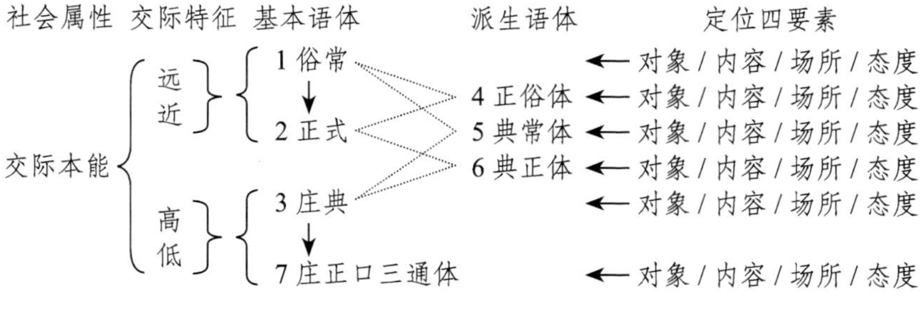

下面分别举例说明上述初始体（单体／典型体）和派生体（混合体）各种类别的不同，以此展示该系统的具体表现（冯胜利，2012）。

（43）a. 单体俗常体　只用于口语而不用于其他语体的形式，如：

儿化词　理儿＝道理、事儿＝事情、今儿＝今天／今日……

轻声词　盘儿＝盘子、勺儿＝勺子……

句型　[V/A 什么 V/A]：美什么美、想什么想……

b. 单体正式体只用于正式体，如：进行／加以＋双音节动词……

c. 单体庄典体只用于庄典体，如：之、所、其、者、何……

d. 正俗双兼体（混合体）口语、正式兼用者，如：思想、文明、政治……

e. 典常双兼体（混合体）口语、庄典兼用者，如：[庄]婉拒、拒之门外，[口]被那个公司拒了……

f. 典正双兼体（混合体）庄典、正式兼用者，如：我校、该校、今日、明日、及……

g. 庄正口三通体（混合体）三体通用的形式者，如：国家、民主、自由……

语体语法理论的建立为我们提供了形式语言学和社会语言学的一个接口，它让我们看到形式里面有功能，功能的底层是形式。其结果，和乔姆斯基的假设有所不同，在这个理论里个体的人赋有语言的生理机能，群体的人也赋有群体语言的生理机能。人类语言的机能不仅有形式而且其功能有的跟形式长在一起，分不开。换言之，个体性语言机能在形式，群体语言机能就是该形式的功能。就像形式原则（principles）的有限性一样，形式和功能捆绑一起原形和原理也不是任意的。理论语言学的任务不仅要确定形式原则的数量和边界，同时也要寻找和定义“形式功能”的数量和界域。①

三、韵律语法和语体语法共同性

如上所示，韵律语法和语体语法两个新兴领域为我们认识人类语言提供了新的理

① 李宇明先生曾对作者说：“语体语法对传统语法是一个巨大的冲击。书面语是后天习得的，而且不同的社会有不同的情况：当代中国没有庄典体，五四以后消灭了，今天我们没有神灵了。现在汉语慢慢恢复了语体。”这无疑是对语体语法的重要推阐。

论视角和领域。探索二者之间的共通之处可以帮助我们理解和总结如何构建理论的经验。二者有无共同之处呢？下面是我初步的总结。

首先，二者都注重从发掘元始[①]现象的基本原理开始。就韵律语法的体系而言，自然音步的发现和定义奠定了整个韵律语法理论的元始基础；就语体语法的体系而言，交际距离的揭示和定义奠定了整个语体理论的元始基础。

其次，二者都注重充分归纳和穷极推演。就自然音步而言，它的作用不仅仅在于确定汉语的节律，更重要的是从它可以推演出“蜕化音步”“标准音步”和“大音步”的定理（如“单音不成步[单音节不能组成标准音步]”“三音节必然合成一个大音步”）。就“交际距离”而言，它的作用不仅仅在于确定语体的社会属性，更重要的是从它可以推演出“二元对立、三维分体、四度定位”的必然结果。

最后，二者都注重理论的可操作性和证伪性。譬如，就韵律语法的原理而言，如果施之于构词，如果历史上的三音节合成词先于双音节而出现，整个理论就会坍塌；施之于句法，如果VP里面没有单双音节对立的动宾合法性，那么G-NSR就不复存在；如果施之于诗歌制造，如果不是“没有三音节合成词就没有五言诗体”，那么自然音步的存在就成了问题。不仅如此，就语体语法的原理而言，施之于白话文运动，如果没有新兴正式体的出现，那么二元对立的语体定律就会坍塌；施之于港台两地的语体语法，如果港台的正式体比大陆更成熟，那么语体三分的机制就会受到挑战；施之于英法语言，如果没有正式和非正式词语的语法对立，语体语法是语法而非修辞的理论就要重建。[②]凡此种种，都是理论建构中原理的可操作性和可证伪性的必须，也都是这两个理论体系的共同之点。

显而易见，无论“韵律语法”还是“语体语法”，尽管其研究对象有所不同（前

---

① 这里的“元始”意为“最小、最基本的单元”。读者不要和“原始”（=最开始）的概念相混同。换言之，元始是分析性的概念，原始是历史性的概念，二者需从理论和概念上区分开来。

② 冯胜利（2014、2015b）给出的例子是：

a. John give them a painting.	a'. *John donated the museum a painting.
b. Bill told them the story.	b'. *Bill reported them the story.
c. Sue built us the house.	c'. *Sue constructed us the house.

为什么 dative rule 在 Native/Latinate 上有合法与否的区别呢？结论是：不同的语体使用着不同的语法（Stylistic-Register Grammar，参见 Feng and Vihan，2016）

者是长短、轻重等韵律规则制约的句法；后者是正俗、雅典等语体规则控制的句法），但如上所示，其机制与原理均有相关甚至相同者。要言之，体系的“派生性（derivability）”与现象的“发现力（discoverability）”，既可以看作两种语法体系的共同点，又可看作“体系”所以成“体”有“系”的基础。

参考文献：

蔡维天，2013．从生成语法看汉语蒙受结构的源起 [A]．吴福祥、邢向东主编．语法化与语法研究（六）[C]．北京：商务印书馆．

曹剑芬，2002．汉语声调与语调的关系 [J]．中国语文（3）：195-202．

曹　文，2007．赵元任先生对汉语语调研究的贡献 [J]．世界汉语教学（4）：75-85．

陈　平，1987．释汉语中与名词性成分相关的四组概念 [J]．中国语文（2）：81-92．

邓思颖，2002．粤语句末助词的不对称分布 [J]．中国语文研究（2）：75-84．

端木三，2016．音步和重音 [M]．北京：北京语言大学出版社．

方晓燕，2003．广州方言句末语气词 [M]．广州：暨南大学出版社．

冯胜利，1997．汉语的韵律、词法与句法 [M]．北京：北京大学出版社．

冯胜利，1998．论汉语的自然音步 [J]．中国语文（1）：40-47．

冯胜利，2000．汉语韵律句法学（增订本）[M]．北京：商务印书馆．

冯胜利，2001．论汉语词的多维性 [J]．当代语言学（3）：161-174．

冯胜利，2010a．论语体的机制及其语法功能 [J]．中国语文（5）：400-412．

冯胜利，2010b．论韵律文体学的基本原理 [J]．当代修辞学（1）：25-36．

冯胜利，2012．语体语法："形式—功能对应律”的语言探索 [J]．当代修辞学（6）：3-12．

冯胜利，2013a．汉语的核心重音 [J]．中国语学（260）：6-24．

冯胜利，2013b．声调、语气与语力短语——汉语语气词的性质与来源（*Tone, Intonation and Forcep: The Origin of Sentence-Final Particle in Chinese*）[C]．汉语句末助词的历史与现状学术研讨会，香港．

冯胜利，2014．论元结构与语体语法——兼谈英文中“本土语与格”与“拉丁语与格”之间语体语法的对立 [R]．第十八届现代汉语语法学术讨论会大会报告，澳门．

冯胜利，2015a．声调、语调与汉语的句末语气 [A]．语言学论丛（第 51 辑）[C]．北京：商务印书馆．

冯胜利，2015b．语体语法的逻辑体系及语体特征的鉴定 [A]．汉语应用语言学研究（第 4 辑）[C]．北京：商务印书馆．

郭锡良，1989．先秦语气词新探（二）[J]．古汉语研究（1）：74-82．

贺　阳，1992．试论汉语书面语的语气系统 [J]．中国人民大学学报（5）：59-66．

胡明扬，1987．北京话初探 [M]．北京：商务印书馆．

胡敕瑞，2014．《老子》诸本的句末语气词 [A]．语言学论丛（第 50 辑）[C]．北京：商务印书馆．

黄　梅，2008．现代汉语嵌偶单音词的句法分析及其理论意义 [D]．博士学位论文．北京：北京语言大学．

黄　梅、冯胜利，2009．嵌偶单音词句法分布刍析——嵌偶单音词最常见于状语探因 [J]．中国语文（1）：32-44．

劲　松，1992．北京话的语气词和语调 [J]．中国语文（2）：113-123．

李艳惠、冯胜利，2013．论狭域焦点的韵律偏差性 [C]．汉语韵律语法讨论会，香港．

李艳惠、冯胜利，2015．“一”字省略的韵律条件 [J]．语言科学（1）：1-12．

李佐丰，2013．在上古汉语中虚词“也”的产生和使用 [C]．上古汉语语法史研究学术研讨会会议论文．

林茂灿，2006．疑问和陈述语气与边界调 [J]．中国语文（4）：364-376．

林茂灿、颜景助，1980．北京话轻声的声学性质 [J]．方言（3）：166-178．

林　焘，1990．语音探索集稿 [M]．北京：北京语言学院出版社．

铃木直治，1994．中国古代语法の研究 [M]．东京：汲古书院．

路继伦，2006．汉语命令句的语调特点 [C]．第七届中国语音学学术会议论文，北京．

陆俭明，2003．现代汉语语法研究教程 [M]．北京：北京大学出版社．

吕叔湘，1958．文言虚字 [M]．上海：上海教育出版社．

马建忠，1983．马氏文通（重印本）[M]．北京：商务印书馆．

马秋武，2014．汉语语调音系研究中的几个问题 [J]．当代外语研究（1）：6-11．

马秋武，2015．什么是音系学 [M]．上海：上海外语教育出版社．

麦　耘，1993．广州话“sin”再分析 [M]．广州话研究与教学．广州：中山大学出版社．

梅祖麟，1977．中古汉语的声调与上声的起源 [A]．中国语言学论集 [C]．台北：幼狮文化事业公司．

潘允中，1982．汉语语法史纲要 [M]．郑州：中州书画社．

蒲立本（E. G. Pulleyblankau），1999．上古汉语的辅音系统 [M]．潘悟云、徐文堪译．北京：中华书局．

曲　辰，2001．试论生成音系学对早期音位学理论的批判与继承 [J]．外语学刊（2）：73-77．

瞿霭堂，2013．声调的发生和聚合 [J]．东方语言学（1）：1-3．

沈　炯，1985．北京话声调的音域和语调 [A]．林焘、王理嘉编．北京语音实验录 [C]．北京：北京大学出版社．

沈　炯，1992．汉语语调模型刍议 [J]．语文研究（4）：16-24．

沈　炯，1998．汉语语调分类和标记方法试说 [J]．语言文字应用（1）：104-106．

松浦友久，1995．节奏的美学 [M]．石观海等译．沈阳：辽宁大学出版社．

王洪君，1999．汉语非线性音系学：汉语的音系格局与单字音 [M]．北京：北京大学出版社．

王　力，1980．汉语史稿 [M]．北京：中华书局．

王丽娟，2008．从韵律看介词的分布及长度 [J]．语言科学（3）：300-307．

王永娜，2010．现代汉语书面正式语体句式及庄重等级 [D]．博士学位论文．北京：北京语言大学．

王志洁、冯胜利，2006．声调对比法与北京话双音组的重音类型 [J]．语言科学，5（1）：3-22．

吴宗济，1982．普通话语句中的声调变化 [J]．中国语文（6）：439-449．

吴宗济、赵新那编，2002．赵元任语言学论文集 [M]．北京：商务印书馆．

杨永龙，2000．先秦汉语语气词同现的结构层次 [J]．古汉语研究（4）：23-29．

殷晓杰，2015．单音词“嵌偶化”刍议 [J]．语言暨语言学．待刊．

张振林，1982．先秦古文字材料中的语气词 [J]．古文字研究（7）：289-306．

赵元任，1922．中国言语字调底实验研究法 [J]．科学，7（9）．另见吴宗济、赵新那（2002：27-36）．

赵元任，1924．语音的物理成素 [J]．科学，9（5）．另见吴宗济、赵新那（2002：103-112）．

赵元任，1926．北京、苏州、常州语助词的研究 [J]．清华学报，3（2）．另见吴宗济、赵新那（2002：133-176）．

赵元任，1929．北平语调的研究，《最后五分钟》附录 [M]．北京：中华书局．另见吴宗济、赵新那（2002：253-272）．

赵元任，1935．国语语调（讲演）[J]．国语周刊（214）．另见吴宗济、赵新那（2002：426-434）．

赵元任，1980/1959．语言问题 [M]．北京：商务印书馆 / 台北：台湾大学．

赵元任，1991．汉语地名声调的社会政治色彩 [J]．钱晋华译．语文论集（4）：1-4．

郑权中，1995．汉语句尾疑问助词和被动语态演变的研究 [J]．复旦学报（2）：53-64．

郑张尚芳，2012．郑张尚芳语言学论文集 [M]．北京：中华书局．

Alleton, V. 1981. Final Particles and Expressions of Modality in Modern Chinese [J]. *Journal of Chinese Linguistics*, 9.1: 91-114.

Baker, Mark C. 1988. *Incorporation: A Theory of Grammatical Function Changing* [M]. Chicago: The University of Chicago Press.

Bohr, Wolfgang. 2011. *Linguistic Approaches to the Dating of the Lunyu: Mythological Notes and Future Prospect* [C]. The Conference *The Lunyu: A Western Han Text?*. Princeton.

Bolinger, D. 1951. Intonation Levels versus Configurations [J]. *Word*, 7: 199-200.

Brazil, Coultheard. 1975. *Discourse Intonation. University of Birmingham: English Language Research.*

Brazil, David, Malcolm Coultheart, and Catherine Johns. 1980. *Discourse Intonation and Language Teaching* [M]. Harlow: Longman.

Chan, M. 2002. Chinese: Gender-Related Use of Sentence-Final Particles in Cantonese [A]. In M. Hellinger and H. Bussman (eds.), *Gender across Languages: The Linguistic Representation of Women and Men* [C]. Amsterdam: John Benjamins. Pp. 2:57-72.

Chao, Yuen-Ren. 1932. *A Preliminary Study of English Intonation and Its Chinese Equivalents* [M].《史语所集刊》外编《蔡元培先生六十五岁庆祝论文选》. Pp. 104-156. 又，吴宗济节译见吴宗济、赵新那（2002：718-733）.

Chao, Yuen-Ren. 1933. *Tone and Intonation in Chinese* (中国字调跟语调) [M].《史语所集刊》第4本第3部分. 又，陈保亚中译（1992：102-116）《汉语的字调跟语调》，载于《中国现代语言学的开拓与发展——赵元任语言学论文选》，北京：清华大学出版社；胡明扬中译（1996：848-866）《中国字调跟语调》，载于刘梦溪主编《中国现代学术经典·赵元任卷》，石家庄：河北教育出版社；陈译另见吴宗济、赵新那（2002：734-749）.

Chao, Yuen-Ren. 1947. *A Cantonese Primer* [M]. Cambridge, MA: Harvard University Press.

Chao, Yuen-Ren. 1968. *A Grammar of Spoken Chinese* [M]. Berkeley: University of California Press.

Cheng, L. L. S. 1991. On the Typology of Wh-Questions [D]. Cambridge: MIT Dissertation.

Cheung, K. 1986. The Phonology of Present-Day Cantonese [D]. London: University of London Dissertation.

Cheung, S. H. 1972. A Grammar of Cantonese Spoken in Hong Kong (香港粤语语法的研究). Hong Kong: The Chinese University of Hong Kong.

Childs, G. Tucker. 2003. *An Introduction to African* [M]. Philadelphia: John Benjamins Publishing Company.

Chomsky, Noam and Morris Halle. 1968/1991. *The Sound Pattern of English* [M]. Cambridge, MA: MIT Press.

Chu, C. C. 2002. Relevance Theory, Discourse Markers and the Mandarin Utterance-Final Particle a/ya [J]. *Journal of the Chinese Language Teachers Association*, 37.1: 1-42.

Cinque, G. 1993. A Null Theory of Phrase and Compound Stress [J]. *Linguistic Inquiry*, 24: 239-297.

Cinque, G. 1999. *Adverbs and Functional Heads, a Cross-Linguistic Approach* [M]. New York: OUP USA.

Cloarec-Heiss, France. 1995. Le Banda-Linda [A]. In Raymond Boyd (ed.), *Le Système Verbal Dans Les Langues Oubangiennes* [C]. München and Newcastle: Lincom Europa. Pp. 81-109.

Couper-Kuhlen, Elizabeth. 1986. *An Introduction to English Prosody* [M]. Forschung and Studium Anglistik, London: Edward Arnold.

Cruttenden, A. 1997. *Intonation* [M]. 2nd ed. New York: Cambridge University Press.

Crystal, D. 1969. *Prosodic Systems and Intonation in English* [M]. Cambridge: Cambridge University Press.

Crystal, D. 1975. Prosodic Features and Linguistic Theory [J]. *The English Tone of Voice*. London: Edward Arnold.

Crystal, D. and R. Quirk. 1964. *Systems of Prosodic and Paralinguistic Features in English* [M]. The Hague: Mouton.

Deng, D., Feng Shi, and Shengli Feng. 2008. The Experimental Research on Prosody Restrained Syntax [J]. *Journal of Chinese Linguistics*, 36.2:195-210.

Duanmu, San. 2007. *The Phonology of Standard Chinese* [M]. 2nd ed. Oxford: Oxford University Press.

Duanmu, San. 2012. Word-Length Preferences in Chinese: A Corpus Study [J]. *Journal of East Asian Linguistics*, 21.1: 89-114.

Duanmu, San. 2014. Syllable Structure and Stress [A]. In C.-T. James Huang, Audrey Li, and Andrew Simpson (eds.), *Handbook of Chinese Linguistics* [C]. MA: Wiley-Blackwell. Pp. 422-442.

Fabb, N. 1992. Reduplication and Object Movement in Ewe and Fon [J]. *Journal of African Languages and Linguistics*, 13.1:1-39.

Feng, Shengli. 1991. Prosodic Structure and Syntactic Changes in Chinese [J]. *The PENN Review of Linguistics*, 15: 21-35.

Feng, Shengli. 1995. Prosodic Structure and Prosodically Constrained Syntax in Chinese [D]. Philadelphia: University of Pennsylvania Dissertation.

Feng, Shengli. 2003. Prosodically Constrained Postverbal PPs in Mandarin Chinese [J]. *Linguistics*, 6:1085-1122.

Feng, Shengli and Jan Vihan. 2016. The Historical Evidence for Tripartite Division of Formal, Informal, and Elevated Registers: The Airs, the Elegantiae, and the Eulogia of the *Odes* [A]. In Barbara Meisterernst (ed.), *New Aspects of Classical Chinese Grammar* [C]. Wiesbaden: Harrassowitz.

Fung, R.S.-Y. 2000. Final Particles in Standard Cantonese: Semantic Extension and Pragmatic Inference [D]. Columbus: Ohio State University Dissertation.

Garding, E. 1987. Speech Act and Tonal Pattern in Standard Chinese: Constancy and Variation [J]. *Phonetica*, 44(1):13-29.

Goldsmith, Jone A. 1981. English as a Tone Language [A]. In Didier L. Goyvaerts, and Alan C. L. Yu. Malden (eds.), *Phonology in the 1980's* [C]. MA: Wiley-Blackwell. Pp. 164-196.

Halle, Morris and Samuel Jay Keyser. 1971. *English Stress: Its Form, Its Growth, and Its Role in Verse* [M]. New York: Harper and Row.

Hayes, B. 1995. *Metrical Stress Theory: Principles and Case Studies* [M]. Chicago: The University of Chicago Press.

Hirst, D. J. and A. Di Cristo (ed.) .1998. *Intonation Systems: A Survey of Twenty Languages* [M]. Cambridge: Cambridge University Press.

Huang, C.-T. James. 2009. Lexical Decomposition, Silent Categories, and the Localizer Phrase [J]. *Essays on Linguistics* (语言学论丛), 39:86-122.

Huang, C.-T. James. 2014. On Syntactic Analyticity and Parametric Theory [A]. In Audrey Li, Andrew Simpson, and Dylan Tsai (eds.), *Chinese Syntax in a Cross Linguistic Perspective* [C]. Oxford in London: Oxford University Press.

Kenstowicz, Michael. 1994. *Phonology in Generative Grammar* [M]. Oxford: Blackwell.

Kirsner, R. and V. Van Heuven. 1996. Boundary Tones and the Semantics of the Dutch Final Particles *He*, *Hoor*, *Zeg* and *Joh* [A]. In C. Cremers and Dikken, M. Den (eds.), *Linguistics in the Netherlands* [C]. Amsterdam: John Benjamins. Pp. 133-146.

Kirsner, R., V. Van Heuven and R. Van Bezooijen. 1994. Interaction of Particle and Prosody in the Interpretation of Factual Dutch Sentences [A]. In R. Bok-Bennema and C. Cremers (eds.), *Linguistics in the Netherlands* [C]. Amsterdam: John Benjamins. Pp. 107-118.

Kratochvil, P. 1968. *The Chinese Language Today* [M]. London: Hutchinson University Library.

Kwok, H. 1984. *Sentence Particles in Cantonese* [M]. Hong Kong: Center of Asian Studies.

Ladd, Robert. 1978. *The Structure of Intonational Meaning* [M]. Bloomington: Indiana University Press.

Law, S. 1990. The Syntax and Phonology of Cantonese Sentence-Final Particles [D]. Boston: Boston University Dissertation.

Law, Y. K. A. 2004. Sentence-Final Particles in Cantonese [D]. London: University College London Dissertation.

Lee, W. R. 1956. English Intonation: A New Approach [J]. *Lingua*, 5:345-371.

Li, Zhiqiang. 2000. Tonal Structure of Yes-No Questions in Chaha（有关音段和超音段不同语音属性在C位上的相互转换）[A]. In Ora Matushansky, Albert Costa, Javier Martin-Gonzalez, Lance Nathan, and Adam Szczegielniak (eds.), *MIT Working Papers in Linguistics* [C], 40:123-136.

Lian, A-P. 1980. *Intonation Patterns of French* [M]. Melbourne: River Seine Publications.

Liberman, M. 1975. The Intonational System of English [D]. Cambridge: MIT Dissertation.

Liberman, M. and Prince A. 1977. On Stress and Linguistic Rhythm [J]. *Linguistic Inquiry*, 8:249-336.

Matthews. P. H. 2007. *The Concise Oxford Dictionary of Linguistics* [M]. Oxford: Oxford University Press.

Matthews, S. and Virginia Yip. 1994. *Cantonese: A Comprehensive Grammar* [M]. London: Routledge.

McCawley, J. 1968. *The Phonological Component of a Grammar of Japanese* [M]. The Hague: Mouton.

McCawley, J. 1978. What Is a Tone Language? [A]. In V. Fromkin (ed.), *Tone: A Linguistic Survey* [C]. New York: Academic Press. Pp. 113-131.

Odden, D. 1995. Tone: African Languages [A]. In J. Goldsmith (ed.), *The Handbook of Phonological Theory* [C]. Cambridge, MA: Blackwell. Pp. 444-475.

Perrine, Laurence. 1963. *Sound and Sense: An Introduction to Poetry* [M]. New York: Harcourt, Brace and World.

Pierrehumbert, J. 1980. The Phonology and Phonetics of English Intonation [D]. Cambridge: MIT Dissertation. Published by Indiana Linguistics Club 1987.

Pierrehumbert, J. and J. Hirschberg. 1990. The Meaning of Intonational Contours in the Interpretation of Discourse [A]. In P. Cohen, J. Morgan, and M. Pollack (eds.), *Intentions in Communication* [C]. Cambridge, MA: MIT Press. Pp. 271-312.

Pike, K. L. 1945. *The Intonation of American English* [M]. Michigan: The University of Michigan Press.

Qu, Chen. 2013. Representation and Acquisition of the Tonal System of Mandarin Chinese [D]. Montréal: McGill University Dissertation.

Richards, Norvin. 2010. *Uttering Trees* [M]. Cambridge, MA: MIT Press.

Rizzi, Luigi. 1997. The Fine Structure of the Left Periphery [J]. *Elements of Grammar*, 281-337.

Roach, Peter. 2009. *English Phonetics and Phonology* [M]. 4th ed. Cambridge: Cambridge University Press.

Schack, Katrina. 2000. Comparison of Intonation Patterns in Mandarin and English for a Particular Speaker [J]. *University of Rochester Working Papers in the Language Sciences, Spring*, 1:24-55.

Schubiger, M. 1965. English Intonation and German Modal Particles: A Comparative Study [J]. *Phonetica*, 12:65-84.

Shyu, Shu-ing. 2010. Focus Interpretation of *zhi* ‘only’ Associated Arguments in Mandarin Triadic Constructions [J]. *Linguistics*, 48.3:671-716.

Simpson, Andrew. 2014. Sentence Final Particles [A]. In C.-T. James Huang, Andrew Simpson, and Audrey Li (eds.), *Handbook of Chinese Linguistics* [C]. MA: Wiley-Blackwell.

Sybesma, Rint and Boya Li. 2007. The Dissection and Structural Mapping of Cantonese Sentence Final Particles [J]. *Lingua*, 117:1739-1783.

Wakefield, John. 2010. The English Equivalents of Cantonese Sentence-Final Particles [D]. Hong Kong: The Hong Kong Polytechnic University Dissertation.

Wang, Feng (汪锋). 2006. Rethinking the *-s Hypothesis for Chinese *qusheng* Tone [J]. *Journal of Chinese Linguistics*, 34.1:1-24.

Wells, J. C. 2006. *English Intonation: An Introduction* [M]. Cambridge: Cambridge University Press.

Woo, N. 1969. Prosody and Phonology [D]. Cambridge: MIT Doctoral Dissertation.

Xu, Dan (徐丹). 2006. *Typological Change in Chinese Syntax* [M]. Oxford: Oxford University Press.

Yau, S. C. 1980. Sentential Connotations in Cantonese [J]. *Dialect* (方言), 1:35-51.

Yip, Moria. 2002. *Tone* [M]. Cambridge: Cambridge University Press.

Yip, Virginia and Steven Matthews. 2000. *Basic Cantonese: A Grammar and Work Book* [M]. London: Routledge.

Yiu, C. 2001. Cantonese Final Particles *'lei'*, *'zyu'* and *'laa'*: An Aspectual Study [D]. Hong Kong: Hong Kong University of Science and Technology M.Phil Thesis.

Zec, D. and S. Inkelas. 1990. Prosodically Constrained Syntax [A]. In *The Phonology-Syntax Connection* [C]. Chicago: University of Chicago Press.

Zubizarreta, M. L. 1998. *Prosody, Focus and Word Order* [M]. Cambridge: MIT Press.

Zwart, C. J. W. 1993. Dutch Syntax: A Minimalist Approach [D]. Groningen: University of Groningen Dissertation.

对外汉语教学语法再思考

何宝璋

提　要　对外汉语教学作为一个独立的学科，近年来在专家学者、特别是第一线实际课堂教学的老师们的共同努力之下，在科研和教学方面都有了长足发展，硕果累累。笔者认为美中不足的是在对外汉语教学语法方面还没有完全走出自己的路；名曰对外汉语教学语法，但跟教授本族人的教学语法和专家语法大同小异，针对性不强，所以也不够实用。本文首先提出对外汉语教学语法应当受益于本体研究，但应有所取舍；另外对外汉语教学语法的研究课题很多直接来自于实际课堂教学，因为问题从教学中来，研究的结果有益于实际课堂教学；最后文章简略地讨论对外汉语的特性，并以汉语“补语”为例，提出对外汉语教学语法为什么及应该怎么走出自己的路。

关键词　对外汉语教学　对外汉语教学语法

一、前言

中国的对外汉语教学始于上世纪50年代，这本集子的作者们可以说是同中国的对外汉语教学一起成长起来的。在1978年中国改革开放的初期，吕必松先生最早提出“应当把对外国人的汉语教学作为一个专门的学科”[①]来建设的说法；1984年朱德熙先生提出对外汉语教学“实际上是一门学问，在国外，已经变成一门学问，这需要研究”[②]。1987年“世界汉语教学学会”的成立和1988年“中国对外汉语教学学会”的成立，标志着这一独立的学科开始茁壮成长。学科确认后，学科的教育体系和课程体系，学科的理论体系和教师队伍，经过同人的共同努力有了长足的发展，基础理论与应用型研究硕果累累。其内容包括对汉语言本体、教学理论与实践、教材、学习理论、中介语、教学总体设计与教学大纲等诸多方面的研究。笔者在海外教学三十余年，研究的兴趣为现代汉语句法、语义，近年来对对外汉语教学语法的实际课堂应用情有惟牵，希望通过本文就对外汉语教学语法的问题谈谈自己的一些想法、做法和建议。

随着对外汉语教学在全世界的蓬勃发展，以及海内外众多大专院校国际汉语专业人才培养的需求，对外汉语教学语法方面的专著与论文集近年来问世颇多。在与海内外的年轻教师接触中，不难发现，虽然他们熟读了对外汉语教学语法的课本与文章，但在实际教学中总觉得无从下手。语法条条掌握了，但不知道如何介绍给学生。这里边反映出来的问题是坊间的对外汉语教学语法专著“语法”讲解有余，而“对外汉语教学”不足。追根寻源，问题的关键在于对外汉语教学虽然已成为独立的学科，但对外汉语教学语法并没有自成一体走自己的路。有的对外汉语教学语法跟教中国人的教学语法车出同辙，有的对外汉语教学语法跟本体研究的专家语法大同小异，既没有体

---

① 吕必松先生在中国社会科学院召开的“北京地区语言学科规划座谈会”上的发言纪要，载《北京地区语言学科规划座谈会简况》，见《中国语文》1978年第1期。

② 朱德熙先生在北京语言学院语言教学研究所成立大会上的讲话，载《语言教学与研究》1985年第2期。

现“对外”，也没有考虑“教学”，所以不够实用，名不副实。

笔者认为对外汉语教学语法应受益于本体研究，实际的对外汉语教学又可以为本体研究提供研究课题，但是对外汉语教学语法应有别于理论语法和教授本族人的教学语法而自成系统，并且更具有针对性和实用性。前些年人们认识到了编写国别教材的重要性。实际上，对外汉语教学语法从来都是国别性的、本土化的。尽管使用同一本汉语教材，有经验的教师会根据学生不同的母语背景比较汉语和该语言的相同与不同，有效地帮助学生掌握汉语。

二、对外汉语教学语法受益于本体研究但不能全盘照搬

陆俭明先生（2006）在谈到语言研究的目的时指出，语言研究的目的大致有四个：一是对种种语言现象做出尽可能合理的解释；二是探索人类语言的共性；三是通过对语言的研究，概括获得一定的理论方法，并给以哲学的抽象，以便为其他学科所借鉴；四是服务于语言应用。对外汉语教学语法属于应用语言学（applied linguistics），不言而喻，汉语语言学本体研究的最大受益对象之一就是对外汉语教学语法。借鉴本体研究的成果，汉语教师可以把汉语语言的规则更具有科学性地、言简意赅地介绍给学生。近年来无论是汉语语言学方面的研究，还是对外汉语教学语法方面的研究都取得了不少成绩。然而如何将这些成绩以通俗易懂、深入浅出的形式介绍给第一线的汉语教师，介绍给在校的对外汉语教学专业的学生，使实际的汉语教学直接受益，似乎还存在着一些差距。近年来笔者的一部分工作就是试图在这方面做一小小的努力。

“汉语语序的语法意义”是汉语语言学专家学者们通过对汉语的分析研究，总结出来的现代汉语中一条很重要的语法规律。此规律可以解释很多汉语的语法现象，而这些语法现象恰恰在对外汉语教学中是学生学习掌握的难点。但是由于种种原因，很多的语言学研究成果并没有被运用到实际教学中来。本节将用“汉语语序的语法意义”这一规律来解释对外汉语教学中常见的几个词语和句型，展示这一规则在对外汉语教学中的实际应用。

可能是因为受英语母语的影响，在一个句子中如果有一个施动者和一个动词，以英语为母语的汉语初学者在说话或书写的时候一定是施动者在前动词在后，所以我们在修改学生作业的时候常常会看到“一个学生来了”和“一个同学来他的宿舍了”这样的句子。对于这样的句子，如果只是帮助学生改正句子的错误并不能真正达到教学目的，学生不知道错在哪里，下次仍会犯同样的错误。针对这样的错误，要给学生讲明白，让学生了解到汉语句法的特点，从此不再犯类似的错误。

汉语的基本语序是：主语＋谓语＋宾语

在通常情况下，主语和宾语都是名词性的，所以我们也可以把上边的公式写成：

NP ＋ V ＋ NP

汉语句法的一个特点就是句子的位置有一定的语义功能。就上边的公式来讲，动词前边的名词性成分在通常情况下是定指的，而动词后的名词性成分在通常情况下是不定指的[①]。这种“定指”与“不定指”是句子的位置决定的，而不是名词的修饰成分决定的。这就是所谓的汉语语序的语法意义（Chao，1968；Li and Thompson，1975；Light，1979）。先看下边这两个句子：

（1）人来了。

（2）来人了。

（1）和（2）中的“人”前边都没有任何修饰语，但是（1）中的“人”是定指的，是说话人和听话人都知道的、认识的，或来的人是意料之中的。（2）中的“人”是不定指的，来的人说话人不认识，或来的人是意料之外的。这种定指和不定指是“人”在句子中的位置所决定的。（1）中的“人”在动词前，这个位置决定了它是定指的。（2）中的“人”在动词后，这个位置决定了它是不定指的。因为名词在动词的前后位置已经决定了它的所指性，那么如果名词有修饰成分，修饰成分的意思就

[①] 动词前的名词性成分并非仅仅“定指”这么简单。本文侧重于实际对外汉语教学，并非纯语言学论文，所以在文中只用“定指”和“不定指”这两个术语，不做更细微的区别。详细讨论请参见陈平（1987）和 Light（1979）。

不能跟它所在位置上的意思有冲突。如果有冲突，就会产生病句。请看下面这四个句子：

（3）书（我）买了。

（4）（我）买书了。

（5）我买了几本书。

（6）* 几本书我买了。

（3）和（4）的情况跟（1）和（2）的类似，尽管没有修饰语，定指与否是很清楚的。（5）是说话人告诉听话人他买了数量不多的书，具体是几本书、什么书，听话人并不知道。“几本书”不定指，在动词后，句子无可非议。（6）中“几本书”本来是不定指的但却用在动词的前边占据了定指的位子，这样就造成了语义冲突，所以（6）是错误的句子。同理不但可以推出“一个学生来了”是错误的句子，而且老师可以告诉学生错在何处。

在这里需要指出的是，动词前的名词成分是定指的，动词后的名词成分是不定指的，这是就通常情况下名词成分没有任何修饰语而言的。在有修饰语的情况下，动词后的名词性成分为定指的情况是很常见的，如下边的句子：

（7）我看过那个电影。

（8）我认识他。

同样，不定指的名词性成分也可以出现在动词前边的位置上，但需要一定的处理，一般是在句首加上“有”，如下边的句子：

（9）* 一个人站在外边。

（10）有一个人站在外边。

（11）* 一个人来找你。

（12）有一个人来找你。

在大致明白了“汉语语序的语法意义”以后，下面举几个可以用“汉语语序的语法意义”来解释的汉语词语的用法和句法现象，其中一些是学生非常容易弄错的。

“们”在教学初级阶段出现得比较早，而且一般的教材和语法书对“们”的解释也比较详细，近年来对外汉语教学语法和汉语语法本体研究对“们”的专门讨论文章也不在少数（Ilijic,2001;Li,1999）；但是为什么学生在使用的时候还会常常出现错误，而老师有的时候也不知道错在哪里呢？仔细探源就会发现本体研究或对外汉语教学语法研究与实际教学之间的确还存在着一定的差距。

一般的对外汉语教材和对外汉语教学语法书对“们”的意思和用法的描述是比较详细的，大致可以归结为下面几点：

“们”是汉语中表示复数的后缀，但是它和英语中表示复数的「-s」截然不同，在使用的时候有很多条件：

第一，“们”只可以加在表示人的名词和代词后边，构成复数；表示非人的名词后边则不可以。

第二，“们”不仅仅只是一个简单复数后缀，还有更重要的语法功能。加了后缀“们”以后的名词不再是普通的名词，而是集合名词。集合名词被视为一个整体，是不可数的。

初、中级对外汉语教材对“们”的介绍一般到此为止。正是因为到此为止，所以学生就会说出这样的句子：

（13）学生们来了。

（14）*来学生们了。

晚近的语言学研究成果告诉我们，“们”是有定指意思的。根据“汉语语序的语法意义”的规则，（13）是合语法的，因为动词前的名词成分应该是定指的；（14）是不合语法的，因为动词后的名词成分应该是不定指的，“们”有定指的语义，从而造成语义冲突。由于“们”的这一条语义特征没有被写进汉语教材中，学生在学习的时候，没有学到这样的规则，在使用的时候出错，是理所当然的，而这最终只能归结为我们老师或教材编撰者的错误。

把“汉语语序的语法意义”的规则运用到对外汉语实际课堂教学中的例子有很多，如怎样区分和正确使用“有的”和“一些”，或表示存在的“在”字句和“有”

字句的区分和使用等，在这里不一一介绍。

下面简单介绍一下胡文泽（2011）最新对把字句的研究与教学提示。

胡文泽提出在教授把字句前要做好一定的准备工作。其中之一是让学生先掌握好“话题—评论”结构[①]。以下从胡文中借用几个例句变换：

（15）衣服洗干净了。　→我把衣服洗干净了。

（16）我炒的饭吃完了。　→他把我炒的饭吃完了。

（17）椅子搬出去了。　→他把椅子搬出去了。

（18）今天的作业交给老师了。　→我把今天的作业交给老师了。

（19）洗干净的鸡肉切成丁了。　→我把洗干净的鸡肉切成丁了。

（20）“太”写成“大”了。　→她把“太”写成“大”了。

这样做的目的就是帮助学生认识把字句宾语的有定性。前边的句子是“话题—评论”句。先提出“话题”，再对“话题”加以“评论”。“话题”的一个重要的语义特征就是它是定指的。后边的句子是把字句。把字句中“把”的宾语就是前边“话题—评论”句中的“话题”。这便不难得知“把”的宾语是定指的。

当今对外汉语教学发展迅速，需要大量的教师。然而并不是所有的教师都受过严格的语言学或对外汉语教学语法方面的训练。很多汉语和对外汉语教学语法研究的成果被束之高阁，并没有被得心应手地运用到第一线教学当中。上边通过几个实际的例子，讨论如何将汉语语法研究的成果运用到实际教学当中来，意在使实际课堂教学受益。

前面说的是对外汉语教学语法受益于本体研究，下面简单讨论一下对外汉语教学语法不能全部照搬本体研究的问题。这里仅以“离合词”名称的使用为例。

离合词是指汉语中“洗澡、理发”这一类词。这类词的共同特点是既可以作为词来使用，这时指的是“合”；也可以在中间加入别的成分，这时指的是“离”。不同离合词的离合程度是不同的。这个问题比较复杂，不是本文讨论的对象。

[①] 另外一个方法，变换一下名称，可以达到同样的目的。那就是从“无标记被动句”入手。先复习并分析“无标记被动句”，然后引出造成这一状态的施动者。

离合词是语言学家在本体研究时使用的术语。类似“洗澡、理发”这类词，在对外汉语教学的课堂上一直被叫作动宾词组 / 复合词（VO compound）。这种教法让学生一目了然，知道词的性质。离合词的英语翻译是 separable verb。学生看到了英语解释等于没有看到，还是不明白指的是什么，反而可能会更糊涂。VO compound 这一叫法的另一个好处是课堂实际教学中的运用。这类词对外国学生来说确实是一个掌握上的难点，要多讲解多练习。翻了手头的几本近几年出版的对外汉语教学语法书，只是看到了新的名称的改变，并没有发现为什么这类词对学生来说难于掌握，也没有看到如何讲解教授帮助学生来掌握。请看下边的表格：

V	吃	写	走	跑	唱	说
VO	吃饭	写字	走路	跑步	唱歌	说话
英译	eat	write	walk	run	sing	talk

从这个表格中我们可以很容易地看出难点之所在。首先 V 和 VO 的英语翻译是一样的。这就是说，我们要让学生用英语中的一个概念来理解汉语中的两个不同的概念，并要让他们理解后掌握运用，这是非常难的。笔者的《离合词，怎么教？》（2015）大致讨论了如何在课堂上向学生解释、介绍 VO compound，及具体教学步骤，这里不再重复。

笔者的意图是我们当然要与时俱进，不断吸收采纳本体研究的最新研究成果，但在具体采用时要根据对外汉语教学的实际情况有所取舍，更需潜心研究外语教学方面的特点。

三、对外汉语教学可以为本体研究提供题目

在对外汉语教学的课堂上发现问题，并针对问题做相应的研究，其研究结果不但可以解决对外汉语教学的实际问题，也可能帮助我们更深刻地了解汉语的内在规律，一举两得。

在对外汉语初级教学中，我们常常会遇到一些很棘手的问题。比方说有两个结

构，这对中国人来说根本不是问题，结构不同，意思不同，用法不同。什么时候用哪个，清清楚楚。然而对我们的学生来说，在刚开始接触这两个结构的时候不管老师怎么讲解，怎么反复地操练，在使用的时候也还是常常用错。“唱得很高兴”和“很高兴地唱”就是一对典型的例子。虽然老师们自己觉得讲清楚了，讲了以后并给学生做了一定的结构上的练习，但是学生在用的时候还是错。很显然，肯定是老师并没有完全讲清楚，或没有抓住问题的关键。我们发现很多对外汉语初级教材在处理这两个语法点时，都只是着重叙述句法形式，忽略语用功能，更谈不上汉英语法的对比。其结果是虽然老师是讲了，并自以为讲清楚了，但是学生并没有真正理解和掌握，所以用的时候常常出错。探寻这两个句式在学生掌握时的难点所在，把这个小问题解释清楚，解决我们在对外汉语教学中的实际问题，这才是对外汉语教学语法应当多注意、多研究的地方。

“唱得很高兴”从结构上看是谓语动词带程度补语。“程度补语”在有的语法书或对外汉语课本中也叫“情态补语”。这两个句法上的名称实际上都是从语义方面下的定义。“很高兴地唱”是形容词做状语修饰谓语动词。对英语为母语的汉语初学者来说，这两个不同的句式非常容易混淆，不知道什么时候应该用哪个。对学生们来说，“程度补语”是一个比较难掌握和运用的语法点。所谓难掌握，并不完全是语法形式难掌握，而是语法意义难掌握。由于语法意义难掌握，所以在用的时候常常用错，或把“程度补语”和“形容词做状语修饰谓语动词”混为一谈，乱用，或怕用错而尽量避免使用。

首先，我们来看程度补语。所谓程度补语就是在谓语动词（包括形容词）后边补充说明动作的程度或情态的词和词组。从形式上看，程度补语可以分为不同种类。我们只讨论下面这一种，因为其他的在教学中比较容易处理，或在教学中出现较晚，学生的汉语水平已经达到了一定的程度。

对学生来说掌握上很难，是因为虽然在英语里也没有类似的句型或表达方式，但是在汉语里还有另外一个完全不同的句式，而这两个不同的句式在英语里常常是用同一个句子来翻译的。第二语言习得的过程可以概括为给已经熟悉的意思加上一套新的符号。其主要行为就是在新符号与已经储存于大脑中的已有语言意义相对应的符号间建立等同关系。新的材料和已经存在于学习者认知结构中的概念联系起来，促进了形式—意义关系的构成和组织。[①] 请看下边的例子：

（21）他唱得很高兴。

（22）他很高兴地唱。

（23）He sings happily.

（21）是程度补语的句子，（22）是状语修饰谓语的句子。尽管（21）和（22）在汉语中的结构、意思及使用都不同，但是往往都可以翻译成同一个英语的句子（23）。换句话说，在学生的脑子里只有“He sings happily”这样一个句子的概念。而这个句子和中文句子（22）是相对的，非常容易接受。“程度补语”对学生来说是一个崭新的概念。让学生用“He sings happily（他很高兴地唱）”来理解“他唱得很高兴”，并且用这一个概念来区分“他唱得很高兴”和“他很高兴地唱”的不同，可想而知是非常困难的。

针对这一对例子，在教学中，如果教师只是在形式或结构方面简单地说补语放在动词后边补充说明动作进行的程度或情态，动词和补语之间用结构助词“得”连接；以及状语的作用是修饰或限制谓语，状语放在动词的前边，并且常常用结构助词“地”连接，在实际上并没有任何效果。学生在结构上即使能把二者分开，对二者的语义和语用差别也并不明白，所以仍不能够真正地掌握，仍不会用，一用就错。

“唱得很高兴”和“很高兴地唱”及类似相对的句子，有的时候语义上的差别是很细微的。对一个初学者来说，不仅仅是很难体会和理解，而是根本就无从体会和理解。因为学生对汉语的了解甚少，基本上还没有任何语感，所以不可能领会到细微的语义差别。

既然从结构和语义上都不能帮助学生掌握好这个语法点，我们下面试图从语用上

[①] According to Ausubel (Ausubel, Novak and Hanesian, 1978), learning a second language is similar to learning another set of symbols for familiar meanings. The main act is establishing equivalency between the new symbols and the meaningful symbols already stored in their mind through the prior language. Thus the new material should be connected to existing ideas in the learner' s cognitive structure to facilitate the construction and organization of form-meaning relationships.

分析二者的不同，告诉学生在什么情况下应该用哪个，不应该用哪个，及其所以然。我们对汉语语料做了调查分析，下边是调查结果（详细讨论请见拙作 2011）。

程度补语大多用来描写。描写主要用于对风景、人物形象、人物心理及人物的语言动作或物体的状态给予刻画和描摹；重视模样、状态和情景。关于程度补语我们可以得到这样一些语言事实：

A. 程度补语是用来描写某一事件或行为的。所以我们可以说程度补语是描写性的。

B. 谓语动词所涉及的事件一般来说在交谈中或上文里已经出现过，可以说是“已知”信息或有对比意义的。程度补语用来进一步说明“已知”动作进行的程度或形态。程度补语实际上是信息焦点。

C. 从意义方面来看，语义的中心是补语而不是动词。“住得很舒服”强调的是“舒服”，而不是“住”；同样“病得很厉害”不是讲“病”本身，而是讲病情的严重和厉害。

D. 由于程度补语的语义中心是补语而不是动词，而程度补语大多数是由形容词担任的，所以程度补语所指的是一种“事态（state of affairs）”，全句是“静态”的句子。

状语修饰谓语的作用大多是用来叙述的。叙述的作用是对事物的发生、发展和变化的经过做出交代。叙述与描写的最大不同点是由“静”变成“动”。我们归纳出下边几条语言事实：

A. 形容词做状语修饰谓语动词是用来叙述某一事件或行为的。所以我们可以说它是叙述性的。

B. 谓语动词所涉及的事件一般来说是信息的焦点，状语只起修饰动作的作用。

C. 形容词做状语修饰谓语动词，从意义方面来看，语义的中心是动词，而不是修饰语。

D. 由于语义的中心是动词，“形容词做状语修饰谓语动词”所指涉的是一个动作，全句是“动态”的句子。

通过上边的对比，我们可以很清楚地区别“程度补语”和“形容词做状语修饰谓语动词”在用法方面的不同。尽管如此，有的时候学生还是不明白，弄不清楚什么时候应该用哪个。通过提问的不同可以进一步说明两者的区别。如：

（24）A：他在做什么？

B：他在唱歌。

A：怎么唱？

B：很大声地唱。

（25）A：他在做什么？

B：他在唱歌。

A：唱得怎么样？

B：唱得很好听。

（24A）和（25A）开始问的都是“他在做什么”，回答的时候需要给出具体的动词，“他在唱歌”。进一步，（24A）是问他怎么唱，用什么方式、方法唱，回答的时候动词可以由不同的修饰语修饰，如“他在大声地唱歌”，“他在高高兴兴地唱歌”或“他在默默地唱”。而（25A）是问“他唱得怎么样”，回答只能用有“程度补语”的句子“他唱得很好听”，“他唱得很高兴”，“他唱得不太好”，等等。

下边以表格的形式总结一下“程度补语”与“状语修饰谓语”诸方面的不同：

	程度补语	**状语修饰谓语**
用处	描写	叙述
谓语动词所涉及的事件	非信息焦点	信息焦点
语义中心	补语	动词
句子类型	静态	动态
问句	V得怎么样?	怎么V？

上文简略地讨论了“程度补语”与“状语修饰谓语”诸方面的不同，目的在于帮助学生了解并掌握“程度补语”。但是程度补语还可以根据内部的语义结构，进一步细分。先请看下边三个句子：

（26）他们唱得很高兴。

（27）他们唱得很快。

（28）他们唱得很好听。

这三个句子都是程度补语的句子，动词都是“唱”，但是补语的所指是不一样的。程度补语实际上也是说明一种结果，是一种广义上的结果补语。（26）他们唱，他们高兴，他们因“唱”而“高兴”，补语补充说明的是主语。（27）他们唱，但是比应有的节奏快了，让人觉得有“赶”的感觉，补充说明的是动作本身。（28）他们唱歌，歌好听，他们的歌唱得很好听，补语补充说明的是谓语动词动作所造成的结果。实际上（26）、（27）和（28）三句中的程度补语表示的都是动作“唱歌”所产生的结果，只不过所产生的结果是不同的。这种细微语义差别对初学汉语的学生来说似乎意义并不大，但是对老师来说是十分重要的。教师应该有意识地利用这种差别，利用英汉的对比帮助学生学习掌握汉语程度补语。请看下边三个句子：

（29）他们很高兴地唱。

（30）他们很快地唱。

（31）* 他们很好听地唱。

（26）和（29）相对，（27）和（30）相对，但是（31）是不合语法的句子。进一步来看下边三个英文的句子：

（32）They sing happily.

（33）They sing quickly.

（34）They sing beautifully/quite well.

（32）用中文来表达，既可以是（26），也可以是（29）。（33）用中文来表达，既可以是（27），也可以是（30）。但是（34）如果用中文来表示，只能是（28）。通过汉语两个不同结构的对比和汉英对比，我们建议在实际教学中初次介绍程度补语的时候，尽量使用类似（28）这样的句子，也就是说补语补充说明的是谓语动词动作所造成的结果的例句，如“写得很好看”“说得很有意思”等。因为类似（34）的英文句子只有一种中文表达的可能性，这就是程度补语的句子。这样的教学可以帮助学生理解，并减少学生在学习中来自英语的一些困扰，使教学更加有效。

不管是教学语法的研究，还是教学方法的研究，我们的最终目的是让学生迅速、准确地掌握和运用所学的语言。就这一对例子来说，我们认为教学的重点应该放在程度补语上，因为这是英语中所没有的。

在这一节中，我们以实例说明对外汉语教学可以为本体研究提供研究课题。研究的结果既可以让我们对汉语本身有进一步的认识，也可以回馈对外汉语的实际课堂教学，使我们的教学更加有效。

四、对外汉语教学语法应自成系统

多年的课堂教学实践使笔者渐渐地认识到目前的对外汉语教学语法要自成系统，既不应该是教授本国人的教学语法，也不应该是本体研究的专家语法；既要体现“对外”也应兼顾“教学”。对外汉语教学语法起码应具有如下几个特征：规定性、经济性、阶段性、针对性、实用性。

语言学的研究或专家语法是描写性的（descriptive），描写语言的实际运用规则，没有对错之分。而对外汉语教学语法应当是规定性的（prescriptive），明确地告诉学生：哪些是正确的，哪些是错误的；哪些能说，哪些不能说。某一对外汉语教学语法在说明“使用‘了’表示动作完成时需要注意的问题”时是这样阐述的：“带助词‘了’的动词谓语后边如果有名词宾语，宾语前边常带数量词组或其他的定语。”不难看出，这是对“了”的使用的描写。“常”“或”及“其他”，这样的描写对教师和学生来说帮助不大，说了等于没说。对外教学语法应该用几条简单的规则告诉学生某一语法点应该什么时候用、怎么用。除此之外，对外汉语教学语法在解释某一语法现象或规则时，应当尽量避免使用语法术语，少用，最好不用。教师帮助学生掌握和使用所学的语言，不是给学生讲解语法；学生的学习目的是学习、掌握、运用汉语而不是学习汉语的语法知识。

所谓“经济性”是就语法规则而言的，一个是语法规则的数量，一个是某一语法规则所涵盖的范围。语言是千变万化的，就某一语法现象，不是一两条规则就可以说清楚或全部涵盖的。但是，我们教的是外国学生，语法规则的数量应该是越少越好，而规则所涵盖的语法现象应尽可能地趋于全部。仍以“表示动作完成的‘了’”为例。请看下边这几个句子：

（35）我们照相了。

（36）* 我们照了相。

（37）昨天我们跟张先生一起照相了。

（38）昨天我们跟张先生一起照了相。

这里边有两条语法规则：第一，动词谓语是简单宾语，只有一个词的时候，“了”只能放在简单宾语的后边，不能放在动词和简单宾语的中间；第二，如果在动词谓语前或主语前用上了状语的时候，“了”可以放在简单宾语的后边，也可以放在动词和简单宾语的中间。笔者认为，就语法规则的经济性而言，在对外汉语教学语法中第二条规则在初级对外汉语教学中可以没有，只有第一条就够了。就是说给学生的语法规则是“表示完成的‘了’放在简单宾语的后边”。根据这条规则，学生可以说出（35）和（37）这样正确的句子，不会说出（36）这样错误的句子。这种做法的好处是学生只需要记住一条语法规则，而所说的话都是正确的。这样做的缺点是，学生并没有了解到汉语语法的全貌，有些合乎语法的句子他们不会说，如（38）。这就引出了对外汉语教学语法的另一个特性——阶段性。

对外汉语教学语法的“阶段性”简单说有两个意思：一个是语法点教授的顺序。例如，在教把字句之前，一定要先教“动结式”“趋向式”等在把字句中谓语所需要使用的语法。又如，以往的教材都是先教表示完成的“了”，再教表示变化的“了”。近来有的教师认为为了避免学生把汉语中表示完成的“了”跟英语中“过去式”标记等同起来，应该先教表示变化的“了”，再教表示完成的“了”。在这方面有相当数量的研究，在这里无须赘言。这里要简单讨论的是阶段性的另一个意思。某一语法点或语法现象，可能有两个或更多的语法规则。为了让学生减少学习的负担，尽快掌握，不要把所有的规则同时都教给学生。随着学生汉语水平的提高，分阶段地把语法规则介绍给学生。具体的实例就是前文讲过的“如果在动词谓语前或主语前用上了状语，‘了’可以放在简单宾语的后边，也可以放在动词和简单宾语的中间”。这条规则在开始的时候可以不介绍给学生，等学生对表示完成的“了”有了较好的掌握之后再介绍给学生。

关于对外汉语教学语法的“针对性”问题，前文已经简略讨论过。首先，所有的对外汉语教学语法都是国别性的，不可能有一个适用于不同母语背景学生的对外汉语教学语法。在汉语与学习者的母语对比的基础之上，选取那些学生母语中没有的语法项目为重点教学内容。在这方面，很多学者和对外汉语教师已经做了相当多的研究和讨论。实际上汉语教学语法的本土化已经是一个不争的事实。如何把这方面的工作做得更好则需要更多的中外合作，对汉语本体研究和对外汉语教学语法研究的成果，根据学生母语的特点有针对性地取舍，运用到实际教学中去。

对外汉语教学语法的“实用性”，不言而喻就是老师学了之后可以在课堂教学上使用，学生学了之后可以运用到语言实践活动中来。实用性起码表现在如下两个方面：一是语法项目的选择，二是语法的呈现。有的对外汉语教学语法和教科书中大费笔墨讲述“连动式”和“兼语式”及二者的区别，对以英语为母语的学生来说这种做法实在不可取。学生知道不知道二者的区别意义不大，只要能正确地使用、表达自己就可以了。关于实用性的另一个方面是说对外汉语教学语法应该给使用的人提出教学建议，让教学者明白怎么教。以下仍以前边提到的一本对外汉语教学语法书关于离合词的问题为例。这本语法书中讲道：

> 外国人在学汉语的过程中，离合词是一个难点，学生经常说出下面的病句：
>
> （39）*我今天见面了一个朋友。
>
> （40）*我已经毕业大学了。
>
> 之所以会出现这样的病句，主要是因为学生对这类语言单位的用法不了解。

笔者认为“学生对这类语言单位的用法不了解”，说得很对，但这是非常不负责任、推卸责任的说法。对外汉语教学语法的目的是帮助学生了解某一语言单位，只是把某一语言单位做语言学的详尽描写是徒劳无功的。既然“之所以会出现这样的病句，主要是因为学生对这类语言单位的用法不了解”，那么对外汉语教学语法就应该明文写出教学建议帮助老师如何教学、帮助学生正确理解。否则对外汉语“教学”语法则失去了其存在的真实意义。在对外汉语教学语法的实用性方面，我们刚刚起步，有很多工作要做。

教学语法通常指的是教授本族人的语法。国内的教学语法最早的并最具权威性的是“暂拟汉语教学语法系统”。暂拟汉语教学语法系统是中华人民共和国成立以后，为了在汉语教学中对语法体系达成一个比较一致的意见而拟定的一个汉语语法系统。这个系统被认作是暂时使用的，只适于本族人汉语教学，而且并不完善。对外汉语教学发展的初期，因为没有专门的对外汉语教学语法，暂借“暂拟系统”也无可厚非。但是在对外汉语教学已经成为独立学科后的今天，为了课堂上的用之有效，对外汉语教学语法应该自成系统。虽然二者都是讲的现代汉语语法，但在很多方面是截然不同的。下面的表格大致列出二者的不同：

教学语法	对外汉语教学语法
针对汉语为母语的人	针对汉语为外语的人
学生会说，学习语法的目的是加强对语言的了解与认识	学生不会汉语，学习语法是为了更好地习得汉语
“教学语法”只是一个名称，实际上不考虑实际语言教学，归纳母语的规律	应该考虑实际语言教学，帮助学生尽快掌握汉语的语言规律，加快学习掌握汉语的速度
	二语习得规律、中外语言对比等

下面我们以不同的语法对汉语“补语”的不同处理方式为例，提出对外汉语教学语法应该如何走自己的路，使其实用性更强，更易于实际课堂教学。

汉语语言学中，“补语系统”是比较复杂的。理论语法、教学语法对“补语”的处理也是不一样的。

我们首先来看一下王还先生（1994）主编的《对外汉语教学语法大纲》是如何处理“补语”的。在《对外汉语教学语法大纲》中，“补语”有八个种类，分别为：结果补语、趋向补语、可能补语、程度补语、数量补语、动量补语、时量补语和介宾词组补语。

以朱德熙先生的《语法讲义》(1982)为代表的汉语本体研究的理论语法为例，汉语的补语有五种：结果补语、趋向补语、可能补语、程度补语和情态补语。

二者不同的地方是《对外汉语教学语法大纲》中的“数量补语、动量补语、时量补语”在《语法讲义》中被列为“准宾语”。《语法讲义》中的“程度补语”和“情态补语”在《对外汉语教学语法大纲》中归为一大类“程度补语”。而“程度补语”可以细分为带“得”和不带“得”的两小类。

下面我们看看，在对外汉语作为单独的学科、对外汉语教学语法研究有了一定的成果以后，“补语”是如何处理的。《对外汉语教学语法》(齐沪扬，2006)把“补语”分为五类；结果补语、趋向补语、程度补语、状态补语和数量补语。《对外汉语教学语法》认为“结果补语”和“趋向补语”有其可能式，从而减少了“可能补语”这一类。《对外汉语教学语法》把《对外汉语教学语法大纲》中合并了的“程度补语”又重新分为“情态补语”和“程度补语”两大类。《对外汉语教学语法》的“数量补语”包括两项——“动量补语”和“时量补语”,《对外汉语教学语法大纲》中“数量补语”在《对外汉语教学语法》中不在补语之列。

各家对补语的分类不同，自有各家的道理，孰优孰劣，在这里不做评论。我们感兴趣的是，在实际课堂上或教科书中是怎样处理“补语”的。

所谓的“结果补语”在实际教学中是以复合词的形式最先介绍的。在英语注释的汉语教材中所用的名词是RVC（resultative verb compound, not resultative verb complement）。每一个动结复合词以单词的形式出现，附有英文注释。这样的做法便于学生理解记忆。在学生对基本概念、形式和用法有一定的了解掌握以后再展开介绍。“趋向补语”在教学中的引进与“结果补语”类似，也是以复合词的形式介绍的。动结和趋向复合词的共同点是都具有“可能式”，也就是以往的“可能补语”。

关于所谓的“情态补语”和“程度补语”，就其名称来讲，对初学汉语并且没有一般的语言学常识的学生来说是比较费解的。“情态”是从语义角度讲的，而且学生学的形容词有限，很难体会出“情态”来。另外，“情态”就没有“程度”吗？反过来形容词加“极了”“死了”“透了”很难看出其“程度”来。教学中的实际做法是把所谓的“情态补语”称为“程度补语”来教，也就是王还先生书中的“带‘得’的程度补语”。而以往的“程度补语”作为固定结构来教给学生，那就是“形容词+极了/死了/透了”。这些固定格式，无须多加解释，学生很容易掌握。

下面来看“数量补语”“动量补语”和“时量补语”的实际课堂教学。先看“数量补语”。“数量补语”（如“大三岁，长两寸”）是“比”字句的一部分，在实际教学中一般不会单独拿出来教给学生。用“比”来做比较的教学顺序是：

A 比 B + 形容词	他比我大。
A 比 B + 形容词 + 得多	他比我大得多。
A 比 B + 形容词 + 具体数量	他比我大三岁。

在实际教学中，老师不会给学生讲解或分析“大三岁”的语法结构，而是帮助学生如何用好比字句。

“动量补语”的教学一般是在学生第一次接触到动量词时，教师介绍动量词及如何表示某一动作发生的次数。动量词使用的难点在于什么时候动量词放在动词宾语的前边，什么时候放在动词宾语的后边。一般教科书或语法书的规则比较多，但实际上是由宾语定指程度的多少来决定的。请参见拙作，在这里不做详细讨论。

“时量补语”表示某一持续性动作持续的时间，或瞬时性动作发生后到某一时间点的时间。在实际教学中都是以固定句型的形式介绍给学生的。

持续性动词在没有宾语的情况下：

动词 + 时段	看三个钟头。

持续性动词在有宾语的情况下，有两种形式：

动宾 + 动词 + 时段	看电影看三个钟头
动词 + 时段（的）+ 宾语	看三个钟头的电影。

瞬时性动词，时段放在动词的后边：　毕业三年了。

从上边的讨论中可以看出在实际课堂教学中，“数量补语”“动量补语”和“时量补语”都是以固定句型表达某种情况来进行教学的，如动作的延续和次数/频率。语法点的引入是从功能、用法入手的。具体是不是补语，是什么补语，老师不讲，也没有必要讲，学生当然不知道，也没有必要知道。下边的表格总结了前边对“补语”的不同处理。

不同的语法对汉语补语处理的对比：

<table>
<tr><th></th><th>王还</th><th colspan="2">齐沪扬</th><th colspan="2">朱德熙</th><th colspan="2">对外汉语教学</th></tr>
<tr><td>结果补语</td><td>✓</td><td>✓</td><td rowspan="2">可能式</td><td colspan="2">✓</td><td>复合词</td><td rowspan="2">可能式</td></tr>
<tr><td>趋向补语</td><td>✓</td><td>✓</td><td colspan="2">✓</td><td>复合词</td></tr>
<tr><td>可能补语</td><td>✓</td><td colspan="2"></td><td colspan="2">✓</td><td colspan="2"></td></tr>
<tr><td>程度补语</td><td rowspan="2">✓</td><td colspan="2">✓</td><td colspan="2">✓</td><td colspan="2" rowspan="2">✓</td></tr>
<tr><td>情态补语</td><td colspan="2">✓</td><td colspan="2">✓</td></tr>
<tr><td>数量补语</td><td>✓</td><td colspan="2">?</td><td rowspan="3">准宾语</td><td>数量宾语</td><td colspan="2">固定结构</td></tr>
<tr><td>动量补语</td><td>✓</td><td rowspan="2">数量补语</td><td rowspan="2">✓</td><td>动量宾语</td><td colspan="2">固定结构：动作次数</td></tr>
<tr><td>时量补语</td><td>✓</td><td>时量宾语</td><td colspan="2">固定结构：动作长度</td></tr>
<tr><td>介宾词组补语</td><td>✓</td><td colspan="2"></td><td colspan="2"></td><td colspan="2"></td></tr>
</table>

以“补语”为例，对外汉语教学语法与理论语法及教中国人的教学语法在处理方面有很大的不同。正因为如此，笔者认为对外汉语教学语法应该走自己的路，重教学，重实用，重本土化。

五、总结

对外汉语教学作为一个独立的学科在最近的二三十年里各个方面都取得了很大的成绩，其中对外汉语教学语法的研究不断向纵深发展，研究越来越精细。但笔者认为对外汉语教学语法在大的方向上还没有完全走出自己的路，脱离不开专家语法或教本族人的教学语法，所以在实际课堂教学上针对性差，也不够实用。我们需要的是以本体研究为基础、课堂教学为目标、国别化的实用对外汉语教学语法。在这方面，我们实际上是刚刚起步，任重道远，仍需同人共同努力。

参考文献：

陈　平，1987．释汉语中与名词成分相关的四组概念 [J]．中国语文（2）.

邓守信，2000．对外汉语的教学与习得 [J]．现代中国语研究（1）.

何宝璋，2011a．“V 得很 A”和“很 A 地 V”句式教学探讨 [A]．侍建国等主编．基于本体特色的汉语研究：庆祝薛凤生教授八十华诞文集 [C]．北京：中国社会科学出版社.

何宝璋，2011b．离合词，怎么教？[A]．黄南松、胡文泽、何宝璋．对外汉语教学语法疑难解析 [C]．北京：北京大学出版社.

胡文泽，2011．“把”字句教学的一种前溯流程 [J]．中文教师学会学报（2）.

黄南松、胡文泽、何宝璋，2015．对外汉语教学语法疑难解析 [M]．北京：北京大学出版社.

柯彼德，1990．汉语作为外语教学的语法体系急需修改的要点 [A]．第三届国际汉语教学讨论会论文选 [C]．北京：北京语言学院出版社.

李德津、程美珍，1988．外国人实用汉语语法 [M]．北京：北京语言学院出版社.

陆俭明，2005．对外汉语教学与汉语本体研究的关系 [J]．语言文字应用（1）.

陆俭明，2006．语言研究目的浅议——兼谈汉语应用研究有广阔的前景 [J]．语言文字应用（2）.

陆俭明、沈　阳，2004．汉语和汉语研究十五讲 [M]．北京：北京大学出版社.

吕文华，2001．关于述补结构系统的思考——兼谈对外汉语教学的补语系统 [J]．世界汉语教学（3）.

齐沪扬，2005．对外汉语教学语法 [M]．上海：复旦大学出版社.

孙德金，2007．对外汉语语法教学中的形式与意义 [J]．语言教学与研究（5）.

王　还主编，1994．对外汉语教学语法大纲 [M]．北京：北京语言学院出版社.

温晓虹，2008．汉语作为外语的习得研究：理论基础与课堂实践 [M]．北京：北京大学出版社.

肖奚强，2002．现代汉语语法与对外汉语教学 [M]．上海：学林出版社.

俞志强，2011．论把字句宾语属性明确性与句子语境的匹配 [J]．世界汉语教学（1）.

赵金铭，1977．汉语研究与对外汉语教学 [M]．北京：语文出版社.

赵日新，2001．形容词带程度补语结构的分析 [J]．语言教学与研究（6）.

朱德熙，1982．语法讲义 [M]．北京：商务印书馆.

Ausubel, David P., Joseph D. Novak, and Helen Hanesian. 1978. *Educational Psychology: A Cognitive View* [M]. 2nd ed. New York: Holt, Rinehart, and Winston.

Chao. Yuen-Ren. 1968. A *Grammar of Spoken Chinese* [M]. Berkeley: University of California Press.

He, Baozhang. 2004. Distribution of Action Measure Words and the Notion of Definiteness in Nouns [J]. *Journal of the Chinese Language Teachers Association.*

Ilijic, R. 2001. The Problem of the Suffix-Men in Chinese Grammar [J]. *Journal of Chinese Linguistics.*

Li, Charles N. and Sandra Thompson. 1975. The Semantic Fuction of Word Order: A Case Study in Mandarin [A]. In *Word Order and Word Order Change* [C]. University of Texas Press.

Li, Y-H. A. 1999. Plurality in a Classifier Language [J]. *Journal of East Asian Linguistics*.

Light, Timothy. 1979. Word Order and Word Order Change in Mandarin Chinese [J]. *Journal of Chinese Linguistics*.

Ross, Claudia. 2014. *Modern Mandarin Chinese Grammar: A Practical Guide* [M]. 2nd ed. London: Routledge.

Tai, James H-Y. 1984. Verbs and Times in Chinese: Vendler' s Four Categories [A]. In *Parasession on Lexical Semantics* [C].

北京话甚低语调及其功能

——兼论语气词“啊”“吧”的性质

贺　阳

提　要　本文认为北京话的基本功能语调不是通常所说的高低（升降）两调，而是高、低、甚低三调。甚低语调具有显著的韵律特征，音高比陈述句语调更低，句末音节显著拉长，其主要功能或是对对方话语信息的求证，或是对发问者测度的求证。有人认为句末语气词“啊”“吧”都可以与“降调”（陈述句语调）同现而表达疑问语气，事实上，这个所谓“降调”都是甚低语调，“啊”“吧”并非疑问语气词。

关键词　甚低语调　求证问句　疑问语气词

一、关于疑问语气词的困惑

现代汉语中究竟有哪些语气词可以独立负载疑问信息，是真正的疑问语气词？人们的看法始终存在分歧，其中除“吗”“呢”的疑问语气词身份没有什么争议或争议不多之外，“啊”“吧”的身份则存在较大分歧。

胡明扬（1981）、陆俭明（1984）两位先生在研究现代汉语语气词的过程中，将语调功能剥离后再来讨论语气词的意义，纠正了以往错将语调意义当作语气词意义而产生的误判。这种意识和方法对语气词研究影响深刻，已成为语气词研究的基本原则。

按通行看法，北京话的基本功能语调有高低（升降）两调，高调的主要功能是表疑问语气，低调的主要功能是表陈述语气。根据胡明扬、陆俭明两位先生提出的原则，我们在考虑语气词的性质时，不应把语调的功能意义算在语气词的头上。从这一点出发可以推论：由于句末带“啊”“吧”的是非问句，其语段部分与陈述句并无区别，那么若“啊”“吧”不是疑问语气词，这种是非问句的疑问信息就只能是由高语调负载的，换言之，这种是非问句只能使用高语调；如果它们是疑问语气词，那么它们就应该可以独立负载疑问信息，即与低语调同现时也能使句子成为疑问句。不过，从我们对北京话口语的观察来看，如果上述推论可以成立，那么就难免有如下困惑：

其一，关于语气词“啊”的性质。胡明扬（1981）、陆俭明（1984）两位先生都认为这不是一个疑问语气词，其中的理由用陆俭明先生（1984）的话说就是“现代汉语中不存在句末带‘啊’而其句调为‘降调’的是非问句”，但据我们对北京话的观察，句末带“啊”的是非问句，其句调常常可以有高低两调，高语调自然是问句，而低语调依然可以是问句，只不过高低两调的功能意义不尽相同，例如[①]：

[①] 本文例句均取自中国人民大学“北京话口语语料库”，该语料库有北京人日常对话录音语料约 100 小时，采录时间为 20 世纪 80 年代。

（1）A：嗨，我也是，我说明儿个要是休息，我上你们那儿去。

B：您明儿休息呀？

A：明儿休息。

（2）A：佳佳穿我姐姐买的那个。要有大的应该再买回一件来。

B：这是最大的。

A：这最大呀？

B：是呀，要不怎么没给小贝贝买呢。

根据我们的听辨，例（1）、例（2）画线句子使用的都是一个低语调而不是高语调，但它们却都是问句而不是陈述句。可见，“现代汉语中不存在句末带‘啊’而其句调为‘降调’的是非问句”这种看法是不符合实际的。但如果由此而认为“啊”是一个疑问语气词，那么在北京话的基本功能语调只有高低两调的条件下，人们又是如何识别句末带“啊”而又使用低语调的句子究竟是陈述句还是疑问句的呢？这个问题的一个可能答案是：虽然这两种功能语气的句子都使用低语调，但二者的低语调并不相同，陈述还是疑问依然是靠语调的不同来区分的。也许正是因为考虑到可能存在的差异，熊子瑜、林茂灿（2004）在判定句末带“啊”的陈述句和是非问句句末语调是否一致时显得比较谨慎，他们一方面认为二者都是“降调”，“在调形上几乎没有什么本质区别”，一方面也指出“它们在调阶上以及音高变化速率等方面有无区别，还有待进一步研究”。

其二，关于语气词“吧”的性质。陆俭明先生（1984）认为“吧”可以独立表达疑问信息，根据是句末带“吧”的是非问句，其语调可以是一个降调，而在他看来，降调不能表达疑问信息。但问题是：一个句末带“吧”的句子用降调来读也可以是一个陈述句，如果这样的句子既可以表疑问，也可以表陈述，那么听话人又是如何分辨不同功能意义的呢？据我们对北京话口语的观察，句末带“吧”的是非问句，其句调的确多为降调，但这个所谓的“降调”实际上有两读：一为陈述，一为疑问。例如“民族大学到人大差不多有三公里吧”一句，如果按陈述句的降调来读，则是一个陈述句；如果句末音高降得更低，音长更长，才是一个疑问句。

如果上述困惑是有根据的，那么就存在一种可能，即“啊”“吧”并非疑问语气词，算在它们头上的疑问功能实际上是由不同于陈述句语调的另一种低语调实现的。

基于我们的北京话语感和所做的语音实验，我们发现：北京话的基本功能语调实际上有三种而不是两种，除用来表达疑问语气的高语调和用来表达陈述语气的低语调之外，还存在另一种可以表达疑问语气的低语调，这种语调在音高上比陈述句的语调更低，因此我们称之为“甚低语调”。

其实，赵元任先生早在1968年的《中国话的文法》中就曾描述过北京话里的这种甚低语调，他说汉语里有一种很低的语调，有时甚至低到有气无声，这种语调通常要与句末的“啊”同现，用于“求证式的问句”，求证自己对别人所说的话有没有听错。（参见赵元任，1996/1968：53、55、663）只是长期以来，他的这一发现似乎并没有引起太多的关注。

本文主要讨论如下问题：

① 甚低语调有哪些突出的韵律特征？通常用于什么样的句子？它是否是陈述句语调（即通常所说的“降调”）的变体？是否依附于特定的语气词？

② 甚低语调的主要功能是什么？

③ 语气词“啊”和“吧”是否是疑问语气词，它们与甚低语调是如何协同配合的？

二、甚低语调的特征与分布

2.1　甚低语调的韵律特征

2.1.1　甚低语调的辨识

我们认为赵元任先生（1968）对“求证式问句”语调的描述是符合北京话实际的。在北京话里，的确存在高语调之外的另一种比陈述句语调音高更低的语调，即我们所谓的“甚低语调”。这种语调无论在形式上，还是在功能上，都跟陈述句的语调不同。下面几段北京人的对话录音转写中，画线的句子都可以两读，用一般低调（用“↓”表示）来读是陈述句，用甚低语调（用“↓↓”表示）来读是疑问句。

（3）A：我四叔他们来了吗？

B：没来。

A：小莉也没来？ ↓/↓↓

B：小莉上门口儿去了。

（4）A：昨天中午谁值班儿呀，我给您打电话时？

B：你跟人家横来着？ ↓/↓↓

A：我没跟人家横呀。

上世纪 80 年代，我们曾经开展过一项北京话调查，当时采集了 100 个小时左右的北京人对话录音，这些录音后由北京人（并非受过语言学训练）转写成文字，约 100 万字。从转写的文字来看，北京人能够清楚地感知这种表疑问的甚低语调和表陈述的低语调之间的形式和功能区别，听辨的误差不大，如果考虑到录音质量不佳等因素给听辨造成的困难，这种误差就更小。下面几段转写文字，可以说明北京人对这种甚低语调的感知和辨识，画线的句子无论在形式上还是在语境上，都不能排除是陈述句，但转写者都使用了问号，说明他们是把这些使用甚低语调的句子当作疑问句看待的。

（5）A：我吃的都是扁豆包子。

B：是吗？

A：没有别的馅儿？ ↓↓

B：对对，还有，有，对对，后那个是肉的，纯肉的。

（6）A：那我爸哪天走的？

B：你爸就是第二天就走了，有车还不走？

A：噢，有车？ ↓↓

B：小丁子给他找一车送走了。

2.1.2　甚低语调的韵律特征

北京人可以辨识甚低语调所表达的疑问语气，而不会听成陈述句，如果不是依据句法或语境因素，那么一定是这种语调有不同于陈述句语调的形式特征。我们曾于

1992 年对北京话的这种甚低语调做过声学实验（参见贺阳、劲松，1992），实验表明这种语调有着与陈述句语调显著不同的韵律特征：

一是音高较陈述句语调更低，特别是句末音高下降极为显著，语速较慢、说话比较清晰时，甚至可以低过发音人的音域下限，也就是赵元任先生（1968）所描述的“有气无声”。基于这一显著特征，我们当时将这种语调称为“甚低调”，意思是比表示陈述的低调更低的低调。下面是当时我们据 7800 语图仪测量所得数据绘制的音高对比图，用于显示求证问句语调（甚低语调）与通常所言的陈述句语调（低语调）、疑问句语调（高语调）的音高差异[①]：

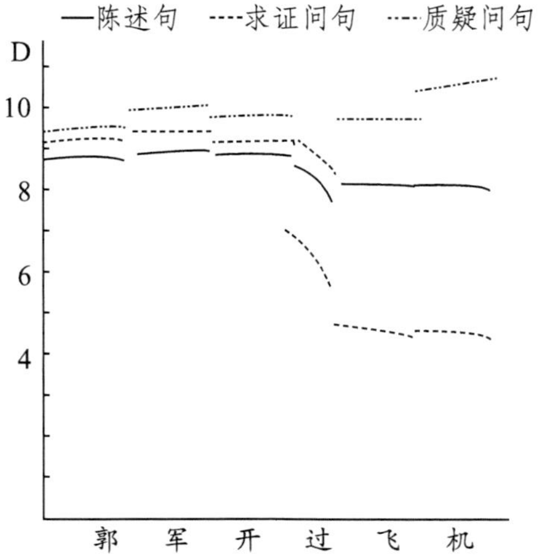

图 1　f 的 Ⅱ-1 全句音高图

二是句末最后一个音节显著拉长。下面是当时我们所做的求证问句（甚低语调）和陈述句（低语调）句末音节的音长对比（单位：毫秒）：

	阴平	阳平	上声	去声	平均
陈述句	250　1.00	250　1.00	250　1.00	240　1.00	248　1.00
求证问句	280　1.12	400　1.60	430　1.72	340　1.42	363　1.46

综上所述，甚低语调无论在韵律特征上，还是在功能意义上，都与陈述句语调不同：在韵律特征上，甚低语调是一种比陈述句语调音高更低且句末音节显著拉长的语调；在功能上，甚低语调可以表达疑问语气而不表达陈述语气。从上文所举例证来

[①] 图中的“D”值为音高的对数标度。

看，甚低语调与通常所说的“降调”(低语调)是对立的，因而不会是后者的一个变体，而是一种可以负载疑问信息的基本功能语调。

2.2 甚低语调的分布

2.2.1 甚低语调与句子的功能类型

就我们的初步观察而言，甚低语调通常用于无标志是非问句，一般不用于陈述句，也不用于特指问句、选择问句、反复问句、带“吗”是非问句等有标志疑问句，除非需要表达特殊的口气。

在是非问句中，甚低语调常常用于回声问句，如例（7）；但也可以用于非回声问的一般是非问句，如例（8）。

（7）A：那谁王杰上初中了吧？

B：王杰工作啦。

A：王杰都工作啦？ ↓↓

B：技校毕业了。

A：嗬，这一晃儿！

（8）A：欸，那红黑格布你还要不要了？

B：要啊。

A：要哈？

B：妈没跟你说呀？ ↓↓

A：没说呀。

C：哟，我给忘了。

回声问是一种特殊的是非问句，其“特殊之处在于它不是问客观世界的有关信息，而是就话语本身发问”(刘丹青，2008：2)，典型的回声问是重复对方话轮的话语或部分话语来构成问句，例（8）中“妈没跟你说呀？”显然不是就对方话轮的话语本身提问，而是就现实事件提问，因此并不是回声问。可见，北京话甚低语调既可以用于回声问，表达对对方话语本身的提问；也可以用于一般是非问句，表达对现实事件的提问。

2.2.2　甚低语调与句末语气词

赵元任先生（1992/1968：55、663）认为这种甚低语调“通常跟语助词‘啊’一起用”来表示求证。从同现关系上看，这一看法是基本符合事实的，甚低语调的确常常跟句末的“啊”同现，但这并不意味着甚低语调不能独立负载疑问信息，因为尽管甚低语调常常会与句末的“啊”同现，但也不是必须如此，不带任何句末语气词的是非问句也可以用甚低语调来表达疑问语气，如上文所举例（3）（4）（5）（6）；在下文中还可以看到，是非问句中的甚低语调也可以跟句末语气词“吧”同现。

三、甚低语调的功能

3.1　甚低语调的求证功能

甚低语调无论用于回声问，还是用于非回声问的一般是非问，这种询问的意图都在于“求证”，使用这种语调的问句正如赵元任先生（1968）所言，是一种“求证式问句”。

汉语中一个是非问句可以由三类成分组成：一是非疑问形式的语段（记作D），二是句末语气词，三是语调，表疑问的语调可以是一个高调（记作↑），也可以是一个甚低调。为了排除语气词意义的干扰，我们首先通过不带任何语气词的是非问句来考察甚低语调的功能意义。

3.1.1　“D+↓↓”用作回声问

“D+↓↓”可以用于回声问句，如上文所举例（6）：

（6）A：那我爸哪天走的？

B：你爸就是第二天就走了，有车还不走？

A：噢，有车？↓↓

B：小丁子给他找一车送走了。

如果“D+↓↓”用于回声问，则有如下特点：

一是甚低语调的功能意义是“求证”，即要求对方对已提供的信息再加以确认，大致的意思相当于“原来如此，对吧？”。

二是使用甚低语调的回声问句，起首往往可以有表示“明白”的叹词“噢”，这表明因说话人对对方话轮提供的信息并没有多少疑问，更没有测度的成分。如果说话人对对方话轮的信息质疑度较高，一是不可能用叹词“噢”，二是会使用高语调。

三是甚低语调回声问句的使用常常出于如下意图：

① 说话人感到对方话轮的信息出乎意料，所以需要进一步确认；

② 说话人对对方的话语听得不是太清楚，所以需要进一步确认；

③ 作为一种回应方式，合作推进会话的需要，避免冷场。

3.1.2 “D+↓↓”用作一般是非问

“D+↓↓”也可以用于一般是非问，如上文所举例（3）：

（3）A：我四叔他们来了吗？

B：没来。

A：<u>小莉也没来？</u>↓/↓↓

B：小莉上门口儿去了。

下面的例（9）也是非回声问的一般是非问句：

（9）A：他们家现在搬那个宣武门去了。

B：没住学校？↓↓

A：不住学校了。

B：还以为他住学校呢。

如果“D+↓↓”用于一般是非问，情况就有所不同：

一是甚低语调的主要功能依然是“求证”，与回声问句不同的是，这种问句求证的是一个新的命题，这个新命题是说话人的一种推测，因此，这种问句有“测度”意味。正因为如此，问句起首通常没有“噢”之类的成分。

二是这类问句所表达的推测在发问者看来具有高可信度，或者在对方话语中或现实场景中有明显证据，如例（3）；或者是从蕴含、预设角度对对方话语的推衍，如例（9）。一种极端的情况是：甚低语调是非问句可以用来“明知故问”。例如，当家人下班推门进来，可以问一句“回来了？↓↓”。在这种“眼见为实”的场景下如果依然要问，就只能用这种甚低语调的问句。

根据上述对回声问句和一般是非问句的分析，我们将甚低语调的主要功能归纳为“求证”。求证的内容有两类：一类是对方的话语，一类是高可信度推测。求证的意图则是要对方对某个信息或推测加以确认。相比较高语调和带“吗”的是非问句（包括回声问句）的“有疑而问”，甚低语调问句重在“问”而“疑”的成分不多。因此，在有明显证据甚至“眼见为实”的场景中，通常只能使用甚低语调的问句发问，而不能使用高语调或带“吗”是非问句发问。

甚低语调除了具有求证功能之外，还有“测度”义。要求证，就必须有求证的内容，在非回声问的条件下，这种“测度”就是求证的内容，而且这种“测度”在发问者看来倾向于为真，有了这种倾向，才会有求证的动机。可见，甚低语调所表达的高可信度推测义与求证功能是相关联的。在回声问句中，之所以没有“测度”意味，是因为回声问没有什么推测的空间，这种“测度”义受到抑制。相对甚低语调是非问句而言，高语调和带“吗”是非问句对所问内容并无为真倾向，自然也就不会有“测度”义和“求证”功能。

我们对甚低语调功能意义的认识，可以解释为什么这种语调通常不用于特指问句、选择问句、反复问句，而只用于是非问句。“求证”的意图是：说话人已有答案，只是不能完全确定，因而需要通过提问要求对方证实这一答案为真。是非问句是问一个命题，也就是一个答案的真假，这种功能与“求证”的意图是契合的，因而甚低语调一般用于是非问句。特指问句是就特定的疑问点提问，选择问句和反复问句是要对方在两个可能的答案中进行选择，它们都不是问一个答案的真假，都只能用于“求解”而无法用来“求证”；因此，表示“求证”的甚低语调一般不用于这些疑问句。

但语调的功能是复杂的，并非只能表达功能语气，也还可以表达各种情感语气，也就是有人认为的“口气”。如果在特定的语境中让这些疑问句形式带上甚低语调，“求证”的功能就会被压制，而只能保留口气功能。

3.2 甚低语调与“啊”“吧”

3.2.1 D + 啊 + ↓↓

“D + 啊 + ↓↓”可以用于回声问，如例（10）；也可以用于一般是非问，如例（11）。

（10）A：杜峰，给你点儿豆腐。

B：自己夹就行。

A：自己夹呀？

B：嗯。

（11）（A从外面进来，看到一群人在一起吃饭。）

A：会餐哪？

B：会餐呢。别跟人家，人家会餐，我这儿跟着。

语气词“啊”本身主要表达情感意义，因此，“D + 啊 + ↓↓”的功能意义与“D + ↓↓”无明显差别。如果“D + 啊 + ↓↓”用作回声问，如例（10），其功能是对对方话语信息的“求证”；如果“D + 啊 + ↓↓”用作一般是非问，如例（11），其功能则是对“测度”的“求证”。

与“D + ↓↓”相同，如果我们将“D + 啊 + ↓↓”的甚低语调置换为陈述句语调，即低调↓，如“明年五月份就退啦↓”，就不再有疑问语气，这表明语气词“啊”并不能独立负载疑问信息，并非疑问语气词。

3.2.2 D + 吧 + ↓↓

“D + 吧 + ↓↓”只用作一般是非问，而通常不能用作回声问。一般认为语气词“吧”最基本的意义是表示“测度”，而如前分析所示，回声问因其是就对方话语本身提问，并没有留出可以“测度”的空间，“吧”的语义与回声问的功能相冲突，所以“D + 吧 + ↓↓”不宜用作回声问，如上文所举回声问句都不宜改作“D + 吧 + ↓↓”。我们至今也还未发现“D＋吧＋↓↓”用作回声问的实例，这反过来也证明当甚低语调用于回声问时没有“测度”的意思。

“D＋吧＋↓↓”虽不能或不宜用作回声问，却可以很自然地用作一般是非问，例如：

（12）A：你不是那个中专，中专学英语了没有？

B：中专没有。

A：高中学了吧？↓↓

B：高中学了。

（13）A：老头儿那单位也不给他房。

B：他老头儿退休了吧？↓↓

A：啊。他比我大得多了。

甚低语调的一般是非问句是提出一个新的命题来向听话人求证，新命题来自说话人的“测度”，因此与“吧”的语义吻合，这也就是为什么“D＋吧＋↓↓”可以用作这种疑问句的原因。

“D＋吧＋↓↓”和“D＋啊＋↓↓”用作非回声问的一般是非问句，都有“测度”和“求证”的功能意义，但二者在对话语境中并非总是适于互换。这大概是因为：由于“啊”本身并无“测度”义，“D＋啊＋↓↓”的“测度”义完全是语调带来的，“D＋吧＋↓↓”的“测度”义则是语调意义和“吧”的语法意义的叠加，同义叠加往往要比单一作用强度更大；因此就我们的语感而言，“D＋啊＋↓↓”的语义是“求证”多于“测度”，“D＋吧＋↓↓”的语义是“测度”多于“求证”。此外，在口气上二者也不一样，“D＋啊＋↓↓”可能带有“惊讶”“意外”“责怪”等口气，而“D＋吧＋↓↓”通常不带这些口气。试比较：

（14）a1. 今天星期二呀？↓↓　　b1. 今天星期二吧？↓↓

a2. 刚才下雨啦？↓↓　　b2. 刚才下雨了吧？↓↓

a3. 老王没来呀？↓↓　　b3. 老王没来吧？↓↓

与“D + 啊 + ↓↓”相同，如果我们将“D + 吧 + ↓↓”的甚低语调置换为陈述句语调，即低调↓，就不再有疑问语气。经我们检验，以往认为“D + 吧 + ↓”为是非问句的例子，其语调都是甚低语调，而不是一般的低调，即陈述句语调。这表明语气词“吧”并不能独立表达疑问语气，并非疑问语气词。

四、结语

1. 北京话的基本功能语调并非高低两调，而是高、低、甚低三调。甚低语调可以表达疑问信息，其主要的功能意义是“求证”和“测度”。

2. 甚低语调问句重在“问”而“疑”的成分不多。

3.北京话甚低语调有“求证”功能，只是就其最为常见、最为基本的功能而言的，并非意味着这种语调只能表达“求证”，这就如同北京话的低语调常被称为“陈述语调”，而其功能并非只有“陈述”一种。我们现在不能排除甚低语调在其他因素的配合下也可以表达其他功能意义，更何况甚低语调在表达功能语气的同时，也还可以表达种种口气，如“出乎意料”“惊讶”“责怪”等。

4. 赵元任先生（1968）认为甚低语调的“求证”只是针对对方话语本身，而我们发现，这种语调不仅可以用于回声问，也可以用于非回声问的一般是非问，后者是为了“求证”有关“测度”。

5. 赵元任先生（1968）认为甚低语调只与语气词“啊”同现，但我们发现，这种疑问语调的分布范围要宽得多，不仅可以和“啊”同现，也可以和“吧”同现，还可以用于不带句末语气词的是非问句。

6. “啊”和“吧”都不是疑问语气词，有人认为它们与“降调”(低语调）同现可以表达疑问语气，事实上这些所谓“降调”都是甚低语调。

参考文献:

胡明扬，1981．北京话的语气助词和叹词 [J]．中国语文（6）.

贺　阳、劲　松，1992．北京话语调的实验探索 [J]．语言教学与研究（2）.

劲　松，1992．北京话语气和语调 [J]．中国语文（2）.

刘丹青，2008．语法调查研究手册 [M]．上海：上海教育出版社．

陆俭明，1984．关于现代汉语里的疑问语气词 [J]．中国语文（5）.

吕叔湘，1980．现代汉语八百词 [M]．北京：商务印书馆．

熊子瑜、林茂灿，2004．“啊”的韵律特征及其话语交际功能 [J]．当代语言学（2）.

赵元任，1996/1968．中国话的文法 [A]．丁邦新译．中国现代学术经典·赵元任卷 [C]，石家庄：河北教育出版社．

朱德熙，1982．语法讲义 [A]．北京：商务印书馆．

从实例分析看音系学理论的发展

蒋　平

提　要　音系学理论在过去半个世纪经历了两个主要发展阶段：第一阶段，从以《英语音系》为代表的经典的生成音系学到以多维度表达为特征的发展的生成音系学（包括自主音段音系学、韵律音系学、节律音系学，等等）；第二阶段，从发展的生成音系学到优选论。本文旨在通过对汉语方言语料的实例分析，说明不同音系学理论各自的洞见与局限，以及不同理论之间的继承与发展关系，同时也显示不同理论框架在揭示汉语方言音系规律中的作用。

关键词　经典的生成音系学　自主音段音系学　韵律音系学　节律音系学　优选论

一、导言

音系学理论有两个重要目标：一是探索语音结构的普遍规律，二是挖掘人脑中潜在的有关语音结构的知识。语音结构的普遍规律是指各种语言的语音系统所共有的核心特征。这些核心特征主要表现在三个方面：一是跨语言出现频率（cross-linguistic frequency）。出现频率越高的音就越具有普遍性。比如，非鼻元音比鼻元音出现的频率更高，因此非鼻元音更具有普遍性（Ferguson，1963）。笔者跨方言汉语声调系统的考察显示，高平调出现的频率高于其他声调，因此高平调比其他声调更有普遍性。（蒋平，1999a、1999b）二是语言结构类型。以音节结构来说，CV 结构的音节是所有语言都有的，但不是所有语言都有 CVC 和 CCVCC 等其他音节类型，因此 CV 类型的音节结构比其他类型的音节结构更具有普遍性（Jakobson，1962）。三是儿童母语获得过程。在儿童母语获得过程中出现较早的音比出现较晚的音更具有普遍性。高平调和高降调在以普通话为母语的儿童语言获得过程中早于其他声调（Li and Thompson，1977），在以台湾话为母语的儿童语言获得中，高平调和高降调同样先于其他声调（King，1982）。因此，高平调和高降调比其他声调更具有普遍性。

人脑中潜在的语音结构的知识常常反映在人们不经意的言语行为中。民歌的押韵就反映了说话人大脑里有关韵律单位的知识（即：韵核和韵尾构成一个韵律单位）。这种潜在的语音结构的知识存在于所有母语者的大脑里，因此连文盲也会创作民歌。口语中的口误现象也反映人脑中潜藏的语音结构知识，有些口误看似杂乱其实是有规律的。语言游戏规则也反映母语者大脑里潜在的语音结构知识，因为会说该语言的人都会玩该语言的语言游戏。

上述两个目标驱动了音系学理论在过去半个世纪的发展。发展的第一阶段是从以《英语音系》为代表的经典的生成音系学（简称 SPE）（Chomsky and Halle，1968）发展到以《自主音段音系学》（*Autosegmental Phonology*）（Goldsmith，1976）为代表的发展的生成音系学。这一阶段的发展源于对语音结构普遍规律的探索，具体来说，就是对音系现象考察范围的扩展。经典的生成音系学建基于对线性语流中音段（segments）交替形式的考察。该理论对音段结构及音变规则的表达是线性的，因此又被称为音段音系学（Segmental Phonology）或线性音系学（Linear Phonology）。当音系研究的考察范围扩展至声调、重音、韵律等非音段现象时，基于考察音段交替现象所产生的经典的生成音系学理论就不够用了，于是就产生了包括专门研究声调现象的自主音段音系学（Autosegmental Phonology）、专门研究重音现象的节律音系学（Metrical Phonology）和专门研究不同韵律单位及其关系的韵律音系学（Prosodic Phonology）。这些理论的共同之处是提供不同语言的证据证明了语音表征的多维性（multi-tier presentation）。因此，这些分支理论又被统称为非线性音系（王洪君，1999）。实质上，这些分支理论都继承了经典的生成音系学的核心特征——推导性（derivation），即：音系表达分底层和表层，音系规则相继作用于语音的底层形式，从而推导出语音的表层形式。因此，非线性音系学的各分支理论又被统称为发展的生成音系学。

音系学理论发展的第二阶段是从发展的生成音系学到优选论（Optimality Theory）（Prince and Smolensky，1993、2004）。这个阶段的发展源于对人脑潜在的语音结构知识的探索。基于认知科学对脑神经元之间相互连接和相互作用的认识（Prince and Smolensky，1997），优选论对人脑处理语音信息的过程提出了完全不同于经典的生成音系学和发展的生成音系学的两点假设。第一，优选论摒弃了生成音系学把语音表达分为底层形式和表层形式的假设，代之以输入形式和输出形式。第二，优选论摒弃了生成音系学关于音系规则作用于底层形式从而推导出表层形式的“推导性”假设，代之以所有制约条件都作用于输出形式的“平行性”。从理论假设来说，优选论对生成音系学理论的发展是一种范式转移（paradigm shift）。同时，优选论也继承了经典的生成音系学关于区别性特征是音系最小单位的观点和发展的生成音系学各分支理论对声调、重音、韵律单位、特征架构的研究成果。认识各个理论框架之间的继承与发展关系对音系学的研究和教学大有裨益。

笔者从事音系学的教学研究二十年，深感理论和语料的重要性怎么强调都不过分。从研究上看，任何理论假设都必须经过语料或实验的检验才能证实或证伪。反过来，理论知识又可以帮助我们发现新的现象和规律（蒋平，2006）。从教学上看，要把抽象的理论讲得深入浅出，实例分析是阐释音系学理论最有效的方法。由于篇幅所限，本文选取一组相对简单的语料做实例分析，旨在通过实例分析，说明不同音系学理论框架各自的洞见与局限，以及不同理论框架之间的继承与发展关系，同时也显示不同理论框架在揭示汉语方言音系规律中的作用。

二、实例考察

本文用于实例分析的语料取自桂北平话（梁福根，2005）。在笔者之前，尚未看到有人对该组语料做过任何理论分析。分析语料的第一步是考察现象，概括规律。先看例（1）：

（1）	举例	国际音标		正常语速	快速语流
a.	吃了	kʰiə^{33}kə^{44}	→	kʰiə^{33}ə^{44}	kʰiə^{334}
b.	梳了	ʂəu^{44}kə^{44}	→	ʂəu^{44}ə^{44}	ʂəu^{334}
c.	会了	vəi^{31}kə^{44}	→	vəi^{31}ə^{44}	vəi^{334}
d.	过了	ku^{55}kə^{44}	→	ku^{55}ə^{44}	ku^{334}
e.	是了	dzʅ^{213}kə^{44}	→	dzʅ^{213}ə^{44}	dzʅ^{334}
f.	辣了	luo^{52}kə^{44}	→	luo^{52}ə^{44}	luo^{334}
g.	盖了	ga^{55}kə^{44}	→	ga^{55}ə^{44}	ga^{334}

例（1）都是单音节动词加完成词缀“了”。在正常语速下，词缀“了”的声母[k]在元音间脱落。在快速语流下，不仅词缀的声母 [k] 脱落，该词缀所有音段 [k] 和 [ə] 都脱落，其声调的调尾则保留在词根音节上，致使快速语流中的动词完成体一律变为 [334] 调。

（2）	举例	国际音标		正常语速
a.	撑起	tʂʰie^{55}ki^{33}	→	tʂʰie^{55}i^{33}
b.	竖起	ʒəu^{213}kʰi^{33}	→	ʒəu^{213}i^{33}
c.	接起	tɕiə^{33}kʰi^{33}	→	tɕiə^{33}i^{33}

d.	宁愿	ṅi^{44}ŋy^{31}	→	ṅi^{44}y^{31}
e.	我家	ŋ̇a^{213}kuo^{44}	→	ŋ̇a^{213}uo^{44}
f.	你给	nəi^{213}xa^{44}	→	nəi^{213}a^{44}
g.	白啯$_{的}$	bi^{31}gə^{31}	→	bi^{31}ə^{31}
h.	寄啯$_{的}$	ki^{55}gə^{31}	→	ki^{55}ə^{31}
i.	错啯$_{的}$	ts^{h}əu^{52}gə^{31}	→	ts^{h}əu^{52}ə^{31}
j.	吃啯$_{的}$	k^{h}iə^{33}gə^{31}	→	k^{h}iə^{33}ə^{31}
k.	女啯$_{的}$	ṅəu^{213}gə^{31}	→	ṅəu^{213}ə^{31}

逐一考察例（2）中每一条语料，我们发现，在正常语速中，并非只有舌根辅音 [k] 在元音间脱落，凡与 [k] 同属一组自然音类的其他舌根辅音 [k^{h} g ŋ x] 都在元音间脱落。

（3）	举例	国际音标		快速语流
a.	都要	tu^{44}iau^{55}	→	tu^{445}
b.	还要	ɣɯu^{44}iau^{55}	→	ɣɯu^{445}
c.	亦要	iə^{33}iau^{55}	→	iə^{335}
d.	就要	dʑiu^{31}iau^{55}	→	dʑiu^{315}
e.	路都……	ḷəu^{31}tu^{44}	→	ḷəu^{314}
f.	够就……	kɯu^{33}dʑiu^{31}	→	kɯu^{331}
g.	去就……	k^{h}ə^{55}dʑiu^{31}	→	k^{h}ə^{531}

例（3）的音变跟例（1）中的快速语流音变相同，都是双语素单位中的第二个语素的音段全部脱落，其调尾保留在前临语素上。需要特别注意的是，例（3）中的有些双语素单位，如“路都”“够就”“去就”，既不是一个词，也不构成一个句法成分，只能从韵律上把它们归纳为“双音节单位”。

桂北平话的音变规律可以概括为两点：第一，在正常语速下，舌根辅音在元音之间脱落。第二，在快速语流下，双音节单位的尾音节音段脱落，其调尾保留在前临音节上。

桂北平话的音变规律如何在不同音系学理论框架内得以呈现呢？不同理论框架对揭示桂北平话的音变规律各有什么洞见与不足呢？各理论框架之间有何继承与发展的关系呢？笔者将逐一讨论。

三、经典的生成音系学

经典的生成音系学有两个最基本的假设：第一，音系的最小单位是区别性特征而不是音段。每个音段由一组区别性特征组成，叫作特征束（feature bundle）。特征束内的每个区别性特征之间没有结构关系。第二，音系表达分底层和表层。音位是底层形式，音位变体是表层形式。音系规则依次作用于底层形式，从而推导出表层形式。在经典的生成音系学框架内，桂北平话的音变规律可以用下面三条音系规则来揭示。

（4）规则 1：舌根辅音在元音间脱落。（此规则适用于正常语速）

$$\begin{pmatrix} +\text{辅音} \\ +\text{高} \\ +\text{后} \end{pmatrix} \to \varnothing / V \text{—} V$$ （V 代表任何元音的特征束）

（5）规则 2：双音节单位中第二音节的辅音在元音间脱落。（此规则适用于正常语速）

$C \to \varnothing / \#CV_1 + \text{—} V_1\#$（C代表任何辅音的特征束，#代表词界，+代表语素界）

（6）规则 3：双音节单位中第二音节的尾元音脱落。（此规则适用于正常语速且可重复应用）

$V \to \varnothing / \# CV_1 + V_0 \text{—} \#$（$V_1$ 和 V_0 分别表示最少 1 个和 0 个元音，可以多于 1 个和 0 个）

上述三个音系规则依次作用于底层形式，从而推导出表层形式。（7）显示正常语速中“我家”和快速语流中“够就”推导过程。大于符号“>”表示该符号左边规则的应用次序先于该符号右边规则的应用次序，横线“——”表示该规则不适用，可以略过。

（7）按规则 1 > 规则 2 > 规则 3 的应用次序推导：

底层形式	我家 /ŋ̇a^{213}kuo^{44}/	够就 /kɯu^{33}dʑiu^{31}/
应用规则 1	ŋ̇a^{213}uo^{44}	——
应用规则 2	——	kɯu^{33}iu^{31}
应用规则 3	——	kɯu^{33}i
重复应用规则 3	——	kɯu^{33}
表层形式	✓ [ŋ̇a^{213}uo^{44}]	? [kɯu^{33}]

（7）的第一行列出“我家”和“够就”的底层形式。规则 1 应用于正常语速的“我家”，使其中的辅音 k 脱落；此规则不适用于快速语流的“够就”，因此用横线“——”略过。规则 2 和规则 3 都不适用于正常语速的“我家”。规则 2 适用于快速语流的“够就”，使其中的辅音 dʑ 脱落。接着规则了应用于 kɯu^{33}iu^{31}，使其中最末尾的元音及所含声调 u^{31} 一起脱落。然后规则 3 重复应用，使末尾的元音 i 脱落。最后推导出“我家”和“够就”的表层形式分别是 [ŋ̇a^{213}uo^{44}] 和 [kɯu^{33}]。前者符合“我家”的实际读音，后者只符合“够就”实际读音的音段部分，声调部分则不符合。

（8）按规则 3 > 规则 2 > 规则 1 的应用次序推导：

底层形式	我家 /ŋ̇a^{213}kuo^{44}/	够就 /kɯu^{33}dʑiu^{31}/
应用规则 3	——	kɯu^{33}dʑi
重复应用规则 3	——	kɯu^{33}dʑ
应用规则 2	——	——
应用规则 1	ŋ̇a^{213}uo^{44}	——
表层形式	✓ [ŋ̇a^{213}uo^{44}]	*[kɯu^{33}dʑ]

（8）的推导过程是先应用规则 3。该规则不适用于正常语速的“我家”，因此用横线“——”略过。规则 3 应用于快速语流“够就”的底层形式 /kɯu^{33}dʑiu^{31}/，使其最末尾的元音及声调 u^{31} 一起脱落，由此产生出 kɯu^{33}dʑi 的结果。由于该结果仍然符合规则 3 所规定的音变环境，因此规则 3 可以重复应用，使其中的尾元音 i 脱落，由此产生出 kɯu^{33}dʑ的结果。这个结果不符合规则2所规定的音变环境“C→∅ / #CV$_1$ + —V#”，即：kɯu^{33}dʑ 中的辅音 dʑ 不出现在两个元音之间，因此规则 2 不能应用。规则 1 应用于正常语速的“我家”的底层形式 /ŋ̇a^{213}kuo^{44}/，使其中的舌根辅音 k 脱落。最后推导出的表层形式分别为 [ŋ̇a^{213}uo^{44}] 和 *[kɯu^{33}dʑ]，前者符合实际读音，后者则完全错误。

（8）与（7）的不同在于音系规则的应用次序不同。对于正常语速的“我家”，（8）

和（7）都能推导出正确的表层读音，说明规则 1 与其他两个规则之间没有应用次序先后的要求。对于快速语流的“够就”来说，规则 2 的应用必须先于规则 3 的应用，否则就不能推导出正确的表层读音。

需要指出的是，（7）推导出的“够就”的表层形式？ [kɯɯ^{33}] 是打问号的，其中音段符合实际读音，声调则不符合实际读音。这是因为规则 3 的应用使得元音脱落时连带该元音所负载的声调一块脱落了，因此不能得到桂北平话音变中“尾音节声调调尾保留”这一结果。

为什么元音脱落会把声调也带走呢？这是因为在经典的生成音系学框架中，声调和重音都被看成是元音特征束的一部分。一旦元音脱落，作为该元音特征束的组成部分的声调特征也就随之脱落了。需要指出的是，经典的生成音系学理论最早是没有声调特征的。王士元（Wang，1967）首次提出了声调的区别性特征。根据王士元的声调特征，桂北平话的 6 个声调可以区别如下：

	[55]	[44]	[33]	[213]	[31]	[52]
High 高调	+	−	−	−	−	+
Mid 中调	−	+	−	−	−	−
Central 央调	−	−	+	−	−	−
Contour 仄调	−	−	−	+	+	+
Rising 升调	−	−	−	+	−	−
Falling 降调	−	−	−	+	+	+
Convex 凸调	−	−	−	−	−	−

王士元提出的 7 个声调特征中，高调、中调、央调三个特征主要区别平调，降调、升调、凸调三个特征用来区别仄调（contour tone）。这套声调特征把仄调看成一个整体，如果声调脱落，整个声调都脱落，无法使得调头或者调尾保留。

上述分析显示，经典的生成音系学框架能够成功揭示桂北平话的音段（辅音和元音）变化规律，但却不能揭示声调的音变规律。这是因为经典的生成音系学理论存在着以下四点内在缺陷：

首先，经典的生成音系学把声调特征看成元音特征束的一部分，以至于元音脱落必将声调一块脱落。因此，桂北平话“音段脱落而声调保留”的规律不能得以呈现。

第二，经典的生成音系学把仄调看成不可分解的整体，即：不可将调头和调尾分解开。因此，桂北平话的“音段脱落而调尾保留”的规律也无法在该理论框架中得以呈现。

第三，经典的生成音系学理论不涉及“音节”“音步”等韵律概念，以至于桂北平话例（3）语料中“路都……”“够就……”“去就……”等语言单位的性质得不到确认。这些语料既不是词汇单位的“词”或“词组”，也不是句法单位的“主语”或“状语”。唯一能把它们概括成一个语言单位的角度就是韵律，即双音节韵律单位。这一韵律特征也无法反映在音系规则中。

第四，经典的生成音系学专注于揭示人脑中的语音规则而不涉及任何言语行为。因此，语速和语流对音变的影响不在该理论的考察范围之中。可是在桂北平话中，语速和语流是引发音变的决定性因素之一。这一决定性因素无法在音系规则中用任何公式表达出来。正是因为这些内在的缺陷，经典的生成音系学框架无法为揭示桂北平话的音变规律提供满意的答案。

四、发展的生成音系学

发展的生成音系学对经典的生成音系学理论的发展主要表现在四个方面：第一，把声调特征从元音的特征束中分离出来，放在音段之外的另一个层面上表达，因而声调被称为自主音段。同时，把仄调看成平调的组合，用 HL 和 LH 分别表示降调和升调。第二，把重音特征 [± stress] 和时长特征 [± long] 从元音特征束中抽离出来，放在韵律的层面来表达。第三，建立了一个完整的韵律层级系统。第四，给音段特征束中的区别性特征建立了一套结构架构。下面我们在发展的生成音系学框架内重新分析桂北平话的音变规律，看该理论框架是否能为揭示桂北平话的音变规律提供更为满意的答案。

4.1　自主音段音系学

专门研究声调的理论叫作自主音段音系学。自主音段音系学对经典的生成音系学的发展有三点：第一，声调被看作独立于元音和辅音之外的“自主音段”。第二，声调的载体是韵律单位韵素（mora）或音节（syllable）而不是音段。第三，某些具有长距离效果（long distance effect）的音段特征也被看作自主音段，如 [+ 鼻音] 特征在鼻化过程中可以跨越音段界限，因此，[+ 鼻音] 也被看作自主音段。

“仄调是平调的组合”这一观点在自主音段音系学之前就已提出（Woo，1969），但直到自主音段音系学明确了声调的载体是韵素或音节之后，这一洞见才得以形式化。如果我们认为音节是桂北平话声调的载体并将声调分解为调头和调尾两个调素，那么桂北平话的 6 个声调可以表达如下：

（9）桂北平话 6 个声调在自主音段音系学框架下的表达：

[55]	[44]	[33]	[213]	[31]	[52]
H H σ	M M σ	L L σ	L M σ	M L σ	H M σ

（9）对桂北平话声调的表达有三个特征：第一，不论平调还是仄调都用两个调素来表达。桂北平话的 3 个平调分别表达为 HH、MM、LL。把 [33] 看作低平调 LL 不会产生混淆，因为该语言没有比 [33] 更低的低平调 [11]。第二，将 [213] 表达为低升调 LM 基于两个原因：一是，声调实验显示所有的声调都有一个微降的弯头（朱晓农，口头交流），因此 [213] 的调头 [2] 可以看作一个纯粹的语音发音现象而不是负载词汇信息的音系现象；二是，从对立角度看，桂北平话的 6 个声调中除了 [213] 之外没有其他的升调，因此将 [213] 看作升调不会产生混淆。第三，把每个声调看作两个调素的组合，使得“调尾保留”的规律在形式上有了呈现的可能。

4.2　韵律音系学

专门研究不同韵律单位及其相互关系的理论叫作韵律音系学。经典的生成音系学理论建基于对音段交替形式的研究。该理论框架里没有“韵素”“音节”“音步”等韵律单位的概念。随着音系研究范围扩展至大于音段的语音单位，韵律现象才逐渐成为音系理论的研究对象。研究显示，音段和音段可以组合成大小不同的韵律单位。不同韵律单位之间的关系可以用“韵律层级”来表达。

（10）韵律单位层级（prosodic hierarchy）（Blevins，1996：210）：

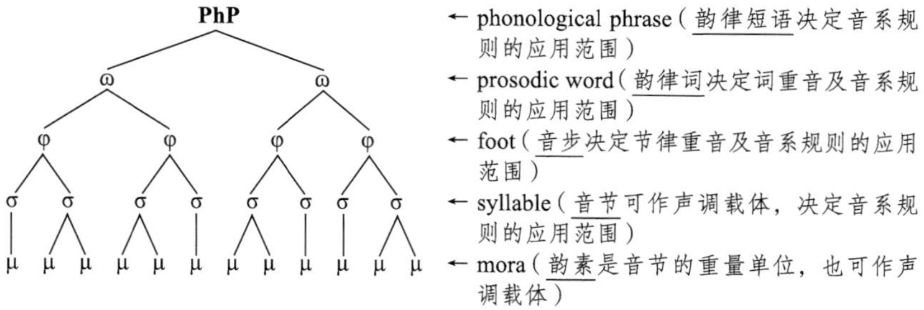

（10）中每一级韵律单位的存在都经过了论证。从上往下看，最大的韵律单位是韵律短语（prosodic phrase），其次是韵律词（prosodic word），依次往下是音步（foot）和音节（syllable），最小的韵律单位是韵素（mora）。韵素存在的证据来自于它区别音节重量和负载声调两种功能。因此，韵素被看作既是音节重量的载体（weight-bearing unit）又是声调的载体（tone-bearing unit）（Hyman，1985）。端木三（Duanmu，1990）认为，音节所含韵素的多少可以把汉语方言分为两大类：以普通话为代表的 M- 语言都是双韵素音节，而以上海话为代表的 S- 语言都是单韵素音节。笔者（Jiang-King，1996、1998、1999）的研究显示，韵素负载音节重量和声调的双重功能可以解释福州话的紧音与松音韵母的区别。除韵素之外，其他各层韵律单位都可以用来限定音系规则的应用范围。

韵律音系学对我们认识桂北平话的音变现象有什么启示呢？前面我们曾指出，例（3）中许多语料如“路都”“够就”“去就”既不是一个词汇单位，也不是一个句法成分，因此无法从词汇和句法层面上确认音变发生的范围。韵律音系学为解决这一问题提供了理论框架。我们可以确认，桂北平话尾音节音段脱落的范围是双拍音步，如（11）所示。

（11）音步作为桂北平话尾音节音段脱落规则的应用范围：

路都	够就	去就
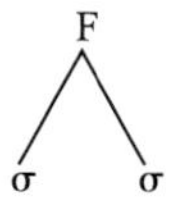	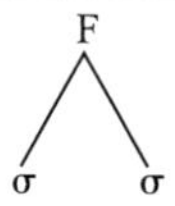	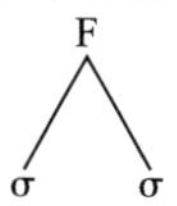

（11）显示，韵律单位不等于词汇单位和句法单位。桂北平话的音段脱落产生的范围只能用韵律单位来界定，它可以跟词汇单位和句法单位无关。

4.3　节律音系学

专门研究重音的理论叫作节律音系学。在经典的生成音系学框架里，重音特征 [± stress] 是元音特征束中的一个特征，重音指派规则也只跟音段有关。节律音系学把重音看作一种韵律结构中相对显著位置的标记，它是一个表达相对关系的概念。重音以音节为载体，以音步或韵律词为指派范围。节律音系学表达重音的方式有节律树和节律网两种。节律网表达重音的方式是先给每个音节一个星号“*”表示一拍，再用圆括号“( )”表达音步。每个音步的重拍之上再加上一个星号，如（12）。

（12）节律网的重音表达方式：

a.　左重音步（L-headed）

```
 *
(*  *)
 σ  σ
```

b.　右重音步（R-headed）

```
    *
(*  *)
 σ  σ
```

节律音系学理论如何帮助我们重新认识桂北平话的音变规律呢？在节律音系学的理论框架内，我们会问：为什么是音步的第二个音节脱落而不是第一个音节脱落？换言之，引发音节脱落的动因是否跟重音有关？如果是，桂北平话的音步应该是左重双拍步，因为音段脱落现象常常发生在轻读音节里。

（13）桂北平话的左重双拍音步：

路都	我家	吃了
* (*　*) σ　σ	* (*　*) σ　σ	* (*　*) σ　σ

（13）所显示的左重双拍步结构揭示了重音在桂北平话音变中的作用，即：快速语流中音节脱落发生在音步里的弱拍音节上。这些洞见在经典的生成音系学框架内常

常被忽视，因为经典的生成音系学理论没有提供认识韵律和重音现象的理论框架。节律音系学理论深化了我们对桂北平话的音变规律的认识。

4.4 特征架构

专门研究音段区别性特征之间结构关系的理论叫作特征架构（feature geometry）。经典的生成音系学认为，一个特征束内的各个区别性特征之间是没有结构关系的。比如：不送气舌根清塞音 [k] 的特征束包含五个区别性特征：[– 延续，– 浊，– 展声门，+ 高，+ 后]。这五个特征之间没有结构关系，各特征之间的位置可以任意调换。这种看法忽略了许多音系现象的本质，如语音的部分同化过程。当一个音受它邻近的音的影响而变得跟它邻近的音相似的时候，通常是发音部位或者发音方法的同化。也就是说，受影响的特征只限于发音部位特征或者发音方法特征，其他特征则不受影响。这说明，音段特征束内的区别性特征之间有着内在的结构关系。这种结构关系可以用（14）来表达：

（14）特征架构来表达（Clements and Hume，1996：292）：

a. 辅音的特征架构

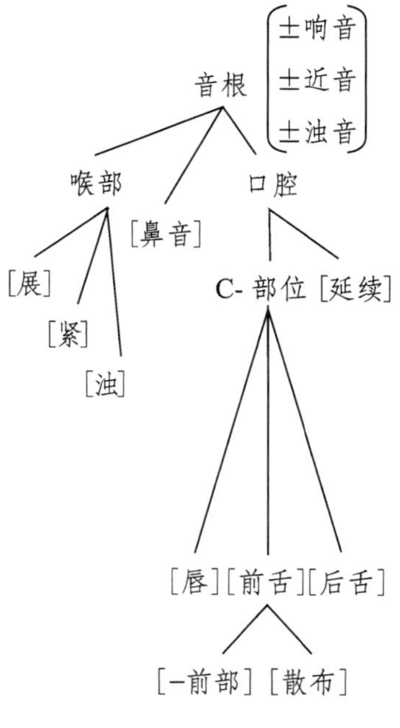

b. 元音的特征架构

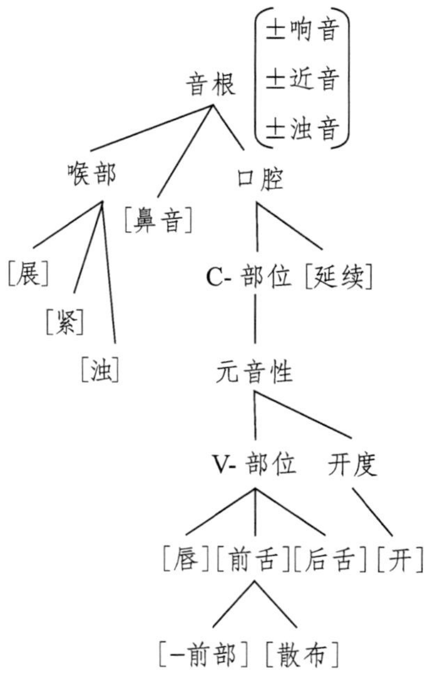

（14a）和（14b）分别是辅音和元音的特征架构。其中“音根”是统领音段所有区别性特征的总节点。音根之下直接控制“喉部”“鼻音”“口腔”三个发音体，“口腔”又控制不同的发音部位。元音特征架构与辅音特征架构的不同在于“口腔”发音体之下多出了“元音性”节点及其统领下的“V- 部位”节点。根据特征架构理论，桂北平话正常语速中舌根辅音在元音间脱落的现象可以看作是统领音段所有区别性特征的总结点“音根”的脱落。因此，在经典的生成音系学框架所写的规则 1 可以改写为（15）：

（15）舌根辅音在元音间脱落（该规则适用于正常语速）：

V K V

╪

音根

|

后舌

（15）里“音根”直接连接发音部位“后舌”只是一种为了方便的缩写，因为“后舌”是舌根辅音区别于其他辅音最重要的发音部位。如果音根下要包含特征架构的所有节点，应参照（14a）的辅音特征架构。

4.5　桂北平话快速语流音变现象再分析

在第二节实例考察中，我们把桂北平话快速语流的音变规律概括为：双音节单位的尾音节音段脱落，其调尾保留在前临音节上。这条规律在发展的生成音系学框架内可以改写为：快速语流下，双拍音步中轻拍音节的音段脱落，其调尾保留在前临重拍音节上。改写后的规律明确了音节脱落发生的范围和动因，可以用（16）（17）（18）三条规则来表达。

（16）建构左重双拍音步：

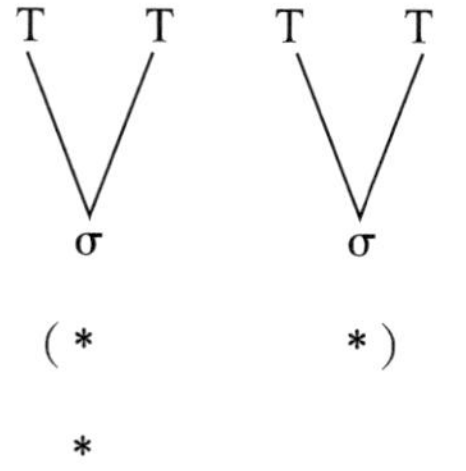

（T代表任何调素）

（17）双拍音步的轻拍音节脱落：

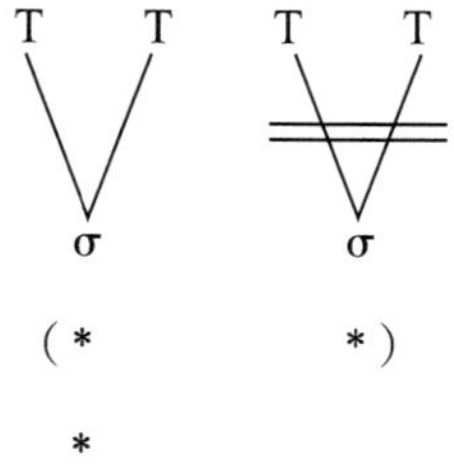

（18）浮游调调尾保留：

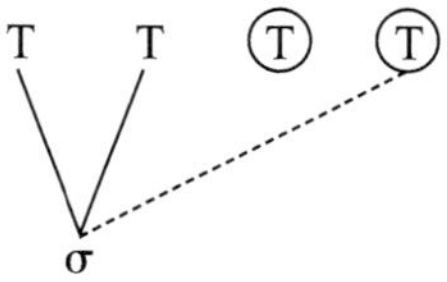

上述三条规则依次作用于语音的底层形式，从而推导出表层形式。（19）是运用这三条规则推导快速语流音变的过程。

（19）快速语流中音变的推导过程：

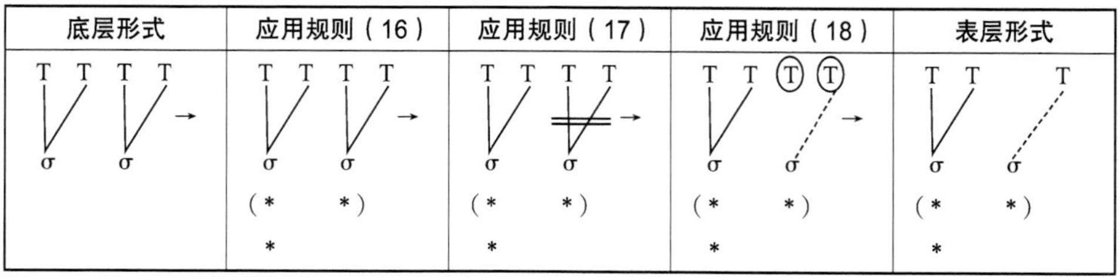

（19）的推导过程包含三个步骤。最左边是双音节单位的底层形式。第一步应用规则（16）建构左重双拍音步。第二步应用规则（17）切断轻拍音节跟声调的连接线，该音节的音段全部脱落致使其声调变为浮游调。第三步应用规则（18）将浮游调的第二个调素连接到重读音节上。

从（19）的推导过程中我们看到几个重要变化：首先，引发音节脱落的因素是重音；其次，切断声调与声调载体之间的连接线只会使声调变为“浮游调”，不会让声调丢失；第三，“浮游调”的调尾可以重新连接到其他声调载体上，使得“调尾保留”得以呈现。下面比较这两种生成音系学理论框架在揭示桂北平话音变规律上的不同之处。

（20）两种生成音系学理论框架对桂北平话音变现象分析的比较：

规律	1. 舌根音在元音间脱落	2. 尾音节音段脱落	3. 尾音节调尾保留
经典的生成音系学	$\begin{bmatrix} +辅音 \\ +高 \\ +后 \end{bmatrix} \rightarrow \varnothing / V — V$	规则 2：$C \rightarrow \varnothing / \# CV_1 + — V_1\#$ 规则 3：$V \rightarrow \varnothing / \# CV_1 + V_0 — \#$	无法呈现
发展的生成音系学		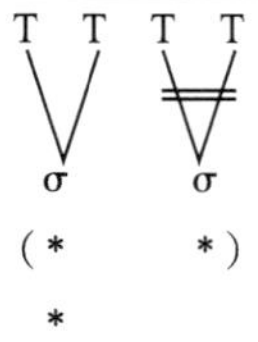	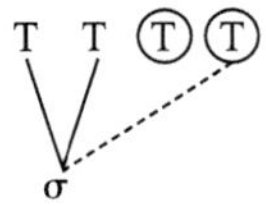

比较显示，发展的生成音系学框架能够更好地揭示桂北平话的音变规律：第一，它能表达桂北平话快速语流中“调尾保留”的规律；第二，它反映了快速语流音变产生的原因与韵律结构和轻重音有关。这些洞见在经典的生成音系学框架中是无法获得的。

上述分析并没有让笔者完全满意，因为上述音变规则中并没有反映语速作为音变引发因素的作用。同时我们还要问，双拍音步中轻拍音节脱落后，为什么调尾一定要保留呢？这些问题在生成音系学的两个理论框架内都无法解答。它们留待我们在优选论的理论框架中来回答。

五、优选论

优选论继承了生成音系学的第一个基本假设，即：音系的最小单位是区别性特征（经典的生成音系学），以及特征束内各个特征之间具有结构关系（发展的生成音系学）；摒弃了生成音系学的第二个基本假设，即：音系表达分底层形式和表层形式；代之以输入形式和输出形式，但其内涵不同于底层形式和表层形式的概念。首先，在经典的生成音系学和发展的生成音系学框架中，所有的音系规则都作用于底层形式；而在优选论框架中，所有的制约条件都作用于输出形式。第二，在经典的生成音系学和发展的生成音系学框架中，音系规则的应用讲究先后次序；而在优选论框架中，所有制约条件的作用是平行的。

优选论的制约条件主要有三类：第一类是忠实性制约条件（faithfulness constraints），其作用是保证输出形式与输入形式之间的一致性；第二类是结构性制约条件（structural constraints），其作用是保证语言结构的简约性；第三类是调界性制约条件（alignment constraints），其作用是调校语言单位之间的边界。

回顾第四节在发展的生成音系学框架内对桂北平话快速语流音变规律的再分析，我们虽然解决了经典的生成音系学框架所不能解决的两个问题，即：确认了尾音节脱落的范围是音步和引发尾音节音段脱落的因素是重音；但是还有两个问题在经典的生成音系学和发展的生成音系学框架内都没有解决：第一个问题是语速作为快速语流中音段脱落的引发因素无法在音变规则中呈现，第二个问题是双拍音步中轻拍音节脱落后“调尾保留”的引发因素尚未明确。这是因为生成音系学不考虑言语行为和语素意义等问题。在汉语及其方言里，一个音节通常代表一个语素。如果一个音节的音段和声调全部脱落，该语素所表达的意义就不复存在了。因此，要保留该语素所表达的意义就必须保留该语素的某些语音成分。这些涉及言语行为和语素意义等因素都不在生成音系学理论的考察范围之内，因此，不论是经典的生成音系学还是发展的生成音系学都不可能对这类问题提供满意的答案。

优选论则提供了解决这类问题的可能。在优选论框架内，任何影响音变的因素，不论是言语层面的还是语素层面的，都可以用制约条件的方式得以呈现。下面我们在优选论框架内重新分析桂北平话的音变现象，看优选论在揭示桂北平话音变规律方面有何进展。

5.1 与桂北平话音变规律相关的制约条件

在优选论框架内揭示音系规律的第一步是确定相关的制约条件。下面我们列出与桂北平话音变现象相关的三组制约条件，其中大多数都是文献中已经提出的，只有与语速相关的制约条件才是笔者自己提出的。

第一类制约条件是忠实性制约条件：

① 保留音段（MAX-IO）：任何输入音段必须有与之对应的输出音段。

② 保留声调（MAX-IO[T]）：任何输入声调必须有与之对应的输出声调。

③ 保留语素（MAX-IO[M]）：任何输入语素必须有与之对应的输出语素。

上述三个忠实性制约条件的共同作用是禁止语言单位的脱落。它们的不同在于所禁止的具体语言单位不同：第一个制约条件禁止任何音段的脱落，第二个制约条件禁止任何声调的脱落，第三个制约条件禁止任何语素的脱落。在优选论框架中，所有的制约条件都是可以被违反的，只是被违反的制约条件在整个制约条件的排序中地位较低。也就是说，被违反的制约条件在该语言中的重要性较低。

第二类与桂北平话音变相关的制约条件是结构性制约条件（星号 * 表示禁止）：

① *VKV：禁止舌根辅音出现在元音之间。

② *TTTT：禁止一个音节负载多于三个调素。

③ *（σσ）[快速语流]：禁止快速语流为双拍音步。

上述三个结构性制约条件的共同作用是禁止某种复杂的语音结构。它们的不同在于所禁止的具体语音结构不同。第一个结构性制约条件禁止舌根辅音出现在元音之间。为什么舌根辅音出现在元音之间（VKV）是复杂结构呢？语音结构是否复杂的一个重要标准是看它的发音。舌根辅音的主要发音部位是后舌（dorsal），而元音的主要发音部位也是后舌。当一个音串中三个音段的发音部位都是后舌的时候，夹在元音中间的舌根辅音脱落就简化了该音串发音的复杂性。从跨语言的角度看，舌根辅音在元音间脱落是一种较为普遍的音变现象。第二个结构性制约条件禁止一个音节负载多于三个调素，因为同一个声调载体负载的调素数量越多就越复杂。需要特别说明的是第三个结构性制约条件，这个制约条件将语速引发音变的作用融入其中，它禁止双拍音步出现在快速语流中。如果这个制约条件排序很高的话，所有快速语流中的双拍音步都会压缩成单拍音步。

下面看第三类制约条件调界性制约条件：

重音指派（ALIGN-L: HEAD; FOOT）：重拍音节与音步左边界对齐。

调界性制约条件“重音指派”的作用是要求重拍音节出现在双拍音步的左边缘，即：建构左重音步。这个制约条件的另一个功能是保证快速语流中脱落的音节是轻拍音节而不是重拍音节。因为一旦重拍音节脱落，音步的左边缘就会与未脱落的轻拍音节对齐，从而违反了这一制约条件。

5.2 根据实际读音确定制约条件的排序

确定了相关的制约条件之后，我们进入操作程序的第二步，即：根据实际读音确定制约条件的排序。这一操作步骤反映在比较表（comparative tableaux）中，所有制约条件放在一个表格里进行比较。最左边竖行的最上面是“吃了”的输入形式，它下面是“吃了”的实际读音（winner），用“→”表示。实际读音下面列出了比较读音（a-h）（loser）跟实际读音做比较。每个比较读音前面用“~”表示。每个制约条件下面格子里的数字表示该制约条件在相对应的读音中被违反的次数。大写的英文字母 W 和 L 分别表示该制约条件偏爱实际读音（winner）还是偏爱比较读音（loser）。下面看正常语速的比较表（21）和快速语流的比较表（22）。

（21）正常语速：

吃了 $/k^{h}iə^{33}kə^{44}/$	保留音段	保留声调	保留语素	*TTTT	*VKV	重音指派
→ $[\underline{k^{h}iə}^{33}\ ə^{44}]$	1					
~ a. $[\underline{k^{h}iə}^{334}]$	2 W	1 W				
~ b. $[\underline{k^{h}iə}^{3344}]$	2 W			1 W		
~ c. $[\underline{k^{h}iə^{33}}kə^{44}]$	L				1 W	
~ d. $[k^{h}iə^{33}\underline{kə}^{44}]$	L				1 W	1 W
~ e. $[k^{h}iə^{33}\underline{ə}^{44}]$	1					1 W
~ f. $[\underline{k^{h}iə}^{33}]$	2 W	2 W	1 W			
~ g. $[\underline{k^{h}iə}^{33}\ ə^{4}]$	1	1 W				
~ h. $[\underline{k^{h}iə}^{33}\ ə]$	1	2 W				

（21）显示，只有制约条件“保留音段”下面有 L（偏爱 loser），其他制约条件下面都只有 W（偏爱 winner）。因此，“保留音段”应该排在其他制约条件之后，其重要性相对较低。

（22）快速语流：

吃了 /$k^hiə^{33}kə^{44}$/	保留音段	保留声调	保留语素	*TTTT	*VKV	*（σ σ）	重音指派
→ $[\underline{k^hiə}^{334}]$	2	1					
~ a.$[\underline{k^hiə}^{3344}]$	2	L		1 W			
~ b.$[\underline{k^hiə}^{33}]$	2	2 W	1 W				
~ c.$[\underline{kə}^{44}]$	3 W	2 W	1 W				
~ d.$[k^hiə^{33}\underline{ə}^{44}]$	1 L	L				1 W	1 W
~ e.$[k^hiə^{33}\underline{kə}^{44}]$	L	L			1 W	1 W	1 W
~ f.$[k^hi^{3}\underline{kə}^{44}]$	1 L	1			1 W	1 W	1 W

（22）显示，只有“保留声调”和“保留音段”这两个制约条件出现了 L（偏爱 loser），其他制约条件只出现 W（偏爱 winner）。因此，“保留声调”和“保留音段”这两个制约条件应该排在其他制约条件之后。

5.3 根据制约条件的排序筛选出最佳输出形式

确定了制约条件的排序之后，优选论操作的第三步是根据制约条件的排序对所有输出候选项进行筛选，看是否能筛选出最佳输出形式，即跟实际读音吻合的输出形式。如果筛选的结果跟实际读音吻合，说明制约条件的排序是正确的；如果不吻合，就需要重新检讨制约条件及其排序。（23）和（24）分别是正常语速和快速语流的筛选表。表中最左边竖行第一排是“吃了”的输入形式，输入形式下面列出 7 个输出形式的候选项，候选项中的国际音标下划线的音节表示重拍音节。制约条件之间的虚线表示该虚线两边的制约条件的重要性是平行的，没有排序的先后之分。制约条件之间的实线表示该实线左边的制约条件排序在该实线右边的制约条件之前，其重要性也在该实线右边的制约条件之上。星号“*”表示该候选项违反了表格中相应的制约条件。叹号“！”表示该违反是致命的，其后的灰色格子表示不论该候选项是否违反了其他制约条件，都不再予以考虑。

（23）正常语流：

吃了 /kʰiə^{33}kə^{44}/	保留语素	重音指派	*TTTT	*VKV	保留音段	保留声调
a. [kʰiə^{33} ə^{44}]					*	
b. [kʰiə^{33} ə^{4}]					*	*
c. [kʰiə^{334}]					*!*	
d. [kʰiə^{33}kə^{44}]				*!		
e. [kʰiə^{3344}]			*!		*!*	*
f. [kʰiə^{33}kə^{44}]		*!		*!		
g. [kʰiə^{33}]	*!				*!*	*!*

（23）显示，候选项 a 满足了前四个排序较高的制约条件，只违反了两个排序较低的制约条件中的一个“保留音段”，因为舌根辅音 k 的脱落；候选项 b 虽然也满足了前四个排序较高的制约条件，但它比候选项 a 多违反了一个排序较低的制约条件“保留声调”；其他候选项 c-g 都出局了，因为它们都违反了排序较高的前四个制约条件。因此，候选项 a 胜出，成为最佳输出形式。最佳输出形式 [kʰiə^{33}ə^{44}] 跟“吃了”的正常语速的实际读音吻合，说明（21）和（22）所确定的制约条件的排序是正确的。

（24）快速语流：

吃了 /kʰiə^{33}kə^{44}/	*(σσ)［快速语流］	保留语素	重音指派	*TTTT	*VKV	保留声调	保留音段
a. [kʰiə^{334}]						*	**
b. [kʰiə^{3344}]				*!			**
c. [kʰiə^{33}]		*!				*!*	**
d. [kə^{44}]		*!				*!*	**!**
e. [kʰiə^{33}ə^{44}]	*!		*!				*
f. [kʰiə^{33}kə^{44}]	*!		*!		*		
g. [kʰi^{3}kə^{44}]	*!		*!		*	*	*

（24）显示：凡是有叹号的输出候选项都出局了，因为它们违反了排序较高的制约条件；只有候选项 a 满足了排序较高的制约条件，尽管它违反了排序较低的制约条件“保留声调”和“保留音段”。因此，候选项 a 胜出，成为最佳输出形式。最佳输出形式 [kʰiə^{334}] 跟“吃了”的快速语流的实际读音吻合，这进一步表明（21）和（22）所确定的制约条件的排序是正确的。

六、结语

乔姆斯基提出评价理论框架的标准是看该理论能否做到观察的充分（observational adequacy）、分析的充分（analytical adequacy）和解释的充分（explanatory adequacy）。（Chomsky，1964）根据这三项标准，我们将上述三个音系学理论框架对桂北平话音变现象的分析和对该语言音变规律的揭示归纳在（25）中做个比较：

（25）不同理论框架揭示桂北平话音变规律的比较：

桂北平话的音变规律	经典的生成音系学	发展的生成音系学	优选论
1. 舌根辅音在元音间脱落	通过规则获得，归因于语音环境	通过规则获得，归因于语音环境	归因于对某些复杂语音结构的禁止：*VKV
2. 双音节单位尾音节音段脱落	通过规则获得，但引发因素不明确	通过规则获得，归因于音步中的弱拍	归因于快速语流对韵律的影响：*（σσ）$_{[快速语流]}$
3. 双音节单位尾音节调尾保留	无法获得	通过规则获得，但引发因素不详	归因于“保留语素”和“禁止复杂声调 *TTTT”的交互作用

比较显示，发展的生成音系学框架比经典的生成音系学框架进了一大步，因为它将考察范围扩展至超音段（声调、重音）和韵律（音节、音步、韵律词）层面。优选论则在发展的生成音系学的基础上更将考察范围扩展至语速和语素对音变的引发作用等现象，从而对桂北平话快速语流音变现象的分析更全面，解释更到位。因此，优选论较之经典的生成音系学和发展的生成音系学，对语言现象的观察更仔细、分析更深入、解释更有力。

优选论问世至今已经二十余年了，其间挑战声不断。任何理论都会随着新材料、新发现的出现而发展和完善，优选论也不例外。弄清楚理论框架之间的继承和发展关系，看到不同理论框架自身的洞见和局限，有助于我们在前人研究的基础上更上一层楼。

参考文献：

蒋　平，1999a．汉语方言声调资料库的设计及其理论基础 [J]．方言（2）．

蒋　平，1999b．汉语诸方言声调系统的优选解释 [A]．陈恩泉主编．中国的语言和方言 [C]．北京：北京语言文化大学出版社．

蒋　平，2006．优选论与汉语音系研究 [A]．刘丹青主编．语言学前沿与汉语研究 [C]．上海：上海教育出版社．

梁福根，2005．桂北平话与推广普通话研究——阳朔葡萄平声话研究 [M]．南宁：广西民族出版社．

王洪君，1999．非线性音系学 [M]．北京：中国社会科学出版社．

Blevins, Juliette. 1995. The Syllable in Phonological Theory [A]. In John Goldsmith (ed.), *The Handbook of Phonological Theory* [M]. Cambridge, MA: Blackwell.

Chomsky, Noam. 1964. *Current Issues in Linguistic Theory* [M]. Den Haag: Mouton.

Chomsky, Noam and Morris Halle. 1968. *The Sound Pattern of English* [M]. New York: Harper and Row.

Clements, G.N. and Elizabeth V. Hume. 1995. The Internal Organization of Speech Sounds [A]. In John Goldsmith (ed.), *The Handbook of Phonological Theory* [M]. Cambridge, MA: Blackwell.

Duanmu, San. 1990. A Formal Study of Syllable, Tone, Stress and Domain in Chinese Languages [D]. Unpublished Ph. D. Thesis at MIT.

Ferguson, Charles A. 1963. Assumptions about Nasals: A Sample Study in Phonological Universals [A]. In Greenberg (ed.), *Universals of Language* [C]. Cambridge, MA: Blackwell. Pp. 53-60.

Goldsmith, John. 1976. Autosegmental Phonology [D]. Doctorial Dissertation, MIT.

Hyman, Larry M. 1985. *A Theory of Phonological Weight* [M]. Dordrecht: Foris.

Jakobson, Roman. 1962. *Selected Writings 1: Phonological Studies* [M]. The Hague: Mouton.

Jiang-King, Ping. 1996. An Optimality Account of Tone-Vowel Interaction in Northern Min [D]. Unpublished Ph. D. Thesis at University of British Columbia.

Jiang-King, Ping. 1998. An Optimality Account of Tone-Vowel Interaction in Fuzhou [A]. *Proceedings of South Western Optimality Theory Workshop, University of Arizona Coyote Working Papers* [C]. Pp. 89-113.

Jiang-King, Ping. 1999. *Tone-Vowel Interaction in Optimality Theory* [M]. Muenchen: Lincom Europa.

King, Brian. 1982. Tone Acquisition: Some General Observations [A]. *Proceedings of Second International Conference on Child Language* [C].

Li, Charles N. and Sandra A. Thompson. 1977. The Acquisition of Tone in Mandarin-Speaking Children [J]. *Journal of Child Language*, 4.

Prince, Alan and Paul Smolensky. 1997. Optimality: From Neural Networks to Universal Grammar [J]. *Science*, 275: 1604-1610.

Prince, Alan and Paul Smolensky. 2004. *Optimality Theory: Constraint Interaction in Generative Grammar* [M]. Malden, Mass., and Oxford, UK: Blackwell. [Revision of 1993 Technical Report, Rutgers University Center for Cognitive Science].

Wang, Williams. 1967. Phonological Features of Tone [J]. *International Journal of American Linguistics*.

Woo, Nancy. 1969. Prosody and Phonology [D]. Unpublished Ph. D. Thesis at MIT.

“以……名义”格式之“名”“实”考辨 *

李向农

提　要　“以……名义”是话语交际中，转换或凸显话语角色时最常用的格式，存在两种语义对立的名实关系。本文通过对其语义内涵的表里验证，考辨其名实关系的实质及其语用价值。该格式是一种典型的标示身份范畴的语言形式，说话人利用这一格式可以改变或凸显话语身份，实施某一社会角色所具有的社会权力和话语权力，达到特定的以言行事和以言成事的目的。

关键词　名义　名实关系　语用价值　话语角色　身份构建

* 本文选题及大旨本人曾在“2006 年湖北省语言学会第 14 届年会”上提交，后来又陆续收集了一些语言材料，但一直未能成文。2013 年，我指导的硕士生钱颖接过这一选题撰写学位论文，并于 2014 年通过答辩。这里发表的文字即节选自她的学位论文。因此，本文属于本人与钱颖合作。特此说明。

中西古代哲学家们都从哲学的角度分析过“名”“实”关系问题，并建立了各自的“名”“实”观。“名”“实”观探讨名称与事物之间的关系，这既是哲学问题，也是语言学关注的对象。从语言学角度看，孔子所言“名正言顺”具有“宣认‘名’正以使‘言’顺”的意义，是一种话语选择的方法策略。现代汉语中，“以……名义”格式正是这种话语策略在句法上的典型表现形式。

一、“名”“实”语义辨析

“以……名义”入句有多重情况，最典型的形式是“施事＋以＋NP＋名义＋动作（＋承担者）”。不同类型的动词构成此格式存在倾向性，行为他动词、行为自动词和使令动词倾向性最强。非量名词进入此格式的倾向性高于可量名词，专有名词高于无量名词，抽象名词和事件名词高于群量名词和单量名词，代名词进入此格式的倾向性最强，代名词与施事主语同指是最常见的句法形式。当指人名词和某些动词共现时，语义会比较复杂。我们主要通过对“以＋NP＋名义＋动词”中施事和VP的语义关系，尤其是“施事＋以＋指人名词＋名义＋动词”格式中“施事”“指人名词”和“动词”三者之间的特殊语义关系的考察，辨析其名实关系。

1.1　“名至实归”与“名不副实”

通过对格式“以……名义”的语义考察发现，此格式存在三种主要的语义或名实关系，NP影响名实关系和语义关系的理解。第一种是“名副其实”或“名至实归”，同《现代汉语词典》（第6版）“名义”的义项①，即NP是“做某事时用来作为依据的名称或称号”，NP与施事主语同指。当凭借称号是“指人名词”且和施事者不是同指时，语义关系就会出现变化，即第二种——“名不副实”或“有名无实”，同《现代汉语词典》（第6版）“名义”的义项②，即“表面；形式（后面多带‘上’字）”。第三种情况也是"名不副实"或"有名无实"，但其语义与《现代汉语词典》(第6版)的"名义"义项①相通，这一类NP通常是不具有生命特征的抽象名词或事物。可以用下表表示名实关系与"名义"语义之间的交错。

名实关系	"名义"的词典释义	"……"的构成
名副其实 名至实归	义项①：做某事时用来作为依据的名称或称号	为NP，同指施事主语
名不副实 有名无实	义项②：表面；形式（后面多带"上"字）	为NP，与施事主语不同指
	义项①：做某事时用来作为依据的名称或称号	为抽象、无生命特征词语

"名至实归"属于显性施行关系，施事主语是动作VP的施行者，也就是说施事者既是句法形式上的主语，也是语义上施事动作的施行者。"NP名不副实"属于隐性施行关系，介词"以"后面的指人名词（施事者凭借的称号）成为动作VP的形式上的施行者，施事主语在语义上是动作的真正施行者。

1.1.1 施事与VP具有显性施行关系——"名"至"实"归

"名"至"实"归是此格式最常见的语义关系，即施事是VP的直接施行者。施事和VP的施行关系都受到NP的影响。NP由代名词、指人名词、抽象名词、机构名词充当时，施事和VP的施行关系会发生变化。第一类：代名词NP同指施事者。这一类格式中介词宾语NP通常由代名词或由代名词构成的名词性短语同指施事。第二类：指人名词NP同指施事者。这一类格式中介词宾语NP通常由表达施事的某种身份或称号的名词或名词性短语充当。第三类：普通抽象名词、机构名词、其他专名构成的NP。由于NP不具有生命特征或生命特征较弱，不能实施VP的动作行为，在这种情况下施事主语和VP通常具有施行关系。例如：

（1）李鹏总理代表中国政府并以他本人的名义热烈欢迎细川首相一行的来访。

（2）她把中宗废了，把睿宗软禁起来，自己以太后名义临朝执政。这一来，又遭到一些大臣和宗室的反对。

（3）刘贤木请政府办公室主任以市委、市政府的名义将慰问品转给住院的晚血病人。

1.1.2　施事与VP具有隐性施行关系——NP“名”不副“实”

这种类型指人名词NP与施事者不同指。格式中的NP通常由普通指人名词或人名充当，施事主语与指人名词不是同指一个人。在这种情况下，施事和VP的施行关系就会因与指人名词NP不同指而发生变化。例如：

（4）10月6日，毛泽东以彭德怀名义发表《告台湾同胞书》，继续强调说：“我们都是中国人。三十六计，和为上计。”

（5）因此，代理人必须以被代理人的名义进行对外活动。

（6）蒋博士优柔片刻，说：“这么着吧，我以我女婿的名义打个借条。”

这一类例子中，施事者在句法上是动词形式上的主语，即“毛泽东”“代理人”“蒋博士”分别是“发表”“进行”“打借条”的施事主语，NP名义上“实施”了某种动作行为，而实际上是施事者实施。这种情况比较典型的一个例子如下：

（7）据《今晚报》11月19日报道，由于老年人买房不能贷款，不少老年人只得以儿女名义贷款。而当提前还完贷款欲过户时，有的老人却遭到儿女拒绝。……老人与儿子商量后，便以儿子的名义贷款买了住房。……有关法律人士提醒，老人在决定以儿女名义贷款买房时，最好双方达成协议，并进行律师见证。在每次还贷后，可以写一份“以儿女名义还贷”的字据，双方签字并保留，以防日后发生纠纷。（《买房用儿名 过户遭儿拒》，《报刊文摘》2005年11月30日）

例句中“老年人以儿女名义贷款/还贷”就是比较典型的“名不副实”：

A. 老年人以儿女名义贷款＝表面上儿女贷款＝实际上老年人（拥有）贷款

B. 老年人以儿女名义还贷＝表面上儿女还贷＝实际上老年人（偿）还贷（款）

在A句中，因为银行方面的限制，老年人无法实施“贷款”这种行为，于是只好假借儿女的名义（身份）来实施“贷款”，这就形成在银行手续上贷款的是儿女，即儿女是“名义上”的贷款人在实施贷款的行为，但贷款的实际拥有者是老年人。在B句中，因为银行手续上的贷款人是“儿女”，因此发生“还贷”行为时名义上是“儿女还贷”，但是实际上是老年人出资向银行归还贷款。在以上“老年人以儿女名义贷款”和“老年人以儿女名义还贷”的行为中，“儿女”相当于“影子”贷款人和“影子”还贷人。

1.2 有名无实与名副其实

1.2.1 NP与VP的语义关系——NP的“有名无实”

例（7）中“老年人以儿女名义贷款/还贷”，NP和VP的语义关系是比较典型的“有名无实”或“名不副实”的用法。在这个句子中，儿女不管是“贷款”和“还贷”都是有名无实的，只是“名义上”的贷款人和还贷人。因此，从语义上看，NP并不是动作的施事，而是施事主语凭借的称号或方式，是“有名无实”或“名不副实”的动作施事者。由于NP与施事主语不同指，在语义上，NP是动作的方式状语，属于“夺格”，在英语用“in the name of sb./sth.”等表示。例如：

（8）We reserved two tickets in the name of Brown.

我们以布朗的名义预订了两张门票。

1.2.2 NP与VP的语义关系——NP的“名副其实”

“名副其实”或“名至实归”的NP，通常与施事主语同指，NP是施事主语在言语活动中对自身多种话语身份角色的某一种选择和强调，是实施动作行为凭借的话语身份角色，其指称对象是施事主语。因此在句法上它虽然是方式状语，但是由于其与施事主语同指，因此NP与施事主语都是VP的施事格。例如：

（9）Lawyer: What about in the name of himself?

律师：那以个人的名义呢？

二、名实关系的表里验证

2.1 施事的社会角色对语义的影响

“角色”一词最早出现在艺术范畴中，是指戏剧舞台上演员所扮演的人物。后来

"角色"一词被引用到社会学，成为研究中的一个术语。近年来，"角色"被带入语言学研究领域，逐渐成为语用分析的一个重要术语。在"老年人以儿女名义贷款 / 还贷"的例子中，"老年人"作为一种社会角色，在社会的行为规范和行为模式方面，具体到银行业的特别规定上，他们不被认可具有"贷款"这一种行为能力，所以在"老年人（父母）以儿女名义"施行"贷款"的行为上，从"贷款人"之"名"到现实的社会规范即"实"的角度来看，都是"儿女在代父母"行使或"父母假借儿女"施行"贷款"行为。但是从语言的语表形式和语里含义上，我们则可以理解为"表面上（名义上）是儿女贷款，实际上是老年人贷款"。这里涉及两种"实"：一种是施事主体作为一个社会角色（"名"），施行社会规范所遵守的"实"；另一种是语言层面的"名"和"实"。从作为语言层面的"实"来看，施事者老年人是"凭借"儿女所具有的社会角色"贷款"，但是不能"扮演"这一身份角色；同样，作为"贷款人"之必然责任的"还款"行为，老年人也只能"凭借"儿女具有的社会角色"还款"，而同样不能扮演儿女的身份角色"还款"。"还款"是社会上所有角色的人都可以施行的动作。"贷款"则是具有特定社会身份的人才能施行的动作，这种社会身份只能凭借，无法扮演。也就是说，话语角色以社会角色为基础，但不完全等同于社会角色。社会角色是相对稳定的，它伴随着一定的与某一社会角色类型相适应的规范和行为模式。

2.2　VP 的语义对句法结构语义的影响

2.2.1　VP 施行义没有特定的社会角色限制

这类是绝大多数动词所具有的特征，比如还款、演讲等。这些行为动作可以被所有社会角色的人群施行，没有特定的限制。例如：

（10）曹纯之亲自出马，**以公司董事名义**到李超山家里做客……

（11）伯爵夫人才会从车窗探出头来，**以基督的名义**哀求他在下坡时要小心。

（12）神父，你是**以教会的名义**拥护我们的事业啊！基督站在我们的一边。

行为自动词对施事者的社会角色没有特定的限制，因此行为自动词进入这一格式时，它的语义等同于"B. 老年人以儿女名义还贷"。例（10）中连动结构"到……

做客”是具有生命力的人都可以施行的行为动作，不会对施事主语的身份角色有特定的限制，此格式中趋向动词的施行者通常只能是施事主语，指人 NP（非同指前面的施事主语）不能代替施事主语实施后面的动作行为。例（11）（12）中“哀求”“拥护”作为行为他动词，“伯爵夫人”“神父”分别充当其施事主语。

2.2.2　VP 施行义具有特定的社会角色限制

这类情况类似于“A. 老年人以儿女名义贷款”，即使实行者凭借了 NP 的名义，但是由于这类动作行为只能被具有特定的社会角色的人员所施行，所以在社会规范上，施事仍然没有施行 VP 的动作行为，NP 还是这个特定动作行为的施行者。

通过对语料的调查，对施事者的社会角色有限制的 VP 通常是行为他动词，这一类动词是以某种事物为对象的动作行为，某一些动词的施事主语必须具有特定的社会身份要求，并不适用于所有的场合。比如古时候只能一国之君的身份才能实施颁布圣旨的行为。例如：

（13）在法国，与此相当的，是 1350 年以国王约翰名义颁布的敕令。

又如下列例句中的“通令”“宣布”“授予”等动作行为的施行，也必须要求其施事具有特定的话语身份：

（14）凡是能在 4 小时以内抵达查里卡的部队，我以中央军委的名义通令嘉奖。

（15）我现在以军区党委的名义授予你一种特权，你可以根据战场需要，任免团以下军事指挥官。

（16）奥尔布里希特和施道芬堡冲到作战室，准备以弗洛姆的名义宣布元首已经身亡、全国处于紧急状态的命令。

上面的语料表明，在话语交际中，这类负载A句语义的动词，通常是施事“命令”的言语行为，这一言语行为的施行，在特定的语境下会对施事的社会身份有特定的要求。“贷款”“授予”等动词，同样是具备一定社会身份的人或团体才能具有的社会行为，因此也能负载 A 句的语义。

三、“以……名义”言事的语值辨察

在交际过程中，说话人可利用“以……名义”对其话语身份进行凸显和转换，从而实施某种特定言语行为，是这一格式具有的特定语用价值。这里涉及两种情况：一是角色凸显。“以个人名义”中“个人”是言说者本人，具有等同关系，属于角色凸显。二是角色转换。“以……名义”中“NP”不是言说者本人，属于角色转换。

3.1　话语角色凸显的语值

在言说时，“以……名义”格式是一种话语角色转变在句法上显现出来的形式标记。话语角色的转换属于一种特殊的语码转换，是一种表明信息来源的语言手段的转换。

3.1.1　角色凸显的会话含义

Myers Scotton 于 20 世纪 80 年代提出了迈氏标记模式（The Markedness Model），从迈氏标记模式的理论角度出发，把所有话语角色看作一个“机会集”，集合中的各个角色以其标记性程度而相互区别。说话人根据自己的目的，从中选择他认为最为可行的角色，向受话人传递信息。当出现话语角色从无标记（言说主体 + 言说）向有标记（言说主体 + 以……名义 + 言说），或从标记性弱向标记性强的转换时，说话人做出了更多的付出，而且听话人也能明显地感受到这一选择性的变化。有时为了表达的需要，说话人可以向听话人传递一些言外之意，即意图义。这些意义一般能与某些话语角色所带来的联想作用相联系，包括说话人会话中传递的态度、表达的方式等。说话人通过这些意图义的传递，实现自己一定的语用目的。例如：

（17）现在我问您，我的先生，我<u>以我自己的名义</u>向您提出一个非正式的问题……

（18）一定要让你上学，我<u>以我个人的名义</u>资助你 1000 元……

说话人选择“以我自己的名义”“以我个人的名义”等形式凸显其个体身份，强调自己作为动作的唯一施事者，不仅语势加强了，而且在不同的语境下有不同的语值。

“我以我自己的名义”为后面表达对之前观点的质疑和否定增强语气。“我以我个人的名义”是强调自己作为唯一的资助人，希望受助者感动，达到特定的以言行事和以言成事的目的。

3.1.2 角色凸显的身份标记功能

当说话者有多个社会身份，通过“以……格式”凸显其中某一个话语身份，起到身份标记功能。例如：

（19）我代表分区全体官兵，感谢大家对王耀的爱戴；我以<u>司令员</u>的名义向你们保证，不调走王耀，让他继续留在你们中间。

（20）我以一个<u>母亲</u>的名义呼吁：天下科学家和文学家联起手来，为孩子们制造光明的游戏！

（21）阿尔莫季乌斯，克鲁维昂纳斯！我以<u>最高领导者</u>的名义，命令你们出去！

上例中“司令员”“母亲”“最高领导人”都是主语“我”所具有的社会身份之一，通过这一格式凸显，起到标记身份所属群体、所具职务等作用，从而表达自己所具有的某种话语权力的语用目的。

3.2 话语身份转换的语值

在言语交际过程中，话语身份角色是动态的、可转换的，交际主体根据交际对象、交际目的、交际环境等的变化和交际需要，对自己原先选择的话语身份角色做出改变和调整。在言语活动中，说话人在会话过程中不仅努力扮演自身的话语身份角色，而且也会根据某种礼貌或者其他内在的动机，有目的地选择或改变原有话语身份，选择最有利、最合适的话语身份角色。

3.2.1 身份构建与意识形态

Irvine and Gal（2000）认为不同的话语身份构建，连接微观的语言实践和宏观的意识形态。Bucholtz and Hall（2005）认为，从本质上看，身份是文化和语言相结合的产物，是语言和其他符号实践突显的结果，身份包括宏观层面的阶级、性别、职业、教育背景等范畴，以及临时的特定的交际立场和参与角色。例如：

（22）他首次以“元首”的名义发出了拯救罗马的命令。

（23）他们不仅有以民兵名义持有的各种枪支，而且还有大哥大、对讲机、BP 机、登山鞋。

（24）周恩来接到信后，立即通知于右任的女婿、中共党员屈武，要他以女婿的名义为于夫人做八十大寿。

前两例凸显了身份所具有的阶层、职业等，例（24）的“女婿”是临时特定交际参与角色。

Bucholtz and Hall（2005）认为身份是通过语言指称在话语交际中体现出来的，如明确提及身份的标识或者隐约表达身份地位的预设，交际中出现的评价或者立场，以及使用与特定群体相关联的语言系统。“以 / 凭借 / 用 / 借以 / 借用……名义”格式就是一种典型的标示身份范畴的语言形式。

采用“以……名义”的格式构建身份角色阐释其意识形态的现象，多见于政治人物在特定主题的政治演说或政论语篇中。作为政治人物，往往属于社会中的强势权利类别，这也决定了他将具备多种身份，他的身份也代表了某一群体的身份特征，因此采用“以……名义”这种话语策略以说服大众，从而有效地施加其身份的影响力。例如：

（25）17 日，周恩来以国务院总理名义向世界各国政府首脑发出电报。

（26）他们以党派名义，或以政协委员的名义围绕关系国计民生的重大问题，提出了大量有价值的提案，受到党和国家的高度重视。

（27）到了 1983 年 8 月，第一次以总理大臣的名义进行了参拜；1985 年的“8·15”又一次以总理大臣的名义进行了“正式参拜”……

3.2.2　身份构建与话语权力

我们依据身份表征理论的个体表征、人际表征和群体表征的三分法，依次将话语身份分为个体身份、人际身份和群体身份。“以自己名义”是个体身份的典型表达方式，“以总理的名义”等是通过人际互动和人际角色分配所获得的身份概念，“以中共中央的名义”是通过群体特征而获得的身份特征。

言语交际是一个不断变化的开放型互动过程，人际身份的构建是在交际双方的言语互动中形成的，说话人在话语交际过程中通过角色分配设定和获得相应的话语身份。通过“以……名义”格式可以构建不同身份的话语权力。在特定的话语语境下，话语身份虽然具有稳定性，但言语交际的双方并不总是在一种身份设定下进行交谈的。在此过程中，人们需要不断地调整话语以适应角色关系变化的需要，说话人会对双方的身份进行协商，或借用“以……名义”等不同语言形式强行或引导听话人对其身份构建进行重新认知。例如：

（28）1950 年 12 月 23 日，周恩来以外交部长名义致电联合国秘书长赖伊。

（29）周恩来以国务院总理名义向世界各国政府首脑发出电报。

以上两例是对周恩来不同身份角色的构建，通过“以……名义”显现了不同的话语身份下所具有的话语权力。

群体身份反映了交际者的机构身份和专业身份，能够对交际者在某一群体中进行定位，从而折射其所在群体的某些特征。通过“以……名义”来构建群体身份，其话语权力通常要比人际身份大。例如：

（30）各位代表三天来的辛勤工作，已经对社会发展首脑会做出了有益的贡献，对此，我以中国筹委会的名义，向大家表示感谢！

（31）现在全军的进击方向只有一个，那就是查里卡，凡是能在 4 小时以内抵达查里卡的部队，我以中央军委的名义通令嘉奖。

（32）王冰看了楚虹一眼，说道：“楚虹同志，你看这样好不好，我以中央办公厅的名义发个文，把秘书处的办公地点迁到中南海里边来！

这类例子中的群体身份多以机构名或集合名词表示，例如上面的“中国筹委会”“中央军委”“中央办公厅”。群体身份的话语权力通常比人际身份和个体身份都要大。利用“以……名义”构建话语身份时，三者的话语权力的大小序列为：

群体身份＞人际身份＞个体身份

通过以上分析发现，身份角色是通过一系列自我和他人相互交叠和互补的关系构建的，身份关系具有相对性和互补性。话语身份构建是随着交际的展开和话语语境的不同而不断变化的，既是有意为之也是无意为之，既受宏观意识形态过程的影响，也受客观交际活动的限制（Bucholtz and Hall，2005）。身份是交际者为满足交际需要可供调配的语用资源之一，"以……名义"是施事者内在身份表达的外显标记，是交际者实现语用身份建构的重要手段之一。"以……名义"作为话语身份转换的手段，通过此格式构建和转换自己的社会身份，从而可以达到认同某一群体并实施该群体所具有的社会权力和话语权力的目的。

四、结语

"以……名义"格式存在两种名实关系：一种是"名副其实"或"名至实归"，另一种是"名不副实"或"有名无实"。这两种名实关系与"名义"的两种释义并不一一对应，两者交错配合，产生三种情况，NP 由何种成分充当决定着三种语义关系：

第一种是"名副其实""名至实归"，等同于《现代汉语词典》(第 6 版)"名义"的义项①，即 NP 是"做某事时用来作为依据的名称或称号"，NP 与施事主语同指。第二种是"名不副实""有名无实"，等同于《现代汉语词典》(第 6 版)"名义"的义项②，即"表面；形式（后面多带'上'字）"。第三种情况是"名不副实""有名无实"，但其语义等同于《现代汉语词典》(第 6 版)"名义"的义项①，这一类 NP 通常是不具有生命特征的抽象名词或事物。在语用上，"以……名义"对其话语身份凸显和转换所具有的特定语用价值，是一种典型的标示身份范畴的语言形式，起到标记身份所属于群体、职务等作用。在言语活动中，说话人利用这一格式有目的地选择或改变原有话语身份，选择最有利、最合适的话语身份角色，达到特定的以言行事和以言成事的目的。

参考文献：

蔡凯燕，2013．“理论上”“原则上”与“名义上”的隐性否定功能考察 [J]．国际汉语学报（1）.

陈汝东，1996．修辞过程中的话语角色选择与调整 [J]．汉语学习（3）.

周念哲，2011．从历史背景和修辞学视角探讨“名正言顺”观念中的“或然性”特质 [J]．外国语言文学（1）.

朱长河，2005．有标记的选择与意图义：标记模式的语言学理论探源 [J]．外语学刊（5）.

朱长河，2006．话语角色转换的迈氏标记模式研究 [J]．韶关学院学报（社会科学）(10）.

Irvine, Judith T. and Susan Gal. 2000. Language Ideology and Linguistic Differentiation [A]. In Paul V. Kroskrity (ed.), *Regimes of Language: Ideologies, Polities, and Identities* [C]. Santa Fe, N.M.: School of American Research Press. Pp. 35-84.

Bucholtz, Mary and Kira Hall. 2005. Identity and Interaction: A Sociocultural Linguistic Approach [J]. *Discourse Studies*, 7: 4-5.

论句法研究的实证科学性

李亚非

提　要　理论在何种程度上可以“脱离”直接观测到的事实，一直是句法界所面临的重大问题。管辖（government）这个概念在理论构建中的兴衰、普遍语法和象似性该如何相处、句法和词法的关系、边缘语料在实际上及应当得到的重视程度，都直接影响着句法理论的整体架构。本文结合笔者在以往三十年中的研究工作，力图客观地评价理论界的经验教训和个人的贡献，并提出“事实优先原则”，以此提升句法理论的实证科学性。

关键词　句法的实证科学性　管辖关系　象似性　词法—句法界面　多值理论

没有人会否认，对人类语言机制的研究是一个实证性的学科，即以语言事实为基础，希望建立一个能够最大限度地描写和解释诸般自然语言现象的理论体系。但是面对大量的看起来杂乱无章的语料，怎样从中提炼出正确的理论呢？我们先从 Chomsky（2009）的观点说起：

> 了解世间现象的方法只有两种。要么是使用蛮力，也就是建立某种弱相关性。要么是通过抽象去研究理想化的情况，也被称作伽利略方式：对于过分复杂、千丝万缕的现象，假设其理想化的状况更具有真实性，甚至不惜考虑现实中不存在的环境（比如零摩擦的平面）。这种研究方法对语言学非常重要，也在语言研究中造成争议。我们是应当只考察巨量的表象、通过蛮力对其进行模拟？还是应当对繁复的表象加以抽象，寻求可以深入探索的理想化状况，寄希望于从中发现一些根本性的法则？

这段文字在介绍从现象到理论的两条渠道的同时，字里行间弥漫着“路线斗争”的硝烟，而 Chomsky 本人显然是伽利略方式的支持者。在他看来，另一方不过是使用蛮力来模拟事实而已。

任何实证领域的理论构建都离不开伽利略方式，因为它可以帮助我们“透过现象，看到本质”。语言学所应该关心的，不是在研究中是否使用伽利略方式（当然要使用），而是如何保证对现象的理想化和对深层法则的追求，不因武断地牺牲重要的语言事实而造成理论上的误判和误导。不言而喻，在现实中，既然任何理论性工作都不可能照顾到全部的语言现象，那么什么样的语料可以被（暂时）忽略的问题就一直伴随着语言学理论的发展。在这方面，Chomsky 的个人选择在相当大的程度上影响着句法理论的构建，其中有开创性的远见卓识，但也有不可忽视的错误，并因此削弱了句法学的实证科学性，为句法研究带来了一些本可避免的问题，甚至阻碍了它的健康发展。本文以句法学界的这个问题为主线，介绍笔者在近三十年中所做的工作及其对理论构建的意义。①

一、Li（1987）：管辖关系的地位和移位的原因

上世纪80年代占绝对统治地位的管（辖）约（束）理论（Chomsky，1981），把管辖关系G确立为一切句法规律的核心，即所有的句法操作都必须满足G。如果成功，这样的句法架构显然带有公理系统的性质，在形式上接近物理学，即从少数的根本性法则来推导出所有的自然语言现象。而透过纷繁的语言事实，从中提取出一个抽象的G，可以被看作伽利略方式的又一次成功的应用。问题是，在伽利略方式的旗帜下，通过“假设其理想化的状况更具有真实性”所认定的G在何种程度上当得起它被赋予的核心作用?

1.1　匹配格理论及其背景

为了更好地回答这个问题，需要简单回顾一下管约理论的整体设计。该理论之下有数个子理论，分别负责句法的不同方面。比如约束理论决定名词性成分的语义所指，格理论决定名词性成分的句法分布，论旨理论限定谓词及其论元的句法和语义表达，控制理论处理某些无语音成分的句法和语义特征，等等。除了表达成分组合规律的X’理论之外，这些子理论都建立在管辖关系G之上。比如G的满足是名词短语从某个核心词获得格的必要条件，而得到格又是论元拥有论旨角色的必要条件。同时，无语音代词PRO出现的必要条件是不被任何核心词管辖，而该条件被认为可以从约束条件A和B中推导出来。

Li（1987）注意到，格、论旨角色和PRO诸理论之间存在严重的逻辑矛盾，因而不能处理它们被设计来处理的语言现象。比如，PRO被认定是名词性论元，因而按照管约理论需要得到一个论旨角色和一个格。但是PRO必须不被管辖（以便解释其

① 拙作中最被广泛引用的是关于汉语动补结构的文章。由于这项研究跟本文的主题只有间接关系（Li，2005），所以不在介绍之列。

仅限于做不定式主语的句法分布），按照逻辑无法获得格，而没有格也就不能得到论旨角色，因此无法满足论旨理论对论元的要求。如此明显的漏洞，无疑需要排除。此外，既然格和论旨角色不是一码事，为何后者的获得依赖于前者，也是需要回答的问题。

Li（1987）提供的解决方案包含下述的设定：

（1）a. 所有的论元和论旨角色都具有自身的语义类型（semantic type，简称为义型）。

b. 所谓的格只是论元和相应的论旨角色具有同一义型，从而得到语义解读。

在形式语义学中，所有的句法成分都拥有义型，（1a）只是列举了其中的个例，不证自明。在技术层面，典型的名词性论元的义型不妨标作 NP，PRO 的义型为 e；及物动词的典型宾语论旨角色的义型也是 NP，而主语论旨角色的义型为 e；句子的义型是 t。由此推论，及物动词的义型是（t/e）/NP，即携带义型分别为 e 和 NP 的两个论旨角色，并且在跟相应论元正确组合之后生成义型为 t 的句子。由及物动词和宾语组成动词短语的语义运算粗略表述如下，其中符号“→”表示句法结构和语义类型的对应，符号“•”表示义类的组合性操作：

（2）动词短语＝[动词　宾语] →（t/e）/NP · NP ＝（t/e）/NP · NP ＝ t/e

由于及物动词的宾语论旨角色和名词性宾语具有相同的 NP 义型，双方相遇的结果是后者“接受”前者（即论元获得论旨角色），在语义上表现为义型的匹配和相互抵消，用划过义类的横线表示。按照（1b），这样的匹配和抵消过程正是管约理论所谈论的格的分配。

具体的分析如下：

因为格等同于论元和论旨角色的义型匹配，而义型匹配是让论元“获得”论旨角色的必要条件，所以论旨角色的分配自然涉及格。只不过按照新的定义，格不再是一个独立的东西，而是论元和论旨角色的义型匹配抵消过程的另一种说法。

PRO 只能和义型为 e 的论旨角色匹配（因此也得到所谓的格），所以其分布受到相应的局限。普通的名词性主语的义型是NP，不能直接得到义型为e的主语论旨角色。

功能性核心成分 T（当时被称作 I）的语义作用之一是把义型不是 NP 的论旨角色改变成义型 NP。对应于管约理论的说法，就是 T 为主语提供格。被动化被认为是剥夺及物动词为宾语赋格的能力。在 Li（1987）的理论中，被动化改变宾语论旨角色的义型，使之不再与典型的名词宾语相匹配。令改变后的宾语论旨角色为 X，X ≠ NP，则该论旨角色无法跟名词宾语匹配抵消，只能经由 T 的加工后再用。在管约理论中，这个过程对应于深层结构的宾语不能在原地得到格，必须上移到 TP 里面，从 T 处得到主格。

这一理论通过对格重新定义，弥补了管约理论中一个主要的漏洞。虽然从开始就遭到 Chomsky 的极力反对[①]，但是其核心思想已经被时间证明领先于句法界，至少在一些关键层面比管约理论中的相应部分更适于描述和解释语言事实。我们从两个方面为此提供证据。为了便于讨论，我们把 Li（1987）的内容称为匹配格理论。

1.2　理论贡献

在匹配格理论被提出之后的第八年，经过了四五年的探索和准备，Chomsky 于 1995 年提出最简方案（minimalist program）。在大的技术层面，最简方案跟作为其前身的管约理论有四个显著区别[②]：

（3）a. 以从小到大的渐进式造句过程来取代深层结构。

b. 注重句法操作对作用距离的要求，强调局部性。

c. 取消管辖关系。

d. 统一各类型成分移位的动因，即被移动成分和目的地成分之间的特征匹配与抵消。

我们以（3）为背景，评价（1）的理论贡献。

由于格被定义为论元和论旨角色的义型匹配，所以管辖关系 G 对于格而言不再重

① Li（1987）是博士资格考试的第一部分，Chomsky 是答辩委员会成员。

② 用复制（copy）取代移位也是一个明显的区别，但是跟文中列举的四项有本质的不同。后者的实施需要改变管约理论的架构，所以不能直接“融合”到管约体系之内；而管约理论可以在不改动任何结构的情况下直接用复制替换移位。这也是为什么最简方案体系内的文献，仍旧经常使用移位这个“前朝”术语的缘故。

要（事实上，匹配格理论的分析中也完全没有提到 G）。作为论元，PRO 同样需要相应的义型匹配，因而也有格，同时也跟 G 脱离了关系。既然格和 G 无关，那么依赖于格的论旨角色的分配也不再需要 G。换句话说，如果匹配格理论成立，则管约理论的三个子理论，即格理论、控制理论和论旨理论都失去了对 G 的依赖。按照 Chomsky（1982）的设计，管约理论总共包含七个子系统，除了上述三个，还有 X’ 理论、约束理论、语迹理论及边界理论（bounding theory，对应于 1986 年之后的语障理论）。其中 X’ 理论是定义 G 的结构基础，因此本身的操作并不（也不能）依赖于 G。在剩下的三个子理论中，约束理论被冀望于可以通过对 G 的使用而推导出 PRO 不能被管辖的核心特性，而且 PRO 与先行词的关系也的确和约束理论的核心目的有直接关系。既然 PRO 已经跟 G 无关（或者说就 G 而言，PRO 跟其他论元毫无区别，要么都无关要么都有关），那么从匹配格理论的角度来看，约束理论是否和 G 有关也是值得商榷的。

结论：根据（1）对格的定义，管约理论的六个建筑在 G 之上的子系统里，有三个完全脱离了对 G 的依赖，有一个从逻辑推理上跟 G 的关系有待考察。这个结果至少表述了（3c）的“一半”内容，而且在时间上领先。

（1b）中对格的定义，在技术上跟（3d）没区别。两者的不同有二：一是应用范围，前者显然小于后者；二是被要求匹配和抵消的内容，前者是在语义层面，后者在总体上着眼于跟句法和词法直接相关的特征。我们将在下一节中讨论第二个不同。

在管约理论的框架里，虽然明确地区分了不同类型的移位，但是围绕格理论所讨论的NP移位是唯一被赋予明确动机的移位类型，即NP如果在深层结构中无法得到格，则必须上行到某个可以得到格的位置。NP 移位所涵盖的语法现象包括被动式、提升式（raising）、非宾格结构，以及发生在名词性短语内部的某些语序变体。对于其他类型的移位，比如疑问词移位、话题化、核心词移位等，管约理论关于它们发生的动机不但没有专设的子理论，甚至没有系统解释其动机的意图。在这样的理论大背景下，重新定义 NP 移位的动机，即抛弃管约理论的变换句法位置以便得到格的说法，提出 NP 的位置变换是为了跟目的地的某个成分发生匹配并相互抵消相关的内容，在客观上为整个移位理论提出新思路，也就是（3d）的思路。需要强调的是，（1b）已经包含了（3d）的全部技术内容，包括匹配和抵消的最终目的是使移位成分和目的地成分双双获得正确的解读。

总之，匹配格理论对格的重新定义以及在这个定义下对相关句法部分的调整和处理，在时间上早于最简方案。而后者区别于管约理论的四个主要特点中，有两个已经被前者提出并用来解决研究中的问题。从 Chomsky（1995）至今的二十年中，管辖关系已经完全在句法分析中消失，成分移位也基本上采用了特征匹配抵消的机制。这一事实本身，为（1）的合理性提供了直接的佐证。

1.3　匹配格理论的应用

一个理论的价值，最终取决于它对语言事实的解释潜力。本节通过几个具体例子，讨论匹配格理论相对于管约理论和最简方案的优势。

首先从整体理论构建的层次来看。除了修复格、PRO 和论旨角色诸理论之间的漏洞之外，匹配格理论还先于最简方案向简化管约理论迈出了一步。在管约理论中，格不但是一个需要设定其存在、可以在句法成分之间相授受的“物体”，而且还是一个来源不清不楚的物体，因为没有人能说清为什么句法运算需要格。[①] 在匹配格理论中，格作为一个独立的概念已经不存在了，而仅仅是用来表达义型匹配和抵消过程的一个便利名称而已。最简方案最初把格处理成一个名词性特征，后来逐渐呈现出用其他特征（比如 D）取而代之的趋势，其实也是出于同样的理论考虑。如果抛开技术细节不论，无论什么样的语法特征取代格这个概念，都不如用义型匹配更“简”，因为义型和在造句过程中的义型匹配对语义运算来说必不可少。以此来定义格所需要的理论设定是最少的，因而也是最简的。

匹配格理论还为两个一直悬而未决的句法问题提供了简单的答案。

第一个句法问题是英语中的 wanna 缩约现象被广泛用来证明语迹 t 的存在。

（4）a. I want to do it. → I wanna do it.

　　b. I want you to do it. → *I wanna you do it.

① 形式理论中的格是一个抽象概念。词法层面的格有直截了当的解释，即增加信息传递的清晰度。正因为词法格只是语言使用的助力，所以并非所有语言都采用。

c. What do you want to do? → What do you wanna do t?

d. Who do you want t to do it? → *Who do you wanna do it?

want 和 to 缩约成 wanna 的必要条件是二者之间不能有其他成分介入，如（4a-c）所示。从表面上看，want 和 to 在（4d）里也不被隔断，而缩约仍旧不能发生。这只能归之于疑问词 who 即使移走，仍旧在 want 和 to 之间留下的足以阻断缩约的语迹。但是从一开始，这一分析就面临一个问题：按照通常的分析，在（4a）(4c）中的 want 和 to 之间有一个用来做空主语的 PRO。为什么 PRO 不阻断 wanna 缩约呢？在管约理论框架中这个问题基本上被回避，偶有尝试（比如 Pesetsky，1982）也需要用到动因未必清晰的辅助假设。而匹配格理论却无须任何专门为（4）中各例服务的新假设。PRO 的义型是 e，跟主语论旨结构一样，所以可以直接在 VP 内部完成匹配和抵消：

（5）… want [S to [VP PRO V …]]

want 和 to 是货真价实的近邻，所以能够缩约。至于（4b）(4c)，无论什么理论都要设法让显性的从句主语不同于 PRO（或者说提供某个意义上的格）。目前的理论有足够的技术理由，令显性主语在造句的某个阶段从 VP 内部移动到 want 和 to 之间，并因此依照传统的分析阻断 wanna 缩约。

第二个句法问题来自“重构（reconstruction）”。基本语料如下：

（6）a. Which claim that Chris snored did he find t to be plausible?

b. The claim that Chris snores seemed to him t to be plausible.

按照现有文献，专有名词 Chris 跟后面的代词 he 只有在（6b）这类所谓的提升结构（raising）中才可能共指，在疑问句（6a）中绝对不可以。对于这个差别，目前尚没有透彻的解释（参见 Lasnik，1999）。但是匹配格理论如果跟移位的复制理论（copy theory）相结合，可以直接解释（6）。复制理论认为，所谓移位其实是一个句法成分又被复制了一份，然后把后者放在句首的位置。按照这一理论，（6a）的实际结构如下：

（7）Which claim that Chris snored did he find which claim that Chris snored to be plausible?

因为主语代词 he 成分统治（c-command）专有名词 Chris，二者共指违反约束条件 C。表面看来，同样的分析也适用于（6b），这也是最简方案所面临的困境。但是根据匹配格理论，（6b）的实际结构不可能是和（7）类似的（8）：

（8）The claim that Chris snored seemed to him the claim that Chris snored to be plausible.

这是因为在不定式中，主语论旨角色的义型不是 NP（参见上文），所以 the claim that Chris snored 这个论元根本不可能出现在画线的位置，否则这个句子会因为义型不匹配而无法解读。既然包含 Chris 的论元从来不在这个所谓的“深层结构”位置，Chris 也就不存在被 him 成分统治的问题。没有成分统治的共指是被约束条件 C 所允许的。

1.4　小结

以上对于匹配格理论的介绍及评估有两层意义：

首先，该理论能够在管约框架盛行时期提出不但领先句法界数年而且拥有一定拓展潜力的新理念，其根源是重视尽可能圆满地解释语言现象，而不是为了追求某个主观设定的“理想化”模式而罔顾现有理论中的漏洞。管约理论无疑为了解和认识语言做出了前所未有的贡献。其最大的失误，大概就是人为地把管辖关系设定为一切句法操作的公理性因素。在某些方面（比如试图用管辖关系涵盖所有语迹的分布），这个“管辖公理化”的努力可谓是屡败屡战，屡战屡败。在另一些方面，比如 Li（1987）所关心的理论漏洞，整个句法界一直采取视若无睹的态度。现在往回看，似乎时间已经证明，让解释语言现象优先于追求理想化理论，从长远看是更有效率的研究渠道。这是需要句法界引以为戒的。

本节的第二层意义，是使句法理论发展所经历的这段历史得到还原。近二十年来被句法界所广泛采用的核心设定中，扬弃曾经无处不在的管辖关系和把移位的原因归结为特征的匹配抵消这两个思想，在 Li（1987）中都已经得到明确地表述并用于解决一些理论问题。虽然当时的表述只是针对管约理论中的局部，没有像八年后的最简方案那样上升到整体理论架构的高度，但是匹配格理论所修正的都是管约理论中的关键部分。实事求是地承认和记录知识积累的过程，对于任何学术领域来说都是其职责之所在。

二、Li（1993），Li and Ting（2013），李亚非（2014）：普遍语法与象似性的合作关系

普遍语法因为强调理论内容的精确性也被称为形式语法，其目标是发现语言在何种程度上取决于人类与生俱来的专司语言的能力，或者说是语言的内因。相比之下，功能语法更注重语言的交际功能和环境对语言结构的影响，试图用外因来解释各种语言现象。虽然从哲学层面来看，人类的语言行为几乎肯定是内外因共同作用的结果；但是在实际的研究当中，至少有两个相互缠绕的因素阻碍了从哲学观点向实证性理论的转化。

第一个因素是人的认知能力及其知识的局限性。面对任何未知的现象，要建立一个可以验证的理论就不得不采取“分而析之（divide and conquer）”的策略，人为地从整个现象中选取一点加以深入考察。在没有透彻了解足够多的局部之前就谋求全局，超出人类的能力。因此，全力以赴地破解语言的内因（或者外因），虽然听起来有失偏颇，却是认识语言本质的必经之路。第二个因素是众所熟知的理论偏见，来源有三：首先，分而析之在局部上的成功，往往造成自己已经真理在握的假象，一如盲人摸象的寓言。其次，人类对不熟悉的事物天然地产生恐惧，恐惧引发敌意。不为自己所熟知的理论也会带来同样的心态。再次，任何教育和学习过程都不可避免地培养某种排他性质的思维定式，或曰洗脑。

以上两个因素合在一起的结果，是形式语法和功能语法各行其是，鲜有建设性的交流。Newmeyer（1998）的《语言形式与语言功能》一书，虽然旁征博引兼谈形式与功能，但基本立场是对功能学派的理念持批判态度，认为功能理论的一些内容已经包含在形式理论之中，没有被包含的大都站不住脚。Chomsky（2007）承认，个人语言机制的形成包含三个要素：人类基因决定的普遍语法、语言环境和广义的认知法

则。但是他对第三类法则如何发挥作用没有具体阐述，因此对功能理论的态度最多是停留在口惠（lip service）的水平。以我了解的文献来看，功能学派对待形式理论的态度也大抵如是。

研究内因的形式语法和关心外因的功能语法之间究竟有没有接口，是一个有理论意义却无人涉足的问题。Li（1993）及其后续文章是一个例外。

2.1 第一步：时序象似性的条件

连动式在不少语言中都存在，而且都共享一个显著特征：两个动词之间的语序直接对应于动词所指事件的发生顺序，也就是功能语法给予高度重视的象似性（iconicity；参见 Tai，1985；Muysken，1988）：

（9）Musa du etsi kun.（Nupe 语）（Baker and Stewart，2002）

Musa 煮 红薯 买

（10）Áràú zu-ye ákì buru teri-mí.（Ịjọ 语）（Williamson，1965）

她 篮子 拿 红薯 盖 - 过去时

把例（10）和中文比较，可以清楚看到象似性的作用。虽然中文是动宾而 Ịjọ 语是宾动，动词短语内部的语序正相反，但是两个动词的排列却是一致的，因为拿到工具必须发生在用工具做事之前。为了便于讨论，我们在下文中把这一现象称为时序象似性。

Li（1993）发现时序象似性有三个特点：

（11）a. 只适用于动词之间。

b. 动词之间不存在论旨角色关系。

c. 动词之间的结构关系可变，原则上遵从该语言的语法规律。

（11a）的初始证据是德语。flachschlagen 直译为“平砸”，对应于汉语中的“砸平”，因为 flach 不是动词而是形容词。类似的现象在典型的连动式语言中表现得更清晰（李亚非，2014）。仅以南美的 Sranan 语为例：

（12）a. Mi e teki a nefi koti a brede.

我 完成式 拿 冠词 刀 切 冠词 面包

我拿刀切面包。

b. Mi e koti a brede nanga a nefi.

我 完成式 切 冠词 面包 介词 冠词 刀

我拿刀切面包。

同是引入工具“刀”，动词“拿”在“切”之前，遵循时序象似性；而介词 nanga 必须位于“切”之后。（11b）在日语中一目了然（引自 Li，1993）：

（13）a. Hanako-ga Taroo-o naguri-korosu-ta.

Hanako- 主语 Taroo- 宾语 打 - 杀 - 过去时

Hanako 打杀了 Taroo。

b. Taroo-ga Hanako-o hatarak-sase-ta.

Taroo- 主语 Hanako- 宾语 干活儿 - 使 - 过去时

Taroo 让 Hanako 干活儿。

两句话都表达因果关系，对应于因和果的两个动词却呈现相反的语序。同样的反差在朝鲜语和巴布亚语族的 Yimas 语中也能看到，并且永远是取决于动词之间是否存在论旨角色的关系。（13a）中是两个独立的动词“打”和“杀”，语序和事件发生顺序相同。（13b）里的动词根“工作”是使动词的语义宾语，时序象似性也随之消失。（11c）仍旧可以用 Sranan 语来说明：

（14）a. San Kofi teki koti a brede?

什么 Kofi 拿 切 冠词 面包

Kofi 拿什么切面包？

b. (*)San Kofi teki a nefi koti?

什么 Kofi 拿 冠词 刀 切

Kofi 拿刀切什么？

由前面的例（12）可知，Sranan 语是纯粹的前核心语言，宾语和状语都在动词后面。按照这个法则，连动式里的第一个动词（动 1）必须做句子的主动词。如果第二个动词（动 2）为主，则动 1 所构成的短语既不能当作宾语也不能当作状语，根本无法安排。这就解释了（14a）：动 1 做主动词，其宾语疑问词发生移位符合普遍语法。如果动 1 做主动词，动 2 的身份就需要确定。已知主动词后面的成分既可能是宾语也可能是状语，如果把动 2 短语处理成结构上的宾语，则从中移位也符合普遍语法；但如果把动 2 短语当作结构状语，则状语作为一个岛会阻止从内向外的移位。（14b）显示，有人采用宾语的安排，有人采用状语的安排。换句话说，（14）表明在语序符合象似性的前提下，动 1 和动 2 的结构关系由具体语言的语法规则来定。如果语法规则允许一个以上的结构安排，不同的讲话者会有各自的选择。

Li（1993）的主要贡献有二：一是论证了时序象似性这样一个功能语法的概念跟普遍语法体系之间的合作关系（而非对立关系）；二是精确定义了象似性出现的条件，而这些条件的基础来自普遍语法的核心部分（岛、论旨角色、核心词的线性位置，等等）。

2.2　形式与功能的接口

在此基础之上，Li and Ting（2013）在句法学研究中首次识别了普遍语法和广义认知法则之间的一个能够参与技术性分析的（而非泛泛而谈的）“接口”。

已知普遍语法造句的过程如（15），另设定（16）为真：

（15）a. 把非对称的语义关系表达为非对称的结构关系。

b. 把非对称的架构关系表达为非对称的时间（＝语序）关系。

（16）令 A 和 B 为动词，且任一方都不是另一方的语义论元，则普遍语法无法处理 A 和 B 之间的结构关系。

（16）的直接证据来自有屈折词缀的语言（比如印欧语）。在这些语言中，从未见过两个动词在句法中不使用屈折词缀而直接组合，除非一个动词（或其短语）是另一个动词的论元。（16）构成解释（11a）—（12）的基础。因为（16）成立，所以两个动词组成的连动式不在普遍语法能够处理的范围之内。这个造句功能上的缺陷不得不通过时序象似性来弥补，从而造成连动式所表现出来的特殊语序。

基于（16）的分析有几点值得注意：第一，正是（16）所描述的功能缺陷引发了专用语言机制和广义认知机制的相互作用，成为双方的接口。第二，之所以需要动词之间不存在一方是另一方的论元（=11b），是因为论元关系属于普遍语法的治权之内的基本关系，所以轮不到广义认知机制发挥影响。以上文的（13）为例。（13b）中的动词根 hatarak 在语义上是使动词素 sase 的宾语。在日语这个严格的核心成分后置语言中必须表现为宾—动语序。这是典型的（15）所表述的非对称语义关系（=一个事件及其内部参与者）被表达为非对称的结构关系（=动词和宾语论元），再进而按照日语语法表达为非对称的语序关系（=宾—动）。相比之下，（13a）中的 naguri 和 korosu 是两个独立的动词，没有内在的语义关系。根据（16），二者的组合超出普遍语法的势力范围，才让时序象似性有了参与的机会。

（16）也有助于解释（11c）。既然普遍语法不知道如何组织两个动词 A 和 B，那么 A 和 B 之间的非对称语义关系（比如“拿”为“切”引入工具）就无法依照（15a）被表达成任何结构关系，而没有结构关系就谈不上（15b），即按照某个语言的语法规则转换成语序关系。这是启动时序象似性的条件。但是时序象似性不是普遍语法，并不遵从（15），而是从两个动词的工具关系之中提取出时间因素，直接表达成动词的先后关系，等于是跳过了结构关系那一步。这个结果固然解决了词序问题，但是仍旧没有确定动词之间的结构，而没有结构就无法造句。于是具体语言的语法规则被启动，在词序已定的前提下寻求最适合这个语言的结构安排，于是有了例（14）。这个过程，可以形象地描述为削语法结构之足以适象似性语序之履，是普遍语法不知道怎样组合动词、广义认知机制又“不懂”语法结构时的权宜之作。这或许也解释了为什么拥有连动式的语言在总体上是人类语言中的少数派。

除了用（16）来解释连动式的典型特征（11），Li and Ting（2013）还详细论证了时序象似性的存在。对于这个现象，功能学派往往引用一些例子作为证据，但是缺乏细致的论证。比如 Tai（1985）举出的汉语例子中没有考虑到动词和介词的区别，虽然在汉语中看似有理，但是一旦从跨语言的层面看就遇到明显的反例，参见例（12）。另一方面，形式学派对象似性的基本态度是大多数人不予理睬，少数学者以两种手段否认其存在：一是说一些所谓的证据不可靠，二是说余下的语料可以在普遍语法中得到解释。代表作有 Baker（1989）、Newmeyer（1998）、Carstens（2002）。但是 Li and Ting（2013）用大量事实证明，至少对于时序象似性而言，所谓的反例往往是出于对语料了解不够而造成的误析，而且现有的形式语法理论从本质上无法推衍出连动式的语序。

2.3　时序象似性与宾语共享的关系

李亚非（2014）基于上述形式与功能接口，进一步解释了连动结构的另一个重要特征。在下面的例子中，前边的每句都表现出时序象似性（即先买后看），在 Grice（1989）中被统称为语用隐指（implicature）；括号里的句子用来颠覆前面的隐指：

（17）a. 他今天买了早报，看了早报。（不过他是先看后买的。）

b. 他今天买了早报看。（不过他是先看后买的。）

c. 他今天购买和阅读了早报。（不过他是先阅读后购买的。）

颠覆句的作用，在（17a）中只是“纠正”前句的象似性解读，此外并不对前句造成影响。但是对（17b）来说，前后两句放在一起只能产生一种理解，即存在两个看的事件，一个是买之前的看（以便确定是否值得买），一个是买之后的看（比如对感兴趣的报道仔细阅读）。也就是说，（17b）里的时序象似性不可被纠正。因此有：

（18）连动式中的宾语共享对应于绝对的时序象似性。

所谓宾语共享（参见 Baker，1989）可以严格定义。首先，共享是在语法层面而非语义层面。（17a）中的两个宾语“早报”完全可以共指同一份早报，但是并不妨碍象似性被语境所破坏。只有像（17b）那样两个动词共用一个宾语，（18）才成立。其次，即使语法上的宾语共享，也只影响连动结构中的象似性语序。（17c）是一个并列结构，尽管两个动词共用一个宾语，但是和颠覆句结合之后的行为跟无宾语共享的（17a）等同。

解释（18）的关键还是来自普遍语法和广义认知的接口。普遍语法造句过程（15）的每一步都是确定的（deterministic）。但是上一节中讨论的处理两个动词结构关系 R 的权宜之计造成 R 甚至在同一语言中都存在不确定性，参见例（14）。设（19）成立：

（19）普遍语法不能容忍从非对称语义关系向非对称结构关系的转换存在不确定性。

由于普遍语法不包含处理两个动词之间结构关系的机制，（19）不可能直接被满足。既然普遍语法对动词无能为力，只好转向动词的宾语，而通过宾语建立确定的非对称关系的唯一途径就是在两个宾语之间建立共指，让一个宾语依赖于另一个宾语：

（20）[主语　v　[$_{vP}$ 动 1　宾 1_k　动 2　宾 2_k]

其中下标 k 表示共指。

因为动 1 和动 2 的结构关系因语言而变，宾 2 不可能是代词、反身代词或者任何其他普通名词。如果宾 2 是反身代词，则在宾 1 不成分统治宾 2 的结构中违反约束条件 A。如果宾 2 是代词或者其他名词，则在宾 1 成分统治宾 2 的情况下违反约束条件 B 或者 C。总之，宾 2 不存在适用于所有语言的单一形式，因此仍旧不能满足（20）。剩下的唯一选择是令宾 2 为具有下述特征的无语音代词 pro：

（21）pro 必须从最近距非同源句法成分获得语义内容（＝共指）。

（22）

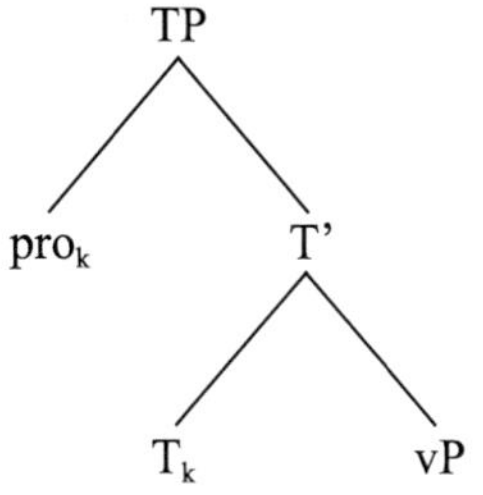

（22）是在罗曼语中做主语的 pro。时态 T 是离 pro 最近的可以携带相关语义内容的成分，而且 pro 的深层位置在动词短语 vP 之内，跟 T 不同源，满足（21）。在连动结构（20）中，对于用作宾 2 的 pro 而言，即使可以跟主语共指，但是主宾同源①，无

① 因为连动式也共享主语，而主语共享的最直接方法是两个动词共用一个提供主语论元的 v（Chomsky，1995）。

法满足（21）。而宾1距离宾2足够近，同时二者来自不同的V所以不同源。结论是宾2只能是pro。因为pro无语音形式，所以连动式的表面形式是[动1 宾1 动2]，即所谓的宾语共享。由（19）所造成的所谓宾语共享，可以看作是普遍语法尽可能地把参与造句的广义认知机制语法化的具体努力。一旦语法化，连动式就不再是单纯使用广义认知手段的结果，因而不再是能够被语境颠覆的语用隐指。（18）因此得到解释。

2.4　小结

对于连动式语序以及相关特征的研究，在两个意义上为当代句法学开创了新的研究方向。第一，当整个语法学界对形式学派和功能学派还停留在选边站队、最好只做到偶尔口惠的时候，本节所介绍的工作已经找到两个理论之间的一个接口，并且通过高度细节性的手段对相关的复杂现象加以清理和解释。这项工作背后，仍旧是如何处理事实和理论孰轻孰重的问题，任何成果都是坚持理论不脱离事实的结果。当护卫一个理论成了终极目标，对语料的处理就会出现偏差。第二，两个被认为是对立的语法理论在这项研究中得到融合，既保持了各自的核心内容，由通过接口相互作用。说到底，这样的结果恰恰印证了哲学中的对立统一思想。下一节的内容将进一步阐述这一思想在句法研究中的重要角色。

三、Li（2005），Li（to appear）：句法、词法、辩证法

造词和造句是否出于同一套语法规则？从纯粹理论的角度，回答“是”比回答“否”好。但是理论毕竟只是对事实的归纳、抽象和升华，是为了了解和解释事实的。那么语言事实给出的答案是什么？上世纪60年代兴起的生成语义学说“是”，Chomsky（1970）说“否”。争论从此就没有停息，因为双方似乎都有一些证据。从80年代中期以降，句法造词说在理论研究中一直稳占上风，原因来自Baker（1985、1988）。

3.1 核心成分移位与句法造词说

Baker 的语料和分析洋洋洒洒，真正经受住时间考验（包括他本人的进一步学术研究；见 Baker，1996）的证据其实只有一个半。半个①是名词合并现象（noun-incorporation），篇幅所限不予讨论。最扎实的证据来自动词合并（verb-incorporation），在班图语和闪语中很常见。下面的例子取自阿拉伯语（Li，2005）：

（23）a. ʔal-mudrris-uun jaʕala-uu t-tulaab-a yajlis-uun biʒaanib-i baʕdihum l-baʕd-i.

冠词-老师们-主格 使 冠词-学生们-宾格 坐 靠-生格 彼 此-生格

老师们让学生们相互挨着坐。

b. ʔal-mudrris-uun ʔajlas-uu t-tulaab-a biʒaanib-i baʕdihum l-baʕd-i.

冠词-老师们-主格 使……坐 冠词-学生们-宾格 靠-生格 彼 此-生格

老师们让学生们相互挨着坐。

（23a）是由两个动词组成的使动句，其中做从句宾语的相互代词“彼此”只能指称从句的主语“学生们”而不能指称主句的主语。汉语译文中的“相互”也有同样的限制。这一事实符合约束条件 A，即反身代词和相互代词都必须在同一句中找到先行词。（23b）从表面上看并没有两个分开表述的动词，而是表“坐”的词根 j…l…s 被使动化。按照一般的理解，一个动词表明只有一个句子，因此相互代词应该可以把整个句子的主语“老师们”当作先行词。而事实是，相互代词仍旧只能和“学生们”共指。

Baker 的答案很简单：无论使动结构呈现什么样的表面形式，在其深层都是主从句结构，因此对于约束条件来说产生完全相同的结构。（23）两句的表面差别，仅仅取决于从句动词“坐”是在原位不动还是通过核心成分移位上行到主句的使动词并跟

---

① Baker 本人认为名词合并是很确凿的证据，但是从始至终避免讨论他的母语英语中的名—动复合词，而在他的理论中这类复合词至少看起来是反例。

后者融合，也即动词合并。到目前为止，没有任何其他分析能够如此简洁准确地解释动词合并在句法中的行为。而 Baker 的研究，也为句法造词说提供了有力的依据。

3.2 词法—句法界面条件

句法造词说的极致，是把一切词素以上成分的组合都统一在句法之下。当前句法界的主流也的确是沿寻这个思路，以至于通过核心成分移位来处理各种与构词有关的语料被广泛认可，甚至无须严格证明。但是，句法学毕竟是一个实证性的领域。局部证明正确的理论，在更广阔的语料范围内不一定正确。再看 Li（2005）提供的另一组阿拉伯语的例子：

（24）a. ʔan-nisaaʔ-u jaʕal-an l-banaat-i maɣmuumaat-in min baʕḍihin l-baʕḍ-i.

冠词 - 女人们 - 主格　使　冠词 - 女孩们 - 宾格　不舒服 - 宾格　从　彼　此 - 生格

女人们让女孩们相互感到不舒服。

b. ʔan-nisaaʔ-u ʔaɤmam-na l-banaat-i min baʕḍihin l-baʕḍ-i.

冠词 - 女人们 - 主格　使……不舒服　冠词 - 女孩们 - 宾格　从　彼　此 - 生格

在（24a）中，“女孩们对彼此不舒服”构成一个小句，所以相互代词必须把“女孩们”当作先行词。这和（23a）一致。依照 Baker 对（23）的逻辑，（24b）应该跟（24a）具有相同的深层结构，所以两句的意义也应该相同。事实并非如此：（24b）里的相互代词不再指“女孩们”而是必须跟“女人们”共指。这等于说，虽然“使……不舒服”和“使……坐”都是词根加使动词缀，但是后者从约束条件来看表现出典型的主从句结构，而前者显然只生成一个单句。表面上的一个词却对应于主从句结构，支持句法造词说。表面上的一个词也对应于单句，不可能是通过深层的主从句生成的，所以是句法造词理论的反例。同一种语言里的同一个使动化现象，理论意义截然相反，无论是句法造词还是更传统的词法造词，都只能处理一半事实。

Li（2005）认为（23）（24）恰恰说明句法和词法造词都有合理之处，而下面的词法—句法界面条件（Morphology-Syntax Interface Hypothesis）可以把双方的“局部真理”融合成一体：

（25）a. 所有的词都是词素的直接组合。[①]

b. 设词 W 由成分 A 和 B 组成；A 和 B 之间的语义关系 R 在句法中得以表达的充分必要条件是：R 在句法中的表达符合一切句法规则。

（25a）直接取自词法造词说。（25b）允许词素之间的语义关系在句法中获得表达，继承了句法造词说的最核心内容，即词中各个词素之间的关系在句法中有所体现。不过和句法造词说不同，这种体现不是绝对的而是有条件的，即必须满足所有句法要求。需要支持，这个条件在逻辑上是必然正确的：既然在句法中表达当然要满足句法的规则。换句话说，在承认词内结构和句内结构相关的前提下，（25b）是可能存在的最简单定义。

对阿拉伯语（23）（24）的分析如下：

在（23）中，使动化的基础是动词，如（23a）所示。根据（25a），词素“坐”和使动词素直接组合成词。二者都是动词性，结果仍旧是动词。“使”和“坐”在语义上是动宾关系，如果在句法中表达，结构如下：

（26）
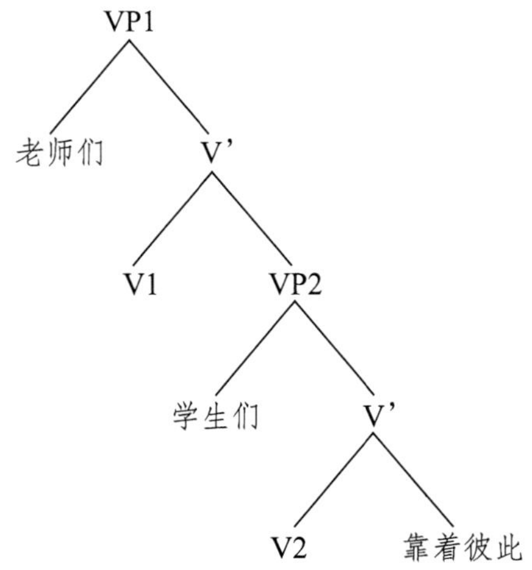

① 所谓的“语音词”除外。语音词指在句中相邻的语言成分被读成一个词，但不一定在结构上组成一个成分。比如：I would have... → I' d' ve ...。另外，（25b）的定义比原文更加简化。参见 Li（to appear）。

已经通过构词法则变成一个动词的“使……坐”嵌入V2，然后按照标准的句法操作上移到V1，为相应的论元就近分配论旨角色。每一步都符合已知的句法规则，从而满足把该动宾关系表达为相应句法结构的充要条件（25b）。因此（26）成为“使……坐”所必须对应的句法表达，其中VP2是动词性宾语小句，约束条件A要求相互代词“彼此”必须把“学生们”当作先行词，与（23b）的语料一致。这一分析和Baker对动词合并的句法推导产生同样的结构，也因此具有同样的结果，区别只在于Baker把（26）当作理所当然的深层结构，再把V2上行到V1来得到两个词素的结合。而我们的分析是造词在先，然后把词素之间的语义关系尝试着表达为（26）。整个的词从下向上移位。

再看（24）。使动化所作用的词根没有动词形式，参见（24a）。表示恼怒的词究竟是名词还是形容词存有争议，姑且称之为“非动词”。已知使动词素加非动词产生动词。二者之间仍旧是动宾关系，因此跟（26）大同小异，只是把V2换成非动词性的核心，为便于讨论称之为X。已经成词的“使……恼怒”是动词，因此不能直接嵌入到取代了V2的X位置，因为词性不符，在普遍语法中也没有先例。唯一可以接受“使……恼怒”的位置是V1。以此为起始点，“使……恼怒”不能下移至X，因为移位的终点必须成分统治移位的起点。但是如果不下行，则X在整个过程中都只是一个空位置。这个结果使X从头至尾都不参与任何句法操作，不但违反充分解读条件（full interpretation，Chomsky，1986），而且也不能让“使……恼怒”就近为“恼怒”自身的论元“女孩们”——对应于（26）中的“学生们”——分配论旨角色。总之，（24b）里的使动化动词“使……恼怒”既不能下行也不能不下行，导致整个结构注定不能满足全部句法要求。根据（25b），如果“使”和“恼怒”之间的动宾关系没有正确的句法表达，则不被表达。也就是说，“使……恼怒”只能当作不能被进一步“扩展”的单一动词来用，因此在句法中只能构成一个单句。按照约束条件A的要求，单句的主语“女人们”成为相互代词的先行词，与（24b）的事实相符。（25）还可以解释一个汉语动补结构的“非对称”现象（Li，to appear）：

（27）a. 他追累了那匹马。

b. * 他听哭了那首哀乐。

（28）a. 他追得那匹马很累。

b. * 他听得那首哀乐痛哭流涕。

只要有合适的语境，（27a）很容易产生歧义，即他追马的结果可以是马累，也可以是他累。从这个角度来看，（27b）难以接受是个谜。在语法上，哭的既可能是主语也可能是宾语。语义因素排除哀乐会哭，但是他听哀乐造成他自己痛哭是完全可能的。既然语法和语义都允许，（27b）为什么不是一个自然的句子？这个问题并非到此为止。（27）是动补词，（28）是动—得形式的主从句动补结构。（28b）和（27b）类似是可以理解的，但是（28a）却和歧义的（27a）不一样，只有马累的意思。为什么？

例（28）的语料可以源自一个假设（Li，1985；Huang，1989）：

（29）至少某些从句的无语音代词主语必须和最近的名词短语共指。

（28）的结构都是（30）：

（30）NP1 V1 —得 NP2 [$_S$ pro 从句谓语]

对于（28a）来说，从句谓语是“很累”，NP2 是“那匹马”，也是离 pro 最近的名词短语。所以累的只能是马。在（28b）中，从句谓语是“痛哭流涕”，NP2 是“那首哀乐”。pro 的先行词根据（29）只能选 NP2，但是 NP 做先行词在语义上说不通。NP1 虽然意义通顺却距离 pro 太远。两个选择各有问题，造成该句不可接受。

再看（27）。（25a）规定“听哭”是构词法则的结果。其中的两个词素之间虽然没有论旨角色的关系，但是拥有因果关系，而因果关系在句法中也表现为核心词和结构宾语（Rizzi，1990；Levin and Rappaport-Hovav，1995）。这个句法结构跟（30）没有本质区别，因为动—得句式也是用来表达因果关系的。但是为了方便讨论，我们给出“听哭”在（25b）的要求下所对应的句法树：

（31）

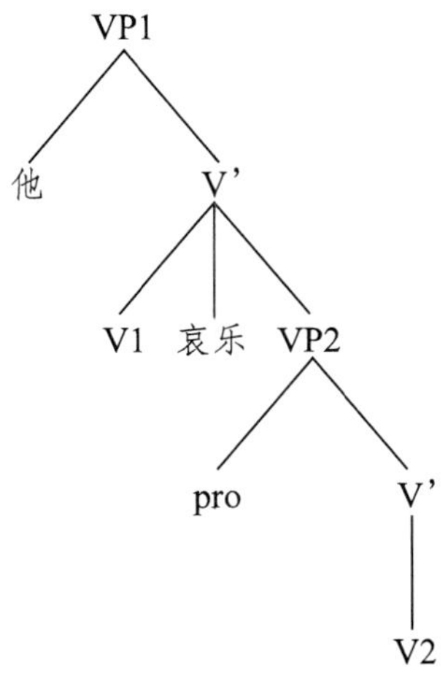

“听哭”嵌入V2并上行至V1，符合语法要求并因而满足（25b）的充要条件。所以（27b）必须在结构上表达成（31）。（29）迫使pro选择“哀乐”做先行词，在语义上不成立；而“他”离pro太远，也不能做先行词。因此（27b）被判定为不可接受。需要注意的是，代词如何选用先行词，虽然建立在句法结构之上，本身却属于语义范畴，即普遍语法中所说的逻辑形式（LF）。换句话说，（31）不能满足（29）是语义上出错，并不影响（31）作为一个句法结构是好的，因此也必须是“听哭”的句法表达式。

最后来考虑（27a）。“追累”中也包含词素之间的因果关系，其句法表达形式和（31）相仿，区别只在于用形容词A“累”替代对应于“哭”的V2。这一状况与阿拉伯语的例（24b）属于一类：“追累”是动词，不能嵌入结构下部的A位置，只能嵌入上边的V1位置，并由此造成A从头至尾不参与任何句法操作，违反充分解读条件。既然因果关系没有可行的句法表达，“追累”只能以一个不可在句法上分解的词进入造句过程。如Li（1990）所示，在动补词中的两个词素可以进行相对自由的论旨角色合并。举例来说，“追”是及物动词，有两个论旨角色<施事，受事>；“累”只有一个论旨角色，姑且称之为<经事>。二者组成的复合词仍旧是及物动词，只能带一个主语和一个宾语，所以三个论旨角色必须合并成两个。从逻辑上看，来自“累”的<经事>可以和来自“追”的<施事>组合成<施事－经事>，也可以跟“追”的<受

事 > 组合成 < 受事 – 经事 >。前一个组合分配给句子的主语，所以追的人累；后一个组合分配给句子宾语，因此被追的马累。

总之，（27a）和（28a）的差别，即是否歧义，在得到解释的同时为词法造词说提供了进一步的证据。假使动补词也是通过类似（31）的深层结构，把下面的核心词（比如“累”）上移到 V1（比如“追”）的位置，那么动补词和动 – 得式在结构上就没有任何本质区别，二者的区别也因此得不到解释。

3.3 词库参数

根据词法现象的丰富程度对语言进行分类是语言学研究的传统。词法最为丰富的多式综合语（polysynthetic languages）甚至可以用一个包含多个词素的词来表述其他语言中一种句子的内容。对于接受深层结构的形式语言学来说，这样的表面差异可能仅仅反映一种语言采用多少自由词素：绝大部分词都是自由词素的语言是孤立语（isolating language），最大限度采用非自由词素的是多式综合语。研究表明事情并非如此简单。

下面的例子来自北美印第安语 Mohawk（Baker，1996）：

（32）a. Wa-hi-’nha’-ne’　　ne tsi　Sak　ra-yo’tΛ-hser-iyo.

叙实 -1+3m- 雇用 - 后缀　因为　Sak 3m- 工 - 人 - 好

我雇用他，因为 Sak 是个好工人。

b. Wa-hi-hrori-’　　tsi　Sak　ruwa-nuwhwe’-s.

叙实 -1+3m- 告诉 - 后缀　说　Sak 3f+3m- 喜欢 - 后缀

我告诉他说她喜欢 Sak。

（33）a. Wa’-t-ha-ya’k-e’　　ne　thik　Sak　rao-a’share’.

叙实 - 词缀 -3m+3- 打断 - 后缀　冠词　那　Sak　前缀 - 刀

他打断了那把 Sak 的刀。

b. Kanat-a-ku　　wa’-etsiseni-ka-’　　isi　tanu　Sak　rao-sakrare’.

镇子 - 词缀 - 里　叙实 -3m+3p- 看见 - 后缀　你　和　Sak　前缀 - 朋友

他在镇子里看到了你和 Sak 的女朋友。

其中数字表示人称一致，数字后面的 m 表示阳性，f 表示阴性，p 表示复数。在（32a）里，原因从句中的专有名词 Sak 可以回指由主句动词携带的一致词缀所表达的主句宾语。但是在（32b）里，宾语从句里的 Sak 却不可以回指主句宾语。这一对比表明 Mohawk 语和英语一样，也服从约束条件 C，即除了各种代词之外的名词性短语 NP 不能把成分统治该 NP 的句法成分当成先行词：主句宾语成分统治作为另一个宾语的从句里的所有成分，但是不能成分统治结构位置更高的状语从句。既然约束条件 C 仍旧有效，（33）就越发显得“另类”，因为每个句子中的主语都可以和后面位于宾语内部的 Sak 共指。在英语和汉语中，这是不可思议的。

为什么 Mohawk 语只在（33）这样的情况下不遵守约束条件 C？ Baker 从句法构词的角度提出词法可见度（morphological visibility）的参数，以便区分多式综合语和其他语言。抛开其中复杂的技术细节不说[①]，他本人也承认其参数定义让语言之间的区别非常“不着边际”，以至于他专门用了一章来论证令人类语言如此不同只能归结于上帝的旨意（参见 Baker，1996：第 11 章，尤其是第 11.3 节）。

但是如果接受词法造词说，区分多式综合语的工作无须上帝的参与。Li（2005）提出的“词库参数”如下：

（34）设 m- 词库为只包含语言中全部词素的集合：

多式综合语	m- 词库 → 词法 → 句法 → 逻辑形式（LF）
其他语言	m- 词库 → 词法 → 句法 → 逻辑形式（LF）

a. 方框内为通常意义上的“词库”；

b. 论旨角色准则（theta-criterion）在词库之外必须马上被满足。

（34b）的本质是要求各类“零件”一旦出了词库必须马上被完整地组装，即尽快

① Baker 的参数定义如下（笔者译）：短语 X 可以从核心成分 Y 获得论旨角色的条件是，X 通过 a 或者 b 与包含 Y 的词中的某个词素 Z 共指：

a. X 和 Z 有词法一致（agreement）关系；

b. X 和 Z 是移位关系。该条件在多式综合语中被启用，但是在其他语言中处于关闭状态。注意，跟 X 共指的 Z 和 Y 甚至不是同一个成分，却直接决定 Y 是否能够向 X 分配论旨角色。这在普遍语法框架内不但没有类似的先例，而且可以说没有理论或者常识性的根据，也难怪 Baker 要依靠上帝来设立这样一个“参数”。

建立起各成分之间的基本语义和结构关系。显然，按照（34）来区分多式综合语完全处于人类的能力范围之内，因为词库界限的不同仅仅来源于采用不同的天然标准：对于多式综合语来说，任何按照法则（＝词法和句法）所组合的成分都在词库之外；对于其他语言来说，只有大于词的成分（＝句法）才被认为是在词库之外。

有趣的是，（34）反倒能够保持 Baker 原文中解释（32）、（33）的精华部分。对罗曼语的研究表明，动词携带的一致性词缀反映了相应句法位置上存在无语音代词 pro。（32）的句法结构如下：

（35）a. pro [VP 1+3m- 雇用 pro][S ... Sak ...].

b. pro [VP 1+3m- 告诉 pro [S ... Sak ...]].

一致性词素 1+3 和动词通过词法规则组词（Chomsky，1996）同时分别标记相应的论旨角色（Higginbotham，1985），以满足（34b）。在句法中对应于 1+3 的是位于主语和宾语位置的 pro。宾语 pro 在（35a）中不成分统治状语里的 Sak，所以后者满足约束条件 C；但是同样的 pro 在（35b）中成分统治宾语从句里的 Sak，导致句子不合语法。按照同样的逻辑，（33）的结构如（36）：

（36）a. pro 3m+3 pro $[_{NP}$ ⋯ Sak ⋯].

b. pro 3m+3p pro $[_{NP}$ ⋯ Sak ⋯].

由于主宾位置都已经被 pro 所占据，任何看似论元的显性名词短语都只能以附加语的身份存在。附加语自然拥有附加于整个句子上的选择，而这一选择足以保证即使主语pro都不能成分统治附加名词短语中的Sak。所以（36）并不违反约束条件C。（36）和（35b）的区别在于，pro 是名词性的，能够“取代”名词短语做句子的基本论元（同时排挤显性的名词短语）。但是 pro 不能直接取代从句，因此动词“告诉”的宾语从句只能自己做宾语，并因而被另一个 pro 宾语所成分统治。

3.4 小结

本节所介绍的研究可以归结为两点：第一，从语言事实出发而不是囿于任何理论立场，提出了现有文献中最简单的词法－句法界面理论，包含界面条件（25）和词库参数（34）。这一理论不仅可以涵盖之前被句法造词说所解释的旧语料，而且还能解释以前无能为力的新事实，即（23）和（24）的对比。更多的事实反而导致更简单的理论，恰恰证明保持句法研究的实证科学性才是唯一正确的途径。第二，使用中国传统辩证哲学的对立统一思想来研究复杂的语言现象（Li，2005：第 4 章）。通过学术争论来理清思路、去伪存真，是科学研究的不二法门。但是当争论旷日持久，双方都具有一些事实依据时，研究者需要认真地考虑第三个选择：正确的途径不再是非黑即白的坚持，而是提取双方的合理之处加以融合，集对立于统一。界面条件（25）的解释能力，就在于既承认词法造词又容许词内的语义关系有条件地在句法结构中获得表达。前者来自词法造词说，而后者保持了句法造词说中最本质的内容。

四、李亚非（2009），Li（2014）and 李亚非（2015）：灰色语料的理论意义和前景

句法学界有一个有趣的现象：大量的介于“完好”和“完坏”之间的例子（以下称之为边缘语料）被发现并参与文献中的诸多分析和理论探讨，但是却鲜见任何解释其边缘性来自何处的尝试。[①] 大家似乎都接受一个态度，即人为地把边缘语料当作好的或者坏的例子纳入分析。至于归入哪一边，部分取决于语料本身的边缘程度，部分取决于什么样的归属对理论更有利。

如此对待边缘语料的背后应该有两个彼此相关的因素在起作用。首先，目前句法界的整个思维框架都建立在非黑即白的二分逻辑之上，导致研究者不知如何面对语言事实的多值分布。其次，基于对伽利略方式所寄予的希望，研究者觉得可以在追求“理想化”的旗帜下把边缘语料暂且搁置。在句法研究的目前阶段，这两个因素各自有其实用性的基础。但是，边缘语料是客观存在，个别学者暂时不予探究可以理解，整个领域对其内在机制不表现出丝毫兴趣是不正常的。在这方面，本节要介绍的文章是一个例外。

① 一个例外是 Chomsky（1986）对 n-Subjacency 的定义，其中 n 代表语障（barrier）的数量。在移位中跨越的语障越多，结构就越差。值得深思的是，这一概念从一开始就被整个语法界予以忽略。连 Chomsky 本人在这篇著作中都没有系统使用，之后也没有重提。

4.1 非句法成分性并列结构、边缘语料及理论

先看一组并列结构的例子，其中的每个并列项用横线标出：

（37）a. Your sister with dark hair should and your brother with red hair must wear fur coats.

b. ?Your sister with dark hair should and brother with red hair must wear fur coats.

c. ??Your sisters with dark hair should and with red hair must wear fur coats.

d. *Your sisters with dark hair should and red hair must wear fur coats.

所有例子都具备同一特点，即并列项至少从表面看来不是一个句法成分。（37a）这类句子从上世纪60年代就受到理论的关注（Ross，1967），但是至今仍然是争论的话题（Progovac，1998；Phillips，2003）。李亚非（2009）首次注意到（37a）和（37b-d）一起呈现可接受度的递降。目前的文献都不能解释这种递降，因为其中的分析都是基于前面所说的二分逻辑，不能处理半好半坏的情况。

现有文献对（37）所表现出的无能为力，其实并非是句法理论本身的缺陷，而是源自主流思维中的两个定式：拒绝正视边缘语料和力图保证并列项等于句法成分。一旦跳出这些桎梏，则（37）可以在现有的句法理论中得到精确解释。设（38）成立：

（38）a. 找到包含并列项 C 的最小句法成分 M；

b. 令 X, Y 为 C 中邻接的句法成分，且 X 和 Y 不组成句法成分。则 X, Y 之间的结构距离 DX-Y 按下述方式测量：

i. 位于 M 和 X 之间的短语节点总数 =DX，

ii. 位于 M 和 Y 之间的短语节点总数 =DY，

iii. 令 DX 和 DY 中较大的值 =DX-Y；

c. C 的可接受度与 D 的值成反比。

（39）

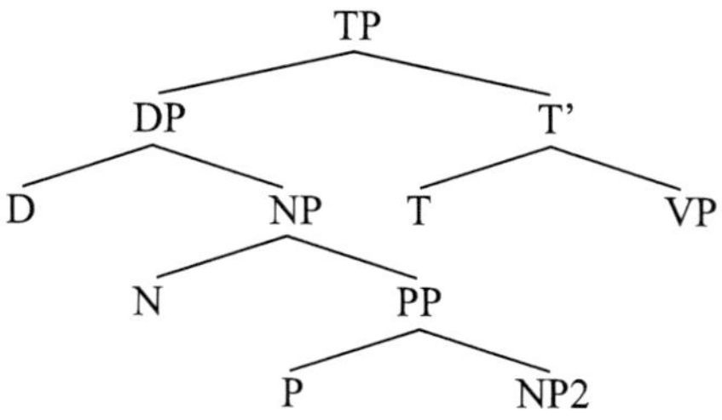

（39）是（37）各句的基本结构，其中 D=your，N=sister，P=with，NP2=dark hair，T=should。

（37a）里的每个并列项 C 由 DP 和情态词 should 组成。包含 C 的最小成分 M 是 TP。DP 和 T 邻接且不构成句法成分。由 TP 连接到 DP 不经过任何其他短语节点，所以 DDP=0。由 TP 到 T 也不经过任何短语节点，DT=0。因此 DDP-T=0。因为 DP 到 T 的结构距离是 0，根据（38c），（37a）的可接受度最高。在（37b）中，并列项里的成分是情态词和主语中不包含所有格代词的 NP。由 TP 到 T 的距离仍旧是 0，但是从 TP 到 NP 的距离为 1，因为中间隔了 DP。按照（38a-iii），DNP-T=1，造成（37b）的可接受度下降。按照这样的运算，（37c）中从主语内 PP 到 T 的结构距离＝ 2，因为从 TP 到 PP 要经过 DP 和 NP 两个短语节点；可接受度进一步降低。（37d）里的并列项由介词宾语 NP2 和 T 构成，二者的结构距离＝ 3（由 TP 到 NP2 经由 DP、NP、PP），是全部例子中最差的。

（39）不但可以准确地解释跨语言的并列结构边缘语料（李亚非，2009、2015），而且限定了并列结构的句法结构。因为并列项不一定是句法成分，所以传统的短语结构理论（比如 X’ 理论）无法表达一个以上并列项同时存在的情况。唯一可行的是非主流的多重支配（multi-dominance）结构（McCawley，1982；Wilder，1999；de Vries，2009；Grosz，2015）。以（37b）为例：

（40）

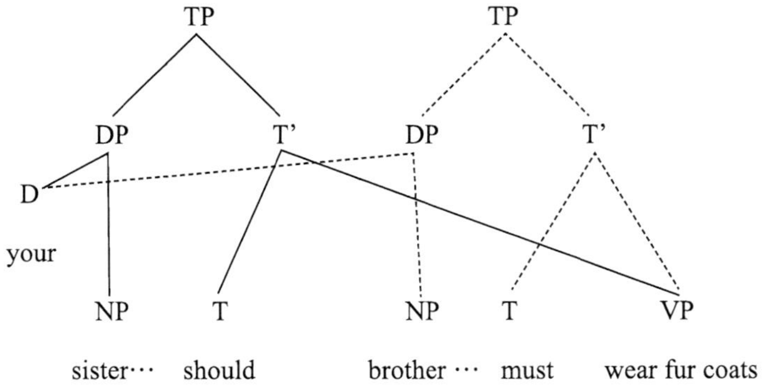

把（40）想象成两个并列的句子结构，其中的两个主语通过多重支配共享一个所有格代词，两个 T’ 共享同一个动词短语。（38）可以直接作用于这样的句法结构。

多重支配为进一步解释一些跟并列结构相关的难题提供了便利。篇幅所限，仅举一例。对于（37a）这类非成分并列项，从上世纪60年代开始就有一种分析是右节点提升（right node raising；参见Ross，1967）。设深层结构是两个并列的从句，句末被共享的成分（wear fur coats）被提取出来进一步右移。这一分析类似于代数中的ax+bx →（a+b）x，所以在形式语法学者中间颇有市场。再看下一组例子（Wexler and Culicover，1980）：

（41）a. *Who does Mary sell, and Bill know a man who buys, pictures of?

b. Mary sells, and Bill knows a man who buys, pictures of Noam Chomsky.

两个句子都是非成分并列项共享DP宾语pictures of X。既然第二个并列项中包含定语从句（＝语障），那么试图从DP中移出疑问代词的（41a）可以被合理地排除。但是怎样处理并列结构才可以保证（41b）不涉及任何移位的问题一直没有自然的答案。所以尽管（41）早就为人所知，右节点提升的分析仍旧大有市场。按照（38）和多重支配理论，（41）的深层结构如下：

（42）

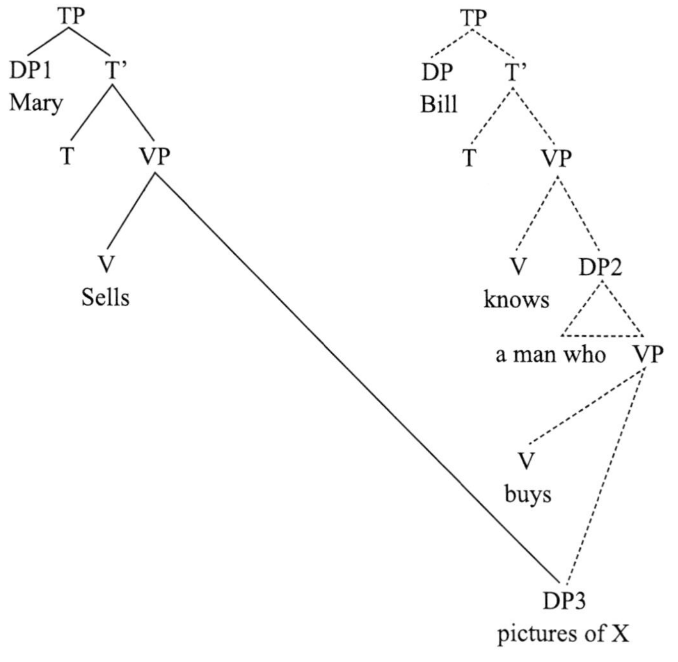

如果 X=Noam Chomsky，DP3 直接被第一并列项的动词短语和第二并列项内部定语从句的 VP 双重支配。整个结构没有任何移位，定语从句是不是语障自然没有任何影响。当 X=who 并需要上移，至少对第二并列项来说需要跨越定语从句，从而违背普遍语法对移位的要求。

4.2 语音语义漂移

自然语言的多值性其实有两类表现：一类是上面讨论的介于好与坏之间的边缘语料；另一类是可接受度没有问题的语料，但是在按照某个标准分类时不是非此即彼而是呈现渐变和过渡。汉语动补词中发生的重音变化和语义漂移就是这样的情况（Li，2014）。

如果把动补词描述为 V-X（见第 3.2 节），其基本的重音模式是 X 不弱于 V。但是这个规律有例外：

（43）a. 丢-掉/掉中“掉”可以轻读并失去本调，失去“下行”义保留“分离”义。

b. 难-死中“死”在绝大多数情况下轻读无调，只保留“极端态”义，类似副词。

c. 吃-了中“了”必须轻读无调甚至丢失元音，失去“结束”的词汇义，成为功能性的完成体标记。

作为 X，语音和语义的偏离基本上是同时发生的。但是在其他构词环境中，二者未必共存。比如“死硬”中的“死”也是使用其极端意义，但是不可轻读不可无调。“掉色”中的“掉”也失去下行意义，但同样没有语音层面的偏离。需要回答的问题是，为什么偏偏在动补词中发生语音偏离？（43）所呈现的渐变有什么理论意义？

首先，（43）的渐变可以在一定程度上量化。根据直觉（但是此处完全可以通过统计方法），如果把 X 在动补词中保持典型重音及本调定为 0 变化，而百分之百轻读无调（甚至无元音）定为最大变化 1；则“掉”是否轻读失调似乎是可选的，可以定为 0.5；而“死”又位于“掉”和“了”之间，为 0.75。同时，X 保持本义为 0 变化，“了”失去词汇义转而表达完成体为最大语义变化 1。“掉”保留了大部分词汇义（本义是以向下的运动轨迹脱离原来位置），只失去原义中的特定方向。相比之下，（43b）里的“死”失去本义中生命终结的根本含义，只保留死亡所引发的极端义，比“掉”从本义偏离得更远。在没有更多例子之前，“掉”和“死”的语义偏离值是 0.33 和 0.67。按照这样的思路，一个词素在 X 这个位置的语音和语义偏离呈现为一条曲线：

（44）
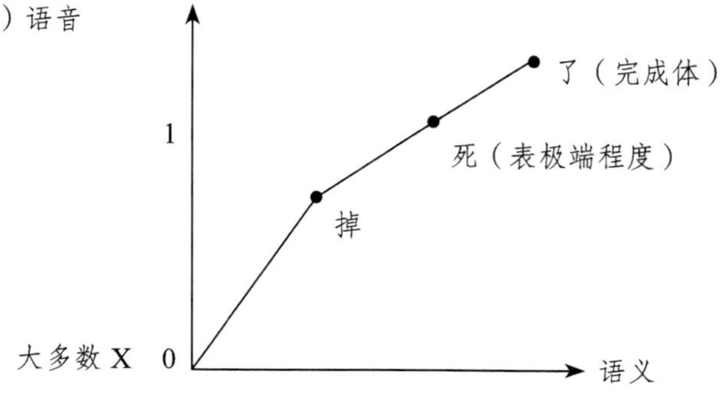

从如何对待汉语构词中的语音和语义偏离来说，（44）有两点值得注意：

一是明确反映了汉语动补词中 X 从词汇词素向功能词素演变的路径。动补词表达因果关系，V 指因，X 指果。从研究事件结构的语义学理论来看，X 代表的事件或状态是 V-X 所表述的整个因果事件的终结点。由表达因果事件的终结状态改变为表达任何事件的完成（也是一种终结），是汉语的特色。完成体词素和实词素之间的区别不是如印欧语那样“与生俱来”，而且由实至虚的路上还分布着“走了一半路”的词素。至于没有位于 X 位置上的词素，即使发生语义偏离，但走的不是同一条路，也不会在语音上继续虚化。

二是如果汉语的虚实词素之间不是一道鸿沟而是一条渐变曲线，那么派生词这个基于印欧语的构词类型是否在汉语中有实际意义？两个在语音和语义轴线上偏离度为（0，0）的词素组合，自然属于复合词（compounding）；至少一个词素的偏离度为（1，1）的，仍旧叫作曲折词（inflectional）。但是含有至少一个偏离度为中间值词素的词如何划分？偏离多少仍旧是复合词，是一个几乎注定带有主观性答案的问题。“现代化”中的“化”虽然可以参照印欧语被归为派生词缀，但是其“变化”的实词本义仍旧有足够的保留（比较“化腐朽为神奇”）。如果“化”是派生词缀，“材料加工”里的“加工”为什么不算？“难死”里的“死”呢？出于这类考虑，Li（2014）提出，至少在汉语这样的语言中，更准确也更有助于了解该语言运作规律的词素分类法，不是沿用印欧语的术语，而是把相关词素及其使用方法放到（44）这样的坐标系中加以精确描述和考察。而这样做的前提，是承认多值的价值而非人为地划类和归类。为了这个目的，汉语学界也需要在实际研究中探索有理论和使用价值的量化因子。

4.3　小结

李亚非（2015）指出，语言材料包含两个极端之间的中间状态，跟近年来时常提到的把语言看成生物学基础上的一个现象的生物语言学，从本质上是吻合的。生物世界大量存在渐变分布（比如作为进化论最初实证基础的达尔文鸣鸟的鸟喙尺寸和形状），也允许介于好坏之间的中间状态（比如种间杂交产生的不育后代，除了不能繁殖后代之外可能拥有其他所有应有的生物功能）。与此同时，生物语言学虽然用生物学的名号为语言学“撑腰”，在实际操作中却似乎完全忽视生物学对待多值分布这一事实的态度：生物学既承认伽利略方式的重要性，同时也不把渐变分布（spectrum）和边缘态排除在研究和理论构建之外。从这个角度说，生物语言学如果要名副其实，就应该如本节所介绍的工作一样，正视中间态语料。毕竟，生物学的中间态事实成就了进化论的出现，也成为基因理论的实证性基础（比如孟德尔的豌豆杂交实验），而语言学范围里的中间态事实，显然也可能影响到理论的最核心部分（比如句法结构是否需要多重支配，对词素的硬性分类在什么程度上可能阻碍对语言的透彻了解）。

五、总结

本文介绍了笔者近三十年来从事句法学研究的部分工作。类似的工作还有 Li, Shields and Lin（2012），通过大量的英语事实，不但发现了副词之间相互作用的一条新规律，而且论证了 Chomsky（1995）提出的最小链条件从本质上不可能正确。Li（1997）借助细胞学和人体泌尿生理学的实例，澄清了多年来被 Chomsky 混淆的生物学中的冗余问题，因而巩固了生物语言学的科学哲学基础。篇幅所限，留待以后再详细介绍。笔者研究的对象涉及很多语言（班图语、闪语、北美印第安语、东亚诸语言、印欧语及一些克里奥尔语）和理论的很多方面。尽管如此，这些工作有三个明显的共同之处：第一，在形式语法的框架内比主流更注重语言事实而避免让理论过分左右语料的取舍。第二，每一项研究都开辟了新的理论方向并且从长期来看能够影响到句法理论的整体构建：

（45）a. 关于格的理论领先句法界8年提出取消管辖关系和成分移位的动因是特征匹配删除。这两点已经在自上世纪90年代以降的句法研究中成为基本设定。

b. 关于连动结构的一系列工作为融合广义认知能力和专用语言机制的研究开创先河。这项研究提出了象似性和普遍语法相互作用的具体方式并为一系列语言现象提供了统一的解释，而语言学界整体上仍未超出口惠阶段。

c. 针对持续数十年的造词机制之争，提出迄今为止最简单的词法—句法界面理论和关于某些语言类型机制的理论。

d. 关于非成分并列项的研究在形式理论内首次为不同程度的边缘语例提供了精确的解释并以此为基础论证了多重支配结构的必要性。这项工作证明了研究多值语料的可行性和理论上的重要性。

以上两个共同之处相辅相成，证明在句法研究中重理论轻事实往往会造成误导甚至将研究引入歧途，无端浪费有限的资源；而保证理论构建紧紧围绕语言事实反倒更容易激发新的理论构想，开辟新的研究方向。

第三个共同之处是对中国传统辩证思想的运用。西方文化背景下产生的现代学术领域，长于对未知的复杂系统分而析之。而这种思维方法在科学界成功的同时，也不断地产生盲人摸象式的理论纷争。这样的纷争进去容易跳出来难，而生物学发展史上有足够的例证表明，正确的理论往往是扬弃偏见、融合对立各方的合理成分的结果（Mayr，1997）。（45a）的形成来源于让形式语法采纳某些语义学流派（比如和形式语法相互不以为然的 Montague 语法）的内容；（45b）为对立的功能语法和形式语法找到接口；（45c）融合了句法造词说和词法造词说的核心内容；（45d）把主流句法理论和被主流敬而远之的多重支配组成一个单一的并列结构理论。笔者有足够的理由相信，中国语言学的前途，既在于虚心学习西方理论的内容和思想方法，也在于对自己的文明和文化建立足够的自信。当中国在整体上落后于西方的时候，作为一个接受过大量西方学术教育的中国学者，见彼之长易而识彼之短难，知己之短易而晓己之长难。笔者治学近三十年，在这方面自有教训，却也略有体会和心得，在研究中既取长补短，亦以长击短，并因此在几个理论研究方向上堪称领先。只要在学术上不卑不亢，后辈的中国语言学者，必然会做得更好而且会越来越好。

参考文献：

李亚非，2009．从并列结构的句法条件看边缘语料的理论意义 [J]．当代语言学（4）.

李亚非，2014．形式句法、相似性理论与汉语研究 [J]．中国语文（6）.

李亚非,2015．生物语言学可以从生物学中学到什么？[A]．冯胜利、李旭主编．语言学中的科学 [C]．北京：人民出版社．

Baker, Mark. 1985/1988. *Incorporation: A Theory of Grammatical Function Changing* [M]. Chicago: Chicago University Press. (Based on His Ph. D. Dissertation, MIT, 1985).

Baker, Mark. 1989. Object Sharing and Projection in Serial Verbal Construction [J]. *Linguistic Inquiry*, 20: 13-33.

Baker, Mark. 1996. *The Polysynthesis Parameter* [M]. New York: Oxford University Press.

Baker, Mark and Osamyimen Stewart. 2002. A Serial Verb Construction without Construction [A]. Ms., Rutgers University.

Carstens, Vicki. 2002. Antisymmetry and Word Order in Serial Constructions [J]. *Language*, 78: 3-50.

Chomsky, Noam. 1981. *Lectures on Government and Binding* [M]. Dordrecht: Foris.

Chomsky, Noam. 1986a. *Barriers* [M]. Cambridge, Mass: MIT Press.

Chomsky, Noam. 1986b. *Knowledge of Language: Its Nature, Origin and Use* [M]. New York: Praeger.

Chomsky, Noam. 1995. *The Minimalist Program* [M]. Cambridge, Mass: MIT Press.

Chomsky, Noam. 2007. Approaching UG From Below [A]. In Uli Sauerland and Hans-Martin Gärtner (eds.), *Interfaces + Recursion = Language? Chomsky's Minimalism and the View from Syntax-Semantics* [C]. Berlin & New York: Mouton De Gruyter.

Chomsky, Noam. 2009. Interview of Noam Chomsky by Jay Keyser [A/OL]. http://www.mitpressjournals.org/page/podcasts. Cambridge, Mass: MIT Press.

De Vries, Mark. 2009. On Multidominance and Linearization [J]. *Biolinguistics*, 3.

Grice, Paul. 1989. *Studies in the Way of Words* [M]. Cambridge, Mass: Harvard University Press.

Grosz, Patrick Georg. 2015. Movement and Agreement in Right-Node Raising Constructions [J]. *Syntax*, 18.

Huang, James. 1989. Pro-Drop in Chinese: A Generalized Control Approach [A]. In Osvaldo Jaeggli and Ken Safir (eds.), *The Null Subject Parameter* [C]. Dordrecht: D. Reidel.

Lasnik, Howard. 1999. Chains of Arguments [A]. In Samuel David Epstein and Norbert Hornstein (eds.), *Working Minimalism, Number 32 in Current Studies in Linguistics* [C]. Cambridge, Mass: MIT Press.

Levin, Beth and Malka. 1995. *Rappaport-Hovav* [M]. Cambridge, Mass: MIT Press.

Li, Yafei. 1985. Empty Categoryes and the ECP [D]. MA Thesis at Shandong University.

Li, Yafei. 1987. *Case in Category Terms* [M]. General Paper, MIT.

Li, Yafei. 1990. On V-V Compounds in Chinese [J]. *Natural Language and Linguistic Theory*, 8.

Li, Yafei. 1993. Structural Head and Aspectuality [J]. *Language*, 69.

Li, Yafei. 1997. An Optimized Universal Grammar and Biological Redundancies [J]. *Linguistic Inquiry*, 28.

Li, Yafei. 2005. *X0: A Theory of the Morphology-Syntax Interface* [M]. Cambridge, Mass: MIT Press.

Li, Yafei. 2014. Placing Chinese Morphemes in a Coordinate System: Reflecting on the Scientific Nature of Linguistic Theorization [J]. *Language and Linguistics*, 15.

Li, Yafei. to appear. Argument Structure. *Encyclopedia of Chinese Language and Linguistics* [R].Leiden: Brill.

Li, Yafei and Jen Ting. 2013. Is UG like a Chunk of Swiss Cheese? Evidence for a "Third-Factor Principle" [J]. *Language and Linguistics*, 14.

Li, Yafei, Rebecca Shields and Vivian Lin. 2012. Adverb Classes and the Nature of Minimality [J]. *Natural Language and Linguistic Theory*, 30.

Mayr, Ernst. 1997. *This Is Biology: The Science of the Living World* [M]. Cambridge, Mass: Belknap.

Mccawley, James. 1982. Parentheticals and Discontinuous Constituent Structure [J]. *Linguistic Inquiry*, 13.

Muysken, Pieter. 1988. Parameters for Serial Verbs [A]. In Victor Manfredi (ed.), *Niger-Congo Syntax and Semantics I* [C]. Boston: Boston University African Studies Center.

Newmeyer, Frederick. 1998. *Language Form and Language Function* [M]. Cambridge, Mass: MIT Press.

Phillips, Collin. 2003. Linear Order and Constituency [J]. *Linguistic Inquiry*, 34.

Progovac, Ljiljana. 1998. Structure for Coordination, Part I-II [J]. *Glot International*, 3: 7-8.

Rizzi, Luigi. 1990. *Relativized Minimality* [M]. Cambridge, Mass: MIT Press.

Ross, John. 1967. Constraints on Variables in Syntax [D]. Ph. D. Dissertation at MIT.

Tai, James. 1985. Temporal Sequence and Chinese Word Order [A]. In John Haiman (ed.), *Iconicity in Syntax* [C]. Amsterdam: John Benjamins.

Wexler, Ken and Peter Culicover. 1980. *Formal Principles and Language Acquisition* [M]. Cambridge, Mass: MIT Press.

Wilder, Chris. 2009. Right Node Raising and the LCA. In Sonya Bird [A]. In Andrew Carnie, Jason Haugen, and Peter Norquest (eds.), *WCCFL* [C]. Somerville, Mass: Cascadilla.

Williamson, Kay. 1965. *A Grammar of the Kolokuma Dialect of Ijo* [M]. Cambridge: Cambridge University Press.

语言技术对语言生活及社会发展的影响 *

李宇明

提　要　本文描述语言媒介物由声波到光波再到电波的历史发展，揭示语言技术与语言交际变体、语言功能、语言学之间的互动关系，进而阐释语言技术对语言生活乃至社会发展的影响，为语言学等研究开拓一片宏观视野。人类当今已经进入网络媒体时代，拥有虚实两种相互关联的语言生活，处理声、光两种媒介物的语言生理器官和处理声、光、电三种媒介物的语言物理装备，构成了当代人的"语言标配"。文章最后还讨论了网络语言生活、对待新媒体语言的态度、获取新媒体的话语权等网络媒体时代的若干问题。

关键词　语言学　语言技术　口语　书面语　有声媒体　网络媒体

* 本文曾在"第四届中国语言学研究方法与方法论问题学术讨论会：语言学研究的跨界对话"(2015 年 5 月 23 日，上海外国语大学）上宣读。感谢《中国社会科学》审稿人所提出的宝贵意见。本项研究得到国家社科基金重大项目"新时期语言文字规范化问题研究"(项目编号：12&ZD173）和国家社科重大委托项目"语言大数据挖掘与文化价值发现"(14@ZH036）的支持。

语言交际变体自古至今获得了一次次巨大发展。在各种语言交际变体的创造与发展中，语言及其功能得到了丰富发展，语言生活也发生了巨大变化，并促进了语言学研究领域的扩大和语言学研究手段的进步。这些进步与发展，一直都是在语言技术促进下得以实现的。当然，本文的“语言技术”是个广义概念，既指对语言进行处理的各种技术，也指对语言交际过程（编码、输出、传递、输入、解码、贮存）进行辅助及处理的所有技术。

本文概括描述语言媒介物由声波到光波再到电波的历史发展，揭示语言技术与语言交际变体、语言功能、语言学之间的互动关系，进而阐释语言技术对语言生活乃至社会发展的影响，为语言学等研究开拓一片宏观视野。文章还着重论及网络媒体与语言学的关系，以及网络语言生活、对待新媒体语言的态度、获取新媒体的话语权等网络媒体时代的若干问题。

一、语言媒介物的古今发展

语言媒介物自古至今发生了巨大变化，获得了长足进展。早期只有声波一种媒介物，文字的创制使语言又具有了光波这种新媒介物，20 世纪初又为语言寻找到电波媒介物。这些媒介物的发现发明与广泛应用，使语言由口语发展到书面语，再发展出有声媒体，直到今天的网络媒体。每一次发展变化，都对语言及其功能、语言研究乃至人类社会产生了巨大影响。

1.1 声波与口语

利用声波作为信号，不是人类的专利；但是把声波发展为语言的媒介物，大约是人类发展到一定阶段才能做到的事情。胡明扬（1985：21）在研究了多个领域的材料之后指出：“各个领域的研究不约而同地认为：人类只是到了旧石器时期晚期，也就是距今四五万年前，才开始掌握有声语言，在这以前人类曾经经历了没有有声语言的漫漫长夜。”最近，以色列历史学家尤瓦尔·赫拉利（Yuval Noah Harari，2014：22-26）指出，大约在距今 7 万至 3 万年前，人类（智人，Homo Sapiens）的认知能力发生了革命性变化，社会有了前所未有的进步，当时已经发明了船、油灯、弓箭，等等。人类的这一巨大进步，据信是因为“出现了新的思维和沟通方式”，也就是获取了语言。

姚小平（2011：165-190）从语言学史的角度专门梳理了人类关于语言起源问题的探讨，指出：语言起源问题，早就受到人们的关注，到了 18 世纪，成为欧洲知识界热衷议论的话题。1769 年，普鲁士皇家科学院还就语言起源问题设立专奖，向全欧洲征集最佳答案。但是，当时的科学还不具备解决这一问题的条件，多数讨论都是主观臆测，以至于 1866 年巴黎语言学会决定今后不再接收这类题目的论文。语言起源问题再度引起热议，是 20 世纪 30 年代开始的，是生物学（特别是灵长目动物行为科学）、考古学（特别是古人类学）和心理学（特别是儿童心理和行为科学）的新发展促成的。上引胡明扬（1985）、尤瓦尔·赫拉利（2014）的观点，便是这近 80 年来对语言起源问题的新认识，是信而有征的。

当然，人类究竟是何时获取语言的，是如何获取语言的，还是尚无定论、需要继续探讨的玄妙课题。目前更应关心的，应是人类语言与动物的交际手段究竟有何不同。动物界也有其交际手段，有些动物的交际手段还相当发达，比如猴子和黑猩猩。人类语言同动物的交际最大的不同可以从两个方面看：

从机理上看，人类语言的句子可以再行切分，可以依据语法把切分得到的成分再行组合，成为新的语言片段，从而能够用有限的符号表达无限的意义。“动物语言”则不具备这种切分、组合功能。

从表达功能上看，高级动物一般只能用“动物语言”对现场情景做出愤怒、恐惧或亲昵的现实反应。一些高级动物可能有些记忆或预感，但即便如此，也不大能够用其“语言”对其记忆、预感进行表达。而人类的语言，不仅可以描述现时世界，而且可以追忆过去和悬想未来，可以臧否社会成员并评价成员之间的社会关系，可以虚构出各种故事，并能够将这些故事推演为群体的信仰。语言的这种功能，不仅有利于信息交流、经验积累和发展认知能力，而且还能够进行社会制度的构建，促成精神家园的形成。

凭借语言，人类成为万物的灵长和世界的主宰。当然，这时只有口语，口语的媒介物是声波，语言信息通过空气进行传播。口语受限于空间距离，即便登高而呼，声音也不能达远，需要向远方传递信息，只能派员口传或是以信物代言。口语也受限于时间，声波不能延时，话语出口即逝，前辈的信息只能口耳相授，传留后人。由于没有词典，词语只能在话语中存在，因而词义主要是“当下”的意义，过去的意义较难传承。历史经验主要由荷马这样的人物来保存，并由这些人物用传唱《荷马史诗》、巴比伦《吉尔伽美什》史诗、印度《罗摩衍那》史诗及中国的《江格尔》《玛纳斯》《格萨尔王传》等方式进行传承。

人类是不甘受限的物种，必须寻找打破时空对口语的限制之策，结绳记事、实物传信、图画刻符等，都是人类为突破时空对口语限制所做的努力。当然，这种限制被有效突破，还要待文字的创制及广播、电视、互联网的发明与应用。

1.2 光波与书面语

1.2.1 文字

两河流域的丁头文字（亦称“楔形文字”）、古埃及的圣书文字和中国的汉字，是人类的三大古典文字。据周有光（2011：49-63）介绍，首创丁头文字的是苏美尔人（Sumer），大约在距今5500年前，他们的文字就以成熟的形态存在了。埃及文字可能稍晚于丁头文字，但在距今5100年前埃及国王美尼斯（Menes）统一上下埃及时，埃及文字已经成熟。王宁（2015：24）指出：“汉字经历了六千年左右的发展，最少也有四千多年的‘有典有册’时期。”其实就从成熟的甲骨文算起，汉字应当也有3300多年的历史。据黄建中、胡培俊（1990：69-73）介绍，在距今5000多年的仰韶文化遗址中，如西安半坡、临潼姜寨等地，就出土了数十种几何形符号，这些符号具有汉字萌芽的性质。[①]

[①] 王宁（2015：36）先生认为：汉字比丁头文字、圣书文字产生还早，“从酝酿到产生的时段大约距今8000-6000年，汉字也经历了由图画文字到表意文字的阶段”。

人类创造最早、影响至今的语言技术是文字，文字的诞生在人类历史上的确具有“天雨粟、鬼夜哭”[①]的重大意义。有了文字就有了书面语，书面语的媒介物是光波，语言从此具有了声波和光波两种媒介物。书面语的产生具有许多方面的重大意义：

其一，书面语冲破了空间和时间对口语的限制，语言从此可以达远留后，人类的信息可以横向传播到四极八荒，前辈的经验可以通过书面记录纵向滋育至千秋万代。人类的历史也就由传说阶段进入到有文字记载的信史阶段，从此告别“野蛮”时代而开始撰写人类的文明史。

其二，书面语是可以修改雕琢的语言，不像口语那样瞬间即逝。文章成文前后，作者自己可以反复修改，他人可以帮助润饰。有了文章修改润饰的经验，这种经验就能够作为知识进行传授，就有了进行语文教育的基础，社会语言水平有望自觉提升。

其三，修改润饰而产生的优秀文章，更可以作为他人的模本，成为后世的典范。自此，民族文化便有了经典，民族语言便树起了规范。

其四，书面语产生之后，也就产生了“识字人”这样的文化群体，他们可以根据不同的使用场合有意去形成不同的语言风格，进而形成不同的文体，如典雅的公文、飘逸的散文、律动的诗歌，等等。文体的形成及其不断分蘖繁茂，形成适应各种不同语境的交际变体，这是语言功能丰富发展的重要标志。

美国学者沃尔特 · 翁（Walter J. Ong）1982年出版了《口语文化与书面文化：词语的技术化》一书。他指出，几代学者通过对荷马史诗等书面语产生之前的口头作品的研究，发现书面语产生之前的口语时代，人类的文化记忆、表述方式乃至认知、思维方式等，都与书面语产生之后有很大不同，并提出了“原生口语文化”和“书面文化”等概念。如果接受这一观点，那么书面语产生的重大意义，还应包括人类文化记忆和表述方式的变化及认知、思维品质的改进等。卢利亚在20世纪30年代对乌兹别克、吉尔吉斯等地的口头传统和口语文化遗存的研究，也证明文盲与有文化人的表述范式、思维方式的差异[②]。

---

① 《淮南子·本经训》：“昔者，仓颉作书，而天雨粟、鬼夜哭。”

② 见沃尔特·翁（1982：38-43）。

1.2.2 印刷术

文字出现之后，人类探讨语言技术的兴趣并无稍减，继之探索的是一系列处理文字的技术，比如两河流域丁头文字的“泥板压刻”成字技术，中国甲骨文的刀刻龟甲兽骨技术、钟鼎文的铸字技术及后世的笔墨纸砚等“写字”技术。在各种文字处理技术中，印刷术的出现具有特别重大的意义：

其一，打破知识的垄断。印刷术问世之前，书籍只是社会上少数文化精英的行囊之物。印刷术改变了书籍只能手抄复制的状况，大大提高了书籍复制的速度，降低了书籍复制的成本，使书籍可以快速而广泛地传播。知识不再被极少数人所垄断，“读书”不再是奢侈之事，识字人读书的机会大大增加。

其二，催生了报纸。报纸的诞生与发展，产生了新闻、消息、社论、现代广告等新文体，许多新文体直到今天仍然十分活跃。因报纸而产生的新文体，进一步丰富了语言，增强了语言的功能。而且，报纸能把当下发生的各种新闻及时向社会传播，引车卖浆者流也可以了解天下事体。时事的流布，知识的普及，百姓的知情，媒体的舆论，必然带来社会的巨大进步。

其三，印刷术在欧洲国家的形成中发挥过一定作用。欧洲的印刷术是从中国经阿拉伯人传去的，15 世纪 50 年代，德国人约翰内斯 · 古腾堡（Johannes Gensfleisch zur Laden zum Gutenberg）造出了合金活字印刷机，使产自于东方的印刷术得到了进一步发展，并在欧洲传播。在使用拼音文字的欧洲世界，印刷术的出现，要求字母表必须定型，正词法必须规范。这种要求，不仅促进了语言文字的规范化，而且也更明确地区分了不同的语言。在现实生活中，语言是一个连续统，相邻村落一般都能相互交际；印刷术则将这种语言连续统切分为段，形成不同语言的边界。

印刷术在语言认同、民族身份认同甚至民族国家的建立等方面，都有重要的促进作用，对于“一种语言、一个民族、一个国家”的“传统国家意识”的形成，也起了较大作用。据苏 · 赖特（2012：26-35）等人的研究，在此之前，欧洲对语言、对民族、对国家的认识还是相对模糊的，而印刷术在对语言、民族、国家的认识中，起到了重要作用。对于使用汉字的中国人来说，很少这样来讨论印刷术的作用。当然，“一种语言 = 一个民族 = 一个国家”的等式关系，无论是理论上还是实践上，今天看来都有不少问题，“单语主义”已经是不合时宜的语言观、民族观和国家观，语言规划必须由单语主义走向多语主义。

1.3　电波与有声媒体、网络媒体

1.3.1　有声媒体

1895 年，科学家发明了无线电传送技术。此后不久就研制出了无线电发射和接收设备，并在很短时间里改进到群众性的应用水平。20 世纪 20 年代，广播电台出现并投入应用，1923 年美国商人奥斯邦（E. G. Osborn）在上海创办了中国第一座广播电台。1924 年，英国的电子工程师约翰·贝尔德（John Logie Baird）发明了电视机，四年之后的 1928 年，美国 RCA 电视台播出第一套电视片。1958 年，中国开始建立电视台，并生产出第一台黑白电视机。此后，用无线电处理语音和图像的技术不断获得重大突破，随着广播、电视制作技术、传输技术的发展及其终端接收设备的普及，广播、电视相继进入日常生活，人类开始步入有声媒体时代。

广播、电视的产生及应用，使语言又拥有了“传声传影”的电波媒介物。电波并不排斥声波和光波，恰恰相反，它把这两种传统的语言媒介物电波化。可以认为，广播、电视都是对口语、书面语功能在新媒介物条件下的放大，并且还不断有新发展。有声媒体在语言学上的意义，可以这样概括：

其一，电波使语言传播更加便利，传播速度更加快捷，传播形式更加多样，传播人群更具针对性，传播幅员也更加辽远，并为语言信息化时代的到来做出了一些准备。

其二，传播标准语音。在广播、电视出现之前，标准音主要是通过教学、演艺和人员交流来传播的，注音字母是最好的教具，留声机是最先进的设备。但这种“人—人”模式的传播，其速度必然缓慢，其质量自然不高。而广播、电视一般都用标准音播音，是人人可得的标准音教师。再加上教育的普及，标准音的传播能够达到前所未有的水平和广度。

其三，大幅度提升口语的功能。播音口语不同于自然口语，它是有书面语支撑的口语，或直接将书面语有声化，或以书面语为底本进行转化，或再配置以字幕、影像，比自然口语的质量要高得多。当然，播音语言必然不同于书面语，也不同于自然口语，它有一系列的语言特点和语言使用上的特点，特别是会随着各种节目的表达需要而形成不同的语体（文体），比如正式的播音语体、主持人语体、体育解说语体等。如前所述，语体（文体）的分化，使语言更加丰富，也使语言的表达功能更为强大。

1.3.2　网络媒体

20 世纪 60 年代，计算机网络开始出现，到 90 年代形成商业化的互联网。中国在 1994 年 4 月正式连入因特网，成为互联网国家。商业化的互联网迅猛发展，时时出人意料，由特殊用途迅速进入大众生活，将整个人类都带入了计算机网络时代。

伴随着计算机语言处理技术的步步发展，以互联网为基础，从 20 世纪末以来陆续生长出了网络新闻、BBS、博客、微博、短信、QQ、飞信、微信、微电影等一大批新媒体。书刊、报纸、广播、电视等“传统媒体”，也主动或被动地移居网上，还办起了自己的网络版。如此说来，网络媒体其实有两大类：一类是伴随网络而生的各种新媒体，一类是迁移到网络上的传统媒体。

网络媒体的媒介物虽然也是电波，但是因其生存于或依附于互联网，故与同样是以电波为媒介物的广播、电视有很大不同，甚至是划时代的不同。与以往的语言媒体相比较，网络媒体呈现出许多新特点：

其一，“全媒体”性。如果说电视已经把视、听综合在一个媒体上，那么网络媒体则更具综合力，人类以往创造的所有信息负载方式，几乎都可以网进互联网里。这种综合特性，使互联网变成了“超媒体”“全媒体”，变成了语言所有媒体的数据库和功能平台。

其二，“碎片化”倾向。互联网产生的许多新媒体，多是篇幅受限的“微媒体”，如微博、短信、微信、微视频等。微媒体适应于传播碎片信息，或者将大片信息碎片为微。在互联网时代，特别是短信、微信的流行，人们也在逐渐形成用碎片化时间来传播信息、接收信息和处理信息的习惯。媒体形式、传递方式、所传信息及使用媒体的人的习惯，都呈现出明显的碎片化倾向。这种倾向必然也会影响到人类的其他信息传播，比如：报纸杂志减少长篇大论，更注意让标题吸引眼球，甚至不少媒体都有了专门加工标题的环节或人员；开会要短要实，提倡新会风；年轻人不喜欢摆龙门阵、聊闲天，不喜欢看情节缓慢的电视剧；等等。碎片化的好处是信息来源广泛，能及时快捷交流，但对于知识建构和深度思维有无特殊影响，还需要进一步观察。

其三，“自媒体”性质。出版社、杂志社、报社、广播电台、电视台等，一般都有规模不等的专职队伍，都有对出版、播出内容的审校制度，甚至还有一套严格的“守门”程序；而博客、微信等网络新媒体，多是即兴地、及时地自采自编自发。没有“新闻守门人”的自媒体，使网络语言交际似乎回到了人类交际的自然状态。

二、语言技术、交际变体与语言研究的相互促进

语言技术的每一点进步，都能带来语言、语言交际变体及语言功能的发展变化。这些进步与变化，在研究材料、研究领域、研究手段、研究旨趣等方面也会影响到语言研究，促进语言学的进步与变化。可以说，语言技术和语言交际变体的发展，一直是推动语言、语言应用和语言学研究发展的重要力量。

2.1　语言技术

语言技术，使语言由拥有单一的声波媒介物发展为拥有声波、光波、电波的“三波”媒介物，同时也使人类的语言生理器官和语言装备发生了巨大变化。口语时代，人类的语言生理器官只是口语器官，包括发音器官、听觉器官及大脑口语处理器官；之后发展出书面语器官，包括文字书写器官、文字识认器官及大脑书面语处理器官。口语时代，语言只有生理器官，几乎没有物理上的语言装备；书面语产生之后，人类除了生理上的语言器官之外，还有了书写、阅读、存运书籍的物理装备；印刷术及此后的电波媒介物的出现，发展的几乎都是各种各样的语言物理装备。处理声、光两种媒介物的语言生理器官和处理声、光、电三种媒介物的语言物理装备，构成了当代人的“语言标配”。

从语言技术发展史看，语言技术在文字创制时到达第一个高峰。接下来发展的是各种处理文字及书籍的技术，直到雕版印刷、活字印刷的出现，使语言技术发展到一个灿烂的阶段，到达第二高峰。当电波为人类所认识、所运用之后，语言技术进入到

一个全新的阶段。广播、电视的出现是语言技术发展的第三高峰，互联网的出现则是第四高峰。电波媒介物出现之后，语言技术发展的主要情况可以总结为：

其一，语音处理技术获得巨大发展，处理语音的电子设备接踵而生，如留声机、录音机、麦克风、扩音机、电话机、广播、电影、电视，等等。五千多年前，人类用文字技术打破了时空对口语的限制；而此时，人类又用电子技术打破了时空对口语的限制。

其二，语言的传输技术获得了突破性进展。特别是通信卫星的发射、海底通讯光缆的铺设、互联网的广域使用，使语言信息可以瞬间传输到世界各地的终端设备上。

其三，计算机语言处理技术的步步前进，推动了语言文字信息处理的智能化。激光照排技术取代了传统的铅字印刷，印刷术的电子化、智能化，是人类处理文字的新阶段；口语与书面语可以实现相互转化，将书面语自动转化为语音，或将话语自动转化为文字；自动翻译技术可以使不同语言群体的人"自由"交谈，语言藩篱将逐步拆除，外语学习的个人压力和社会负担都将逐步减轻。

语言技术不仅改造着、发展着人类的语言生理器官，也在改变着人类的语言习惯甚至是认知、思维习惯，促进着人类的进化。比如书面语产生之后，人类需要进行写字、读书的文化教育，成为有文化的人。文化人不仅比文盲知识多，而且还多了一套语言生理系统及书写、阅读装备，文化人的口语水平因有书面语的支撑而不同于自然口语。再如现代的信息技术和信息产品，如网页浏览、键盘输入、电子邮件、PPT制作、QQ、短信、微信等，也正在改变着现代人的语言习惯，比如：写字的机会少了，键盘打字、触屏写字及屏幕阅读逐渐成为新习惯。读报纸、听广播、看电视少了，在电脑、手机上的作业多了。信息的碎片化，导致欧阳修"焚香读《易》"式[①]的读书情况越来越少，而倒要采用欧阳修提倡的"读书三上法"[②]，利用"马上、枕上、厕上"的零星时间随时读书，随处读书。公共交通工具上"玩手机"的低头一族，便表现出不同于前辈的阅读习惯。如果说，此前的语言技术对人的影响还是少数人和一些专业群体的话，互联网技术则是对全社会的影响，改变的是全社会人的语言习惯。

[①] 欧阳修一生既辩《易》，又解《易》，对宋代易学的发展做出了很大贡献。晚年（熙宁二年）仍有《读易》诗云："莫嫌白发拥朱轮，恩许东州养病臣。饮酒横琴销永日，焚香读《易》过残春。"

[②]《欧阳文忠公文集·归田录》："余平生所作文章，多在三上，乃马上、枕上、厕上也。"

语言技术的发展和应用，还诞生了一批语言产业，造就了一批新的语言职业，并促使传统语言产业的现代化。许多语言技术还可以用于其他领域，帮助处理一般声音和图像，等等。语言处理其实也是在处理信息，所以语言处理的许多成果也能用于解决其他领域的问题。语言技术、语言产业已成为当今经济发展的重要动力之一，其所得红利在现代社会中占有较大的经济份额。相信随着社会信息化的发展，语言技术对社会的贡献度还会不断提升。

2.2　语言的发展

语言自其产生之后，一直都在发展变化。这种发展变化首先表现在语言的使用功能上。语言存在的价值，首先在于满足各种表达需求，由此便会产生语言的各种变体。不同社会身份、不同交际场合、不同交际目的，甚至使用不同的交际工具等，都会产生不同的语言变体。这些变体析而言之，可称为语言的社会变体、交际变体、工具变体等；也可统而言之，称为语言的交际变体。过去常谈的社会方言、文体（或语体）、体裁、语言风格等，都是为丰富语言的使用功能而产生的交际变体，其中文体（或语体）最为重要，语言功能的发展主要表现在文体（或语体）的发展上。

此外，语言还有历史变体和地域变体。历史变体指的是不同时代的语言，如古代汉语、近代汉语、现代汉语等。不同的历史变体用在共时平面，也可以形成不同的语言表达效果，比如礼仪性强的庄重场合，就适宜于使用古语。地域变体指的是不同地区的方言，如北方方言、吴方言、湘方言、赣方言、粤方言、闽方言、客家方言等。地域方言适当地用在共同语作品中，也可以帮助塑造人物、营造环境气氛和讲述地域文化等。就此而言，语言的历史变体、地域变体同其他交际变体一样，也是语言丰富发展的一种表现，也可以视作广义的语言交际变体。

语言使用功能的丰富发展，必然带来语言自身的丰富发展。为满足不同的交际需要，为能够很好表述不断发展的社会生活，必然要不断创造新词，包括创造大量的近义词和具有不同表达色彩的同义词。上古汉语以单音节词为主，只有少量的双音节词，且双音节中还有不少是象声词、联绵词等单纯词，如“咕咚、（杨柳）依依、犹豫、蹉跎”等。上古这种构词模式显然不能适应词汇量激增的需要，汉语的词汇由单音节为主向着复音化的方向发展。大约到东汉魏晋南北朝的中古汉语时期，词语双音节化现象就较为繁盛，新生的双音节词数量已远超新生的单音节词数量。之后，历经唐宋元明清，由近代汉语发展到现代汉语，双音节词已经居于汉语词汇的主体地位。有趣的是，词语“复音化”的趋势当今又有了新变化，从新造词的角度看，不仅单音节几乎丧失了造词能力，而且三音节新词超过双音节、四音节新词的总和，成为新词产生的主要方式。侯敏（2015）指出，她们2006年至2014年从语料库中提取得到的5264个年度新词语，其中三音节词占46.26%，双音节和四音节词分别占21.56%和22.89%。

词汇量的快速增长带动词汇的复音化，也使汉语的词法丰富起来。单音节词没有内部语法结构，双音节词除象声词、联绵词之外，大量的是派生词和合成词。双音节合成词有联合、定中、主谓、动宾、动补等多种词法关系。三音节词的词法构造更为复杂，比如可以有层次构造，如“葱油饼、鸵鸟蛋”是一二音节先组合，然后再与第三个音节组合。有层次构造，就有可能将合成法和派生法综合利用，如“输入法”这个三音节词，“输入”是合成，“–法”是派生。

语法的发展当然不仅表现在词法上，句法发展也很明显。成书于1875年乾隆中期的《红楼梦》，曾经被王力先生用作现代汉语语法的研究素材，而今看来，《红楼梦》的语法与当下已有很大差别。不同文体的语法差别更大，如科技论文、政论文、小说、诗歌等，也是语法丰富发展的一个表现。

此外，篇章格式也是语言适应不同交际的方式，如诗词格律、散文的各种起承转合方式等，也应是语言丰富发展的体现，可惜这种研究还不够充分。

语言发展，与语言技术的发展，与因语言技术而产生的不同交际方式的发展，关系十分密切。特别是报纸、广播、电视等大众传媒的产生与发展，使人类的语言交际方式发生了巨大变化，语言交际变体异常丰富起来，不同方言、不同语言的接触更为频繁、更加深入，语言发展变化的速度加快、幅度加大。特别是互联网，它的全媒体、超媒体特点，为语言发展提供了更大的驱动力，同时也为语言发展提供了更优越的实现条件。特别是它将古今中外的语言数据汇集“发酵”，将全社会的语言智慧网络集中，可以预料，语言发展变化的速度将日新月异。

2.3　语言学的发展

语言技术的不断发展，语言的丰富发展，使得语言学也随之发展。语言学的发展表现在多个方面，最突出的是研究领域的扩大和研究手段的进步。

语言学的研究领域不断扩充。口语时代，尚无真正的语言学研究。书面语时代，有了文字研究和语言研究，文字经书、报纸杂志以及口语方言等，都是语言研究的素材。有声媒体的出现，给语言研究带来了一番新天地，例如：播音语言使用、传播的一系列特点、播音员和主持人的语言教育、普通话与方言在有声媒体中的辩证关系、有声媒体语言数据库的建设，等等。而今，网络媒体又为语言研究展现了广阔视域，例如：网络新词语现象、网络语言的传播特点、新媒体语言的丰富与规范、新媒体时代的语言舆情监测、网络语言政策研究，等等。

语言研究的手段也在不断进步。在书面语时代，语言研究的手段主要是耳听手记、问石拓片、读书摘句、做卡片索引等。电波时代到来后，处理语音、文字的录音录像技术得到应用，口头语言研究技术发生了革命性变化。特别是互联网时代，各种数据库技术、众包众筹研究模式、线上学术讨论与出版、虚拟研究与远程研究等，已是常见的或可以想见的研究手段。多学科共同讨论语言问题，协同解决语言问题，呈现出“大科学”和“大学科”的研究态势和研究旨趣。

研究领域的扩充与研究手段的进步只是对语言学的显性影响，对于语言观念、语言研究旨趣、语言学派的形成等方面的影响，也是广泛而深入的。比如随着语料库语言学的发展，人们开始讨论统计与规则的效率问题，在计算机语言处理的操作实践上，统计法一直占着上风；随着大数据的应用，人们又在讨论数据与因果关系的问题，有人甚至认为数据可以提供一切，不需要考虑因果关系，这也会影响到计算语言学的发展。

李宇明（2012）曾经认识到：语言生活中的问题是推动语言学发展的主要力量。现在可以进一步说，语言学发展的原动力，来自社会前进中遇到的语言问题。语言技术、语言交际变体、语言功能的发展所带来的一系列问题，都是需要语言学来研究解决的，都是语言学发展的驱动力。而一切能够帮助语言学研究、帮助语言研究成果运用的技术，都应当为语言学所关注、所应用，都应成为语言学技术。毋庸讳言，当前的语言研究，仍以平面媒体的语言为主要材料，语言研究的思维方式也基本是“平面媒体式”的，语言学对于语言技术的研究与开发还不太“上心”，有声媒体时代、网络媒体时代的许多技术与产品，还有待成为语言学开发利用的技术手段。

三、网络媒体时代的若干问题

网络媒体成为当今社会之热门话题，在于其强大的信息功能，在于这些信息功能带来的生活新方式、社会新视野，也在于由此引发的有关新媒体的各种利弊之论，以及如何管理、如何运用之辩。前面已经多处谈及网络媒体，下面就网络语言生活、对待新媒体语言的态度、获取新媒体的话语权等问题，再做些阐述。

3.1　网络语言生活

网络媒体的发展繁盛，促使语言交际进入到一个新时代。对网络媒体的思考，也就是对一个交际新时代的思考。这一新时代不同于前的显著特点，是人类具有现实和虚拟两个空间的语言生活。

前些年，人们比较强调网络空间的“虚拟性”，虚实两空间仿佛两世界。在现实空间是“现实人”，入虚拟空间取一网名，就仿佛裂变为另一个“虚拟人”。随着网络媒体、特别是网络新媒体的快速发展，人们逐渐体认到虚拟空间与现实空间的密切关联，甚至把互联网视为现实空间的延伸。特别是“互联网+”理念的提出与实施，现实生活与虚拟生活几乎交互在一起，现实生活都要尽量“挪移”到虚拟空间去，“互联网+”仿佛就是“空间大挪移”的魔术。虚中有实、实中有虚、以虚带实、以实撑虚的局面正在逐渐形成。

2016年8月3日，中国互联网信息中心（CNNIC）发布第38次《中国互联网络发展状况统计报告》：我国网民规模已达7.10亿，其中手机网民规模已达6.56亿，互联网普及率达到51.7%，超过全世界平均水平3.1个百分点。这一数据明确告诉人们，中国半数以上的居民成为网民，网络社会已经是公民社会，网络语言生活已经成为现代国人重要的语言生活。根据适应网络语言生活的状况，可以将人群划分为四类：

第一类，网络原住民。他们多出生在上世纪90年代以后，主要是通过网络接触社会。网络是其生存空间，甚至被视为精神感官，键盘、鼠标和触屏是他们与外界勾连的主要工具，很多活动都乐意在网络中进行。

第二类，网络移民。这群人原本习惯的是平面媒体和有声媒体，书报、广播、影视是当年他们的主要信息来源。但是，他们有着与时俱进的意识，一直追随着网络空间的发展，逐渐养成了网络生活的习惯，“入境随俗”，移居到网络中来了。

第三类，网络观光客。这群人更习惯于平面媒体和有声媒体，但也知晓网络风光无限，有机会就去游览一番。对这些观光客来说，网络是他们生活的一种辅助、一种手段。

第四类，网络局外人。这些人不进入或很少进入网络，只使用平面媒体和有声媒体，甚至连这两种媒体也不使用。他们缺乏基本的网络技术，或是缺乏入网观光的兴趣，是被网络边缘化的人群。

对人群的这种划分，不仅有趣也很有意义。语言学研究网络语言，其实就是研究网络语言生活，研究各种人群的网络语言行为。这里要特别指出，应关心那些被信息边缘化的人群。

信息平等是当今社会平等的重要内容，涉及获取信息的权利、拥有获取信息的渠道和技能等多个方面。信息时代，信息不平等犹如过去的贫富差别一样。“信息财富”分配不公，是社会财富分配不公的新表现。应特别关注那些被信息边缘化的人群和地区，如：离退休人群、家庭妇女，少数民族地区、中国的西部地区、农村地区等。关注信息边缘化的人群与地区，消弭社会“信息鸿沟”，是公权力的应尽之责。

3.2　对待新媒体语言的态度

任何一种新生事物的出现，都常受追捧，也常遭歧视。而今，不少人热捧新媒体，但也有人用平面媒体的眼光来看待新媒体，用网络局外人或网络观光客的视点来看待网络原住民和网络移民。

维护祖国语言的规范与尊严，是包括网民在内的国人的共同责任。网络是集中各种媒体、各种网民语言智慧的平台，是新词语等语言新现象的重要生产地和传播源，故而网络语言现象就特别炫目，并具有原子核裂变般的扩张能量。网络语言生活也是语言生活，甚至会成为重要的语言生活，故而对网络语言的使用也需要管理、规范和专业引导，对网络语言中的不良现象也需要给予批评和矫治。但也需注意，不能“以旧律新”，更毋需用“语言纯洁观”苛责网络语言。几千年前，商汤就把“苟日新，日日新，又日新”[①]刻在澡盆上，日日自勉。生活在当今之世，生活在创新驱动成为国家发展战略的当今之世，我们更应有“惟新是举”的胸怀。具有这种胸怀，方能正视新媒体，适应新媒体，驾驭新媒体，拥有新媒体。

语言本身就是一种制度、一种规范，语言使用不能不尊重语言制度，遵守语言规范。媒体（包括自媒体）面向公众或“小众”传递信息，其语言使用状况对社会影响大，故而更需要语言规范，以保证信息的有效传递，以便做好语言榜样。平面媒体、有声媒体和网络媒体因其媒体性质不同，虽然都需要规范，但语言规范的标准及规范措施应有差异。

应特别指出的是，不管是媒体还是其他语言使用者，语言规范的目标都不应是“语言纯洁”，而是语言生活和谐。“语言纯洁观”只不过是一种对待语言的态度，语言自身其实是不可能纯洁的。不同职业、不同文化层次的人在使用语言，人们在不同场合、凭借不同的媒体使用语言，语言焉能纯洁？语言在不断发展，新词语、新用法可能同旧的语言规范、甚至是社会规范发生抵牾，怎能强求其纯洁？语言具有强大的自组织能力，披金淘沙，舍劣存优，焉惧其不纯洁？

“语言纯洁观”，在理论上没有依据，在实践上也难行通。当然，不同意“语言纯洁观”，并不是不关心语言不规范现象。语言教学、辞书编纂、语言规划等，都是在帮助社会正确运用语言文字，在帮助语言增强自组织能力，选优汰劣。此处强调的是“观念”，对待语言如对待身体一样，不能有“洁癖”。洁癖，会减弱人的免疫力。特别是不能用平面媒体式的思维来对待新媒体，对待新媒体的语言，否则便会削足适履。

3.3 获取新媒体的话语权

新媒体发展到今天，正与平面媒体、有声媒体整合为“混成”媒体方阵，共同发

[①]《大学》第二章。

挥传媒作用。在这混成的媒体方阵中，新媒体无疑是拥有“特种装备”的一个方阵。它有成长中的稚嫩、顽皮甚至逆反，但也充满生机活力。新媒体是网络原住民、网络移民的主要媒体，这两个群体的文化素质好，外语能力好，信息技术好，他们能够使新媒体迅速壮大发展，在中国媒体走向世界的征途中，新媒体能够走在前列。因此，获取新媒体的话语权，获取新媒体的国际话语权，已经是不容忽视、不容回避的社会课题。

获取新媒体的话语权，或者推动新媒体获得话语权，都需要认识其发展规律，掌握其发展规律。新媒体是语言科学、语言技术开拓的新地域，也是语言科学、语言技术施展身手、发展壮大的新舞台。新媒体的发展与运作，应引起语言学的足够重视，当然也应得到语言学的学术滋养。

近些年来对网络语言的诸多研究，以及各种新手段在语言研究中的运用，已经显示了新媒体推进语言研究的巨大力量，展示出新媒体助力语言研究的广阔前景。当然，语言学不仅仅是新媒体的受益者，也是新媒体的贡献者。语言学要努力探索新的语言技术，为网络语言媒体的发展提供软件和硬件的支撑，使界面设计、输入检索等更“友好”，后台功能更强大。要倾力研究新媒体的各种语言现象，掌握新媒体的语言运用规律，充分发挥其社会正能量。要树立网络时代的语言学意识，重视创造媒体的新形态和新生态，倡导合乎新媒体发展规律的各种规范与规约，让新媒体健康成长，更好地利国惠民。

四、结语

人类语言由声波单一媒介物发展到声波、光波、电波“三波”媒介物，由原始口语发展出书面语、有声媒体和今日具有“超媒体”“全媒体”特征的网络媒体。在语言介质发展变化、语言交际手段发展变化的过程中，适应各种语境、各种交际工具的语言交际变体也逐渐丰富，语言的词汇、语法、语篇表达也逐渐丰富，特别是文体（或语体）逐渐丰富，从而使语言的功能得到极大发展。

语言和语言生活的这些发展，特别是从文字产生时起这5000多年的语言和语言生活的发展，是在各种语言技术的推动下实现的。语言技术是推动语言发展和语言生活进步的重要力量。经过文字创制、印刷术、广播电视、互联网等四个语言技术发展高峰，人类的“语言装备”和语言生活也获得了极大进步，人类已拥有处理口语、书面语的两套生理器官和一系列物理装备，拥有了现实和虚拟两个空间的语言生活。

语言学的发展也是伴随着语言、语言生活、语言技术的发展而发展的。这些发展为语言学提出了新的研究课题，提供了新的研究素材，开拓了新的研究领域，获得了新的研究手段，甚至还不断更新着人类的语言观和语言研究观。当然，语言学的发展也为语言生活的良性发展、语言技术的发明与应用提供了不可或缺的帮助。

不过，当前对于语言技术、语言交际变体、语言学发展等方面的研究还不深入、不全面，对于它们之间相互关系的研究还较肤浅，有些问题尚未关注到甚至尚未意识到。语言学研究，比较缺乏对人类数万年语言历史的纵向观照，比较缺乏对人类各种信息交际手段和语言生活状况的横向把握，特别是对语言技术、对语言技术之于语言应用的影响等研究不够，至今尚无一部系统的语言技术发展史。正因为语言学缺乏纵横的宏观视野，所以语言研究的成果还很少能够上升到语言与社会发展、语言与人类进步的层面，对解决人类社会发展中遇到的语言问题，没有做出应有的贡献。这也影响了语言学自身的发展。

时代已经进入网络媒体阶段。网络媒体有新媒体，也有迁移网上的传统媒体。语言学与网络媒体、特别是新媒体的关系，本质上是语言学与网络时代的关系。怎样利用网络媒体，研究网络媒体，发展新的研究手段，逐渐形成网络时代的研究范式，应引起学界的足够关注。另一方面，如何发展新的语言技术来支持网络媒体，滋育网络媒体健康发展，使网络媒体更宜于国人使用，发挥更为强大的社会正功能，这是语言学解决社会语言问题的使命所在。

参考文献：

B. A. 伊斯特林，1987．文字的产生与发展[M]．左少兴译，北京：北京大学出版社．

陈章太主编，2015．语言规划概论[M]．北京：商务印书馆．

冯志伟，1999．应用语言学综论 [M]．广州：广东教育出版社．

顾曰国，2010．顾曰国语言学海外自选集 [M]．北京：外语教学与研究出版社．

桂诗春，1988．应用语言学 [M]．长沙：湖南教育出版社．

郭　良，1998．网络创世纪：从阿帕网到互联网 [M]．北京：中国人民大学出版社．

侯　敏，2015．中国语言监测十年 [J]．语言文字应用（3）

胡明扬，1985．语言与语言学 [M]．武汉：湖北教育出版社．

黄建中、胡培俊，1990．汉字学通论 [M]．武汉：华中师范大学出版社．

李宇明，2010a．中国语言规划论 [M]．北京：商务印书馆．

李宇明，2010b．中国语言规划续论 [M]．北京：商务印书馆．

李宇明，2012．当代中国语言生活中的问题 [J]．中国社会科学（9）．

刘润清，2013．西方语言学流派（修订版）[M]．北京：外语教学与研究出版社．

吕明臣等，2008．网络语言研究 [M]．长春：吉林大学出版社．

迈克尔·托马塞洛，2012．人类沟通的起源 [M]．蔡雅菁译．北京：商务印书馆．

尼古拉斯·奥斯特勒，2011．语言帝国——世界语言史 [M]．章璐等译．上海：上海人民出版社．

萨利科科·S．穆夫温，2012．语言演化生态学 [M]．郭嘉等译．北京：商务印书馆．

盛玉麒，2006．语言文字信息处理 [M]．济南：山东大学出版社．

苏·赖特，2012．语言政策与语言规划——从民族主义到全球化 [M]．陈新仁译．北京：商务印书馆．

涂子沛，2013．大数据 [M]．桂林：广西师范大学出版社．

王立军，2003．宋代雕版楷书构形系统研究 [M]．上海：上海教育出版社．

王　宁，2015．汉字构形学导论 [M]．北京：商务印书馆．

王裕明，2011．计算机信息技术 [M]．北京：清华大学出版社．

维克托·迈尔 - 舍恩伯格、肯尼斯·库克耶，2013．大数据时代 [M]．盛杨燕、周涛译．杭州：浙江人民出版社．

沃尔特·翁，2008．口语文化与书面文化：词语的技术化 [M]．何道宽译．北京：北京大学出版社．

许嘉璐、王福祥、刘润清主编，1996．中国语言学现状与展望 [M]．北京：外语教学与研究出版社．

杨书俊，2015．现代汉语三音节词语研究 [M]．广州：世界图书出版广东有限公司．

姚喜双，2007．中国解放区新闻播音语言规范 [M]．北京：语文出版社．

姚小平，2011．西方语言学史 [M]．北京：外语教学与研究出版社．

尤瓦尔·赫拉利，2014．人类简史——从动物到上帝（*Sapiens: A Brief History of Humanking*）[M]．林俊宏译．北京：中信出版社．

游顺钊，2013．手势创造与语言起源 [M]．北京：语文出版社．

于根元，1996．二十世纪的中国语言应用研究 [M]．太原：书海出版社．

俞士汶主编，2003．计算语言学概论 [M]．北京：商务印书馆．

张　普，2009．动态语言知识更新研究 [M]．北京：商务印书馆．

周有光，2011．世界文字发展史（第三版）[M]．上海：上海教育出版社．

变换移位、提升并入、拷贝删除及其他 *

——与结构变换相关的句法分析理论及在汉语句法研究中的应用

沈　阳

提　要　自上世纪40—50年代美国结构语法理论提出“变换分析”至今，与这种分析方法相关的句法理论和分析技术已有了很大的变化和发展，如提出“成分移位分析”“提升并入分析”“拷贝删除分析”等，同时也涉及运用这种方法对其他语法现象的分析。这些分析方法在汉语句法和语义研究中也有大量成功的例子。本文简要举例介绍这些句法分析的成果及最新进展（包括笔者本人的研究成果），希望引起学界重视，并就教于方家。

关键词　现代汉语　句法分析　变换和移位分析　提升和并入分析　拷贝和删除分析

* 本项研究分别得到国家973项目“语言的计算模型与理论”（项目号2014CB340501）、国家社科基金后期资助项目“现代汉语复杂动词结构研究”（项目号10FYY006）、教育部人文社科重点研究基地重大项目“现代汉语名词短语（DP）的内部构造”（项目号12JJD740008）、国家社科基金重大招标项目“新时期语言文字规范化问题研究”（项目号12&ZD173）的支持；本文写作过程中和修改稿在日本大阪大学、苏州大学、武汉大学、清华大学、澳门大学（第18次现代汉语语法讨论会）、南京大学（2015年南京大学语言学高峰论坛）报告时，曾分别得到合作者和与会者陆俭明、黄正德、司马翎、石定栩、古川裕、蔡维天、冯胜利、李亚非、曹炜等提供重要参考意见：谨一并致谢。

一、"结构变换""成分移位"及相关的句法分析方法

当代语言学理论中关于句法分析的理论原则很多，如索绪尔提出的"组合关系和聚合关系"，美国结构理论提出的"向心结构和离心结构""分布分析""层次分析"，以及生成语法理论提出的"论元结构""X' 结构"。但其中有一种方法一直占据着句法分析的核心地位，即与"结构变换"和"成分移位"相关的句法分析手段。

比如众所周知，"结构变换研究"或者"变换分析法"是美国结构理论后期的重要理论原则，而且对汉语的语法研究影响巨大。朱德熙先生在《"在黑板上写字"及相关句式》(1978/1990)以及《变换分析中的平行性原则》(1986)等多篇文章中，都将变换分析法应用于汉语的句法结构分析。"生成语法理论"以及随后的"管辖与约束理论（GB 理论）""原则与参数理论（PP 理论）"和"最简方案（MP 理论）"，又提出了"成分移位分析（movement）"以及以后的"提升与并入分析（raising and merge）"和"拷贝与删除分析（copy and deletion）"等重要句法分析方法。应该说，这些句法分析的操作技术确实越来越进步和科学，对句法构造的解释力度也越来越严格和有效。

本文将简要回顾近年来与"结构变换"和"成分移位"相关的句法分析方法的嬗变及应用这些理论方法在汉语句法研究中的一些新进展（也包括笔者的一些研究成果），希望引起学界更多重视，并对相关问题就教于语法学界同好。

二、关于"句法结构变换分析"和"句法成分移位分析"

"句法结构变换分析"来自美国结构语法理论（代表人物是哈里斯 /Harris），"句法成分移位分析"来自美国生成语法理论（代表人物是乔姆斯基 /Chomsky）。这两种分析也有不少相似之处，至少乔姆斯基就是哈里斯的学生，而且"生成语法"初

期名称就叫作“转换语法”，而“成分移位”最核心的操作手段就是跟“结构变换分析”一脉相承的“成分移位分析”。在汉语语法研究中，无论是利用“变换分析”还是“移位分析”都有许多成功的例子。例如朱德熙（1982）对“NP V 着 NP”结构的分析和陆俭明（2004）对“V NP 给 NP”结构的分析，都既采用“成分变换”，实际上也涉及“成分移位”。看下面的两组例句：

（1）A. 静态存在句：

a1. 台上坐着主席团

→ a2. 主席团坐在台上　　→ a3. * 台上正在坐着主席团

B. 动态持续句：

b1. 操场上开着大会

→ b2. * 大会开在操场上　　→ b3. 操场上正在开着大会

（2）A. 两个动词（V1“给予动词”+V2“给”）

a1. 我送了件毛衣给他　　→ a2. 我送给他一件毛衣

→ a3.* 我给他送了一件毛衣　　→ a4. * 我从商店送了一件毛衣给他

B. 两个动词（V1“影响动词”+V2“给”）

b1. 我偷了件毛衣给他　　→ b2. * 我偷给他一件毛衣

→ b3. * 我给他偷了一件毛衣　　→ b4. 我从商店偷了一件毛衣给他

C. 两个动词（V1“制作动词”+V2“给”）

c1. 我织了件毛衣给他　　→ c2. * 我织给他一件毛衣

→ c3. 我给他织了一件毛衣　　→ c4. * 我从商店织了一件毛衣给他

上面（1）是朱德熙（1982）举的例子，即通过变换分析，根据方位处所词组如“台上、操场上”（实际上是省略了介词“在”的处所介词词组）能否分别出现在动词的两侧（即 a1/b1 句能否变换成 a2/b2 句），以及谓语动词前能否添加副词“正在”（即 a1/b1 句能否变换成 a3/b3 句），从而分化了静态存在句和动态持续句。上面（2）是陆俭明（2004）提到的例子，即根据同形结构“V NP（某物）给 NP（某人）”中是否能出现“V 给”构成“V 给某人 NP”分化出“给予动词结构”（“V”和“给”两个动词等于一个相同的给予动作），根据能否添加状语介词词组构成“从某处V了NP给某人”分化出“影响动词结构”(“V”和“给”两个动词等于两个不同的连续动作）和根据能否变换成“给某人V了NP”分化出“制作动词结构”(“V”和“给”两个动词等于两个不同的分解动作）。

笔者对“变换分析”和“移位分析”也做过一些研究。代表作品主要有《数量词在名词短语移位结构中的作用与特点》(《世界汉语教学》，1995)，《现代汉语句法结构中名词短语部分成分移位现象初探》(《语言教学与研究》，1996)，《名词短语的多重移位形式及把字句的构造过程与语义解释》(《中国语文》，1997)，《名词短语后向移位的句法形式和语义作用》(《语法研究和探索（11）》，2000)，《名词短语分裂移位和非直接论元的论元性话题结构》(《语言研究》，2001）等。比如对下面朱德熙（1982）提出的著名的歧义结构的例子（3a），沈阳（1997）就曾提出通过“把字句”和“重动句”的变换和移位加以分化（变换成“把字句”确定补语动词的指向即“谁喘气”，变换成“重动句”确定谓语动词的指向即“谁追谁”），而且还提出“把字句”中“把”后名词都只能是补语动词的“主语”，而“重动句”的作用就在于可以确认谓语动词的施事（主体）和受事（客体）。看下面的例句：

（3）a. 这孩子追得我直喘气	（谁追谁？谁喘气？）
→ b. 这孩子把我追得直喘气	（我喘气）
→ c. 我把这孩子追得直喘气	（孩子喘气）
→ d. 我追这孩子，把这孩子追得直喘气	（我追孩子，孩子喘气）
→ e. 我追这孩子，把我追得直喘气	（我追孩子，我喘气）
→ f. 这孩子追我，把我追得直喘气	（孩子追我，我喘气）

三、关于“中心词提升并入分析”和“附加语拷贝删除分析”

随着语法研究的深入，大家逐步感到变换分析有一定的“随意性（不严格）”，移位分析也比较“烦琐化（不经济）”，因此开始出现取代变换分析和移位分析的句法分析方法。其中最重要的包括“中心词提升并入”和“附加语拷贝删除”等句法操作技术。

所谓“中心词提升并入分析”，是从“动词壳（VP shell）分析”（Larson，1988）和“小动词（light verb）分析”（Chomsky，1995）发展起来的。这两种句法分析手段有相关性，即所谓的“动词壳”和“小动词”，就是说所有的动词结构都是由两层动词结构构造的：上面一层是“小动词层（vP）”，下面一层是“大动词层（VP）”。采用这种分析，首先就很容易处理像汉语中的使动句、把字句等结构。即可以假设这类结构的谓语动词之上都包括有“小动词（vP）”层，在其中小动词“v”的位置上可出现“使、以（为）、把”这一类仅具有语法功能作用的成分。这样如果小动词位置上出现这些功能词，则构成显性的双层动词结构；如大动词进入（并入）小动词位置，就构成使动结构或把字结构。后者的句法操作也就是“中心词的提升并入（raising and merge）”。下面（4）的“使动结构”和“把字结构”两类结构中“（v）V”表示的就是这样一个“V–to-v”的提升并入过程。比较：

（4）A. 使动结构：

a1. 这个故事<u>使</u>（v）大家<u>感动</u>（V）

→ a2. 这个故事<u>感动</u>（（v）V）了大家

B. 把字结构：

b1. 他<u>把</u>（v）那只花瓶<u>打碎</u>（V）了

→ b2. 他<u>打碎</u>（（v）V）了那只花瓶

“提升并入分析”与“变换分析”或“移位分析”的最大区别有两点：一是“提升”的成分不是结构的被支配成分（如论元名词成分），而是结构的中心成分（如动词成分），所以也叫“中心词移位（head movement）”。二是成分“提升”前后的结构形式不一定是显性的结构（即不是“变换”和“移位”前后那种实际存在的结构），而很可能来自一种非显性的底层结构，所以需要假设这种底层结构的存在。

因此如果上面说的“把字句”例子中谓语动词（如“打碎”）向小动词“把”的

移位现象是“提升和并入”，这还比较容易理解的话；而我们（沈阳、司马翎，2010）提出“补语小句理论”则还试图证明，对动结式的分析也同样需要采用“提升并入分析”，即谓语动词向小动词层提升并入之前，还要有一次提升并入过程。这种分析的要点就是动结式中的“动结（煮糊 / 笑疼）”是由补语小句中的动词（糊 / 疼）向谓语动词（煮 / 笑）的提升和并入实现的。而这种分析的底层结构即所谓“补语小句”就是一种理论假设。而我们证明，采用这种理论假设就可以保持对各种动结式构造分析的最大一致性，比如“米饭煮糊了”和“肚子笑疼了”的内部构造就并非来自两种底层结构，即名词“米饭、肚子”与谓语动词都没有直接的句法和语义联系，而“糊、疼”都是补语小句的核心动词，动结式“煮糊、笑疼”都是补语小句动词向谓语动词“提升并入”构成的。如下面（5）和（6）所示：

（5）动结式和“把”字句：

A.（妈妈把）米饭煮糊了

[$_{VP}$ 煮 [$_{SC}$ 米饭糊了]]

→[$_{IP}$ 米饭$_i$ [$_{VP}$ 煮 [$_{SC}$ t_i 糊了]]]

→[$_{IP}$ 米饭$_i$ [$_{VP}$ **煮糊**$_j$ 了 [$_{SC}$ t_i t_j]]]

→([$_{IP}$ 妈妈$_K$ [$_{vP}$ 把)[$_{VP}$ 米饭$_i$ [$_{V^0}$ **煮糊**$_j$ 了 [$_{SC}$ t_i t_j]]]]]

B.（妈妈把）肚子笑疼了

[$_{VP}$ 笑 [$_{SC}$ 肚子疼了]]

→[$_{IP}$ 肚子$_i$ [$_{VP}$ 笑 [$_{SC}$ t_i 疼了]]]

→[$_{IP}$ 肚子$_i$ [$_{VP}$ **笑疼**$_j$ 了 [$_{SC}$ t_i t_j]]]

→（[$_{IP}$ 妈妈$_K$ [$_{vP}$ 把)[$_{VP}$ 肚子$_i$ [$_{V^0}$ **笑疼**$_j$ 了 [$_{SC}$ t_i t_j]]]]]

（6）
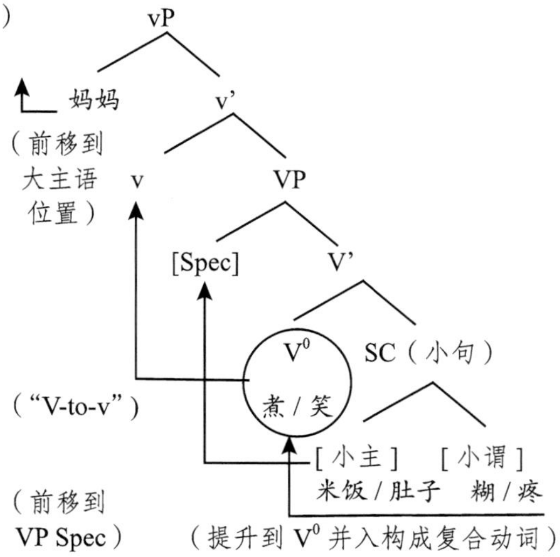

而同样比“变换分析”和“移位分析”要来得简单和严格的分析方法是所谓“附加语拷贝删除分析”。这种分析最典型的例证来自对英语和汉语“特指问句”不同构造的分析。英语特指问句中的疑问词需要前移到句首（WH forward），但汉语特指问句的疑问词仍留在句中（WH in situ），对这种现象一直有不同的解释，其中就涉及要不要采取“移位”(包括显性移位和逻辑移位）手段。而采用“拷贝删除分析”，则可以假设英语和汉语特指问句的疑问词在底层结构中是同时出现在句子的句首和句中两端的，这就是“拷贝生成（copy）”；但由于实际说出的句子中不允许两次出现疑问词（即语音和语义冗余），因此就必须删除其中一个，这就是“互补删除（deletion）”。至于为什么英语必须删除原位置的疑问词，汉语必须删除句首位置的疑问词，则因为汉语还有“语气词（final particle）”来标记疑问句，所以不需要通过删除原位置疑问词来标记疑问句；英语特指问句没有句末标记，因此必须删除原位置疑问词和保留句首疑问词来标记疑问句。这种分析就可以合理解释英汉特指问句的结构差异。例如：

（7）A. 英语特指疑问句：

a1. 底层：What did you buy what? → a2. What did you buy (what)?

B. 汉语特指疑问句：

b1. 底层：什么你买了什么？ → b2.（什么）你买了什么？

“拷贝删除分析”与“变换分析”或“移位分析”的区别也有两点：一是实际上是用“拷贝删除”取代了“变换”和“移位”，即采用这种分析也就不再需要“结构变换”和“成分移位”等手段了。道理很简单，原本需要成分移动过去的位置并不需要移入成分，因为本来那里就存在“拷贝”；原本成分移走的位置也不需要留下“语迹（trace）”，因为只需要把这个位置的成分“删除”即可。二是成分“删除”前后的“拷贝”形式也不是显性结构（即不是“变换”和“移位”前后那种实际存在的结构），而可能来自一种非显性底层结构，所以也就需要假设这种底层结构的存在。

我们（沈阳，2009）采用这种“拷贝删除分析”，分析和解释了包含“处所义方位词组 PP”的四种结构（即（8）所列的句法成分相同的把字结构、话题结构、连谓结构和双宾结构）的句法构造形式。其中就采用了“提升并入分析”和“拷贝删除分析”。这要比过去分别采用不同的“变换分析”或“移位分析”来处理四种不同结构的构造形式简单得多和有效得多，如（9）和（10）：

（8）a. 把书放在了桌子上（把字句）

b. 那本书放在桌子上（话题句）

c. 放一本书在桌子上（连谓句）

d. 放在桌子上一本书（双宾句）

（9）包含定指名词的把字句和话题句的构造及其派生过程（采用“提升并入分析”）：

底层：[放 $[_{SC1}$ 那本书在桌子上]]

A. 把字结构：

→ a1.（把）那本书 $_i$ $[_{VP}$ 放 $[_{SC1}$ t_i 在桌子上]]

→ a2.（把）那本书 $_i$ $[_{VP}$ **放在** $[_{SC1}$ t_i t 桌子上]]

B. 话题结构：

→ b1. 那本书 $_i$ $[_{VP}$ 放 $[_{SC1}$ t_i 在桌子上]]

→ b2. 那本书 $_i$ $[_{VP}$ **放在** $[_{SC1}$ t_i t 桌子上]]

（10）包含不定指名词的连谓句和双宾句的构造及其派生过程（采用“拷贝删除分析”）：

底层：放 [$_{\text{SC2}}$ $_{\text{在}}$桌子上$_{(\text{有 t})}$一本书$_{\text{在}}$桌子上]

A. 连谓结构：

→ a1. 放$_{(\text{有})}$[$_{\text{SC}}$（$_{\text{在}}$桌子上）$_{(\text{有 Vt})}$一本书$_{\text{在}}$桌子上]

→ a2. 放$_{(\text{有})}$[$_{\text{SC}}$$_{(\text{有 Vt})}$一本书在桌子上]

B. 双宾结构：

→ b1. 放$_{(\text{有})}$[$_{\text{SC}}$ $_{\text{在}}$桌子上$_{(\text{有 Vt})}$一本书（$_{\text{在}}$桌子上）]

→ b2. 放$_{(\text{有})}$[$_{\text{SC}}$ $_{\text{在}}$桌子上$_{(\text{有 Vt})}$一本书]

最近我们（沈阳，2015）进一步采用“提升并入分析”和“拷贝删除分析”来分析现代汉语包含处所介词词组的“位移—终点（motion-end）”结构的句法构造。例如下面（11）四种同形的“V+PP（到/在NP）”中PP存在不同的结构变化和语义差异。比较：

（11）a1. 请大家回**到 /* 在**座位上（方向）　　a2. 把货物搬**到 /* 在**仓库里（方向）

b1. 小猴子跳**到 / 在**马背上（方向）　　b2. 她把水泼**到 / 在**院子里（方向）

c1. 这些钱应该存**到**银行里（方向）　　c2. 这些钱一直存**在**银行里（存在）

c3. 孩子被父母关**到**屋子里（方向）　　c4. 孩子被父母关**在**屋子里（存在）

d1. 你不能总待 *** 到 / 在**家里（存在）　　d2. 你们可别病 ***到/在**路上（存在）

上面（11）的例子说明，同样是“V+处所PP”结构，但各自所选用介词“到/在”不同（有的必须选用“到”或“在”，有的则可混用“到”和“在”），表示的意义也不同（有的只能表“方向”或“存在”，有的则兼表“方向”和“存在”）。对此过去一直解释不清楚。我们提出的分析方案是，汉语谓语动词后“到 / 在 NP”应该有上下两层：下层介词层（PP）的中心词 P^0“在”只表“存在”，而上层功能层（FP/pP）的中心词 F^0“到”则表“方向”。“$P^0_{\text{在}}$”在不同“位移特征”的谓语动词“诱发”下实现身份转换，就形成动词与其后“到 NP/ 在 NP”的不同句法组合。也就是说，介词层“$P^0_{\text{在}}$”是在谓语动词诱发下向上提升和并入功能层“$F^0_{\text{到}}$”才表“方向”的；只是与英语下层介词“in/on”提升合并构成复合介词“into/onto”不同，汉语介词的这种“提升并入”并不是显性的（并不构成复合介词），即“在”提升和并入后只能或者读

"到"的音或者读"在"的音，但一定都表"方向"。如果谓语动词不足以诱发这种提升和并入，那么动词后选择上层的"到 NP"就只表"方向"，选择下层的"在 NP"就只表"存在"，只不过其中一项会由于语义对立或语音冗余而经过核查被删除，即剩下（读成）"到（NP）"的音就表"方向"，剩下（读成）"在（NP）"的音就表"存在"。这种双层 PP（FP（pP）—PP）和其中介词"到 / 在"的"提升并入"情况，如图（12）所示：

（12）

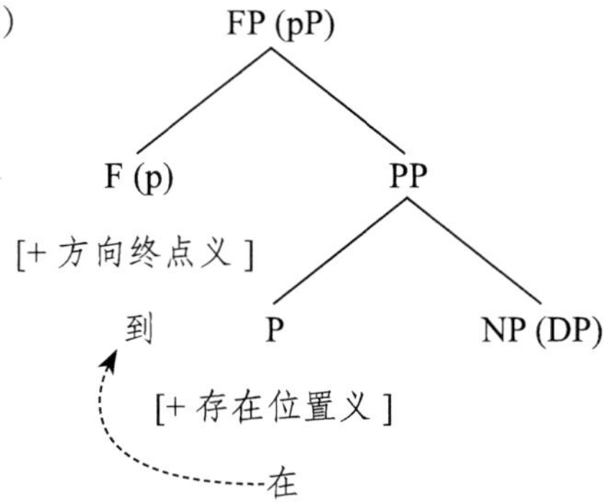

下面（13）显示的更复杂的情况是：汉语表"方向、存在"的处所介词词组有的只能出现在动词前表"方向"，有的只能出现在动词后表"方向"；有的则既可出现在动词前也可出现在动词后，且表"存在"的意义不变。这也是语法学界多年讨论的一个老问题。例如：

（13）a1. 往 /* 在屋里搬东西（方向）　　a2. 东西搬到 /* 在屋里（方向）
b1. 往 /* 在地上泼脏水（方向）　　b2. 脏水泼到 / 在地上（方向）
c1. 在日本东京住（存在）　　c2. 住在日本东京（存在）
d1. 在黑板上写字（存在）　　d2. 字写在黑板上（存在）

过去对"PP V"和"V PP"两种结构（包括是否都能成立）的句法构造和相互联系有"移位残留"和"前状后补"两种方案。"移位残留说"偏重于历时语料，即假设动词前的 PP 都是历史上向前移位形成的，但这不能解释为什么有的动词后介词词组会赖着不走。"前状后补说"偏重于共时分析，即假设动词前后的 PP 各自独立生成，但这又不能解释为什么有的动词前后介词词组的意义会完全一致。采用“拷贝生成和互补删除”分析就能得到这种结构的合理解释。我们提出的基本假设是：表“方向、存在”的处所介词词组的原始底层位置应该同时在谓语动词两侧，即“位移–终点（motion-end）”结构的底层形式其实应是“PP（往 / 在 NP）V PP（到 / 在 NP）”(而且谓语动词前后同时生成的两个处所 PP 都具备前述的双层结构，即上层是表“方向”的 FP（pP）层，下层是表“存在”的 PP 层)：这就是“拷贝生成”；由于动词前后表“方向、存在”的处所介词词组在语义和语音上冗余，因此实际说出的句子中必须经过核查删除其中的一个：这就是“互补删除”。这一假设的基础结构形式如图（14）所示：

（14）

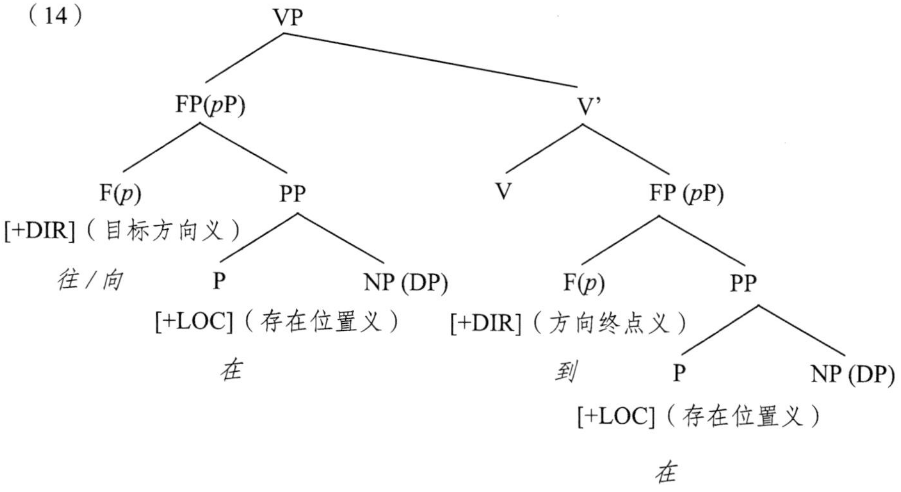

至于在实际说出的句子中如何对“拷贝生成”的动词前后 PP 进行“互补删除”操作，大致有两个层次的限制：第一层是结构限制，主要决定删除动词前的“往（向）/ 在 NP”还是删除动词后的“到 / 在 NP”。事实上只有动词后提供了处所 PP 的位置（即动词不带宾语和不是动补结构），才有可能选择动词后处所 PP（删除动词前 PP），反之则只能选择动词前处所 PP（删除动词后 PP）。第二层是动词限制，主要决定在动词前后 PP 中选择哪个介词。由于动词的前后都存在表“方向”的 FP（pP）层和表“存在”的 PP 层，选择其中哪个介词也就都同样要受到动词“位移特征”的限制。比如位移特征较弱的动词就不可能选用 FP 层的介词（往、向、到），反之亦然。这种“互补删除”的结果如（15）所示：

（15）a. 在黑板上写满 / 上字（* 字写满 / 上在黑板上 /* 字写满 / 上在黑板上）

b. 往 / 在黑板上写（~~到 / 在黑板上~~）字 / 字（~~往 / 在黑板上~~）写到 / 在黑板上

c. 往 /* 在靶子上射（~~到 / ? 在靶子上~~）箭 / 箭（~~往 /* 在靶子上~~）射到 / ? 在靶子

d. * 往 / 在宿舍里待（~~* 到 / 在宿舍里~~）/（~~* 往 / 在宿舍里~~）待 * 到 / 在宿舍里

四、与“变换、移位”等类似的手段用于其他语法现象分析

其实与“变换移位”相关的分析手段并不止“提升并入”和“拷贝删除”，还包括其他一些类似手段；这类分析也不仅限于对句法结构的分析，也可用于对其他语法现象的分析。比如包括运用“中心词并入”对复合词构造形式的分析，运用“拷贝和部分删除”对新兴语法格式形成机制的分析，以及通过“成分倒置”对包含某些副词的句式意义的分析。

先看词语层面的构造分析。吕叔湘（1942/1982）早就注意到下面（16）这种合成复合词的构造现象。例如：

（16）a. 嫖客　　b. 伴郎　　c. 赢家

d. 经销商　　e. 放牛娃　　f. 修理工

g. 话剧演员　　h. 服装设计师　　i. 节目主持人

吕叔湘曾指出，上面（16）中的复合词虽看起来也是一般“定中（偏正）”的构造，但却有“起词（主语）做端语”和“起词—止词（宾语）颠倒”的特殊现象。也就是说，这类复合词暗含着另外一种关系。比如“节目主持人”：因为修饰成分中有个动词“主持”，动词与名词“人”就又具有施事和动作的关系，如“人 + 主持”；

动词与另一名词“节目”就还有动作和客体的关系，如“主持＋节目”。我们（顾阳、沈阳，2002）在吕叔湘意见的基础上提出，这类合成复合词应与基础论元结构存在一种倚变关系，即“节目主持人、汽车修理工（O-V-S）”这一类合成复合词可看作是从基础结构“人主持节目／工修理汽车（S-V-O）”通过某种变化生成的。而且这种变化并非看上去从“工修理汽车”变成“汽车修理工”只是其中一个名词前移和另一个名词后移，因为这样既找不到合理的移位路线，也不能说明为什么成分移动后整个结构就成了名词。我们的分析是，基础论元结构（如17a）中主语名词决定整个复合词的性质，而根据形态句法学的“中心词特性”理论，中心词可以通过某种途径把它的特性“渗透”到整个复合词上。而要使宾语“工”将其词汇特性渗透到其他成分上，就得先让“工”成为一个新结构的中心词。如要实现这一步，原基础结构的动词“修理”就要向上提升并入“工”(“汽车”也可以继续向上提升和并入“修理”)。动词提升并入“工”之后，动词就失去作为原结构中心词的作用，而“工”便成为新结构的中心词，这样也就可以通过将自己的词汇特性渗透到整个复合词而得到了一个名词性的合成复合词（修理工／汽车修理工）。这种分析的要点其实也就是“提升和并入”，只不过作为构词层面的“提升并入”与句法层面的“提升并入”不同之处在于，这是动词向名词的“提升和并入”，是取消基础结构中动词的性质而使动词依附于名词中心词的“提升和并入”。这一构造过程如（17b）（17c）所示：

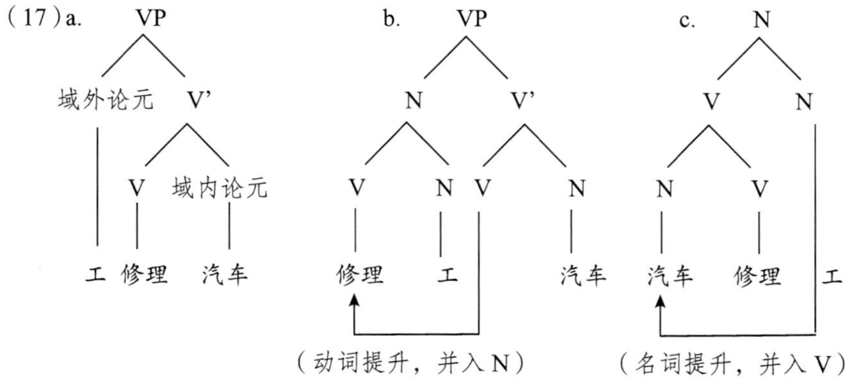

我们（顾阳、沈阳，2002）的文章发表后，曾引起不少的讨论（比如2015年6月天津师范大学召开的首届韵律研究国际学术研讨会上王洪君、冯胜利就都提出不同

意见，不过他们提出的是纯韵律的构词条件，这一点这里暂不置评）。石定栩（2003）提出了两点质疑：一是似乎不能将所有合成复合词的中心词都归结为基础论元结构的广义主语，至少工具、处所、客体等就不能算作“主语”，例如“食品包装袋、教学辅助设备”和“期刊阅览室、粮食储藏仓库”等；二是有些合成复合词的修饰语是“SV（主谓）”，而不是“OV（宾动）”，似乎也不符合“宾语 O 应该最后提升并入到 V（即构成‘OV（N）’）”的分析，例如“教师休息室、校长办公楼、儿童游泳池”等。

我们（沈阳、洪爽，2014）后来提出只要在（17）的基础上对合成复合词基础结构形式做一些调整，即改为包含小动词“vP 层”的结构就可合理解决上述问题。因为理论上说，vP 层主要提供一些范畴性语法意义，同时也可吸引主动词进入这个位置；而从事实上说，句子结构的某些意义也必须要通过 vP 层加以解释。这样对中心词是工具、处所的复合词的构造就容易说明了。比如“中心词 = 工具”的复合词“食品包装袋”，其基础结构的意思可表述为“这个袋子用来包装食品”。其中的“用来”不但在结构意义上肯定存在，也恰好就是基础论元结构 vP 层隐含未现的小动词，而说“袋子”是这种包含小动词“用来”的基础结构的主语当然也就更有道理。这样来看，“食品包装袋、期刊阅览室”这一类复合词的基础论元结构和相应的动词向名词提升并入之前的第一步“提升并入”就可分析为（18）：

（18）

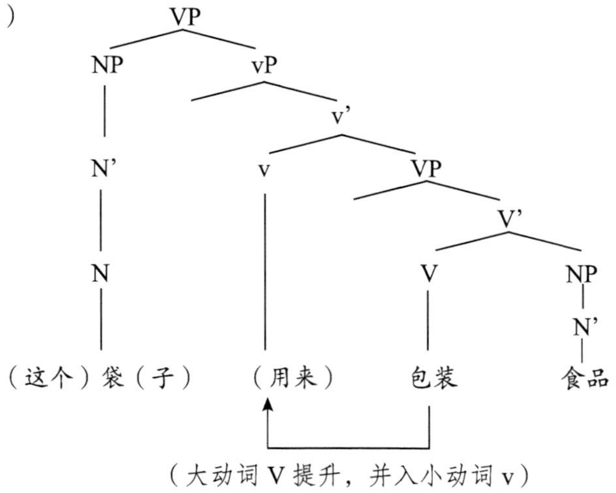

即使对修饰语是“主谓/施动”的那些“SV-N”复合词，如果建立了包含vP层的基础论元结构，其构造形式也不难找到一致性。比如“教师休息室、校长办公楼、儿童游泳池”等复合词，其结构意义就是“(这个)房间(用于/供)教师休息”，而这种合成复合词的基础论元结构和相应的动词向名词提升并入之前的第一步“提升并入”就可分析为(19)：

(19)

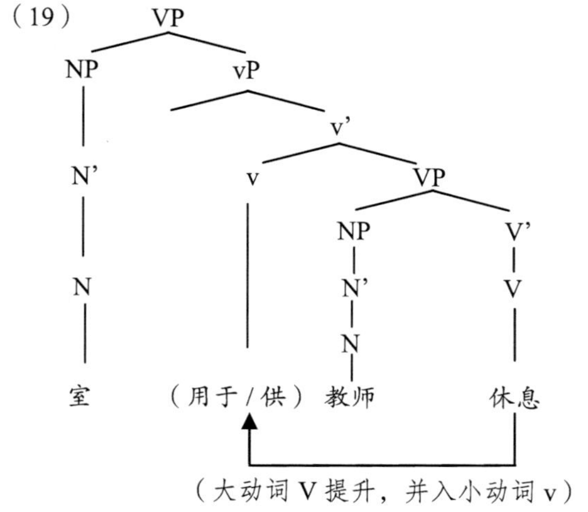

(19)与(18)的唯一区别是VP层不是动宾结构(如“包装食品”)，而是主谓结构(如“教师休息”)。这在论元结构上当然是允许的，因为VP层中本来就是既可以放动宾结构(VO)，也可以放主谓结构(SV)。而(19)中动词“休息”移至小动词位置后，仍需首先提升并入名词性的“室”，VP中的主语“教师”仍是最后提升并入，所以才形成了看上去是“教师休息”这样的“SV(N)”类修饰语。而像“动物狂欢节、婴儿死亡率、日本进口货、人力驱动船、定向爆破技术”等复合词也都可照这样分析，即通过vP层的不同小动词构造基础论元结构，如“(这种)技术(用于)定向爆破”。甚至包括我们曾说过的中心词是受事或客体的合成复合词“资方聘用人员、飞机托运行李”等中心词来自被动句主语，而且复合词意义都表被动，这一点就更容易说明。因为既然这种复合词来自被动结构，其基础论元结构vP层当然也就应该有一个表被动的小动词，如“(这些)人员(被)资方聘用”。

再看新兴语法格式的构造分析。目前我们(沈阳，2015)正在做的“支配式不及物复合动词带‘宾语’”研究就是一例。原本现代汉语“结婚、见面、约会、帮忙”等都是典型的支配式不及物动词。这些动词结构有一个共同点，即在基础结构中或者在核心语义上都必须有一个表“对象”的名词，如“跟女朋友结婚”“跟女朋友见面”“跟女朋友约会”“为女朋友帮忙”。但这些结构近年来却发生了一些变化，而且很不一致。除了仍然保持做“原位状语”，如“结婚—跟女朋友结婚”，还会有三种变化：一种变化是“动宾插名”(动词中间加名词)，如“见面—见过女朋友的面”；一种变化是“动宾加名”(动词后面加名词)，如“约会—约会过女朋友”；还有一种变化是既可“动宾插名”又可“动宾加名”，如“帮忙—帮过女朋友的忙/帮忙过女朋友”。后三类可统称为支配式不及物动词带“宾语”现象，如（20）所示；尤其需要注意的是第三种情况目前也已有不少实际的例子，如（21）所示。比较：

（20）a. 结婚：跟女朋友结婚（结过三次婚）→ *结过女朋友的婚/*结婚过女朋友

b. 见面：跟女朋友见面（见过三次面）→ 见过女朋友的面/*见面过女朋友

c. 约会：跟女朋友约会（约过三次会）→ *约过女朋友的会/约会过女朋友

d. 帮忙：为女朋友帮忙（帮过三次忙）→ 帮过女朋友的忙/帮忙过女朋友

（21）a. 请安：给老太太请安 → 请老太太的安/请安老太太

b. 操心：为孩子们操心 → 操孩子们的心/操心孩子们

c. 投资：向房地产投资 → 投房地产的资/投资房地产

d. 牵手：跟心动女生牵手 → 牵心动女生的手/牵手心动女生

过去常常有人把上面说的三种变化格式都归为“病句”，不但因为这种新格式总量较少，而且因为这些结构变化都并不造成结构的意义差别，因此似乎并不是“规范”的说法。但这就带来两个需要解释的问题：一是这些新变化究竟是“怎么”形成的，而且这些不同变化又是“怎样”实现的：这是技术手段的分析。二是“为什么”会发生这些新变化，而且既然变化后的意义不变，“为什么”需要不同的变化：这是形成原因的分析。

对于“怎么样”的问题：上面（20）、（21）表面看似乎都只是对象名词发生了位置变化，或者说后三种情况都是某种“变换”或“移位”造成的，但这种解释难免

“按下葫芦浮起瓢”。因为如果说是“动词的分离”造成“动宾插宾”则无法解释为什么还有“动宾加宾”，如果说是“动词的压缩”造成“动宾加宾”则又无法解释为什么还有“动宾插宾”，更不用说还要解释为什么有的结构中的对象名词可同时进入两个位置，毕竟不大可能一个支配式复合动词一会儿“分离”一会儿又“压缩”。

对此我们提出分析是：“见面”类结构中“见面”是整体从大动词（VP 中心语）位置向上移动到小动词（vP 中心语“跟”）的位置后，原位置留下同形动词的拷贝形式，即“[$_{vP(跟)}$见面（了）女朋友[$_{VP}$见面]]”，然后进行部分删除操作（前一个“见面”保留作为动词的中心语素“见”，删除非中心语素“面”；后一个“见面”保留作为名词的中心语素“面”，删除非中心语素“见”），即形成离子化的“见__（了）__面”。这种结构变化是“同形拷贝与部分删除”。正因为 VP 层“见面”部分删除后该位置由离子化后的宾语“（见）面”占据，所以如在动词后加入对象名词“她 / 女朋友”就只能加在离子化宾语“面”的前面，形成“见了她/女朋友（的）面”，亦即“动宾插宾”（或称作宾语前置填入）。“约会”类结构中“约会”也是整体从大动词（VP 中心语）位置向上移动到小动词（vP 中心语“跟”）的位置，并在原位置留下同形动词的拷贝形式，即“[$_{vP（跟）}$约会（了）女朋友 [$_{VP}$ 约会]]”，但接下来是进行选择删除（保留前一个“约会”，删除后一个“约会”），因此形成了单词化的“约会（了）______”。这种结构变化是“同形拷贝与选择删除”。正因为 VP 层拷贝成分“约会”被全部删除后原位置留下空位，所以如要在动词后加入对象名词“她 / 女朋友”就可以填入“约会”的后面，并形成“约会了她 / 女朋友”，亦即“动宾加宾”（或称作宾语后置填入）。而“帮忙”类结构则允许同时做“动宾插宾”和“动宾加宾”这两种操作。比较：

（22）a. 见面：跟女朋友见面

→ [$_{vP（跟）}$见面（了）女朋友 [$_{VP}$ 见面]]（同形拷贝）

→ [$_{vP（跟）}$见____（了）女朋友 [$_{VP}$____面]]（部分删除）

→ ____见了女朋友（的）面（名词后置 / 动宾插宾）

b. 约会：跟女朋友约会

→ [$_{vP（跟）}$约会（了）女朋友 [$_{VP}$ 约会]]（同形拷贝）

→ [vP（跟）约会（了）女朋友 [VP____]]（选择删除）

→ ____约会了女朋友（名词后置 / 动宾加宾）

c. 帮忙：为女朋友帮忙

→ [vP（为）帮忙（了）女朋友 [VP 帮忙]]（同形拷贝）

→ [vP（为）帮____（了）女朋友 [VP____忙]]（部分删除）

→ ____帮了女朋友忙（动宾插宾）

→ [vP（为）帮忙（了）女朋友 [VP____]]（选择删除）

→ ____帮忙了女朋友（动宾加宾）

对于“为什么”的问题，我们初步想法是：无论“动宾插宾”还是“动宾加宾”，基本动因都是为满足韵律上的“尾重限制”。如动词“见面”或“约会”作为不及物动词使用（即没有宾语），自身就成为带核心重音的尾重成分；但一旦发生拷贝前移和经过核查删除（无论是部分删除还是选择删除），就要求留下的被删除的位置必须比前移动词“加重”。这种“加重”的要求就给动词后位置添加（留下）对象名词提供了可能性。而“加重”的手段就既可以是在部分删除后的“拷贝宾语”前添加“宾语（对象）”成分，即“动宾插宾”；也可以是在全部删除的“空位宾语”后添加“宾语（对象）”成分，即“动宾加宾”。只不过我们现在还无法回答几个问题：一是如果说这类支配式不及物动词结构必须要发生对象名词后置变化，那为什么大量同类结构并不如此变化（即对象名词还是做状语，如“结婚”类结构）；二是如果说一部分这类动词结构要发生对象名词后置变化，那为什么“动宾插宾”（如“见面”类结构）和“动宾加宾”（如“约会”类结构）的方式又不同，而且为什么还有的动词结构同时选择两种“宾语填入”方式（如“帮忙、牵手、请安”类结构）。

最后再举个例子来看结构成分位置变化与句式意义和句式中副词意义变化的关系。我们（沈阳、石定栩，待刊）最近正在做的一项研究就是个很有趣的例子。一般都认为现代汉语中包含副词“才”和“就”的句子（以下简称为“才”字句和“就”字句）意义上存在着相反现象，比如下面（23）中“才”字句表示“（时间）晚”，“就”字句则表示“（时间）早”。比较：

（23）a1. 九点才起床（晚）　　a2. 九点就起床了（早）

b1. 十岁才上二年级（晚）　　b2. 七岁就上二年级了（早）

但是我们发现，以往的研究都只注意到“才”和“就”这两个副词之间或“才”字句和“就”字句两个句式之间的这种相互意义相反的现象（以下简称“意义对立”），却都没有研究甚至很少注意到“才”和“就”各自在特定结构中也会有自身意义相反的现象（以下简称“意义反转”）。也就是说，就算对（23）的解释并不算错，语言事实中也还存在下面（24）、（25）的情况：即“才”字句不但可以表示“（时间）晚”，也同样可以表示“（时间）早”；“就”字句不但可以表示“（时间）早”，也同样可以表示“（时间）晚”。比较：

（24）a1. 九点才起床（晚）　　a2. 起床才九点（早）

b1. 十岁才上二年级（晚）　　b2. 上二年级才七岁（早）

（25）a1. 九点就起床了（早）　　a2. 起床就九点了（晚）

b1. 七岁就上二年级了（早）　　b2. 上二年级就十岁了（晚）

从上面的例子不难看出，“才”字句和“就”字句的“意义对立”和“意义反转”，最主要的表现形式就是句子结构形式本身虽未发生变化，但“才、就”左右两侧成分的位置发生了“倒置”。也就是说：所谓“才”字句和“就”字句的“意义对立”，指的是“A 才 B”和“A 就 B”之间的某种意义（如“[时间] 早—晚”）恰好相反；而所谓“才”字句和“就”字句的“意义反转”，则是指本来说“A 才 B”表示的某种意义（如“[时间] 晚”）在说“B 才 A”时恰好相反（或者说“B 才 A”在这个意义上相当于“A就B”）；本来说“A就B”表示的意义（如“[时间]早”）在说“B就A”时恰好相反（或者说“B 就 A”在这个意义上相当于“A 才 B”）。显然这样的一种现象不但对以往“才”字句和“就”字句的研究提出了严重质疑，也对结构变换分析或成分移位分析的语法作用带来了新的观察角度。

从前者看，上面的例子表明，既然“才”字句和“就”字句各自都存在着“意义反转”的可能性，那么反过来显然从前面（23）得到的“才、就”或“才”字句和“就”字句分别表“早”或“晚”的结论就不大可能也是正确的，至少是不全面的。

我们甚至有理由推论：正是由于“才”字句和“就”字句都既可能表示“(时间)早”也可能表示“(时间)晚”，因此不但把“早”或“晚”这样的意义(及类似的意义)分别归为“才”字句或“就”字句的意义，已经可能是“南辕北辙”了，而把“早”或“晚”这样的意义(及其他类似的意义)看作是“才、就”各自的副词词义带来的结果，就更无异于“缘木求鱼”。由此可见，上述“成分倒置”的现象至少对包括“才、就”在内的副词词义的分析和副词作用的研究都提出了挑战。

而从后者看，上面的例子还说明，这些句式语义和副词意义的对立正是由结构中某些成分的位置变动(具体说是前后成分倒置)带来的。那么这种成分位置变动究竟是一种什么性质的位置变动就很值得再做探讨。其实这类由“成分倒置”造成的语法现象远不止“才”字句和“就”字句的这种“意义对立”和“意义反转”。下面的例子说明，有些包含“才、就”的句子不管成分是否发生倒置，都可能同时存在意义对立和意义反转(即有歧义)，如(26)；如果再进一步比较包含副词“才、就”和不包含副词“才、就”的“成分倒置结构”，也会发现，这些句式的意义或许都是需要重新认识和分析的，如(27)。比较：

(26) a1. 一早上才写了三封信(多/少？)　　a2. 三封信才写了一早上(多/少？)

b1. 一早上就写了三封信(多/少？)　　b2. 三封信就写了一早上(多/少？)

(27) a1. 十个人(才)吃一锅饭(？)　　a2. 一锅饭(才)吃十个人(？)

b1. 十个人(就)吃一锅饭(？)　　b2. 一锅饭(就)吃十个人(？)

参考文献：

方经民，2003. 汉语语法变换研究：理论、原则、方法 [M]. 郑州：河南人民出版社.

顾　阳、沈　阳，2002. 论元结构与汉语合成复合词的构造过程 [J]. 中国语文(2).

黄正德、李艳惠、李亚非，2013. 汉语句法学 [M]. 张和友译. 北京：世界图书出版公司.

金立鑫，2015. 关于“就”和“才”若干问题的解释 [J]. 语言教学与研究(6).

金立鑫、杜家俊，2014.“就”与“才”的主观量对比分析 [J]. 语言科学(2).

陆俭明，1993a. 八十年代中国语法研究 [M]. 北京：商务印书馆.

陆俭明，1993b. 现代汉语句法论 [M]. 北京：商务印书馆.

陆俭明，2004．现代汉语语法研究教程（修订版）[M]．北京：北京大学出版社．

陆俭明、沈　阳，2003．汉语和汉语研究十五讲 [M]．北京：北京大学出版社．

吕叔湘，1982/1942．中国文法要略 [M]．北京：商务印书馆．

吕叔湘主编，1980．现代汉语八百词 [M]．北京：商务印书馆．

邵敬敏、方经民，1991．中国理论语言学史 [M]．上海：华东师范大学出版社．

沈　阳，1997．名词短语的多重移位形式及把字句的构造过程与语义解释 [J]．中国语文（6）．

沈　阳，2006．“管辖与约束理论”和汉语语法研究 [A]．刘丹青主编．语言学前沿与汉语研究 [C]．上海：上海教育出版社．

沈　阳，2009a．词义吸收、词形并入和汉语双宾结构的句法构造 [J]．世界汉语教学（2）．

沈　阳，2009b．补语小句和处所义双宾结构的句法构造 [A]．语言学论丛（第 39 辑）[C]．北京：商务印书馆．

沈　阳，2012．作格动词的性质和作格结构的构造 [J]．世界汉语教学（3）．

沈　阳，2015．现代汉语“V+ 到 / 在 NP”结构的句法构造和相关问题 [J]．中国语文（2）．

沈　阳，待刊．支配式不及物动词带“宾语”的两种形式，手稿．

沈　阳、洪　爽，2014．再论论元结构与汉语合成复合词的构造形式 [J]．学术交流（12）．

沈　阳、司马翎，2010．句法结构标记“给”和动词结构的衍生关系 [J]．中国语文（3）．

沈　阳、司马翎，2011．结果补语小句分析和小句的内部构造（日文版）[A]．影山太郎编．日中理论语言学的新展望（第一卷：词组构造）[C]．东京：Kurosio 出版社．

沈　阳、石定栩，待刊．命题否定和反向赋值——试析“才”字句和“就”字句的意义对立和意义反转现象，手稿．

石定栩，2003．汉语的定中关系动—名复合词 [J]．中国语文（6）．

司马翎、沈　阳，2006．结果补语小句分析和小句的内部结构 [J]．华中科技大学学报（社会科学版）(4)．

徐烈炯，1988．生成语法理论 [M]．上海：上海外语教育出版社．

赵元任，1979/1968．汉语口语语法 [M]．吕叔湘译．北京：商务印书馆．

朱德熙，1982．语法讲义 [M]．北京：商务印书馆．

朱德熙，1986．变换分析中的平行性原则 [J]．中国语文（2）．

朱德熙，1990．“在黑板上写字”及相关句式（修改稿）[A]．语法丛稿 [C]．上海：上海教育出版社．

Chomsky, Noam. 1957. *Syntactic Structures* [M]. The Hague: Mouton.

Chomsky, Noam. 1981. *Lectures on Government and Binding* [M]. Dordrecht: Foris Publications.

Chomsky, Noam. 1995. *The Minimalist Program* [M]. Mass: MIT Press.

Larson, R. K. 1988. On the Double Object Construction [J], *Linguistics Inquiry*, 3.

Sybesma, Rint. 1999. *The Mandarin VP* [M]. Dordrecht: Kluwer.

语言调节与第二语言学习者语言能力发展研究 *

王建勤

提　要　语言调节行为研究是近些年来第二语言习得研究领域诸多学者关注的一个新领域。本文具体阐述了 Swain 提出的"语言调节"的概念及其理论基础。在这一理论框架下，本文结合维果茨基的社会文化理论，通过具体的语言调节行为研究，详细地分析了基于概念的语言调节、个体言语以及合作对话式语言调节的微观发生分析方法，并对语言调节的学习机制和内化过程及其对第二语言学习者语言能力的发展影响进行了具体的阐述。此外，本文对语言调节行为研究提出的基本理论问题进行了简要的阐释。

关键词　语言调节　语言能力发展　社会文化理论

* 本项研究得到国家社科基金重点项目"汉语二语口语能力习得与高效率教学模式研究"（项目号 12AZD113）的资助。

一、第二语言习得研究的“社会转向”与新进展

第二语言习得研究探讨的一个基本问题，就是回答第二语言学习者的语言能力是如何获得和发展的。这个问题涉及两个相关问题的研究：一是第二语言习得机制的研究，二是第二语言习得过程的研究。然而，不同学派对这两个相关问题的回答却大不相同。

上世纪 80 年代，第二语言习得研究的心灵学派（mentalist）受乔姆斯基“管约理论”的影响，将第二语言习得过程看作“参数重设（parameter resetting）”的过程。（White, L.，1989）因此，心灵学派关注学习者内在的“语言习得机制（language acquisition device）”，以此来阐释第二语言学习者语言能力的获得与发展。而认知学派（cognitivism），即信息加工理论，通过“计算机隐喻（metaphor of computer）”来阐释第二语言习得过程，把第二语言习得过程看作信息加工的过程。在语言习得机制上，认知学派认为，语言习得机制与一般的认知机制并无二致。

然而，上世纪 90 年代中期，应用语言学领域的学者认为，上述理论都是从心理语言学的角度阐释第二语言习得过程和机制，忽视了语言习得与认知的社会性。Firth 和 Wagner（1997）对这一倾向提出了批评，反对用狭窄的心理语言学框架研究第二语言习得，主张将心理语言学框架整合到更为宽泛的社会语言学驱动的研究模式中来。Firth 和 Wagner 引发的这场争论，就是 21 世纪初学者们所描述的“第二语言习得的社会转向（the social turn in SLA）”。（参见 Block，2003：4）

第二语言习得研究的社会转向主要受“社会建构主义（social-constructivism）”“社会文化理论（sociocultural theory）”以及“后结构主义（poststructuralism）”的影响。在这些理论中，社会文化理论对第二语言习得的贡献最大。早在上世纪 80 年代，美国学者 James Lantolf 把维果茨基的社会文化理论引介到第二语言习得研究领域，并系统阐发了维果茨基的理论，因而被称作“新社会文化理论（Neo-sociocultural theory）”（Lantolf and Appel，1994；Lantolf and Thorne，2006、2007）。由此，这一理论逐渐被

西方学者所熟悉。此外，90年代中期，加拿大学者Merrill Swain对“语言输出”和“互动假设”重新进行探讨，并灌注了社会文化理论的新理念。在此基础上提出了一个新概念，即“Languaging”，我们暂且译为“语言调节”。这一概念提出后，引发了许多学者对“语言调节行为（languaging behavior）”的研究。Ortega（2009：218）认为，Lantolf和Swain这两位学者从社会文化理论的角度为第二语言习得概念的重建开辟了道路。社会文化理论也成为学界唯一普遍接受的第二语言习得理论。

二、“语言调节”概念的演变、理论背景与具体含义

长期以来，Swain（2006）一直在寻找一个词，这个词不仅能够强调语言产出在第二语言习得中的重要性，而且不会让人误以为表达的仅仅是语言“输出管道”的含义。她提出的“语言输出”这个概念，给人的印象好像语言仅仅是“传达固定信息的传声筒”而已。但在她看来，语言产出不仅仅是传达信息。实际上，人们产出语言，所从事的是认知或心理活动，是个体用语言来调节认知和思维活动。因此，应该把语言看作建构意义的媒介。所以，她一直希望找到一个能够凸显语言作为意义建构和认知调节功能的词来表达这个概念。最初，Swain（2000）使用的是“verbalizing”和“verbalization”这两个词，但是“verbalizing”似乎只是指口语表达（speaking），而不是既包括口语也包括书面语（speaking and writing）。随着时间的推移，“languaging”这个词出现了。Swain认为，这个词“表达了一种行为，一种动态的、用语言建构意义而永无完结的过程”。也就是说，“languaging”这个词不仅表达语言产出的含义，而且凸显了语言作为意义构建和认知调节工具的功能。因此，我们把“languaging”译为“语言调节”包含了这两个方面的含义。

从上述演变过程可以看出，“语言调节”这一概念有两个理论基础：一是Swain的“输出假设”，二是维果茨基的“调节论（mediation）”。“输出假设”是她于1985年在法语作为第二语言的“沉浸式”课堂教学调查的基础上提出的。她发现，语言输入对学习者语言习得的影响是有限的，只有语言产出才能真正促进学习者语言能力的

发展。语言产出（说和写）构成了第二语言习得的一部分。有学者认为，Swain 这一假设的提出，实际上是对克拉申“输入假设”的挑战。Swain 的课堂教学实践表明，只注重语言输入，忽视语言输出的教学虽然可以提高学习者阅读理解技能，但对说和写的技能没有帮助。所以，她提出要通过语言产出“推动”学习者用法语说话（push to talk a French）。Swain 认为，推动学习者语言产出可以实现三个功能：一是注意和触发功能。学习者通过语言产出行为，不仅可以意识到语言产出的问题，而且可以触发学习新知识的认知过程。二是假设检验功能。语言产出为学习者提供了反思和修改语言表达的机会并检验自己的假设。三是元语言（反思）功能。学习者可以通过元语言对自己的语言产出进行反思，并调节语言习得过程。显然，Swain 提出的语言调节概念实际上包含了这三个功能。因此说，输出假设是构成其语言调节概念的理论基础之一。但是，Swain 的输出假设并没有凸显语言作为认知调节工具这一功能。而“语言调节”这一概念强调的是语言作为调节工具在知识构建与认知发展中的调节作用。这一思想源于维果茨基的“调节论”。

维果茨基（1978、1987）指出：“所有高级心理认知过程都是通过调节实现的，而语言是最重要的调节工具之一。”因此，“调节（mediation）”是社会文化理论的核心概念。维果茨基认为，人类并不是以直接的方式改变物质世界，而是通过“物质工具（physical tools）”间接改变世界。与此同时，我们还通过“符号工具”调节我们的思维以及与他人与世界的关系。但是，无论是物质工具还是符号工具，都是人类文化创造的“产物（artifacts）”。见下图：

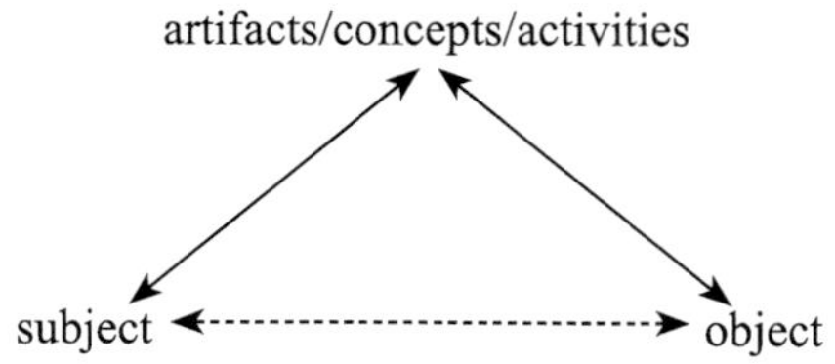

Figure 1: The mediate nature of human/world relationship

上图直观地展示了人与客观世界的间接关系，而人类创造的文化产物，包括物质和符号以及活动，将人与世界连接在一起。语言符号则是介于二者之间的最重要的调节工具。人类通过物质工具来改变世界，通过符号工具来调节人的认知和思维的发展。显而易见，Swain 的“语言调节”概念与维果茨基的“调节论”是一脉相承的。语言调节是以语言作为调节工具来调节语言习得和认知发展过程，是学习者语言知识和技能获得的一种学习机制。Swain 将语言调节的概念引入第二语言习得研究领域，通过第二语言学习者的语言调节行为研究，为观察和分析第二语言习得过程和机制提供了新的理论框架和研究方法。

那么，Swain 是如何阐释“语言调节”含义的呢？按照 Swain 的定义，语言调节主要包括三层含义：

第一，语言调节是知识建构的过程。Swain（2009：5）指出，“语言调节是一种用于调节和解决复杂问题和任务的言语表达形式”，是学习者“通过语言建构意义塑造知识和经历的过程”（Swain，2006：89）。Watanabe（2004）的研究对语言调节的过程进行了具体的描述。该研究展示了第二语言学习者如何以语言作为调节工具构建语言知识的过程。该研究要求英语第二语言学习者根据给出的题目（“如果你生活在 19 世纪”）写一篇短文。下面（1a）和（2a）是学习者产出的短文例句，（1b）和（2b）是英语母语者做的修改。

（1）a. *First, if I were a person who lived* ***in nineteenth century of Japan*** *and wanted to study in America*……

b. First, if I were a person who lived **in nineteenth-century Japan** and wanted to study in America……

（2）a. *Secondly people* ***in nineteenth century*** *had a big problem about sending their letters to another country.*

b. Secondly people **in the nineteenth century** had a big problem about sending their letters to another country.

从英语母语者的修改文本（1b）（2b）可以看出，第二语言学习者尚未习得名词短语和冠词的正确用法。但学习者最初并没有意识到他们在英语表达上存在的问题。

Ken: I don't need anything after century. No, I don't think so! We need 'in' or 'of'…… Because nineteenth century is noun, not adjective…… Because I always use this kind of phrase……

但通过比较，学习者发现了二者的不同，并以元语言知识作为调节工具，通过出声思维的方式最终获得了正确的规则。

Ken: in the, in the, in the, in THE nineteenth century

Yoji: So this is a different…so if we put 'the'.

Ken: Yeah, it sh-, it should be noun, noun … maybe we need article. We don't have to put in article for 'in nineteenth-century Japan' because this 'nineteenth century' is adjective…difference. Okay.

上面加横线的两段对话是学习者产出的"言语表达"。这些"言语表达"有以下几个特点：一是这种言语表达是以"出声思维（think aloud）"的方式出现的，而且是由于学习者意识到语言产出（1a）（2a）的问题而触发的；二是这种言语表达反映了学习者对自己语言产出的反思以及假设检验的过程；三是这种出声思维与反思是以元语言作为调节工具的。学习者在言语表达与思考的同时完成了知识的建构和内化过程。

第二，语言调节是调控认知过程的工具。Swain（2006）指出："学习者在实施复杂的认知任务时，通过语言调节有意识地组织和控制其心理过程，去发现意义以及先前不知道的联系。"Swain这一观点指明了语言调节行为发生的条件，即当学习者遇到复杂的认知任务时，便会通过语言这一工具去调节和控制认知和心理加工过程。维果茨基（1987）曾经做过一个"颜色词命名禁止（forbidden color）"实验。该实验要求2~8岁儿童回答与家庭相关的物体颜色（如你家的房子是什么颜色），但是禁止说出特定的颜色（如白色），而且不能重复已经说过的颜色。为了帮助儿童完成这一复杂的认知任务，儿童可以用带颜色的卡片作为帮助记忆的辅助工具。研究发现，年龄小的儿童不能根据语言指令完成这一复杂的认知任务，也不会利用辅助工具帮助记忆。因为年龄小的儿童还不能有效地用语言和辅助工具调节和控制思维，完成认知任务。但年龄大一点儿的儿童则能够利用带颜色的卡片避免特定颜色词的命名，即年龄大一点儿的儿童还不能完全用语言工具调节记忆任务，需要辅助工具的帮助。而年龄最大的儿童以语言作为调节记忆的工具就可以完成避免特定颜色词命名的认知任务，不需要辅助工具。

这个实验表明，语言是调节和控制人的认知活动和行为的重要工具，人的认知发展有赖于语言调节工具的内化和整合。因此，Swain 提出的“语言调节”概念凸显了语言调节人的认知过程的重要功能。

第三，语言调节是思维内化和外化的工具。Swain 等（2009）指出，语言调节是学习过程的重要组成部分，它既可以把内部思维转换成外部言语，也可以把外部言语转化为内在的认知活动。但这两个过程都是通过“符号中介（semiotic artifact）”作为调节工具来实现的。

我们还可以通过一个汉语声调习得的例子，来说明语言作为调节工具如何实现思维的外化和内化过程。贾琳（2013）做了一项通过打手势教授汉语声调的实验。该实验要求实验组在声调产出时打手势，控制组只产出声调但不打手势。声调感知实验的结果表明，实验组在手势启动条件下，声调感知成绩好于无手势启动的控制组的成绩。声调产出实验的结果表明，低水平学习者声调产出更多依赖手势提供的视觉信息，而高水平学习者则不依赖打手势提供的视觉信息。这两个实验的结果给我们两点启示：首先，学习者通过打手势将汉语声调范畴的感知外化，然后，外化的视觉信息被符号化，这就意味着，学习者在大脑中建立了符号表征，并建立声调范畴与符号的映射关系，从而使声调感知任务易化。其次，声调产出的实验说明，低水平学习者更多依赖声调的视觉信息，因为声调范畴的表征尚未完全建立（或曰内化）；而高水平学习者通过符号化在大脑中已经建立了声调范畴的表征，即声调范畴已经被内化。因此，学习者可以通过符号的调节功能来完成声调的感知和产出任务。

上述实验表明，“符号”是实现思维内化和外化的关键，而语言是实现这两个过程的重要调节工具。正如 Veresov（1999）指出的那样，符号由于其两面性，即“客体形式与主体的意义（objective form and subjective meaning）”，使物质世界客观活动

“主观化（idealization）”和个体心理世界的主观活动“客观化（objectification）”成为可能。（转引自 Lantolf，2006：154）

三、语言调节与第二语言学习者语言能力发展

Swain 提出“语言调节”的概念后，引发了许多关于第二语言学习者的“语言调节行为（languaging behavior）”研究。与以往的认知实验研究方法不同，语言调节行为的研究有特定的研究范式，即“微观发生分析法”。这种分析方法关注人类认知发展形成的过程，而不是结果。正如维果茨基指出的那样，只有通过研究人类认知发展的变化过程才能发现其本质。因此语言调节行为研究关注的是第二语言习得的过程，在过程中发现语言调节如何促进学习者语言能力的发展。

3.1 语言调节行为的研究范式

通俗地说，语言调节行为是学习者通过出声思维的“言语表达”作为调节工具调节语言习得与认知的心理过程。Swain（2009：5）的解释是：“当面对复杂的任务时，我们自己就会大声说话，或默默自语，或向他人解释。这都是‘语言调节’的例子。”这些言语表达（大声说话、默默自语等）将我们的思维转换成调节工具（artifacts），凭借这些调节工具我们进一步思考，在说或写的同时实现对概念和知识深入的理解。这就是所谓的“语言调节行为”。因此，语言调节行为研究，是关于学习者以语言为工具调节语言习得与认知过程的言语表达行为研究。对于学习者而言，语言本身是习得的目标，同时也是获得语言知识和认知发展的符号工具。换句话说，学习者在第二语言习得过程中具有双重任务，既要学习语言本身，同时要掌握语言调节的工具，而语言本身的学习需要通过语言调节工具来实现。

语言调节行为研究的微观发生的分析方法源于维果茨基的发生学方法。由于微观发生分析强调符号工具的调节作用，因此维果茨基提出了“双重刺激（double stimulation）”的概念。Wertsch（2007：181）将其称为“双重刺激功能法（functional method of dual stimulation）”。所谓“双重刺激”，一个是指给学习者提供的待解决的

认知任务或目标，如学习汉语的把字句等；另一个是指起调节作用的辅助工具，即符号工具。维果茨基认为，言语和其他符号系统为人类提供了一种独特的刺激形式，人可以用它来影响和控制自己的行为。维果茨基之所以提出“双重刺激”的研究方法，是因为在他看来，在实验室条件下的“刺激－反应”的研究方法只适合低级的心理功能的研究，不适合人的高级心理功能的研究。另外，以反应时为测量指标的心理实验是基于结果的研究方法，这种方法无法研究人的高级心理功能形成的历史和发展。人的高级心理机能都是通过辅助工具，或者说符号系统，包括语言符号系统的调控来实现的。因此，第二语言学习者的语言调节行为研究，不仅关注语言学习本身，而且关注学习者如何利用语言符号调节语言习得过程，并通过语言调节将语言符号整合和内化为言语思维，最终实现语言能力的获得与发展。

3.2 语言调节的微观发生分析与学习者语言能力发展

自本世纪初，Swain 提出的语言调节理论在第二语言习得研究领域引起许多学者的关注。第二语言学习者的语言调节行为研究不断涌现。为了便于叙述，本文根据 Wertsch（2007）的分类，将语言调节行为分为两类，即“外显调节（explicit mediation）”和“内隐调节（implicit mediation）”。所谓“外显调节”是指明显地、有意识地将调节工具引入调节活动，而引入的调节工具或符号都是物质化的。如“基于概念的语言调节（concept-based languaging）”。“内隐调节”则不需要人为地、有意识地引入调节工具，内隐调节本身就是交际活动的一部分。因此，内隐调节是以符号或自然语言为工具，其基本功能是交际。根据这一分类，关于外显调节，本文主要探讨 Swain“基于概念的语言调节”行为研究；关于内隐调节，主要介绍“个体言语（private speech）”式和“合作对话（collaborative dialogue）”式两类语言调节行为研究。

3.2.1 基于概念的语言调节行为研究

按照 Wertsch 的分类，“基于概念的语言调节”显然属于外显调节。因为基于概念的语言调节是指第二语言学习者以语言学概念作为语言调节的工具。这一符号工具是有意识地引入语言调节活动的。学习者通过这一具体的符号工具实现语言知识和技能的获得。Swain 基于概念的语言调节和研究方法来自维果茨基的“基于概念的调节（concept-based mediation）”理论。维果茨基非常重视学校的正规教育，因为学校的语法教学可以促进母语学习者对“科学概念”的理解，从而促进儿童的思维发展。Lantolf 和 Thorne（2011：37）将这一思想引入第二语言课堂教学。尽管目前关于元语言知识在第二语言课堂教学中的位置依然是一个争论的问题，但是他们仍然主张，第二语言课堂教学不能只是模仿儿童母语习得那种“自发性学习（spontaneous learning）”方式，课堂语言教学应该是发展学习者陈述性知识的最佳场所。（Mitchell，Myles and Marsden，2013：245）换句话说，第二语言课堂的语法教学不仅应该重视“内隐的程序性知识（implicit-procedural knowledge）”的习得，而且还应该格外重视“外显的陈述性知识（explicit-declarative knowledge）”的学习，即所谓“基于概念的”语法学习。所不同的是，Swain 提出的“基于概念的语言调节”不是采取课堂教学灌输的方式，而是学习者通过语言调节，即对一些新的概念进行“自我解释（self-explain）”，对语言使用的具体例子进行评价等方式来学习语言知识。

在Swain的研究中，语言调节行为分析的基础是语言“概念单元（concept units）”，即呈现给学习者的第二语言语法、语义等信息。当学习者在学习这些概念时，通过出声思维分析这些概念的含义，就构成了所谓的“语言调节单位（languaging units，即 LUs）”。按照 Swain 的分类，学习者的语言调节行为包括两大类：“与概念相关的语言调节（concept-bound languaging）”和“与概念无关的语言调节（non-concept-bound languaging）”。与概念相关的语言调节包括三种类型：一是重复释义（paraphrasing），即重复通过卡片呈现的概念单元。二是推理（inference）。推理有三种形式：整合信息（integration），即当学习者试图理解句子结构时用元语言解释先前呈现的语言信息；详细阐释（elaboration），即通过比较或对比概念单元将新信息整合到自己的语言系统中去；形成假设（hypothesis formation），即学习者根据习得或理解的知识形成假设。这三种形式都是通过推理获得新知识。三是分析（analysis），即学习者根据元语言知识解释和分析特定的句子。除了基于概念的语言调节，Swain 还区分了两个与概念单元没有直接关系的语言调节类型：一是自我评价（self-assessment）。这类语言调节主要用来监控调节行为，如学习者会说：“这部分我不理解”“我不明白这是什么意思”。

这种语言调节虽与调节的概念单元没有直接关系，但可以表明学习者当前的认知状态。二是重读（rereading），即学习者重述呈现的部分信息或整体信息，不存在任何信息的阐释和分析行为。这两类调节行为显然与前三类调节行为不同，前者是通过语言工具学习语言，而后者则体现为学习者在遇到调节困难时采取的策略。

Swain 等（2009）对 9 名以法语为第二语言的学习者用其第一语言，即英语，作为调节工具，调节法语语态的习得过程进行了详细的分析。下面这些“语言调节单元（LUs）”包含了上述五种调节类型。为便于理解，我们将其译为汉语（译自 Swain 等，2009：12）。

①某人……在做，要做某事 // ②此刻我们说他们将实施这个行为，用，是，嗯，用 //（**S3：推理 / 解释**）

③这个物体这个球嗯而且他们是，re-，这个球是指，所以，作为逻辑宾语 //（**S4：重复释义**）

④ // 所以你可以假定受事在中性语态中也承担直接宾语的角色 [原文如此，应该是主语] 因为和被动语态起的作用相似？ //（**M9：推理 / 形成假设**）

⑤ // 如果不用图表 1 说明的那种结构，表示类似被动语态含义的另一种方式就是通过我们所知的中性语态 //（**重读**）

⑥ //……我现在要了解中性语态。但是那呈现信息的卡片没告诉我任何东西。没展示任何，嗯，没展示任何东西，没有说，没有举例或说明什么是中性语态，但是我猜测，只是说摆脱被动语态的心理框架……//[①]（**自我评价**）

语言调节单元①②是对“语义概念单元”（S3，即主语可以是施事 / 行为者）的推理和解释，主要是整合先前概念单元的信息。语言调节单元③是对“语义概念单元”（S4，即宾语可以作为受事 / 逻辑宾语）的重复释义。语言调节单元④是对“混合概念单元”[②]（M9，即受事是语法宾语）的推断和假设，因为学习者用“假定”这个词来推

---

① 注：// 分割语言调节单元，[ ] 中的文字表示注释，……表示短于 5 秒的停顿，- 表示不完整的话语，“”中的文字表示朗读来自呈现语言信息卡片文本的话语，粗体字表示强调，斜体字是法语，画横线的文字表示重叠的话语。

② “混合概念单元”在此指既包括语法概念也包括语义概念。

测并形成假设，但这个推测并不正确。语言调节单元⑤和⑥都属于与概念没有直接关系的语言调节。在语言调节单元⑤中，学习者以“重读”的方式重述了卡片提供的法语被动语态和中性语态的信息，但并没有对这些信息做任何解释和分析。语言调节单元⑥是学习者对卡片文本信息的评价。

上述五种调控方式虽各有异，但知识的内化过程却并无二致。无论推理、释义还是形成假设，按照语言调节的观点，学习者知识的内化都经历了两个过程：一是外化过程，即学习者的所思所想都是通过言语表达出来（verbalization），这种言语表达是学习者思维的“外化”和“客体形式（objective forms）”，而且这些言语表达都是通过元语言这种概念形式表达的（实施、受事、被动态、主动态等）。这些概念单元成为语言调节工具的承担者（agents）。学习者通过这些语言调节工具进一步分析（即推理、释义、假设等）加深对概念含义的理解。二是内化过程。由于这些概念单元本身就是符号，因而无须符号化的过程，学习者直接将言语表达的客体形式与对概念的理解，即意义（subjective meaning）建立联系，最终实现概念的内化。概念的内化过程，按照心理语言学的观点，就是符号表征的建立过程。换句话说，学习者通过符号心理表征的建立实现概念的内化。需要指出的是，后两类语言调节类型，即“重读”和“自我评价”，虽与语言概念单元没有直接关系，但作为一种语言调节类型，在某种程度上可以看作学习者的言语加工策略。“重读”虽然没有对概念单元做出分析和解释，但是通过“重读”能够强化对概念单元的刺激，为后续概念的理解和加工提供基础。而“自我评价”往往是学习者对目前语言调节和认知状况的监控，同样可以为学习者调整元认知策略提供指引。

那么，语言调节是否促进了学习者第二语言知识的获得以及语言能力的发展？Swain 的研究结论是，所有的学习者都掌握了法语语态的概念，即通过语言调节从完全不了解到了解，而且能够正确地使用法语语态。使用语言调节数量和类型越多的学习者，对法语语态概念的理解越深刻，法语语态运用的正确率越高。这一结论说明，语言调节是第二语言学习者语言知识获得和语言能力发展的重要工具。语言调节作为一种学习机制从发生学的角度揭示了语言习得发生、内化以及发展的普遍规律。这也是维果茨基调节论对人的认知发展，包括学习者的知识获得机制理论阐释最伟大的贡献。

3.2.2　个体言语式语言调节研究

通常情况下，语言产出的主要目的是实现人际间的交际，即交际双方通过语言沟通信息。这种以交际为目的的话语被称作“社会言语（social speech）”。而“个体言语（private speech）”是一种特殊的话语，因为这种话语不以交际为目的，常常是说话人自己对自己说。但是，有的个体言语是有意识地“自我阐释”，这种自我阐释是基于概念的个体言语，或者说，是以语言概念作为调节工具、以自我阐释的方式调节语言知识的学习过程。这种个体言语式语言调节属于“外显语言调节（explicit languaging）”。然而，有的个体言语并不是学习者刻意为之，而是一种不自觉的言语行为。这种个体言语主要出现在特定环境中，即当学习者遇到复杂的学习任务时，常常会自己与自己说，即与想象中的自我对话。这种个体内的（intrapersonal）言语属于“内隐语言调节（implicit languaging）”。

按照 Saville-Troike（1988：537）的标准，个体言语有三个特点：学习者说话时与对方无对视，不需要对方回答，常常降低声音自语。皮亚杰认为，个体言语是儿童“自我中心（egocentrism）”的表现；而社会文化理论则认为，个体言语是学习者试图用外在言语调节自己行为的一种能力的表现。母语者或熟练的学习者已经具备“自我调控（self-regulation）”的能力，通常情况下不需要通过个体言语来调节自己的言语行为。但是儿童和不熟练的第二语言学习者则需要在他人的帮助下来完成相对复杂的语言和认知任务，即所谓“他人调控（other-regulation）”。但是，学习者要实现从他人调控向自我调控的转变，除了他人的协助，还可以通过个体言语，即“自我支架（self-scaffolding）”作为调节工具达到这一目的。

魏岩军（2008）在社会文化理论的框架下对汉语作为第二语言的学习者在汉语习得过程中产出的个体言语类型、功能以及学习机制进行了详细的探讨。该研究是在课堂教学环境下通过看图（《猴子捞月亮》）叙述故事的方式，考察 10 名初级汉语水平学习者以个体言语为调节工具的语言调节过程。研究发现，课堂教学环境下，学习者个体言语主要包括以下几种类型：重复、代替和合唱回答、个人演练、发现、评论、自我回答、词语游戏等。在这些类型的个体言语中，大致可以分为两类：一类是与语言规则直接相关的个体言语，如重复、代替回答、个人演练等；一类是评价类个体言语，如评论、发现等。限于篇幅，仅举数例如下：

个体言语片段 1:（重复）①

T1:【于是，这个领头的猴子在（·）对（·）一（·）一（·）一棵（·）一棵（·）一棵树旁边吹了一声口哨。

SS:【于是，领头的猴子在树的一：一棵树旁边吹了一声口哨。

E：于是，领头的猴子树（·）一棵（·）一棵树旁边吹了一声口哨。

M：⁰⁰ **领头的猴子** ⁰⁰（4.5）⁰⁰ **一棵** ⁰⁰（2.2）⁰⁰ **吹了** ⁰⁰（·）⁰⁰ **一声口哨** ⁰⁰。

魏的研究发现，“重复”类的个体言语是最多的，是学习者个体言语产出最常用的调节工具和方式。因为学习者可以利用“重复”类个体言语实现多种认知功能。如通过“重复”部分或整个前述话语将注意力集中在要学习的生词和语法上，试图回忆已学过的词语，以及加工和记忆目的语语言形式等。（魏延军，2008：32）在个体言语片段 1 中，学习者并不是完整地重复前述话语，而是有选择地重复。这种有选择的重复，实际上是通过个体言语将注意力直接指向要学习的新词语，如“领头的猴子”“吹了一声口哨”。

个体言语片段 2:（合唱回答）

T1：所以说（·）猴子们听到（·）【听到口哨。

B：【猴子们听到他的口哨。

C：【猴子们听到口哨。

A：【⁰ **听到** ⁰（·）⁰ **口哨** ⁰ 以后，

① T1 表示教师，A、B、C、D、E 表示学习者，（·）表示 0.2 秒以内的停顿，【表示两人以上的重叠话语，⁰ ⁰ 表示低语，⁰⁰ ⁰⁰ 表示更小声的低语，⁰⁰⁰ ⁰⁰⁰ 表示极低的私语，粗体字表示个体言语，（XXX）表示听不确切的话语，：：表示语音的延长。

T1：然后就

B：　　　【然后就^{0}爬：：^{0}

C：　　　【^{0}然后他们^{0}（·）然后他们跟着

A：　　　【然后就爬上山顶

所谓“合唱回答”是在课堂教学环境中经常出现的一种比较隐蔽的个体言语。这种个体言语一方面说明学习者对课堂学习的积极参与，另一方面由于学习者的个体差异以及学习风格不同，参与合唱的方式也不同。当学习者对产出的规则不确定时往往会采用这种隐蔽的个体言语。

个体言语片段3:（排练）

H:（3.0）月亮（1.0）又圆又大（1.1）领头（·）^{000}领？^{000}领头的猴子:（3.2）啊（0.9）领头的猴子摘（4.3）^{00}下来^{00}摘下来一个月亮？^{0}摘？（·）摘下来^{0}（·）((笑))摘下来一个月亮。

个体言语的另外一个重要功能是“排练（rehearsal）”，这种排练并非大声朗读，而是低声自语。排练是在不依赖他人辅助的情况下，边思考，边演练，通过自我言语实现调节功能。

个体言语片段4:（评论）

A:【哦（·）对对对。有一群猴子们（·）猴子们（1.5）啊（0.8）挂（·）不是：不是（·）看见月亮在天上挂着了。

片段4的个体言语与前者不同，这种评论式个体言语反映了学习者对语言产出的自我意识，以及对语言产出的监控和评价。

尽管上述个体言语的类型不同，其调节功能也各不相同，但是这些个体言语都有两个重要特点：一是这些个体言语都具有目标性，即学习者有明确的学习目标，如学习新词语或句法结构；二是以个体言语作为调节工具实现知识学习和言语行为的调控作用，如通过个体言语调节注意力的分配，调节学习过程，监控学习状态等。这两个特点构成了维果茨基所说的“双重刺激”。人与动物学习的区别，除了言语活动的目标性之外，还在于是否会使用符号工具。学习者的个体言语不仅具有目标性，而且利用个体言语这一符号工具实现个体言语向内在言语的转化，即实现由“他人调控”向“自我调控”的转化。这一转化过程实际上包括两个过程：一是思维的外化过程。当学习者看到猴子捞月亮的图片，通过个体言语将思维外化。外化的个体言语是调节习得过程的符号工具。二是个体言语转化为内在言语的内化过程。个体言语作为调节工具将思维与内在言语两端连接在一起。因此，个体言语作为一种学习机制在知识内化与习得过程中具有重要的作用。

3.2.3 合作对话式语言调节研究

“合作对话（collaborative dialogue）”既可以是师生之间的合作，也可以是学习者之间的合作。按照 Swain 的阐释，“合作对话”是一种知识建构的对话。在合作对话的过程中，语言运用和语言学习同时发生（Swain，2000：97）。合作对话式语言调节，是指双方通过对话和语言运用来调节语言学习。这既是一种认知活动，也是一种社会活动。

Swain 的论述至少包含三层含义：首先，合作对话作为一种互动过程，并不是简单地传递信息，而是由对话双方共同构建知识的过程。换句话说，合作对话既是语言运用的过程也是知识建构的过程，学习者通过对话的方式来学习语言。其次，合作对话式语言调节，通常是一种内隐调节，不需要有意识地引入调节工具。或者说，内隐调节是以合作对话的自然语言作为调节工具的。再次，按照维果茨基的观点，合作对话不单单是一种认知活动，而且是一种社会活动。因为维果茨基认为，知识的构建首先发生在“心理间平面（interpsychological plain）”，即人际间的社会活动是知识产生的源头，通过社会交际转化为“心理内平面（intrapsychological plain）”，即内在的知识。这种知识的内化是通过社会活动来实现的，合作对话就是学习者实现知识内化或语言习得的途径之一。

付佩宣（2014）对汉语作为第二语言学习者的合作对话式语言调节行为进行了深入的探讨。研究的目的是考察在互动环境下，第二语言学习者的语言调节行为对口语表达流利性的影响。参与该研究的初级和高级汉语水平的学习者各 24 名。该研究采用根据图片进行自由交谈的实验任务，以诱导自然的合作对话。研究发现，初级汉语水平的学习者有五种调节方式（重复、重组、替换、添加与确认）对其口语表达流利性有重要影响，而高水平的汉语学习者主要有四种调节方式（重复、重组、替换和添加）对其口语表达的流利性有影响。限于篇幅，仅列举两例语言调节片段来阐释第二语言学习者通过合作对话进行语言调节的过程。

语言调节片段 1:（重复）

语料来源：初级 C5-2；S 代表学习者，T 代表母语者

T：为什么去家乐福呀？那么远。

S：家乐福有点儿便宜。

T：哦，家乐福便宜一点儿。

S：家乐福便宜一点儿，便宜一点儿，便宜一点儿。

语言调节片段 2:（重组）

语料来源：初级 C2

（第一次任务提到“玩儿”手机。C2-1）

S：玩儿，玩儿他的，跟他的手机。

T：玩儿手机。

S：玩儿，玩儿手机，玩儿他的手机。

很多人玩儿手机这是，这个问题是多，很多国的问题。

这两个语言调节片段是母语者和第二语言学习者的合作对话。通过这两个语言调节片段，我们看看学习者是如何构建语言知识的。片段 1 中，学习者对母语者的提问做出回应，母语者发现学习者的回答不正确，便采取内隐的调节方式，即“重述（recast）”的方式为学习者提供正确的答案（“便宜一点儿”）。学习者采取了模仿和重复的策略调节自己的语言表达。在片段 2 中，当学习者语言表达遇到困难时，母语者依然采取内隐的调节方式，即“重述”正确的话语。学习者首先采取模仿前述话语（玩儿＋手机）的策略，然后采取“重组”和扩展的策略（玩儿＋他的＋手机）。在这两个片段中，学习者首先采取的调节方式都是“模仿”。模仿作为一种重要的学习机制与机械地重复不同，维果茨基把模仿看作一个复杂的、潜在的转化活动，而

不是简单地鹦鹉学舌。模仿是所有人类意识发展的源泉（Lantolf and Thorne，2006：167），因为模仿是通过说和做相同的事来创建新知识。学习者在这两个片段中采取的调节方式的不同之处是，前者采取重复的方式，后者采取重组的方式。与机械重复不同的是，重复是有意识的、具有目标的认知活动，而重组则是不断地调整和整合话语结构。

从上述分析可以看出，第二语言学习者语言知识的建构是通过内隐调节的方式实现的。这种调节方式的特点是，“合作对话行为（collective behavior）”既是第二语言学习者知识构建的调节工具，同时也是语言知识获得的源头。这种调节工具不是人为引入的，而是交际双方的自然话语。这种外在的话语通常是在交际遇到困难时，由母语者提供“支架（scaffolding）”和“模板（model）”，学习者对母语者的话语做出反应。这就是思维的外化和“客观化（objectification）”，即双方的对话成为一种客观的调节工具，这一符号工具一旦被内化，知识构建的过程便达成。上述两个语言调节的片段直观地再现了这一过程。付佩宣（2014）的研究表明，合作对话式语言调节对汉语学习者的口语表达流利性有一定的促进作用。但是，由于调节方式不同（如内隐和外显调节），以及学习者的汉语水平不同，语言调节对学习者口语能力习得的促进作用也不同。

四、语言调节行为研究的理论探讨

语言调节行为研究作为一个新的研究领域之所以引起诸多学者的关注，其魅力在于它为我们探讨第二语言习得研究提供了新的理论视角和独特的研究方法。这一研究，正如上文展示的那样，涉及第二语言习得研究许多基本理论问题，而基于社会文化理论的语言调节行为研究对这些基本理论问题提出了一些新的见解。因此，我们有必要对这些理论见解做一简要的阐释。

4.1 语言知识的建构与语言能力的发展

语言调节行为，无论是基于概念的，还是个体言语调节行为，都涉及一个“个体发生（ontogenetic）”的理论问题，即知识是如何建构的，或者说知识是从哪儿来的。按照维果茨基的个体发生理论，知识，无论是语言知识还是其他知识，都是通过“心理间平面”建构的。所谓“心理间平面”是指个体间的心理活动，人的意识首先存在于个体交际的心理活动中。意识是人共有的知识，因此语言知识也是通过个体之间的认知活动共建的。维果茨基之所以强调意识发生和知识构建的心理间平面，是因为在他看来，个体间知识的构建不仅是一种认知活动，而且是一种社会活动。这也是第二语言课堂教学强调交际、推崇任务型教学的主要原因。没有交际，没有任务和活动，语言习得便不会发生。课堂教学语言技能的获得如果成为抽象的规则的操练，离开社会交际和活动，语言知识和技能的获得也无从谈起。至少，个体间的交际活动为语言知识的获得提供了前提和源泉。然而，个体间的交际活动并不会必然带来语言习得的发生，也不会自然地促进学习者语言能力的发展。按照维果茨基的理论，第二语言学习者语言能力的发生，还必须实现由“心理间”向“心理内”的转化，这一转化就是他所说的内化过程。这一内化过程是通过语言这一调节工具实现的，因此语言调节行为是知识构建和语言能力发展的重要手段和途径。

4.2 语言调节的学习机制问题

语言调节的学习机制问题涉及语言知识内化过程的机制问题。按照维果茨基的内化理论，知识的获得需经历三个阶段：第一个阶段是“物化行为阶段（a material or materialized action stage）”。这一阶段学习者参与实物化的活动，如通过图表和实物表征抽象概念等。第二个阶段是“外部言语阶段（external speech stage）”。这一阶段语言外化为独立的认知加工的工具，如通过出声思维、个体言语等作为调节工具。第三个阶段是“心理行为阶段（mental action stage）”。这一阶段学习者的言语内化为内在言语，语言表达达到自动化。这种内在言语已经成为心理活动调节的工具，学习者可以通过内在言语调节言语行为，独立完成认知任务，而无须借助外在言语等辅助工具（Swain，2000：105）。这是知识内化或获得的一般过程，同样语言学习也需要经历相似的内化过程。语言知识的建构，首先需要将思维转化为外在言语，即通过语言调节行为（verbalization）将其外化为外在言语。这时，这些外在言语（external speech）

便成为语言调节的工具，即思维被物化为符号工具。当外在言语这一符号工具内化为内在言语，语言知识的建构就完成了。由此可知，语言知识的内化作为一种学习机制，其特点在于语言本身既是学习的目的，同时也是调节语言习得过程的认知工具。这一机制揭示了语言习得发生和学习者语言能力发展的根本原因。

4.3 认知互动与语言调节的区别（认知发展的驱动力问题，语言调节工具）

Michael Long（1983）提出的“互动假说（interaction hypothesis）”在第二语言习得研究领域引发了一系列实验研究，这些研究试图证明这样一个命题，即语言输入调整（input modification）可以促进语言习得。然而，实验研究的结论并不一致。问题在于互动假说是基于这样一种理论假设，即如果语言输入调整能够为学习者提供可理解输入，语言习得就会自动发生。但事实并非如此。按照维果茨基“调节论”的观点，语言输入与语言习得并不存在简单的、线性的因果关系。语言习得的发生有赖于语言调节工具的中介作用，即在“刺激”(语言输入）与“反应”(语言习得）之间，需要借助于语言这一符号工具（semiotic artifacts）的调节功能方能实现。这是维果茨基的调节论在解释语言习得过程和机制以及第二语言课堂教学方面最伟大的贡献。第二语言课堂教学，无论是听说法，还是交际法，抑或任务型教学，语言本身作为语言习得与教学重要的调节工具的功能往往被忽视。互动假说虽然强调语言输入环境的重要性，但是语言输入环境作为一种外在因素，并不能使语言习得自然发生。良好的语言输入环境不会自然改变学习者的言语行为，也不会带来学习者语言能力发展的必然结果。

4.4 第二语言学习者语言能力的评价问题

学习者的语言能力，按照维果茨基的理论，包括学习者已有的语言能力，即学习者可以独立进行语言交际的能力，此外还包括学习者未来语言发展的潜能。在二者之间还存在着一种正在发展中的语言能力，即学习者需要在他人的帮助下才能完成交际的能力。这就是维果茨基提出的“最近发展区（Zone of Approximal Development）”的观点。那么，如何评价学习者位于最近发展区中的语言能力？目前的标准化语言测验的评价方法是对学习者的“语言表现水平（performance level）”进行测量。但是这种方法是基于结果的、静态的测量方法，显然不适合对学习者处于最近发展区的动态的语言能力评价。因此，维果茨基提出了“学习潜能评价（learning potential assessment）”的概念。静态的、基于结果的语言测试测量的是学习者已有的语言能力，而学习潜能的评价则关注学习者在最近发展区中，动态的、正在发展的语言能力。这种评价方法就是 Feuerstein 等（1979）提出的“动态评价（dynamic assessment，DA）”方法，通常采用“前测（pretest）——调节（mediation）——后测（protest）”的程序进行评价。从这一评价过程可以看出，动态评价的特点是动态的、基于过程的、测试与教学干预相结合的评价方法。这种评价方法关注的是对学习者的学习潜能的评价，因此，Kozulin 和 Garb（2002）提出了“学习潜能分数（learning potential score，LPS）”的测量方法[①]。这种测量方法不仅对学习者的绝对分数（即后测所得成绩）进行评价，而且通过学习者语言学习的潜能（即对前测与后测成绩的比较）评价学习者语言能力的发展。这种评价方法的优势在于，评价者通过前测可以发现学习者存在的问题，在教学干预阶段，即语言调节阶段，可以有针对性地设计干预计划，在教学过程中进行评测。因此这种方法更适合于课堂教学环境下制定更有针对性的教学策略，并对学习者的语言能力做出实时的、动态的评价。

参考文献：

付佩宣，2014．互动环境下调控行为对学习者口语流利性获得影响的研究 [D]．

贾　琳、王建勤，2013．视觉加工对英语母语者汉语声调产出的影响 [J]．华文教学与研究，4（4）．

魏岩军，2008．第二语言学习者个体话语类型、功能及其内化机制研究 [D]．硕士学位论文．北京：北京语言大学．

Block, D. 2003. *The Social Turn in Second Language Acquisition* [M]. 北京：世界图书出版公司．

Feuerstein, R., Y. Rand, and M. Hoffman. 1979. *Dynamic Assessment of the Retarded Performer* [M]. Baltimore, MD: University Park Press.

Firth and Wagner. 1997. On Discourse, Communication, and Some Fundamental Concepts in SLA Research [J]. *Modern Language Journal*, 81(3).

① 学习潜能分数（LPS）计算公式，可参见 Alex Kozulin and Erica Garb（2002:121）Dynamic Assessment of EFL Text Comprehension. *School Psychology International*. SAGE Publications (London, Thousand Oaks, CA and New Delhi), Vol. 23(1): 112-127.

Kozulin, A. and E. Garb. 2002. Dynamic Assessment of EFL Text Comprehension [J]. *School Psychology International. SAGE Publications*, 23(1).

Lantolf and Appel. 1994. *Vygotskian Approaches to Second Language Research* [M]. Norwood, NJ: Ablex Publishing Corporation.

Lantolf and Thorne. 2006. *Sociocultural Theory and the Genesis of Second Language Development* [M]. Oxford: Oxford University Press.

Lantolf and Thorne. 2007. Sociocultural Theory and Second Language Learning [A]. In VanPatten, B. and J. Williams (eds.), *Theories in Second Language Acquisition. Mahawah* [C]. NJ: Lawrence Erlbaum.

Lantolf, J. P. 2011. The Sociocultural Approach to Second Language Acquisition [A]. In Atkinson, D. (ed.), *Alternative Approaches to Second Language Acquisition* [C]. Abingdon: Routledge.

Long, M. 1983. Native Speaker/Non-Native Speaker Conversation and the Negotiation of Comprehensible Input [J]. *Applied Linguistics*.

Mitchell, Myles and Marsden. 2013. *Second Language Learning Theories* [M].

Ortega, L. 2009. *Understanding Second Language Acquisition* [M]. Hodder Education.

Saville-Troike, M. 1988. Private Speech: Evidence for Second Language Learning Strategies during the 'Silent Period' [J]. *Journal of Child Language*, 15.

Swain, M. 2006. Languaging, Agency and Collaboration in Advanced Language Proficiency [A]. In H. Byrnes (ed.), *Advanced Language Learning: The Contribution of Halliday and Vygotsky* [C]. London: Continuum.

Swain, M. and S. Lapkin. 2000. Task-Based Second Language Learning: The Uses of First Language Use [J]. *Language Teaching Research*, 4.

Swain, M., S. Lapkin, I. Knouzi, W. Suzuki, and L. Brooks. 2009. Languaging: University Students Learn the Grammatical Concept of Voice in French [J]. *Modern Language Journal*, 93.

Veresov, N. 1999. Undiscovered Vygotsky [A]. In *Studies on the Pre-History of Cultural-Historical Psychology* [C]. Frankfurt am Main: Peter Lang.

Vygotsky, L. S. 1978. *Mind in Society: The Development of Higher Psychological Process* [M]. Cambridge, MA: MIT Press.

Vygotsky, L. S. 1987. *The Collected Works of L. S. Vygotsky: Volume 1, Thinking and Speech* [M]. New York: Plenum Press.

Watanabe, Y. 2004. Collaborative Dialogue between ESL Learners of Different Proficiency Levels: Linguistic and Affective Outcomes [D]. Unpublished M. A. Thesis. OISE, University of Toronto.

Wertsch, J. V. 2007. Mediation [A]. In H. Daniels, M. Cole, and J. V. Wertsch (eds.), *The Cambridge Companion to Vygotsky* [C]. Cambridge: Cambridge University Press.

White, L. 1989. *Universal Grammar and Second Language Acquisition* [M]. Amsterdam: John Benjamins.

甘青语言区域 *

——语言类型转变及语言替换

徐　丹

提　要　甘肃青海交界地区已经形成了一个语言区域。其中使用的语言属不同语族、语系，如汉语方言，蒙古语族的东乡语、保安语、土族语、东部裕固语，突厥语族的撒拉语、西部裕固语，藏语的安多方言等。语言区域内的语言特征趋于一致。甘青一带的地方话已经基本从 VO（动宾）类型的语言转变为OV类型的语言，格标记系统也已经成熟。本文提供的数据显示，甘青一带的语言和基因不匹配，呈现复杂的局面。这是因为许多非汉群体的语言实质上已被替换，即原来的祖先语言已经退化消失，代之而起的是新生的“混合语”。这个地区的汉语受到非汉语深刻的影响，已经悄然改变了类型。许多群体的祖先来源复杂，可以说是早已被汉化了的人群。这些情况都发生在河西走廊，这个著名的移民通道，目前我们看到的语言和人群居住格局绝不是偶然的现象。

关键词　语言区域　语言类型　语言替换

* 本项研究受到法国研究部 ANR-12-BSH2-0004-01 项目的支持。本文写作过程中，第一位写唐汪话的作者（见参考文献）、唐汪人陈元龙先生提供了宝贵的帮助，特此致谢。

一、引言

甘青一带的语言及语言接触引人注目。早在上世纪80年代，程祥徽（1980），王培基、吴新华（1981），C. Li（1983），陈元龙（1985），马树钧（1982、1984），李克郁（1987），陈乃雄（1989）等就已经讨论过甘青一带显得有些特殊的语法现象。90年代以来，文章和专著逐渐增多，如仁增旺姆（1991），意西微萨·阿错（2004），张成材（1992、2006），王森（1993），贾晞儒（1990），Dwyer（1992），Zhu Yongzhong 等（1997），Slater（2003），Dede（2003），Janhunen（2004），Janhunen（2008）等，徐丹（2008、2014），Peyraube（2009），等等。甘青一带，不同民族在不同时期迁徙至此，在长达几个世纪的共同生活中，诸语言都发生了很大变化。以往的语言接触研究都注意到汉语对非汉语的影响。J. Norman（1982）、桥本万太郎（1986）很早就注意到阿尔泰语系的各个语族对北方汉语产生了深刻的影响，他们称这种现象为"汉语阿尔泰化"。有关阿尔泰语系至今都有争论，问题的关键是阿尔泰语系诸语这些共享特征是语言接触造成的还是这些语言有共同来源？我们同意 J. Norman（1988：6）的看法，他指出："A few European Turkologists remain skeptical about the Altaic theory, but among Mongolian and Tungusic specialists, the Altaic affinity is routinely accepted." 尽管我们今天已经知道，阿尔泰语系的人群来源不同，但是阿尔泰语系的诸语所反映出来的共同特征是非常明显的。各大语系的说法当然总有不令人满意之处。难道"汉藏语系"的术语就无可挑剔吗？汉人的来源极其庞杂，仅以山东汉人为例，Y染色体的单倍群主体来自汉人，但至少30%以上来自蒙古族、藏族、中亚、北亚、南亚等[①]。但是没有人会否定"汉语"这个覆盖了庞杂来源和众多概念的用语。对于一个语系的形成，应当参考多项标准。时间的尺度是一个标准，但目前缺乏公认的标准。所以在没有确立更能令人信服的标准之前，我们仍沿用"阿尔泰语系"这一说法。甘肃青海交界地区

[①] 材料来源：复旦大学现代人类学重点实验室 2010，polyhedron。

已经形成了一个语言区域。Keith W. Slater（2003）在其研究土语（Monguor）的著作里提出“甘青语言联盟（Qinghai-Gansu Sprachbund）”的概念。Janhunen（2004）则称这一地区为“安多语言联盟（Amdo Sprachbund）”。笔者同意 Slater 的观点，认为这一地区已形成了“甘青语言区域”(徐丹，2014；Xu Dan，2015a)。

二、甘青一带语言类型的转变

目前语言学家对语言分类的方法主要有三种：谱系分类（类似生物学的树形图）、类型分类及区域性分类（我们在下一节再谈区域性的分类研究）。谱系分类方法建立于 19 世纪，与语言学的建立几乎同步。谱系分类的方法在印欧语言的研究中比较成功，大家也都公认印欧语的历史比较语言学是最成熟的领域。汉藏语系的研究近年来蓬勃发展，但仍然困难重重。因为汉藏语系的许多语言没有被研究过，许多语言没有文字记录，所以弄清这些语言的亲疏关系及这些语言的基本词汇，重建这些语言的古音系统等都很不易。语言类型学的系统研究始于上世纪 60 年代 Greenberg（1963）领导的研究。Greenberg等人的研究表明，语序是语言类型研究的一个重要参数。30 年后，Dryer（1992）对 625 种语言再次进行大规模的类型研究，其基本论点与 Greenberg 完全相同，如 SVO 语序的语言偏于用前置词而 SOV 语序的语言偏于用后置词等。现在大家都已知道，类型上相近的语言不一定有发生学上的关系，而有发生学关系的语言，类型可以完全不一样。

西北地区包括不同语系的不同语族，有汉语、藏语（安多)、阿尔泰语系诸语。在这个地区使用的阿尔泰语系诸语包括东乡、保安、土语、东部裕固语、撒拉、西部裕固语等。甘肃西部是兰银官话区（分为金城片和河西片），东部属中原官话区（分为秦陇片和陇中片）。阿尔泰语系的语言、安多藏语和甘青汉语方言频繁接触，使得这一带的语言出现了许多相同或相近的语言特征。从类型学的观点看，阿尔泰语系里的蒙古语族、突厥语族及不属于该语系的安多藏语都是宾动（OV）类型的语言，汉语属于动宾（VO）类型的语言。但实际情况不那么简单。这一地区的汉语方言，许多都由 VO 语序的语言演变为 OV 语序的语言。请看下面几个例子：

（1）a. 我尕娃哈想了。（《临夏方言》，1996）

b. 我想孩子了。（普通话）

（2）a. 呢他书哈看料了。（唐汪话）（徐丹，2014）

b. 他看书了。（普通话）

（3）a. gek shai-ha nio-se-lio ze-li（青海五屯）（Janhunen et al.，2008）

狗 - 蛇 - 哈 - 咬 - 死 - 完成 - 实施 - 客观

b. 狗咬死了蛇。（普通话）

（4）a. 帽子啊拿来。（青海话）（李克郁，1987）

b. 把帽子拿来。（普通话）

（5）a. 阿大，这个花儿哈我俩儿哈折给。（青海甘沟话）（Zhu Yongzhong et al.，1997）

b. 爸爸，把这朵花摘给我们俩吧。（普通话）

（6）a. 扎西我啊打。（青海贵得周屯话）（周晨磊，2015）

b. 扎西打我。（普通话）

在这些地方话里，最常用的语序是 OV 而不是 VO，这与标准汉语各方言的语序截然不同。上述句子里都用“哈”（或用“哈”的变体“啊”）标记宾语。宾格标记的运用在上述地方并不一致，语法语义限制也不完全一致。但总体来讲，宾格标记都用“哈”是很一致的。这也是甘青一带汉语方言的一个突出变化。这一区域内不但用“哈”标记宾语，而且产生了格标记系统：代词主格、宾格截然区分。除了宾格标记，还有与格标记。与格标记和宾格标记同形，都用“哈”。加上从格标记和工具格标记，格标记系统基本完备了。有趣的是，除了宾格标记“哈”，其他格标记都能在蒙古语族的语言里找到借贷痕迹，参见表 1（Xu Dan，2015a）：

表 1　甘青语言区域的格标记

<table>
<tr><th></th><th>蒙古语</th><th>东部裕固</th><th>土族</th><th>东乡</th><th>保安</th><th>临夏</th><th>青海</th><th>唐汪</th><th>五屯[①]</th></tr>
<tr><td>主格 / 作格</td><td>-ø</td><td>-ø</td><td>-ø</td><td>-ø</td><td>-ø</td><td>-ø</td><td>-ø</td><td>-ø</td><td>-ø</td></tr>
<tr><td>位格</td><td>-d</td><td rowspan="2">-də</td><td rowspan="2">-də</td><td rowspan="2">-də</td><td rowspan="2">-də</td><td>-ø</td><td>-ø</td><td>-ø</td><td>li</td></tr>
<tr><td>与格</td><td>-t</td><td rowspan="2">-xa/a</td><td rowspan="2">-xa/a</td><td rowspan="2">-xa/a</td><td rowspan="2">ha</td></tr>
<tr><td>宾格</td><td>-iig
-g</td><td rowspan="2">-n
-in
-ə</td><td rowspan="2">-nə</td><td rowspan="2">-ni</td><td rowspan="2">-nə</td></tr>
<tr><td>领格</td><td>-iin
-εε</td><td>-ø</td><td>-ø</td><td>-ø</td><td>de</td></tr>
<tr><td>离格 / 从比</td><td>-aas</td><td>-sa</td><td>-sa</td><td>-sə</td><td>-sə</td><td>-ta</td><td>-sa</td><td>-ɕiε</td><td>la/ra</td></tr>
<tr><td>造格 / 工具</td><td>-aar</td><td>-aar</td><td>-la</td><td>-ɢala</td><td>-ɢala</td><td>-la</td><td>-la/lia</td><td>-la/lia</td><td>liangge</td></tr>
</table>

可以看到，五屯话虽然受安多藏语影响很深，但也采取了蒙古语族诸语的策略，即不用作格标记（典型的藏语格标记），而用宾格标记（典型的蒙古语格标记）。宾格标记“哈”与蒙古语族的标记貌离神合，除了临夏话和五屯话的离格标记来源各异，唐汪话和青海话的离格标记，这四种汉语变体的工具格标记显然和蒙古语族的语言有关。我们已经讨论过这些格标记的来源（徐丹，2014；Xu Dan，2015a），此处不再重复。

在传统的语言接触研究中，人们误以为语序是最难变更的，参见 Thomason and Kaufman（1988）。实际上，正如这两位作者已经指出的那样，语序是语言中最易变更的部分。我们（Xu Dan，2006）已经指出，汉语的类型其实已经发生了变化。当时这种观点并非“主流”观点，现在已是习以为常的观点并被广泛接受了。类型变化的重要标准之一就是语序类型。我们在近十年的田野调查实践中，发现各种语言（汉语和非汉语）都是如此，即 VO 还是 OV 语序都不是一成不变的。甘青一带的语言表现出趋同的特征，语序是 OV，并都采用格标记的策略。正如 Greenberg（1963：75）指出的：“If in a language the verb follows both the nominal subject and nominal object as the dominant order, the language almost always has a case system.” 很明显，如果一种语言主语和宾语都前置于动词前的话，为了指明施动者和受动者，语言一般用格标记加以区别，藏语用作格标记施动者，蒙古语用宾格标记受动者，二者异曲同工，都是为了标

① 五屯话的记音来自 Janhunen 等的著作（2008）。该书作者把 li（里）和 de（的）作为格标记，此处照录。类似现象在甘青一带其他地方也见得到，如唐汪话里的“底”相当于普通话里的“的”，“里”与普通话同，但笔者认为这两个成分不能算是典型意义上的格标记。

明语法关系。与这些语言接触的汉语地方话，逐渐改变了语序，也同时在语言系统内部进行了调节，采用“哈”标记宾语，并借用了其他格标记形式，创造出了一个新的格标记系统。这是甘青一带语言区域内汉语方言的共同创新。

三、地理因素和语言区域

地理因素对语言的作用异常强大，好比地理环境对一个群体的基因影响一样。袁义达、杜若甫（1983：404）曾经参考过 Omoto K.（1981）的研究并指出：“不同源的人群在相同的环境条件下，可以朝着相同方向进化，形成相同的体质特征。” Omoto K. 在上世纪 80 年代发表了几篇关于菲律宾黑色人种来源的研究。通过对比 Omoto K.（1981）发现，亚洲黑色人种（Asian Negritos）和非洲某些黑色人种（Pygmies）虽然体质特征相同（如皮肤黝黑、头发卷曲、身材矮小等），但他们的来源是相异的。他们表现出的相同的体质特征，是由于他们适应了相同的生活环境。这意味着，不同的人群或物种在相同的环境和条件下，能够发展出相同的特征或特性。如果是同一种群或物种，在不同的生存环境下，也可以演变为差别很大的物种。这是因为地理生态环境对物种的演变有深刻的影响。林圣龙（1989：214）引用黄万波等人的研究指出，哺乳动物的化石表明，在喜马拉雅山脉还未上升到足够高度时，上新世早期布隆组的三趾马动物群和南亚西瓦立克同期的动物群可以往来无屏障，两种动物群较接近；在喜马拉雅山逐渐升高以后，上新世中期的吉隆三趾马动物群与紧邻喜马拉雅山的西瓦立克同时期的印度动物群不属于同一个动物群了。可见，同一物种生活于不同地理环境，结果各自会向不同的方向发展，发展到一定阶段，已经不能属于同一群种了。人类也是自然界的某一物种或群种，如果是相同环境可以导致物种演变出相同特征的话，那么同一物种在不同的环境下可以分裂为不同的物种。人类在最初走出非洲时，是同一族群。尽管走出非洲的现代人类都携有 M168（SNP）的突变，但人类随着迁徙，在不同的地理环境下生活，基因不断发生突变而形成了人群的多样性。人类按照 Y 染色体可分为 20 个不同的单倍群，就是这个道理。地理环境因素起了至关重要的作用。生物学上的这一现象也适用于语言的演变发展。阿尔泰语系诸语的人群来自不同的游牧部落，经过长期的接触、混合，这些不同的语支呈现出很强的共同特征（参见孟达来，2001）。

今天语言学家的田野调查也向我们表明，南方一些方言或地方话是由北方移民带过去混有当地语言的变体，和今天的北方方言相比，已演变得面目全非了。比较有名的例子是客家话，客家话是中原汉人的语言和他们迁移到南方后和当地的语言混合而成的。又如属于印欧语系的拉丁语族诸语，随着时间的迁移，生存在各个不同地理环境下的人群，各自发展出不同的语言（过去是方言），如法语、意大利语、罗马尼亚语等。甘青地区历史上一直是一个移民走廊。尤其是 13 世纪成吉思汗建立草原帝国后，民族接触、民族交融、民族融合就没有停止过，直至今天都是如此。这一切使得这一地区的语言独具特色。这一地区在 14 世纪左右产生了新融生的民族，也随之产生了新融生的语言，如东乡语、保安语、土语、撒拉语等。以甘青的保安语为例，留在青海同仁一带的保安语，与迁徙到甘肃积石山一带的保安语已经开始产生越来越大的区别。前者受到藏语的深刻影响，后者受到蒙古语的深刻影响。保安语在不同的地理环境下已发展为两种不同的方言。再看另一个例子，同是汪姓的后裔，留在甘肃临夏回族自治州东乡自治县唐汪川的汪姓人与被洮河隔开、迁到林洮县红旗乡的汪姓人，语言也向不同方向变化了。唐汪的汪姓人皈依了伊斯兰教，和东乡人相濡以沫，语言受到了东乡人的影响，形成了一种特殊的汉语变体，即唐汪话；而从唐汪迁到汉人地区生活的汪姓人与当地汉人的语言无异。

综观中国境内的声调分布，很容易看到两声调、三声调语言密集分布在甘青一带。请看下图（Xu Dan，2015b）：

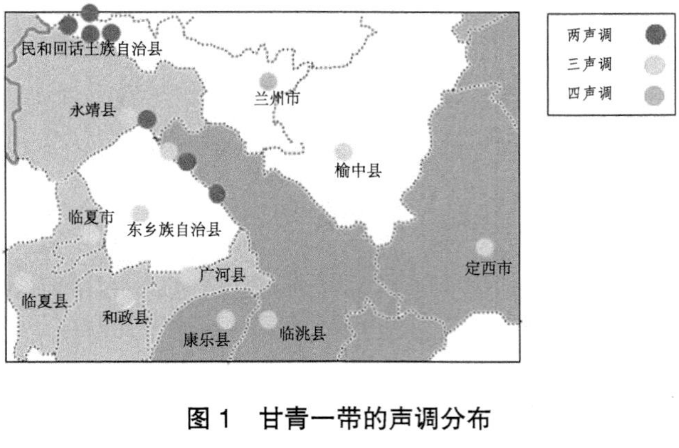

图 1　甘青一带的声调分布

我们很容易看到，这些声调发生流失现象的语言都集中在讲汉语的人群和讲非汉语人群混居的地区。这表明上述现象绝非偶然，地理因素是不能忽视的。Tobler（1970）早就提出了“地理第一定律（First Law of Geography）”。他说：“Everything is related to everything else, but near things are more related than distant.”也就是说，世界上每一种事物都是相连的，距离越近的联系越紧密。听起来很直白的普通话语，仔细品起来却很有道理。如果在同一地理环境下发生方向完全不同的变化，就要从不同的角度去考虑，因为普遍的规律是同一地理环境下的变异是趋同的。这种趋同过程当然会经过一定的时间，因为各种语言即使未发生语言接触，未经过大的历史事件，语言由于内部机制的作用也会发生演变。这一点早就被语言学家注意到了。

人们也早已发现，语言的谱系研究和类型研究有时不能解释语言中发生的某些“突变”，如大量的外来词汇、不同系统的语法形式并存，甚至发生语言被替换等。这使许多学者从地域语言或语言区域开始探讨，许多学者都曾为“语言区域”做过定义。比如 Thomason（2001：99）曾这样谈论道：“A geographical region containing a group of three or more languages that share some structural features as a result of contact rather than as a result of accident or inheritance from a common ancestor.”她的意思是说，区域内三个以上的语言共享一些结构上的特征，这些特征是由接触造成的，而不是一种偶然现象或是共同祖语的遗留。Enfield（2005：190）是这样描述“语言区域”的：“语言区域内的语言应属于不同语族。这些语言具有一套共同的语言特征（不止一个特征），这些共同的语言特征不出现在周边紧邻这个地区的语言内，而这些周边语言与语言区域内的语言同属某一语族。”他的意思是，属于同一语系或语族的语言可以被语言区域分割开，而属于不同语系或语族的语言，由于共享几个语言特性，反而可以连成一片。那么一个语言区域至少应该共享几个特征？语言学家们观点并不统一（参见 Heine and Kuteva，2005；Bisang，2010 等）。Enfield（2005）关于语言区域的描述和 Thomason（2001：99-101）的定义很不相同。如后者认为，语言区域内的语言不一定属于不同语系，她甚至认为，只要在某地区一些语言有一个共同特征，就可以定义为语言区域。她认为语言区域的界限是很难划分的①。可惜文科的定义很难像理

① Enfield 为了避开这些问题，建议应该研究“区域语言学”，而不是研究“语言区域”。

科那样严谨，也不大容易量化。如果我们不纠缠语言区域内应是以语系还是语族为标准、特征几个为佳的话，那么当然语系不同比语族不同的标准更优，特征越多越说明问题。因为这样更易于凸显区域内和区域外的差别。

Enfield（2005）关于东南亚语言及语言区域的研究比较著名。他注意到，这个语言区域在语言上趋于用单音节词，许多语言有量词，用声调区分意义，不用声调的语言，会用别的语音手段区别词义。在构词上，可通过重复某一成分构词。这一区域的语言都没有格标记，缺乏屈折范畴（如动词的时态、名词的性数配合）。句法上，这些语言也趋同，除藏缅语支是 OV 语序外，大部分语言用 VO 语序。这些语言偏用话题而非主语，常用副动词（coverb）。一些动词往往一词多功能，如具有“得、了（liǎo）、过、打、给、取 / 拿”意义的动词，常发生语法化现象。我们很容易看到，这些词的语法化过程和汉语非常雷同。这一区域的语言属于不同语系和语族，如藏缅、南岛、孟－高棉、侗台、苗瑶（Enfield，2005：183）。

本文谈到的甘青一带的语言区域也有趋同现象，如：这一区域内语序都是“宾一动（OV）”为主而不是“动一宾（VO）”为主，这一区域内都形成了格标记系统。宾格标记和与格标记同形，从格标记和比较格标记同形，工具格和伴随格同形（参见表 1）。这一语言区域内的复数标记既可用于具有 [+ 生命] 的名词，又可用于无生命、甚至抽象的名词。这一语言区域内的句子结构都常用“着”连接两个动词词组，第一个动词可以带宾语，如“VO着V”（标准汉语不能用此结构）[①]。这一语言区域的引语动词“说”均放在句子末尾。语言区域内的声调系统发生了简化，如三声调、二声调的语言都出现在这一区域，而汉语区大部分方言区都是四声调（甚至多声调）的状况。

这种地域分类（语言区域）对亚洲许多语言都很适用，能更好地概括某些语言的分类。语言区域的分类法使人们能看语言接触到语言混合甚至融合的状况，但正如吴安其（2004：1）指出的：“语言联盟这样的归纳不能代替发生学分类。”其实谱系分类（发生学分类）、类型分类这几种不同的分类法是不能互代的，他们是一种互补的分类法。语言区域虽然有助于人们看清地理、地域对共时特征所起的作用，但不能解释各

[①] 部分“V 着 V”与普通话表面结构相同，但意义是部分重合。

语言的历时问题，即不能说明这些语言祖语的历时情况及来源。因此，语言不同的分类法是随着研究的深入而发展出来的补充的方法，并不存在孰高孰低的问题。

四、甘青一带语言和基因的相关性

上面我们谈了谱系分类、类型分类和区域分类都不能完全满足语言分类的需要，是互补的方法。我们认为应该多利用已知学科，如理科的研究方法或成果。笔者曾尝试和分子人类学的学者联合研究语言的演变，初步的成果还是很鼓舞人心的。

分子人类学是上世纪 80 年代发展起来的一门崭新学科。Cavalli-Sforza 是这一领域的创始人，从 80 年代起，他就呼吁基因研究应当和语言学、考古学结合起来。他在 1997 年 *Proceedings of the National Academy of Sciences of the United States of America*（PNAS）发表的语言和基因对比的树形图，我们已经在 2015 年《当代语言学》中做了介绍，此处不再赘言。总之，生物学的试验和研究成果为我们提供了可靠的人类迁徙、人类历史发展的全景图，是一种宏观的历史事件框架。我们可以在这个时间框架下考察语言分化的时间和过程，目的是多一些物质上的证据，少一些无凭据的猜测。考古学家、历史学家的研究成果也是非常重要的，他们从不同的侧面为我们提供了直接或间接的证据。如果说从全球范围来讲，语言和基因的发展基本平行，地理因素对两者都起了至关重要的作用，那么具体到甘青一带，情况如何呢？这一带处于丝绸之路的起始段，恰恰语言和基因的演变常发生不平行的现象，即讲同一种语言的人来源不一定相同，不讲同一种语言的人有时祖源却相同。让我们通过具体实例来观察这一现象。

4.1 东乡

关于东乡族的来源，上世纪 80 年代有许多学者已经探讨过。东乡人自称是“撒尔塔”“桑塔”，西方学者写作 Sant（参见马志勇，1983；马虎成，1992、1993）。从基因遗传的角度看，西域人对东乡族的贡献是明显的（谢小冬、王勋陵、安黎哲，

2002；徐丹、文绍卿、谢小冬，2012）。有关这个民族存在的痕迹，笔者所看到的最早记录是刻于 13 世纪的"成吉思汗碑"。碑文只有五行，其实是两句话，第一句叙述成吉思汗征服了撒尔塔人，把蒙古贵戚和百姓集中在 Buqa Sotʃiɣai（参见 De Rachewiltz and Rybatzki，2010：161）；第二句话是歌颂成吉思汗的侄子 Yisügger[①] 在射箭比赛中射了 335 庹距离的英雄传奇。上述的作者们认为，Sart 本意是"商人"，从梵文传到了波斯文，又由波斯文传到了突厥文，最后传到了蒙古语。看来这是中古时期人们对中亚商人的统称。"撒尔塔"人是东乡人的祖先还有其他的根据，马志勇（1983：36）的东乡地区的地名和西域地名对照表很能说明问题。约 16 个东乡地名都和西域的地名有对应关系，这不应该是个巧合。

那么在中国境内的东乡人最初讲什么语言呢？我们找到了波斯当时的语言状况统计。由于是 14 世纪的统计，我们相信从中亚来到中国境内的撒尔塔人和他们应该是类似的情况。波斯在 1365 年和 1372 年进行过两次大规模的人口普查和语言普查[②]。1372 年波斯人口总数为 57525000，被调查人数为 32600000，约占人口总数的 57%。这样的统计基数可以说明当时波斯的人口及语言概况。我们看一下他们老百姓讲各方言的比例。

表 2　1372 年波斯人的语言、方言使用状况（徐丹，2014；根据 Amani，2005）

语言及方言	占其他语言、方言的比例	同时也讲波斯语（即双语者）的比例
突厥语 Turkish	46.7	76
Lori	12.0	88
库尔德语 Kurdish	9.7	71
阿拉伯语 Arabic	9.2	69
Gilak	8.0	92
Mazandarani	6.7	97
Baloutch	3.4	52
土库曼语 Turkmen	3.4	78

表 2 表明，讲波斯语的人中，有 76% 的人会突厥语，69% 的人会阿拉伯语。上

① 音译形式有多种。

② 统计数字来自 1382 年伊朗统计中心，第 889 期杂志 *Enquête sur les spécificités socio-économiques des ménages*（关于家庭社会经济特点的调查）。转引自 Amani（2005）。

述统计使我们推断，当时中亚、西亚其他国家也应是多语并用的复杂局面。当时传教的语言是阿拉伯语和波斯语，这两个语言应该是优势语言。这些战败而被成吉思汗带到中国的撒尔塔人，被迫学习蒙古语以便生存，他们原有的中亚语言和方言彻底被蒙古语所替代。因此在东乡人的语言里，突厥语和阿拉伯语不是外来借词，而是他们原有语言的底层（徐丹、文少卿、谢小冬，2012）。通过历史学家（刘迎胜，2003；周伟洲，2003、2004 等）的研究，我们知道了东乡人大约是 14 世纪形成的群体。通过生物学对 Y 染色体的测定（参看谢小冬、王勋陵、安黎哲，2002；徐丹、文少卿、谢小冬，2012；王传超，2015），我们知道东乡人的祖先主体来自中亚。这些移民和当地蒙古人、汉人、少数藏人混合后，进而形成新的群体。请看生物学者对东乡人的 Y 染色体测试的结果[①]，再比较一下东乡语词汇统计（数据来自徐丹，2014）：

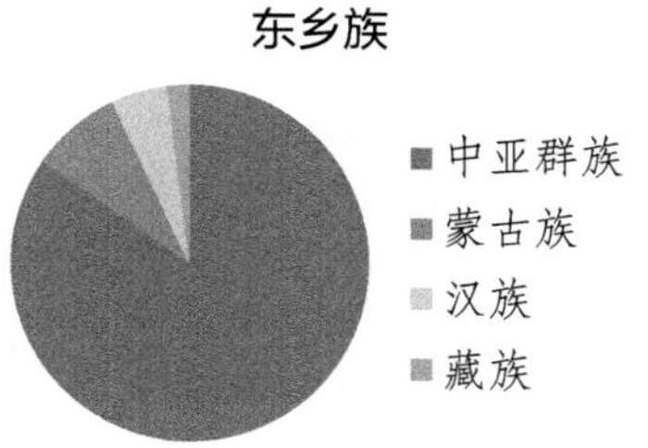

图 2　假定东乡族祖先群体的遗传贡献

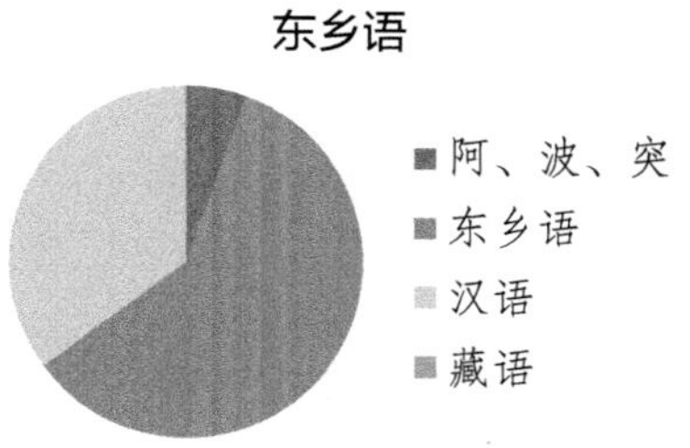

图 3　东乡语词汇统计[②]

左图是东乡族 Y 染色体的分布，右图是东乡语词汇的统计。很明显，在东乡人的父系遗传里，中亚人群是主体。在今天东乡语的词汇中，阿拉伯语、波斯语、突厥语的词汇已经缩减到了微不足道的水平，汉语词汇大批进入，东乡语（即从 14 世纪开始形成的蒙古语的变体）仍占主要部分。根据刘兆雄（1981）、包萨仁（2006）的研究，东乡语句法部分的根基还没有被动摇。通过比较上面的两幅图，我们知道了今天的东乡语是来自西域的民族通过非完善的习得改用的中古蒙古语。这些移民被蒙化了（有的被汉化了），极少数的汉人和藏人也融入其中。结论很清楚：由于各种历史原因，东乡族的基因和语言不匹配。

① 图来自徐丹、文少卿、谢小冬（2012）。

② 数据来自同上的文章。

4.2 保安

陈乃雄（1990a）早就指出，保安语内部各土语演变不平衡：如青海同仁县年都乎的保安语词汇总量的一半都是藏语借词，但“并不改变语法体系”(陈乃雄，1990a：17)；但在甘肃临夏回族自治州积石山保安族东乡撒拉族自治县干河滩的保安话，汉语借词高达58%，比年都乎的藏语借词高出约4%。两种方言都接受了超过自己语言一半的外来词，但是同仁的保安话的根基未被动摇，而积石山干河滩的保安话却发生了质变（陈乃雄，1990a：25）。这里我们选择陈乃雄（1990b：32）的统计数字以便对照。

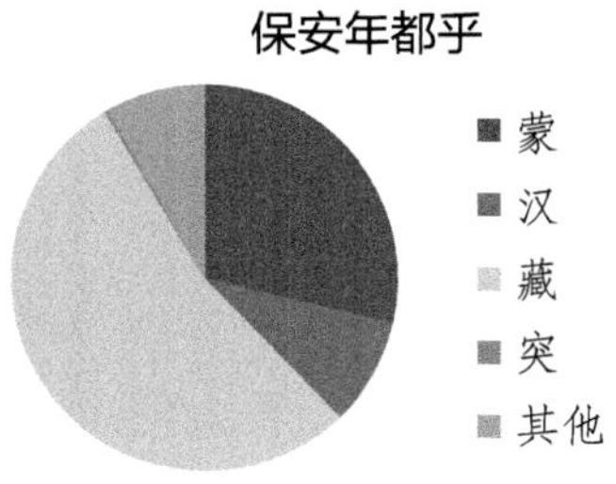

图4　青海同仁县保安语

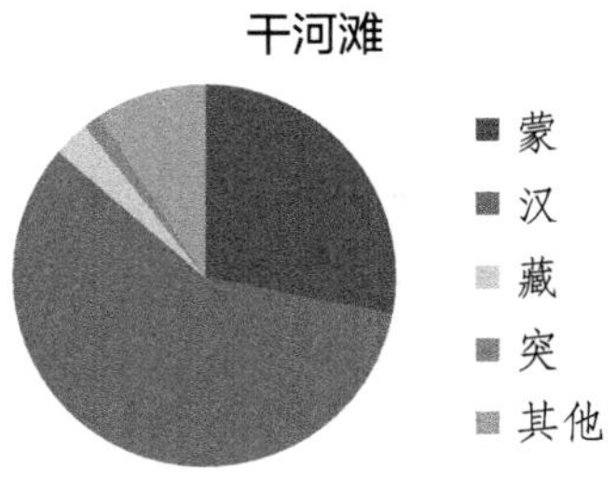

图5　甘肃积石山保安语

年都乎属于青海同仁保安话，干河滩属于甘肃积石山保安话。很显然，同仁保安话受到藏语很深的影响，而积石山保安话受到汉语极大的影响。这与两种方言的地理位置紧密相关，青海的各种语言和方言都多少受到了藏语的影响，而甘肃境内的非汉语言受到汉语的影响就比较多。值得深思的是，同样是受到了汉语深刻的影响，东乡话没有改变语法体系，而积石山保安话却发生了变化[①]。

根据杨亚军、许海东（2008）的研究，保安族的族源是多元的，是13世纪成吉思汗西征时强制从军的色目人。他们还指出，从父系遗传背景看，保安族的族源来自中亚。这些信仰伊斯兰教的色目人逐渐与当地其他民族混合，形成了今天的保安族。我们按照杨亚军和许海东文中的数字制成比较图，如图6。他们文章没有涉及的部分，我们用“其他族群”标出。

① 由于陈乃雄的统计是上世纪80年代进行的，所以如果重新做统计，估计变化会更大。

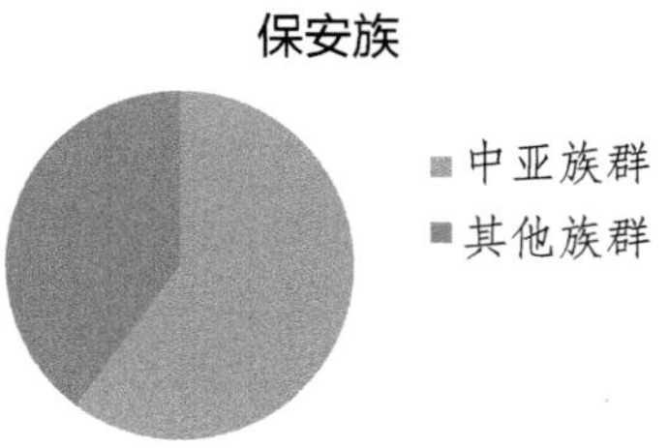

图 6　保安人父系遗传背景

杨亚军、许海东（2008）指出，在他们的实验里，回族、保安族和东乡族聚为一类。中亚诸民族中普遍共享的单倍群的总和在保安人中占 60.1%，也就是说大部分保安人的祖先是中亚人。保安人在这点上与东乡人相近，由此看来，保安人的主体也是改学了蒙古语的中亚移民。陈乃雄（1990b：33）指出："调查结果表明，保安语是我国蒙古语族诸语言中拥有与蒙古语同源词数量最少的一种语言。"这可能意味着，保安人的父系遗传背景比较复杂。基因研究表明保安人的主体是中亚人，而不是蒙古人。为什么蒙古诸语族语言里，单单保安语里蒙古语的同源词最少？这还需要结合历史学、社会学等方面的材料做进一步的研究。

我们看到，保安人从形成时间来看和东乡人差不多。我们可以同样推测，保安人的祖先也是操各种中亚语言的人群，来到中国以后，为了生存学习当地语言（蒙古语），逐渐形成了今天的保安语。和东乡人一样，保安语里已变得无足轻重的突厥语词是原始语言的保留，而不是借词。西北一带的非汉语言，基本都是以类似方式形成的。遗传研究为我们提供了准确的演变时间的框架。由此可以看到，东乡语和保安语都是语言和基因不匹配，都是祖先语言被替换成了新的语言，这些新的语言都是由中古蒙古语发展而来的一种变体。

4.3　唐汪

唐汪话我们已经做了前期工作，详见徐丹（2014）。我们的结论是唐汪话是汉语的一个变体，不是东乡人学习汉语而演变出来的一种语言。这一论点不但有语言学方面的证据，还有生物学方面的佐证。唐汪话分为唐汪回民话和汉话，这里的唐汪话指的是唐汪回民话。由于唐汪回民历史上皈依了伊斯兰教，所以，他们注意吸收东乡语里的一些特殊词缀。唐汪话的词汇主体是汉语词汇，其语音演变与周边方言一致。东乡语里的语法词缀，虽然量不算大，却使唐汪话悄然改变了类型。如唐汪话由 VO 语序变为 OV 语序，格系统业已成熟，汉语声调在单字调里已经失去。唐汪话的基本词汇无疑是汉语词汇，外来词如阿拉伯语、波斯语和突厥语词汇是通过传教借入唐汪话的，但占的比例微不足道。在近 3000 个常用词中，外来借词只占不到 2% 的样子。在上两节中我们已经说过，在东乡语和保安语里，西域语言词汇是其祖语底层，不是借词；而在唐汪，恰恰相反，这些阿拉伯、波斯、突厥词汇，不是其语言底层，而是地道的借词。

为了弄清唐汪人的来源，生物学工作者[①]根据知情同意的原则，搜集了唐汪五个家族即唐、汪、赵、杨、张五大姓氏 151 个男性的 Y 染色体样本。实验表明，几乎所有家族的父系都有不同的来源，这一点不足为奇：任何一个群体都会有这种情况，要看主体人群的构成。总的来说，唐汪这五个家族近晚期共同先人的形成与历史记载和口述材料基本一致。

表 3　唐汪五个家族的人口（根据唐智，2011；陈元龙，2015[②]）

唐汪五家族	唐	汪	张	杨	赵
人口数	6732	4327	1228	308	288

在 Y 染体单倍群中，C（C3）单倍群在蒙古及阿尔泰人群中高频；D 单倍群（D1+D3）在藏缅人群中高频；G 单倍群在高加索人群中高频，H 单倍群在印度北部的达罗毗荼语人群中高频，J 在中东阿拉伯人群中高频；N 单倍群在汉藏人群及乌拉尔人群中高频；O 主要分布在东亚，在汉藏人群中高频；R 在印欧语人群中高频。我们看到，唐姓的主体成分是蒙古人群；汪姓的主体成分是汉族人群；杨姓的藏缅人祖先占了比较重要的比例，但汉人的先人占了一半；张姓很显然有从印度来的先人；赵姓的来源比较平均，各来源都有一定的比例。

① 采样及分析工作由文少卿和姚宏斌完成，采样工作得到了甘肃省东乡族自治县达板学区黑石山学校汪华老师的大力支持。在此特向他们表示衷心的谢意。

② 感谢陈元龙先生向笔者提供了张、杨、赵家的人口数字。

据历史文献记载和我们的核实，唐姓最早来到唐汪。据老人们的口述和唐汉卿老人的记载，人们都说他们的祖先是一位唐姓的人（名不详），原为四川人，在元末的军队里是“白马参将”，退伍务农来到现在唐汪北边的照壁山（过去叫赵壁山）生了根。在“祖神庙碑志简介”里，碑文上指明“唐门宗神白马显德将军”是唐家供奉的祖神。碑文上写道：“昔为元朝忠良将，今作唐门祖宗神，庇佑儿孙常吉祥，消灾平安人财旺。”当然这是一种可能性。

马鹤天（1936：118）已经发现，唐汪人“是回教徒不是回族”，这一点与前人及笔者的结论完全相同。唐智（2011：8）认为：“马鹤天的笔记中所称元忽必烈时的参将就是唐姓传说中所指的‘白马将军’。”马鹤天写道：

> 因历代回乱，每被残杀，人口渐少，未死者为免祸计多加入回教，自称回民。现在本镇之唐姓，固十之八九为回民，而在下川之同一唐族，则大半为汉民。论行辈尚依然未乱。汪姓始于何时不可考，但在唐姓之后。因户口渐多，遂改名唐汪川。现此镇汪姓约三百余家，反较唐姓为多。

唐智（2011：19、50）根据2011年唐汪镇政府办公室提供的数据写明，唐汪总人口为14107人。[①]“五个唐姓村总人口为6732人，约占全镇人口的48%”，“唐汪的汪姓总人口为4327人，约占唐汪总人口的31%”。马鹤天的文章表明，在上世纪30年代汪姓人口多于唐姓，今天情况倒过来了。从各种记录和口述材料可以得出，唐姓的先人很可能就是他们供奉的“白马将军”，其祖先的主体属于蒙古人群，后来的子孙被彻底汉化了。经过几百年的发展，唐姓融入了部分汉人和藏人。

汪姓来唐汪晚些，那时这一地方叫唐家川。《东乡族自治县概况》（1986）及许多文献都提到清乾隆四十六年（公元1781年），唐汪人民积极支持了撒拉族回族的起义。这次起义遭到清朝政府的残酷镇压。《钦定兰州纪略》（清代）记录了清朝政府如何镇压乾隆年间回民起义的经过，其中包括对唐家川的镇压和迫害。根据唐汉卿老人的手稿，唐家川经过这次浩劫后，唐家男性回族几乎全部被杀。唐汉卿老人在谈唐汪川地名来源时，写道：

[①] 笔者于2010年从东乡族自治县公安局唐汪派出所得到的数据是15093人。

> 唐家惨遭清王朝清洗剿办，唐家幸存的三十六名中，有部分是他们汪家人隐藏在夹壁墙中，保获留下来的。后来，唐家人为了表达恩情，就把唐家川，改叫唐汪川了。

汪姓的史料及记载相对唐姓较少，但是 Y 染色体的测试帮助我们了解到，汪姓的主体源自汉族，而且是绝对压倒的优势。值得注意的是，汪姓人口为 4327 人，只占唐汪人的 31%；唐姓人口总数为 6732 人，占唐汪镇总人口的 48%。（统计来自唐智，2011：19、50）按照唐智提供的数据，汪姓回族是 1140 人、东乡族 3057 人、汉族 130 人，那么汪姓皈依穆斯林的人占到了汪姓的 96.99%；唐姓回族为 913 人、东乡族 1185 人、汉族 4514 人，那么唐姓穆斯林只占唐姓的 31% 左右。这表明，唐姓的大多数人未皈依伊斯兰教。值得注意的是，许多“东乡人”是唐汪汉人皈依伊斯兰教后成了回民，然后又从回民自行转为东乡人。即唐汪的东乡人很多人不是我们在 3.1 中谈到的从中亚来的移民（详见唐智，2011；徐丹，2014）。唐汪两姓中的中亚来源（J 和 R1a1）微不足道，而 3.1 中谈到，东乡人的中亚来源占压倒优势。

照壁山村里的老人们对笔者讲，唐姓祖先生下三子，被称为“大房头、二房头、三房头”。二房头（即二儿子）的子孙皈依了伊斯兰教，移居到了上川，即唐汪回民居住地（今天乡政府所在地）。留在照壁山的大房头和三房头的子孙仍然是汉民，没有皈依伊斯兰教。这一口述历史与上面的数字十分吻合，即唐姓三分之二的人没有皈依伊斯兰教。唐汪汪姓的绝对主体是汉人，而他们却绝大多数皈依了伊斯兰教。这一历史变迁对日后唐汪话的形成产生了深远的影响。

上述口述材料与唐汉卿老人的叙述也很一致，老人在其《汉卿家谱》里也说到，唐家的二儿子“逐渐脱离了他们原有家庭范围”迁到了上川。唐汪川的其他家族人数很少，唐汉卿老人的手迹和当地老人们的口述都称杨姓和赵姓是当地的老户。唐汉卿老人曾提到：“上川，已有多姓落地户，如：现有的杨姓和赵姓（据传这两姓，此地落户最早）。”

关于唐姓祖先落户时的婚姻情况有两种传说：一说是这位“白马参将”退伍后“在底滩寺山头不远处和一个赵姓姑娘结了婚。又传，他退伍后和一个鞑子（元朝胡人）结了婚，当了他们招女婿”（唐汉卿《汉卿家谱》）。

这里我们得到两个信息，在唐姓祖先落户时，当地上川已经有了杨姓和赵姓。唐姓祖先的妻子或是汉人或是蒙古人。从今天的 Y 染色体父系遗传的测试看，唐姓祖先本人应当有蒙古族血统。传说这位白马将军的祖籍是四川，这一点就无从找到证据了。

马兆熙（1999：53）和笔者（2014：37）根据史料记载都曾猜测赵姓祖先有可能是藏人。从新的 Y 染色体的基因测试来看，赵姓的祖先有相当一部分人来自藏族，其中一支应来自印度，先来到青藏高原藏区，后又几经波折来到了唐汪。这些人很可能几代人先经历了藏化，后又经历了汉化的过程。

河西走廊曾是鲜卑、党项和各土蕃势力反复争夺的地方。在蒙古人统治河西之前，土蕃唃厮啰家族一直在西北雄踞一隅。根据齐德舜（2010）的研究：唃厮啰家族史里一位叫木征的曾归降宋朝，被赐姓赵，成为唃厮哆家族史上第一位姓赵的人物。据他的研究，唃厮啰家族，"除了居于临洮的赵土司一支之外，在其他地区还有多支"[①]。我们从中看到，唃厮啰家族至少从宋以来，活动区域在临洮地区。其后人改姓赵，是宋朝赐予的姓。从明清时期起，家族的后人成了西北有影响的赵土司。赵姓不少后人还在临洮一带生活，他们从语言到文化都汉化了。综合上述其他因素可以知道，唐汪的赵姓来源也是多元的，唃厮啰家族应是赵姓的一支。

杨姓的祖先一半是汉人，很大比例是藏人，少部分是其他来源。这与口述材料是吻合的，汉藏混合的群体早于唐姓和汪姓前就在唐汪一带立足了。

可以说，唐汪的人群是由不同父系遗传构成的。唐汪两大姓构成唐汪的主体，占唐汪总人口约 80%。其他非汉族群被彻底汉化了。根据唐智（2011）和笔者的调查（徐丹，2014），唐汪的"东乡族"含有大量皈依伊斯兰教的唐汪回族，这些回族源自唐汪两大姓氏，不能和东乡地区的东乡族混为一谈。从语言和遗传背景两方面来看，唐汪话不是东乡语的变体（即东乡人不完美的汉语习得的结果），而是受到东乡语影响的汉语变体。

[①] 齐德舜（2010：188）提到："在东乡族自治县的唐汪川，也有赵姓人口一千多口。"他的数字未提供出处。

五、余论

甘肃青海的交界地区已经形成了一个语言区域，不同语族的不同语言呈现出许多趋同的特征，地理环境促进了这种趋同演变。这些语言在历史上可以说都是新融生的语言，讲这些语言的人群也是13世纪后逐渐形成的不同群体。本文提供的数据显示，甘青一带的语言和基因不匹配，呈现复杂的局面。这是因为许多非汉群体的语言实质上已被替换，即原来的祖先语言已经退化消失，代之而起的是新生的“混合语”。这个地区的汉语受到非汉语深刻的影响，已经悄然改变了类型。许多群体的祖先来源复杂，可以说是早已被汉化了的人群。这些情况都发生在河西走廊，这一著名的移民通道，目前我们看到的语言和人群居住格局绝不是偶然的现象。

参考文献：

阿桂等（清），1960．钦定兰州纪略 [M]．台北：成文有限出版公司．

包萨仁，2006．蒙古语族东乡语与汉语的接触研究 [D]．博士学位论文．北京：北京大学．

贝罗贝（Peyraube, Alain），2009．中国西北几个汉语系的格系统比较分析 [C]．语言接触研讨会，北京．

陈乃雄，1982．五屯话初探 [J]．民族语文（1）：10-18．

陈乃雄，1988．五屯话音系 [J]．民族语文（3）：1-10．

陈乃雄，1989．五屯话的动词形态 [J]．民族语文（6）：26-37．

陈乃雄，1990a．保安语的演变轨迹 [J]．民族语文（3）：16-25．

陈乃雄，1990b．保安语的演变轨迹（续）[J]．民族语文（4）：42-48．

陈元龙（阿·伊布拉黑麦），1985．甘肃境内唐汪话记略 [J]．民族语文（6）：33-47．

程祥徽，1980．青海口语语法散论 [J]．中国语文（2）：143-149．

东乡族自治县概况编写组，1986．东乡族自治县概况 [M]．兰州：甘肃民族出版社．

贾晞儒，1990．对河湟汉语几个语法现象的分析 [J]．青海民族学院学报（社会科学版）(4)：37-44．

兰州大学中文系临夏方言调查研究组、甘肃省临夏州文联，1996．临夏方言 [M]．兰州：兰州大学出版社．

李克郁，1987．青海汉语中的某些阿尔泰语言成分 [J]．民族语文（3）：27-31．

林圣龙，1989．上新世以来的中国自然地理环境和中国古人类的进化 [J]．人类学学报（3）：209-215．

刘迎胜，2003．回族语言 800 年发展史简要回顾——从波斯语到“回族汉语”[A]．中国文化研究（2003 年冬之卷）(1003)：143-153．

刘照雄，1981．东乡语简志 [M]．北京：民族出版社．

马鹤天，1936．赴藏日记·新亚细亚 2 [M]．117-128．

马虎成，1992．撒尔塔：一个曾经被忽略的民族名称（上）[J]．西北民族研究（2）：65-72．

马虎成，1993．撒尔塔：一个曾经被忽略的民族名称（下）[J]．西北民族研究（1）：55-67．

马树钧，1982．临夏话中的“名 + 哈”结构 [J]．中国语文（1）：72-73．

马树钧，1984．汉语河州话与阿尔泰语言 [J]．民族语文（2）：50-55．

马兆熙，1999．东乡唐汪人的民族心态探析 [J]．甘肃民族研究（2）：51-57．

马志勇，1983．“撒尔塔”与东乡族族源 [J]．西北民族学院学报（哲学社会科学版）(1)：31-48．

孟达来，2001．北方民族的历史接触与阿尔泰诸语言共同性的形成 [M]．北京：中国社会科学院出版社．

齐德舜，2010．唃厮啰家族世系史 [D]．博士学位论文．兰州：兰州大学．

桥本万太郎，1986．汉语声调系统的阿尔泰化 [J]．王希哲译．晋中师范高等专科学校学报（2）：112-115/120．

仁增旺姆，1991．汉语河州话与藏语的句子结构比较 [J]．民族语文（1）：12-18．

唐汉卿，1987．汉卿家谱．手稿．

唐汉卿，2004．回顾童年时代唐汪川．手稿．

唐　智，2011．唐汪社会史专题研究 [D]．硕士学位论文．西安：陕西师范大学．

王传超，2015．东亚人群的遗传历史 [D]．博士学位论文．上海：复旦大学．

王培基、吴新华，1981．关于青海口语语法的几个问题 [J]．中国语文（1）：50-53．

王　森，1993．甘肃临夏方言的两种语序 [J]．方言（3）：191-194．

吴安其，2004．语言接触对语言演变的影响 [J]．民族语文（1）：1-9．

谢小冬、王勋陵、安黎哲，2002．从群体遗传的 DNA 线索看东乡族族源问题 [J]．民族研究（1）：35-39．

徐　丹，2008．唐汪话格标记概况 [C]．语言接触研讨会，巴黎．

徐　丹，2014．唐汪话研究 [M]．北京：民族出版社．

徐　丹，2015．研究语言的新视角：语言和基因的平行演变 [J]．当代语言学（2）：215-226．

徐　丹、文绍卿、谢小冬，2012．东乡语和东乡人 [J]．民族语文（3）：59-65．

杨亚军、许海东，2008．基因分析视野下的保安族源流探微 [A]．迈尔苏目 · 马世仁．在“田野”中发现历史 [C]．北京：中国社会科学出版社，332-351．

意西微萨·阿错，2004．倒话研究 [M]．北京：民族出版社．

袁义达、杜若甫，1983．中国十七个民族间的遗传距离的初步研究 [J]．遗传学报，10（5）：398-405．

张成材，1992．试论青海汉语方言的形成 [J]．青海社会科学（1）：69-77．

张成材，2006．中古音与青海方音字汇 [M]．西宁：青海人民出版社．

周晨磊，2015．博士学位论文提纲．

周伟洲，2003．古代西北少数民族多元文化的发展与变异 [J]．中国历史地理论丛（3）：5-11．

周伟洲，2004．西北少数民族多元文化的历史与现状 [A]．西北民族论丛 [C]（3）：1-45．

Amani, Mehdi. 2005. Quelques Aspects Démographiques Relatifs aux Langues Locales en Iran [A]. In T. Azadarmaki, C. Balaÿ, M. Bozdémir (éds.), *Contact des Langues dans L'espace arabo-turco-persan* [C]. Téhéran: Institut français de recherches en Iran. Pp. 45-54.

Bisang, Walter. 2010. Areal Language Typology [A]. In Peter Auer and Jürgen Erich Schmidt (eds.), *Language and Space: Theories and Methods: An International Handbook of Linguistic Variation* [C]. Berlin: De Gruyter Mouton. Pp. 419-440.

Cavalli-Sforza, Cavalli-Sforza, Luigi Luca. 1997. Gene, Peoples, and Languages [J]. *PNAS*. USA, 94: 7719-7724.

Dede, Keith. 2003. The Chinese Language in Qinghai [J]. *Studia Orientalia*, 95: 321-346.

De Rachewiltz, Igor and Volker Rybatzki with the Collaboration of Hung Chin-fu. 2010. *Introduction to Altaic Philology-Turkic, Mongolian, Manchu* [M]. Leiden. Boston: Brill.

Dryer, Matthew S. 1992. The Greenbergian Word Order Correlations [J]. *Language*, 68 (1): 81–138.

Dwyer, Arienne M. 1992. Altaic Elements in the Linxia Dialect: Contact-Induced Change on the Yellow River Plateau [J]. *Journal of Chinese Linguistics*, 20 (1): 160-178.

Enfield N. J. 2005. Areal Linguistics and Mainland Southeast Asia [J]. *Annual Review of Anthropology*, 34: 181-206.

Greenberg, J. H. 1963. Some Universals of Grammar with Particular Reference to the Order of Meaningful Elements [A]. In Greenberg J. H. (ed.), *Universals of Languages* [C]. Cambridge, Mass: MIT Press. Pp. 73–112.

Heine, Bernd and Tania Kuteva. 2005. *Language Contact and Grammatical Change* [M]. Cambridge: Cambridge University Press.

Janhunen, Juna. 2004. [Abstract.] On the Hierarchy of Structural Convergence in the Amdo Sprachbund. The Typology of Argument Structure and Grammatical Relations. *LENCA 2*. Proceedings, 70-72. Kazan'.

Janhunen, Juha. 2006. Sinitic and Non-Sinitic Phonology in the Languages of Amdo Qinghai [J]. *Studies in Chinese Language and Culture*. Oslo: Hermes Academic Publishing. Pp. 261-268.

Janhunen, Juha, Marja Peltomaa, Erika Sandman, and Xiawu Dongzhou. 2008. *Wutun* [M]. Muenchen: Lincom Europa.

Li, Charles N. 1983. Languages in Contact in Western China [J]. *Papers in East Asian Languages*, 1: 31-51.

Norman, Jerry. 1982. Four Notes on Chinese-Altaic Linguistic Contacts [J]. *The Tsing Hua Journal of Chinese studies*, 14: 243-247.

Norman, Jerry. 1988. *Chinese* [M]. Cambridge: Cambridge University Press.

Omoto, Keiichi. 1981. The Genetic Origins of the Philippine Negritos [J]. *Current Anthropology*, 22 (4): 421-422.

Slater, Keith W. 2003. *A Grammar of Mangghuer: A Mongolic Language of China's Qinghai-Gansu Sprachbund* [M].

New York: Routledge Curzon.

Thomason, Sarah Grey. 2001. *Language Contact: An Introduction* [M]. Washington: Georgetown University Press.

Thomason Sarah Grey and Terrence Kaufman. 1988. *Language Contact, Creolization, and Genetic Linguistics* [M]. Berkeley/Los Angeles: University of California Press.

Tobler, Waldo R. 1970. A Computer Movie Simulating Urban Growth in the Detroit Region [J]. *Economic Geography*, 46 (2): 234-240.

Xu Dan. 2006. *Typological Change in Chinese Syntax* [M]. Oxford: Oxford University Press.

Xu, Dan. 2015a. Sinitic Languages of Northwest China: Where Did Their Case Marking Come from? [A] In Djamouri Cao and Peyraube (eds.), *Languages in Contact in Northwestern China* [C]. Paris: Monograph Series of the EHESS-CRLAO. Pp. 217-244.

Xu, Dan. 2015b. The Role of Geography in the Northwest China Linguistic Area [A] In Xu Dan and Fu Jingqi (eds.), *Space and Quantification in Languages of China* [C]. Dordrecht: Springer. Pp. 57-73.

Zhu, Yongzhong, Üjiyediin Chuluu, Keith Slater, and Kevin Stuart. 1997. Gangou Chinese Dialect: A Comparative Study of a Strongly Altaicized Chinese Dialect and Its Mongolic Neighbor [J]. *Anthropos*, 92: 433-450.

汉语侗台语接触类型及相关理论探讨 *

曾晓渝

提　要　汉语与侗台语言之间主要存在中度与深度两种接触类型。中度接触类型表现为侗台语言里积淀有各个历史层次的汉语借词，深度接触类型则主要表现为语言质变混合。文章具体分析阐释了汉语侗台语言接触及其变异机制的典型现象，并对中国境内深度接触语言间的类型差距大小与其语言质变的不同结构模式、语言质变的充要条件、语言质变结果的预测等理论问题进行了探讨。

关键词　汉语　侗台语　语言接触　变异机制　语言质变

* 本项研究得到国家社科基金项目“汉语水语关系词的历史层次”(项目号 00BYY026)、国家社科基金项目“汉语侗台语言接触类型及其变异机制研究”(项目号 06BYY055) 资助。研究过程中曾得到法国社科院东亚语言研究所沙加尔 (Laurent Sagart) 先生予以理论方法上的启迪指导，谨此深表感谢！

一、引言

语言的演化有两个方面的根本推力：生理的与社会的（王士元，2010）。推动语言演化的社会力量主要来自于语言接触。因此，语言接触是导致语言演变的重要动因。

语言接触现象普遍存在。上千年来，我国侗台语言始终是在与汉语接触过程中发展演变的。同时，因西南侗台语族地区各民族交错聚居，少数民族语言之间亦不断接触，从而形成了汉语与侗台语、侗台语内部诸语言之间相互渗透的程度不同、演变结果不同的种种语言接触模式。

语言接触研究是近年语言学界的热点之一，Matthews（2010：757）在《语言接触与汉语》（*Language Contact and Chinese*）一文里概述了中国境内有关汉语的语言接触七个焦点论题，从中可以看出关于中国语言的接触理论研究是比较薄弱的。本文在对侗台语言及当地汉语方言进行数次田野调查研究的基础上，拟通过汉语侗台语种种语言接触现象的观察分析，力求从理论上探究汉语与侗台语言接触类型及其变异机制。

二、侗台语里汉借词历史层次的研究思路和方法

历史语言学理论告诉我们，语音演变的三大机制是：规则音变、类推与借用（Campbell，1998：103、222）。在漫长的历史过程中，侗台语言从汉语里借用了大量的词或语素，这些借词对于侗台语言的发展演变起到了不可忽视的作用。

汉借词是汉语侗台语言比较研究的一项重要内容。将侗台语言积淀的汉语借词的历史层次梳理出来，其学术价值在于：

其一，可以促使解决汉藏语言同源词与借词纠缠不清的老大难问题，并帮助分析

汉藏语言深度接触引发语言质变的复杂问题。

其二，可以直接帮助我们了解各少数民族聚居地区的汉语方言历史情况，也可以从中了解少数民族语言自身的历史音变规律；弥补汉语方音、侗台语言历史资料欠缺的问题。

其三，为深入进行汉语与少数民族语言比较研究提供可资借鉴的研究思路和途径。此外，通过不同历史层次汉语借词的特点分析，还可以从中获取民族迁徙、汉族与侗台各民族文化交往史的不少信息。

研究侗台语言里汉语借词历史层次主要依据“关系词分层法”(曾晓渝，2004：12-16)，具体有三个步骤：

第一，有关少数民族语言与当地汉语方言的田野调查，这是必不可少的。

第二，找出有关少数民族语言里与汉语有音义对应的关系词。

第三，分析出关系词里的汉语借词并整理其历史层次。

几个步骤中，核心部分在第三个步骤。这一步骤的难点在于古代汉语借词与本族词的分辨，要克服这一困难，就要求研究者做到：首先，熟悉所要研究的民族语言，不仅要掌握已有的相关语言资料，更重要的是实地调查获得第一手材料；其次，考察这个民族的历史发展及迁徙聚居地，尽可能查阅所有相关的历史典籍文献资料；再次，了解这个民族历史上曾经聚居之地的汉语方言的现状及其历史；最后，熟悉汉语上古、中古构拟音系，以便作为层次分析的重要参照。

三、汉语侗台语深度接触典型现象分析

3.1　汉语侗台语言的接触类型

语言接触的类型可以根据接触程度分为“浅度接触型”“中度接触型”和“深度接触型”。由于语言接触是双方面的，所以，从不同的语言角度看，接触程度就有不同的界定。

从汉语的角度看，侗台语言所在的西南地区汉语方言受侗台语言的影响不深，其中西南官话（包括桂柳话）受影响最小，平话（包括土拐话）、白话（粤方言）、六甲话所受影响也不太大。至于广西平话、白话、六甲话中存在很少量的中心语在前的现象，可以认为是这些南方方言形成初期（秦汉至唐宋时期大量中原汉人南迁并世居于此）所留下的南方民族语言的某些底层色彩。这些汉语方言的语音、词汇、语法各方面都充分完整地体现了汉语特点。因此，侗台语言所在地的汉语方言受侗台语影响的程度属“浅度接触型”。

而从侗台语的角度看，侗台语言受汉语的影响是比较大的，其中多数是“中度接触型”。下面用侗台语言里常用词（语素）与核心词里汉借词所占比例的统计数据显示其“中度接触型”特点：

表 1　侗台语言常用词（语素）中的汉借词比例统计

语言	调查词（语素）总数	汉借词数	汉借词所占比例	备 注
三江侗语	2958 个	708 个	24%	5 种语言里本族词所占比例平均超过 70%。汉借词平均为 27.6%。
三洞水语	2017 个	415 个	21%	
高田壮语	1822 个	690 个	38%	
黄金仫佬语	2365 个	887 个	37%	
景洪傣语	835 个	146 个	18%	

表 2　侗台语言 100 核心词中的汉借词比例统计

语言	本族词	汉侗台同源词	汉借词	备 注
壮语	92/99　占 92.9%	3/99	4/99	8 种语言的 100 核心词中本族词所占比例平均为 91%，汉借词平均为 5.1%。
侗语	87/99　占 87.8%	5/99	7/99	
水语	89/99　占 89.8%	5/99	5/99	
毛南语	91/99　占 91.9%	3/99	5/99	
仫佬语	87/99　占 87.8%	4/99	8/99	
布依语	89/99　占 89.8%	3/99	7/99	
傣语（西）	91/99　占 91.9%	4/99	4/99	
黎语	96/99　占 96.9%	2/99	1/99	

（注：各语言缺第 32 词项“脂肪”，所以上表比较词项为 99 个）

以上统计数据可以帮助我们认识侗台语言词汇方面的基本特点，换言之，如果与侗台语言相关的某语言的汉借词大相径庭于上述“中度接触型”的平均数，那么，其性质就要特别研究了。

3.2 汉语侗台语深度接触典型语言——诶话（曾晓渝、高欢，2010）

诶话，即五色话，是广西融水苗族自治县永乐乡中自称为“诶[ɛ44]”族群（其民族成分为壮族）的人们所说的一种作为母语的语言，目前使用诶话的大约有5000人。

诶话的性质问题一直备受学界关注，已有学者对此提出不同看法，即：“五色话已受了汉语的深刻影响，可以算是侗傣语族中具有混合特征的一种独立语言。”（陈其光、张伟，1988）“五色话是一种受汉语影响而发生了质变的侗泰语言。”（罗美珍、邓卫荣，1998）“五色话并不是混合语，而是受汉语影响较大的壮侗语族的一种语言。”（韦茂繁，2006）

3.2.1 诶话的词汇特点

我们对调查所得的2306个诶话常用词（包括单、双音节的）分析统计结果如下：

表3　诶话词汇构成的总体统计

来源成分	数量	约占比例	备　注
侗台语	460	20%	包括壮傣、侗水语支语言
汉语	1393	60%	主要是土拐话
特有词	29	1%	诶话所独有的词
混合词	424	19%	侗台语内、汉－侗台、特有－汉、特有－侗台的合成词

表4　斯瓦迪士200核心词的统计①

来源成分	第一百核心词（98个）	约占比例	第二百核心词（94个）	约占比例
汉语	23	23%	46	48%
侗台	62	63%	35	37%
特有词	4	4%	2	2%
混合词	9	9%	11	12%

关于核心词的统计，有三点说明：

第一，200核心词的音义判断以现代汉语方言和侗台语言为主要依据，比如，壮语“眼睛”音[pia^1]或[ta^1]（方言差异），诶话“眼睛”音[pia^1]，同壮语，故判此词

① 统计词表中的第一百核心词中的37号“头发”由“头”和“毛”构成，72号“太阳”由“眼睛”和“天”构成，这些词本身又都属于二百词，所以只统计了98个词；第二百核心词中的2号“动物”、7号“呼吸”、28号“结冰”、37号“打猎”、39号“冰”这5个词空缺，78号“吮吸”与第一百词中的54号“喝”是同一个词，省去，所以只统计94个词。

源自壮语。

第二，侗台语词在第一百核心词中占 63%，在第二百核心词中比例下降为 37%；汉语词则相反，在第一百核心词中仅为 23%，第二百核心词中上升为 48%：由此透露出了诶话形成时期始发语（基础语）与目标语的信息。

第三，在第一百核心词内的 62 个侗台语词中，壮语词有 53 个，占 62%，这表明壮语对于诶话的特殊意义。

3.2.2　诶话的语法特点

与汉语相比较，诶话的词法、句法的主要不同点在于：一部分修饰成分位于中心成分之后。在我们所调查的 2306 个诶话词中，有修饰关系的合成词总计 637 个，其中绝大部分是中心语在后，具体统计如下：

表 5　修饰关系合成词统计

结　构	数　量	约占比例	备　注
中心成分在后	564	89%	与汉语结构一致
中心成分在前	53	8%	与侗台语结构一致
中心成分可前可后	20	3%	

表 6　斯瓦迪士 200 核心词中修饰关系词的情况统计 ①

结　构	第一百核心词中的数量比例	第二百核心词中的数量比例	备　注
中心成分在后	5 个，71%	8 个，100%	与汉语结构一致
中心成分在前	2 个，29%	0	与侗台语结构一致
中心成分可前可后	0	0	

以上两项统计的结果告诉我们，尽管诶话里修饰关系词的有些中心成分在前，这在一定程度上反映出侗台语言的特点；但是，无论是在一般常用词还是核心词里，这种中心词在前的结构比例都极小，不足以证明诶话的侗台语言性质。换言之，诶话的语法特点无疑是以汉语为主色调的。

3.2.3　诶话的语音特点

总体而言，诶话的语音系统与当地汉语土拐话十分近似，特别表现在韵母系统和

① 第一百核心词中，中心成分在后的 5 个词是“这个、那个、树皮、男人、女人”，中心成分在前的 2 个词是“月亮、头发”；第二百核心词中，中心成分在后的 8 个词是“左边、右边、那里、背部、小孩儿、树林、这里、大腿”。

声调系统方面。例如，诶话有 122 个韵母，当地土拐话有 110 个韵母，在结构上均有开、齐、合、撮四呼，也都有辅音韵尾 -m-n-ŋ-p-t-k；声调方面，二者的调类、调值几乎是相同的。比较如下：

表 7　诶话与当地土拐话声调比较表

诶话				融水土拐话		
	调类	调值	例词	调类	调值	例词
舒声	1	51	厚狗笋年	阴平	51	高开婚
	2	331	田叔藤布	阳平	331	穷寒鹅
	3	44	脸紧妈头	上声	44	古口好五（清上、次浊上）
	4	455	矮脏叶姓	阴去	455	盖抗汉共 | 厚社（含部分全浊上）
	5	335	姐蛇肉病	阳去	335	近是 | 害岸（浊去、全浊上）
促声	6	54	挖百八脱	阴入	54	急曲黑割缺歇
	7	24	蜡袜血大	阳入	24	月局合

不过，诶话的声母系统与土拐话虽然相似，但有一点明显差异，即诶话有一套清鼻、边音声母，而土拐话是没有的。下面是诶话声母表（我们将其中的腭化成分 [j] 和唇化成分 [w] 分别处理为韵母的齐齿呼韵头 -i- 与合口呼韵头 -u-）：

表 8　诶话声母表

p 巴摆拜本	ph 卖炮破泡	m8 狗回醉霉	m 麻叔亩树		f 法肺雨翻
t 短填碟条	th 跳脱推梯	n8 厚脸笋谁	n 鼻难南脑	l8 暖路多笑	l 赖立捞拉
ts 蚕贼爪买	tsh 擦错脆楚				s 三洒绳桑
tɕ 装照占铲	ɕh 抄窗吹蠢	ȵ8 臭蚊	ȵ 忍虾饱冷		ɕ 少双洗霜
k 喂弓穷金	kh 盐轻留欺	ŋ̊ 脖屎痒蹭	ŋ 芽蟹藕碗		x 喊辣药海
ø 鸦印页一					

诶话中的这套清鼻、边音声母“m8-n8-ȵ8-ŋ̊-l8-”，不仅汉语土拐话里没有，侗台语族语言的壮傣语支里也没有，只有侗水语支里的水语、仫佬语、莫话、锦话才有这套特殊声母。可以说，与韵母、声调的结构要素相比较，甚至与其他声母类别相比较，发音特别的成套的清鼻、边音声母是很难借用或受传染的，它在很大程度上反映了底层音系的特点。由此我们注意到，侗水语言对于诶话，和壮语一样，是基础性的。

3.2.4　对诶话性质的认识

这里将诶话与侗台语言的差异列表比较如下：

表 9　诶话与侗台语言差异比较

语言	常用词中的汉借词比例	100 核心词中的汉借词比例	主要语法特点	语音特点
侗台语言	平均 20%~30%	平均 5.1%	中心语 + 修饰语	有清鼻边音，无 -y- 介音
诶话	60%	23%	修饰语 + 中心语（同汉语）	有清鼻边音，有 -y- 介音

显然，诶话不仅在词汇方面汉借词的比例大大超过侗台语言的平均数，而且在语法、语音方面也与侗台语言有结构性的差异，因此可以认为：诶话的语音、词汇、语法各个层面的结构与要素里汉语、侗台语言的成分交错融合浑然一体，它既不是侗台语言，也不是汉语，而是体现汉语、壮傣、侗水多种语源色彩的融合体。

3.2.5　诶话的形成机制

在广西，尽管长期以来汉语和壮语作为优势语言对其他少数民族语言影响很大，但各个少数民族语言依然具有独立性，并未发生本质变化。可是，诶话却是一个例外。根据当地传说，诶话族群与明朝的“以蛮制蛮”政策相关，他们的先民很大可能是来自壮族为主的侗台民族与汉人共同组建的当地驻军，因为历史上融水县地处军事要塞之地。对于诶话的形成机制，我们也有两种设想：

第一种设想，在相对集中封闭的军营里，以壮族人为主的士兵们与当地其他侗台民族的妇女（相当部分来自侗水语支民族）通婚组成家庭，这样，他们日常生活中使用不同母语的交际压力度是相当高的；同时，一般说来军营里的汉人具有优越地位，所以士兵及家属们还不得不对外以汉语交际，于是开始有了侗台、汉族人之间相互交流的中介语。这种中介语逐渐固化，形成了这个特殊社团的母语诶话。

第二种设想，作为以壮族为主的士兵和以当地仫佬族为主的家属们基本上都是汉语和本族语的双语者，由于生活在相对封闭集中的以汉族军官为权威的军营中，他们的日常用语更多地使用汉语，这样，他们的汉语中自然要带入自己的母语成分，而他们的母语中又自然带入了许多汉语成分。值得强调的是，这群军人及家属的特殊身份，决定了他们的语言要区别于周边老百姓的“别同”心态，而这种语言态度决定了诶话的形成，并作为母语传承下来。

笔者目前倾向于第二种设想。因为，如果是第一种设想，那么在高度语言交际压力下形成的语言混合现象的突出特点是“简化”，而诶话与侗台语言相比，其音系结构更加复杂化，既保留了侗台语言的清鼻边音声母和全部塞音韵尾，还融入了汉语成套的送气声母和撮口呼韵母的特点。

3.3 壮汉中介书面语“壮汉语”（曾晓渝，2009）

所谓“壮汉语”，是指壮族人用壮语来朗读汉文书报的一种特殊语言现象。当地壮族人用壮语逐字逐句朗读汉文书刊、报纸，听者“无论是壮族还是汉族，都一致认为这是在用壮语朗读而绝不是在用汉语朗读”（班弨，1999：1）。在邕宁、上林等县的壮族聚居地，至今仍有乡村教师用“壮汉语”来朗读汉语课文和解读概念、词义，所以当地人认为“壮汉语”是一种行之有效的“教学辅助语”（班弨，1999：79）。

3.3.1 “壮汉语”与当地壮语、汉语的语音关系

“壮汉语”存在于广西中南部的十多个县，在这一片区域里，壮语既有北部壮语（没有送气声母），也有南部壮语（有送气声母）；汉语则是以桂南平话为主。不过，各县的桂南平话之间有差异，名称也不同，如“平话”“蔗园话”“客话”等（李连进，2000：2）。根据已有的相关研究成果，我们选取存在“壮汉语”的属于南部壮语的邕宁壮语（有送气声母）和属于北部壮语的上林明亮乡壮语（无送气声母）两个代表点进行比较分析。

3.3.1.1 与当地壮语的语音关系

声母方面，邕宁壮语比“壮汉语”多了两个 /b- /d-（班弨，1999：28），这两个声母是当地汉语没有的；上林明亮乡壮语比“壮汉语”多了 /b /d /m /n /ȵ /ŋ /v /j /ŋw ɣ pj mj 12 个（刘爱菊，2000：5），这些声母是当地汉语没有的。两地“壮汉语”声母系统的共同特点是：当地壮语与当地汉语方言声母系统的重合部分构成了“壮汉语”的声母系统。二者的差异在于：邕宁“壮汉语”有送气声母，上林明亮乡“壮汉语”没有送气声母。这是因为邕宁（邕南）当地的壮语有送气声母，而上林明亮乡当

地的壮语没有送气声母。由此可见，“壮汉语”声母系统格局受制于当地的壮语音系。

韵母方面，邕宁壮语比“壮汉语”多了 iːm im in it eu em ep eːt et ek oːt yːm yŋ yːp yːt yk（班弨，1999：28-29）；上林明亮乡壮语比“壮汉语”多了 im em ep et ek oːm oːt op uem um uen uəp up ɯt ɯk 15 个韵母（刘爱菊，2000：7）。两地的“壮汉语”韵母系统均与当地壮语韵母系统的结构格局一致，没有超出壮语音系的范围。

声调方面，邕宁与上林明亮乡两地的“壮汉语”声调系统分别与当地壮语声调系统的调类、调值完全一致。

这里，还有必要看看壮汉语与壮语里汉借词的读音关系。在此引用一段上林明亮乡壮族民间故事《八哥和皇帝》与“壮汉语”的读音对比（刘爱菊，2000：34-37）：

汉语　古 时 候 有 个 老 奶 奶，她 没 有 儿 子，就 拿 一 只 八 哥 来 当 儿 子。
壮汉语　ko^{3} ɬei^{2} hau^{6} jou^{4} ko^{5} lau^{4} nai^{4} nai^{4}，ta^{1} mut^{8} jou^{4} ŋei^{2} sei^{3}，sou^{4} na^{1} jit^{7} sek^{9} **pet**^{7} **ko**^{1} lai^{2} taŋ^{1} ŋei^{2} sei^{3}
壮语　siu^{6} pu^{4} lau^{4} mei^{2} pau^{1} hau^{3}, ti^{1} di^{1} mei^{2} lɯk^{10}, si^{4} taɯ^{2} tu^{4} ɣok^{4} **pet**^{7} **ko**^{1} hau^{3} tau^{3} ku^{4} lɯk^{10}。
古 时候有 奶奶 一个 她 没 有 儿子，就 拿 只 鸟 八 哥 一个 来 做 儿子。

以上加粗处显示，壮语里的汉语借词凡是与“壮汉语”用词相同时，其读音一样；也就是说，“壮汉语”读音基本与壮语里的汉语借词读音一致。

3.3.1.2　与当地汉语方言的语音关系

邕宁与上林两地的汉语方言均属桂南平话，分别称其为“平话”与“客话”。

声母方面，“壮汉语”与当地汉语绝大部分是对应一致的，分歧主要在塞擦音部分，比如邕宁平话古清母字只一种读音 tɕh，当地“壮汉语”则读 tɕh、ɕ 两个声母；上林明亮乡汉语客话古精组字声母一律读 ts-，当地“壮汉语”则读 s。由此可见，“壮汉语”与当地汉语的声母系统是有差别的。

韵母方面，“壮汉语”与当地汉语基本上是对应重合的，而且在结构系统方面，阴声韵、阳声韵、入声韵的对应基本一致，都有辅音韵尾 -m -n -ŋ -p -t -k。不过，也有一些差异，比如“猪举雨去”上林明亮乡汉语客话韵母为 -y，“壮汉语”为 -aɯ。所以，“壮汉语”与当地汉语的韵母并不等同。

声调方面，“壮汉语”与当地汉语的调类基本对应一致，调值与上林明亮乡客话完全一样，与邕宁平话有一定差异。

3.3.1.3　小结

“壮汉语”与当地壮语、汉语的声韵调系统有相当部分是重合的，也有部分差别。不过，“壮汉语”与壮语、汉语的关系有所不同：“壮汉语”的声韵调系统完全在壮语音系框架之内，即凡是“壮汉语”有的声、韵、调，壮语都有；而与汉语则不然，“壮汉语”的一些韵母，当地汉语没有，声调也不完全一样。图示如下：

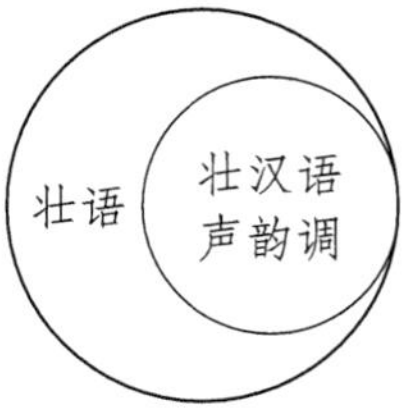

图 1　“壮汉语”与壮语的语音关系

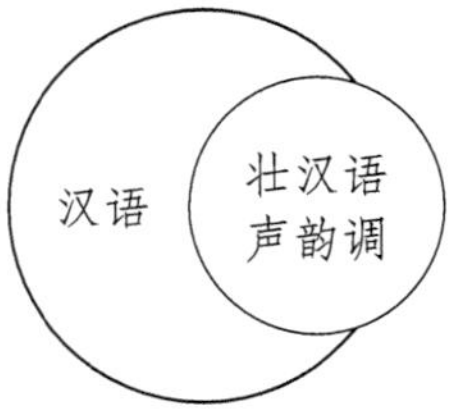

图 2　“壮汉语”与汉语的语音关系

3.3.2　关于“壮汉语”的性质及其形成机制

3.3.2.1　“壮汉语”的性质

以往的研究没有直接论及“壮汉语”的性质问题，但有一些相关看法。一种观点认为，“壮汉语”来源于古平话，古平话是宋代以来广西地区的官方（土司）和教育用语，由于部分壮族乡村地区受外来影响小，故至今仍然沿用古平话作为官方及教育用语。不过，在代代相传的延续过程中，古平话受到壮语语音的影响，终于形成了今天的“壮汉语”(班弨，1999：75-76)。另一种观点认为，壮语接触了平话之后，便逐渐形成了“壮汉语”(刘爱菊，2000：28-29)。

以上两种观点有差异，但也有共同点，即都认为“壮汉语”与平话直接相关。可是，平话可以用于口语交际，而“壮汉语”则不具备这一功能；另外，平话是汉语，而不能说“壮汉语”就是汉语：这表明“壮汉语”与平话具有一些本质的区别。再根据前文所讨论的“壮汉语”与壮语、汉语的语音关系：“壮汉语”的声韵调完全在当地壮语的音系范围之内并且与之重合，而与汉语则不然。因此，笔者认为，“壮汉语”的性质可以表述为：**是汉语与壮语深度接触后形成的一种特殊语用现象，是壮族人依据自己母语壮语的音系规则来朗读汉语文字句，它既不是壮语，也不是汉语方言，而是“壮汉中介书面语”**。

3.3.2.2 “壮汉语”的形成机制

在广西壮族自治区的广阔区域里，壮族人民居住于自治区东西南北的各个市县并至今沿用壮语母语。可是，只有中南部的邕宁、上林、宾阳、横县等十几个县存在“壮汉语”现象。这是为什么呢？在有“壮汉语”的这片地区内，壮语方言既有北部壮语，也有南部壮语；汉语方言西南官话、白话（粤语）等在其中的部分县有所分布，而桂南平话则是这十几个县所共有的。考察其他不存在“壮汉语”的壮族聚居区的语言状况，非典型的桂南平话使用地，是其他壮族地区与这片地区最明显的差别。

广西各地的壮语里均有中古和近现代汉语借词，但是，并不是所有壮语里的汉借词都能明确划分出历史层次。比如，在西南官话桂柳话通行的桂北地区，当地壮语里的汉语借词明显分为中古层（借自平话）和近现代层（借自西南官话）。这里以笔者调查过的桂北阳朔高田乡壮语为例，新老汉借词可以依据声调及韵尾的明显差异来区分：

表 10　高田壮语里近现代汉借词

桂林官话	高田壮语汉借词调类对应	汉借词举例
阴 平 44	5 调　55	猜 saːi^{55}　粗 su^{55}　风 foŋ^{55}
阳 平 21	2 调　231	楼 lau^{231}　游 jou^{231}　裂 li^{231}
上 声 54	3 调　52	选 syan^{52}　管 kuːn^{52}　汞 koŋ^{52}
去 声 24	4 调　224	败 paːi^{224}　翘 kjou^{224}　用 joŋ^{224}

表 11　高田壮语里中古汉借词

汉语声调		高田壮语借词声调	壮语借词举例
阴平	清	52（1 调）	搬 puːn^{52}　包 paːu^{52}
阳平	浊	231（2 调）	茶 sa^{231}　朝 ȶiːu^{231}（～向）
阴上	清	原 53（3 调）> 52（1 调）	胆 taːm^{52}　点 tim^{52}
阳上	浊	35（4 调）> 224（同第 6 调）	辫（～子）pin^{224}　老 laːu^{224}
阴去	清	55（第 5 调）	快 wai^{55}　四 sei^{55}
阳去	浊	213（6 调）> 224	地 tai^{224}　病 pɯŋ^{224}
阴入	清	55（7 调）	八 pjeːt^{55}　塞 sak^{55}
阳入	浊	24（8 调）	笛 tik^{24}　六 lok^{24}

但是，在西南官话影响不大、桂南平话通用的广西中南部，壮语里的汉借词就很难区分出近现代与中古的层次差别来，因为当地通用的桂南平话的声、韵、调与《切

韵》音系对应整齐，与中古平话的音系结构一脉相承，变化不大。因此，单从语音上分析，该地区壮语里的中古及近现代汉借词层次差别很小，声、韵、调大致相同。

前文（3.3.1.1）显示了“壮汉语”字音基本与壮语里的汉语借词读音一致，而广西中南部壮语里的汉语借词读音自中古到现代基本上变化不大，当地所通用的桂南平话又在音系结构上与壮语里的汉借词整齐对应，这就为该地区的壮族人将汉字读音转换为壮语里汉借词的读音奠定了有利基础。壮语里的汉借词已是壮语的一部分，因此，“壮汉语”听起来是壮语音而不是汉语。这里还有必要说的是，“壮汉语”是用壮语读汉语书报，对于新词语，即使壮语里汉借词所无，也可以根据借词的语音匹配规律读出来，因为语码转换机制是人脑所固有的。

“壮汉语”音依据壮语里的汉语借词读音规则，汉借词的读音又受制于壮语音系特点，不同的壮语方言，汉借词音系特点不同。比如，壮语北部方言没有送气声母，其汉借词也就将次清声母转换为同部位的不送气声母，“壮汉语”亦然。所以，邕宁“壮汉语”有送气声母，而上林明亮乡的“壮汉语”没有送气声母，因为两地的壮语方言有南北差异（参见 3.3.1.1）。

综上，使用“壮汉语”应具备的条件是：会壮语、桂南平话、识汉字，三者缺一不可。“壮汉语”的形成机制简示如下：

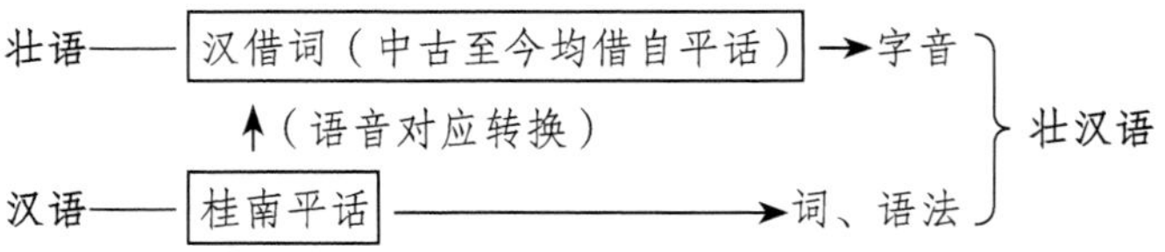

四、语言深度接触的相关理论思考探讨

汉语和侗台语言之间的接触，既是地缘接触，也是文化接触。接触结果往往是汉语受侗台语言影响较小，侗台语言受汉语影响较大，多数表现为“中度接触型”，而极少数表现为“深度接触型”，如诶话，这种特殊结果尤其值得关注。

在此，有必要再把视野扩展到笔者较熟悉的倒话、莫语、回辉话等，它们与诶话一样，是中国境内因语言深度接触而形成的、作为母语传承的独立语言。这些语言的特殊性在于：不是由某个祖语继承或分化来的，而是两种（或多种）不同语言深刻接触所导致的语言质变结果，因此难以在语言谱系树中确定它们的地位。

语言质变是一个过程。两种（或多种）语言在相互接触过程中，它们的语言类型差距是否对接触变异的结果发生作用？或者说，语言类型差距的大小不同，是否会使深度语言接触所发生的语言质变现象在语音、词汇、语法诸方面的结构变异存在指向差别？这个问题在我国学者的研究中尚未找到相关论述，国外学者的论述很少（文莱奇 Weinreich，1970；托马森 Thomason，1991、2001、2007），其中也未找到我们问题的答案。这里根据笔者近年来的研究思考，围绕语言类型差距与语言深度接触导致的语言质变现象的关系问题进行探讨（曾晓渝，2012）。

4.1 中国境内几种特殊语言的基本特征及其形成机制

4.1.1 倒话

倒话是四川甘孜藏区的一种特殊语言。两百多年前一批汉族清兵被派往河口（即今甘孜州雅江县河口镇，倒话主要使用区）驻兵镇守，汉族船夫也被征来经营渡口，他们逐渐与当地人联姻，世代居住繁衍成为如今使用倒话的居民。倒话最显著的特点在于：一方面，词汇主要来自汉语，其基本词汇中来自汉语的词占绝对优势地位；另一方面，在语法结构层面上又与藏语的 SOV 语序和动词的体、态、式、情态等语法范畴有着高度的同构关系（意西微萨·阿错，2003、2004：6）。

倒话是怎样形成的呢？

一种设想是：倒话是在高度交际压力下形成的家庭藏汉中介语，再经过第二、三代的石化最终形成的；在汉族军人、船夫与藏族妇女所组成的第一代家庭里，父亲与母亲各自的母语无法沟通，为了生活，他们被迫学习、迁就对方语言，于是逐渐形成了倒话——词汇主要来自父系的，语法主要来自母系的。但这一设想的问题是，家庭中的汉族男主人（军人、船夫）能够或有必要掌握复杂的藏语语法吗？而且，交际压力导致产生的皮钦语是相互简化，倒话的语法不仅未磨损藏语的特点，还加入了汉语数量结构、被动句式的特点，似乎更复杂了。

另一种设想是：当初雅江河口镇驻军营地是藏区中的汉语方言岛，汉族军人及船夫由于其政治、经济上的优越性并无生存上的交际压力，他们可通过当地藏汉双语者（藏族历来有懂汉语的知识分子或商人）与藏族人交流。而嫁入军营的藏族妇女因生存压力学习汉语，逐渐成为双语者，不过，她们的汉语是“不完全学习”的结果——词汇是汉语的，语法则自然带入了藏语的复杂特点。并且，为区别于周边藏区语言，显示其政治经济上的优势地位，这些军营中的藏族妇女因其特殊身份自觉使用了一种既不是藏语也不是汉语的独特语言，并作为母语一代代传承下来。

4.1.2　莫语

莫语是贵州荔波县莫家人（ai^3 $ma:k^8$）和锦家人（ai^3 ȶam^1）所讲的语言，莫语与水语同属于侗水语支语言。莫话、水语、布依语都属于侗台语族，就核心词而言，莫语水语关系词在90％以上，莫语布依语关系词不到80％，但是在常用的一千词中，莫布关系词的数量有超过莫水关系词的趋势。语法方面，三种语言十分相似，只是在极细微的地方布依语和水语略有差别，这时，莫语往往和布依语一致。莫语与布依语的接触是深刻的，与水语相比，莫语无论在语音、词汇及语义、语法方面，都表现出很强的布依语特征（王宇枫，2005）。

设想早期莫家、锦家人从以水语为主的环境中迁离至布依族聚居的社会环境中，一方面他们内部用莫语，另一方面，他们学会了当地强势的属于壮傣语支的布依语。根据我们的田野调查，莫家人与布依族彼此认同，他们普遍结成婚姻关系，莫语者的民族成分是布依族。可以认为，莫语产生的最直接的动因在于莫家人内部普遍的双语制，与布依族共同的民族心理、社会生活，促使莫语逐渐形成了“水语布依语化”的独有特征（王宇枫，2011）。

4.1.3　回辉话

回辉话，是海南三亚回辉、回新两个村庄回族人所讲的语言。回辉话的主要特点：一是100核心词中63%来自占语拉德语，日常用词则55%来自汉语（其余的约18%回辉话特有词,23%占语拉德语词,3%侗台语词）；二是基本句型为SVO，与汉语、侗台语以及南亚语的语序一致，修饰语基本在中心语之前；三是声母、韵母、声调结构系统及单音节语素特点与当地汉语闽方言和黎语有很高相似度。因此，回辉话是由占语与汉语、黎语等长期深度接触而发生质变的一种特殊的独立语言，已蜕变了南岛语的基本类型特点（曾晓渝、尹世玮，2011）。

大约自宋代开始，三亚的回族先民或因经商或因避难迁徙，从占城来到三亚。近千年来，回辉话的先民在与当地汉族人和黎族人的交际过程中，成为熟练的双语者甚至多语者；同时，又由于回族伊斯兰教文化的强大凝聚力，使他们始终保持着本族群的语言特色，于是逐渐形成了回辉话这种特殊语言。可以说，民族别同心态是产生回辉话的根本动因。

4.1.4 小结

一般说来，语言质变的根本动因亦即形成机制主要有两种：一种是 A、B 两种不同语言单语者在高度语言交际压力下产生皮钦语或克里奥尔化；另一类是 A、B（或者还有 C）双语人在特定环境中因其族群的别同心理而“蓄意造出”一种新语言。

上述中国境内的特殊语言倒话、诶话、莫话、畲语、回辉话均无文字记载，根据田野调查研究，我们只能推测其形成机制有的既可能是第一种，也可能是第二种，或者两种交错，因为这两种情形不是绝对对立的。不过，笔者倾向于第二种可能性更大些，即这些特殊语言很可能是双语者在特定环境中因其族群的别同心理而蓄意造出的。无论是哪一种动因机制，都造成了语言的质变。那么，其质变结果是否因为相关语言的类型差距大小不同，在语音、词汇、语法诸方面的结构变异存在指向差别呢？

4.2 中国境内特殊语言的结构特点比较分析

语言接触及变异研究中，通常依据说话者的身份、言语态度及语言现象将相接触的语言分为始发语和目标语。根据对上述的倒话、诶话、莫话、回辉话，以及与之性质相同的五屯话、唐汪话、扎话（孙宏开等主编《中国的语言》，2007：2508-2620）这些特殊语言的结构特点进行比较分析，我们发现它们在 100 核心词、语法、语音特征上有明显的类别差异，而这种差异与始发语和目标语的类型距离大小存在一定关系。如下表：

表 12　特殊语言结构特点比较分析表

	源语言		语言质变结果	母语者民族	语言系统构成特点	始发语与目标语的类型关系
	始发语	目标语				
甲类	藏语	汉语	倒话	藏族	100 核心词以汉语为主，语法以藏语为主，藏语语音要素	SOV 与 SVO 语言相接触，语法形态差异很大
	藏 / 蒙语	汉语	五屯话	藏族	100 核心词以汉语为主，语法以藏 / 蒙语为主，藏语语音要素	
	东乡语	汉语	唐汪话	回族 东乡族	100 核心词以汉语为主，语法以东乡语为主，东乡语语音要素	
乙类	壮语 / 仫佬语	汉语	诶话（五色话）	壮族	100 核心词以壮语为主，语法以汉语为主（中心语在后），侗台语语音要素	都是SVO语，形态较缺乏，但修饰成分前后相异
	水语	布依语	莫语	布依族	100 核心词倾向于水语，语法细微处倾向于布依语，水语语音要素	同语族 SVO 语，语法基本一致
	达让 / 格曼语	藏语	扎话	藏族	核心词以达让、格曼语为主，语法体现藏语的主要特点，达让、格曼语语音要素	同语族语言，都是 SOV 语，均有丰富的形态
丙类	占语	汉语	回辉话	回族	100 核心词以占语为主，语法以汉语为主，汉语语音要素	占语属南岛语 VSO 型还是南亚语 SVO 型存疑

上表说明：

① 倒话、五屯话、唐汪话的 100 核心词依据阿错提供的数据统计，诶话、莫语、回辉话的依据笔者统计，扎话的依据“藏语在词汇上未能彻底进入扎话的最核心部分”（孙宏开等，2007：2608）。

② 回辉话始发语的占语究竟是属于南岛语 VSO 型还是南亚语 SVO 型，或者是南亚语中的混合语，学界的说法不一。我们推测，占语可能不是典型的南岛语类型，古占婆国在被越南攻占并最终被吞并的近 800 年间，占语很可能发生了结构性的深刻变化，其语序可能已经不是典型南岛语的 VSO，而变成了类似越南语的 SVO 型，这与汉语是一致的（曾晓渝、尹世玮，2011）。

③ 表中倒话、五屯话、唐汪话、诶话、莫语、扎话、回辉话的常用词均以目标语为主。

在上表的基础上，提炼归纳出以下简表做比较：

表 13　特殊语言结构模式分类对比表

类别	语言结构模式				始发语与目标语的类型差距	语言案例
	核心词	语法特点	语音要素	一般常用词		
甲类	目标语为主	始发语为主	始发语为主	目标语为主	差距大	倒话、五屯话、唐汪话
乙类	始发语为主	目标语为主	始发语为主	目标语为主	差距小	诶话、莫语、扎话
丙类	始发语为主	目标语为主	目标语为主	目标语为主	差距存疑	回辉话

由于丙类的相接触语言之间类型差距存疑，暂不做重点讨论。

值得注意的是甲、乙两类：相接触语言之间类型差距的大小不同，其语言质变结果在核心词和语法特点两方面所体现的目标语、始发语主要特征正好相反；二者的一致之处在于语音要素以始发语为主，一般常用词以目标语为主，这说明语音的底层干扰力很强，而一般常用词是比较容易习得改变的。

那么，甲、乙两类反差现象的发现，会给我们什么样的启示呢？

4.3　相关语言接触理论的思考探讨

4.3.1　关于母语转换结果的质疑

托马森和考夫曼论语言接触，对“母语坚持的借用干扰”和“母语放弃语言转换的底层干扰”有比较经典的论述，概括如下（Thomason and Kaufman，1991：50）：

表 14　托马森和考夫曼理论概要表

接触程度	Ⅰ. 母语保持过程中的借用干扰	Ⅱ. 母语放弃语言转换过程中的母语底层干扰
轻度	母语里借入被借语的部分词汇（非基本词）	所学的目标语里带有少量的母语语音、语法特征（笔者注：二语习得的高水平）
中度	母语里借入被借语的大量词汇（包括很少量的核心词）和部分语音成分、语法结构	所学的目标语里融入大量的母语语音、句法特点（笔者注：二语习得的初等水平）
深度	相当数量的核心词借用，借词超过大半；大量的语法替代，语言转型	只对目标语词汇成功习得，导致目标语与母语混合——克里奥尔化（笔者注：二语习得失败）

显然，托马森认为，在深度接触的层级上，“母语保持的借用干扰”和“母语放弃语言转换的底层干扰”的结果本质上是相同的，即核心词均指向目标语，这种深度接触的语言形式经过石化，语言质变得以实现。

根据前面4.2的论述，倒话、五屯话、唐汪话、诶话、莫话、扎话、回辉话应该大致划归于表14中的“Ⅱ．母语放弃语言转换过程中的母语底层干扰”一类。在4.3中可以看到，甲类的倒话、五屯话、唐汪话的100核心词以目标语为主，这与托马森的理论不矛盾；可是，乙类诶话、莫语、扎话，以及丙类的回辉话的100核心词以始发语为主，这些语言事实对托马森的理论是具有挑战性的。

我们认为，托马森的理论是有局限性的。可能她所掌握的语言材料基本上是相接触语言的类型差别较大，所以，对于语言结构类型相近、相同或存疑的深度接触结果，如中国的诶话（五色话）、莫话、回辉话，核心词均以始发语为主的现象，她的理论就缺乏解释力了。

4.3.2　关于语言质变的充要条件

世界上语言质变现象的发生概率很低。那么，在怎样的情况下语言会发生质变呢？

根据中国境内几种特殊语言的观察分析，语言质变的主要条件有：

①高度的语言交际压力，比如，A、B两种不同语言单语者在高度语言交际压力下导致双方语言发生质变。

②说话者特殊身份的别同意愿，比如，A、B（或者还有C）双语者因其特殊族群的别同心理而蓄意造出一种新语言。

③相对封闭稳定的生活圈（关乎生存的言语社区）。

上述三个条件中，有客观性的，也有主观性的。对于第一条“高度的语言交际压力”这一客观条件人们普遍认同，体现了语言是交际工具的本质特征，毋庸赘述。

第二条“说话者特殊身份的别同意愿”这一主观条件，人们对此认识不足或存有疑虑。因为双语现象普遍存在，双语者可以根据不同环境自由选择使用A语言或B语言（事实也如此），一般不太可能产生、也没必要转用一种新的“A+B”语言。那么，是怎样的双语人群偏偏要转而使用一种新的“A+B”语言呢？答案是：双语中的任何一种语言都不足以明示他们想要彰显的、与生存状态密切相关的特殊族群身份，这样的双语人群会蓄意造出一种既不是A族语言也不是B族语言的非A非B语言——“A+B”新语言。对于这样的特殊族群，语言首先是本族群身份认同感、凝聚力的象征，这是不可忽视的。

第三条“相对封闭稳定的生活圈”以往未予以强调，其实这是非常重要的。如果没有这一条件，在语言交际压力下形成的“中介语”可能只是临时性的，如洋泾浜英语、云南的“傣汉语/汉傣语”（陈保亚，1996）、吉林的“珲春朝汉语中介语”（贾敬杰，2006）等就不会石化，更不会作为母语传承。另外，如果没有相对封闭稳定的生活圈，没有相互交际的言语社区，即使“特殊族群身份的别同意愿”再强烈，双语者也不可能实现“A+B”新语言的转用。

因此，基于对语言质变三个主要条件的分析阐释，笔者认为语言质变的充要条件应该是：“①+③——高度的语言交际压力和相对封闭稳定的生活圈”或者“②+③——说话者特殊身份的别同意愿和相对封闭稳定的生活圈”。

这里，需要强调的是语言质变充要条件之“②+③”。托马森在《语言接触和蓄意演变》一文（Thomason，2007，谷峰译，2011：167、187）中指出：“成年说话者的蓄意选择既可以改变语言的词汇，也可以改变其结构，这种变化对语言的影响绝非微乎其微。……虽然比较方法适用于世界上绝大多数的语言，但要是说话者的选择严重扭曲了一种语言的词汇和语法，比较方法就必然不能派上用场。”文章引用了分布于西欧、南非、南美、南亚的若干语言案例来予以论证。对此，中国境内的倒话、诶话、莫话、回辉话等，也可用以支持托马森的观点。

4.3.3 关于语言质变结果的预测

对语言质变的结果能否预测，目前具有代表性观点的仍是托马森的如下论述：

其一，“皮钦语产生的最好的起点是相互简化，而这种简化的结果基本上是由相关的语言中的共有标记性特征和类型差距的结合来决定的”（Thomason and Kaufman，1991：167-168）。

其二，“通过对蓄意演变和蓄意抵制演变两个课题的研究，我们得出如下重要结论：①语言接触是无界的，接触引发的演变总是受制于特定的语言学/社会条件；

②我们既不能给接触引发的演变圈定理论围栏，也无法预测接触带来的影响；③有些学者试图发展出一套能够准确预测接触引发的演变的理论模型，但这样的理论模型根本就不可能存在，为达到该目标所做的努力必然是徒劳无功"（Thomason，2007；谷峰译，2011：167）。

概括理解托马森的上述观点：一方面，单语者在高度语言交际压力下彼此妥协简化对方的语法规则，由此产生的皮钦语或克里奥尔化的结果是语言结构相对简单；另一方面，双语者因其特殊族群的别同意愿"蓄意造出"的新语言在词汇、语法、语音系统诸方面发生演变，其结果是不可预测的。

那么，中国境内的特殊语言事实能否支持托马森的上述理论呢？

倒话、五屯话、唐汪话、诶话、莫话、扎话这六种语言，且不论究竟是被迫形成还是蓄意造出的，也不论它们哪种简单哪种复杂（因为难以确立可比项来界定），值得特别注意的是，如前文的观察发现，这些特殊语言显示出了明显的类别区分、特征反差以及共性表现（参见本文表 12、表 13），即：

甲类：相接触语言之间类型差距大，核心词以目标语为主，语法特点以始发语为主；

乙类：相接触语言之间类型差距小，核心词以始发语为主，语法特点以目标语为主；

甲、乙两类：语音要素均指向始发语，常用词均指向目标语。

显然，这种呈规律性的模式，对托马森"接触引发的演变无法预测"的结论是不支持的，因为这种规律现象告诉我们，接触引发的语言演变不一定是不可预测的。

基于中国境内特殊语言甲、乙两类现象的研究发现，我们是否可以做出这样的预测：

相接触语言之间的类型差距，在一定程度上控制着语言质变的构成特点。如果深度接触的语言之间类型差距大，其语言质变结果往往是核心词指向目标语，语法特点指向始发语；如果类型差距小，那么语言质变结果则相反，核心词指向始发语，语法特点指向目标语。不过，无论相接触语言之间的类型距离大小，其语言质变结果均在语音要素上偏向始发语，常用词偏向目标语。

当然，上述预测只是根据笔者所了解或调查研究过的语言材料提出的，也许仅限于解释中国的特殊语言事实（笔者按：孙宏开等 2007 年主编出版的《中国的语言》中总共收了 129 种语言，其中“混合语”类所列的 5 种语言是五屯话、唐汪话、诶话、扎话、倒话），至于是否对世界上类似的语言现象也具有解释力，尚待研究证实。

4.4 本节结语

首先，语言质变现象有类别之分，即如：甲类，相接触语言之间类型差距大，核心词以目标语为主，语法特点以始发语为主（以倒话、五屯话、唐汪话为例）；乙类，相接触语言之间类型差距小，核心词以始发语为主，语法特点以目标语为主（以诶话、莫话、扎话为例）；甲、乙两类的共性在于语音要素均指向始发语，常用词均指向目标语。

其次，语言深度接触的质变结果，不一定都是转用目标语的核心词，中国的诶话、莫语、扎话予以证实，这对托马森的相关理论有所修正补充。

再次，语言质变的充要条件是：“高度的语言交际压力和相对封闭稳定的生活圈”，或者“说话者特殊族群身份的别同意愿和相对封闭稳定的生活圈”，尤其是后者值得充分认识。托马森“蓄意选择可严重改变语言结构”的观点，中国的倒话、诶话、莫话、回辉话的形成机制可予以证实。

最后，鉴于中国特殊语言所呈现的规律性模式，可知相接触语言之间的类型差距，在一定程度上控制着语言质变的构成特点。因此，可以以核心词、语法特点、语音要素、常用词作为四个参项，对深度接触引发的语言质变结果进行预测。因此，托马森“接触引发的演变无法预测”的结论是值得商榷的。

参考文献：

班　弨，1991．汉字在壮语中的一种特殊读法 [J]．民族语文（2）．

班　弨，1999．论壮汉语 [M]．香港：香港天马图书有限公司．

陈保亚，1996．语言接触与语言联盟 [M]．北京：语文出版社．

陈海伦、李连进主编，2005．广西语言文字使用问题调查与研究 [M]．南宁：广西教育出版社．

陈其光、张伟，1988．五色话初探 [J]．语言研究（2）．

高　欢，2011．广西融水诶话研究 [D]．博士学位论文．天津：南开大学．

黄　理，2006．贵港大黄壮语读书音与汉语“客话”之比较 [D]．硕士学位论文．南宁：广西大学．

贾敬杰，2006．珲春朝汉中介语研究 [D]．硕士学位论文．天津：南开大学．

李连进，2000．平话音韵研究 [M]．南宁：广西人民出版社．

刘爱菊，2000．广西上林壮汉语研究 [D]．硕士学位论文．天津：南开大学．

罗美珍、邓卫荣，1998．广西五色话——一种发生变质的侗泰语言 [J]．民族语文（2）．

孙宏开、胡增益、黄行主编，2007．中国的语言 [M]．北京：商务印书馆．

王士元，2010．*The Evolution of Evolutionary Linguistics* [C]．第二届演化语言学学术会议，天津．

王宇枫，2005．同语族语言深度接触产生的语言——莫语 [D]．博士学位论文．天津：南开大学．

王宇枫，2011．莫语的性质及其形成机制 [C]．国际中国语言学学会第 19 届年会，天津．

韦茂繁，2006．五色话性质研究 [J]．民族语文（3）．

谢建猷，1991．广西陆西村壮族私塾所读汉字音 [J]．民族语文（1）．

意西微萨 · 阿错，2003．藏、汉语言在“倒话”中的混合及语言深度接触研究 [D]．博士学位论文．天津：南开大学．

意西微萨·阿错，2004．倒话研究 [M]．北京：民族出版社．

曾晓渝，2004．汉语水语关系论 [M]．北京：商务印书馆．

曾晓渝，2006．论三江侗语里的中古汉语借词 [J]．民族语文（4）．

曾晓渝，2009a．从汉借词看侗台语言送气声母的发展 [J]．民族语文（2）．

曾晓渝，2009b．论壮汉语的性质及其形成机制 [J]．语言研究（4）．

曾晓渝，2012．语言接触的类型差距及语言质变现象的理论探讨 [J]．语言科学（1）．

曾晓渝、高　欢，2010．论诶话的性质及其形成机制 [J]．民族语文（2）．

曾晓渝、尹世玮，2011．回辉话的性质再探讨 [J]．民族语文（3）．

曾晓渝、岳　静、冯　英等，2010．侗台苗瑶语言的汉借词研究 [M]．北京：商务印书馆．

张均如、梁　敏等，1999．壮语方言研究 [M]．成都：四川民族出版社．

中央民族学院少数民族语言研究所编，1985．壮侗语族语言词汇集 [M]．北京：中央民族学院出版社．

Campbell, Lyle. 2004. *Historical Linguistics: An Introduction* [M]. Mass: The MIT Press.

Matthews, Stephen. 2010. Language Contact and Chinese [A]. In Raymond Hickey (ed.), *The Handbook of Language Contact* [C]. WILEY--BLACKWELL, A John Wiley and Sons, Ltd, Publication.

Thomason, Sarah Grey. 2001. *Language Contact: An Introduction* [M]. Edinburgh: Edinburgh University Press.

Thomason, Sarah Grey. 2007. Language Contact and Deliberate Change [J]. *Journal of Language Contact: Evolution of Languages, contact and discourse*, 1: 41-62.(谷峰译，曾晓渝校．2011．语言接触和蓄意演变 [A]．石锋、张洪明主编．语言学译林 [C]．北京：世界图书出版公司．)

Thomason, Sarah Grey and Terrence Kaufman. 1991. *Language Contact, Creolization, and Genetic Linguistics* [M]. California: University of California Press.

Weinreich, Uriel. 1970. *Languages in Contact: Findings and Problems* [M]. Paris: De Gruyter Mouton.

教学语法研究的内容与方法

周小兵

提　要　跟理论语法、本族人语法相比，二语教学语法特点主要体现在对象、目标、分类、例释、规则等方面。二语教学语法研究，可从三方面进行：一是通过语义、句法、语篇、语用等多角度考察，概括二语者容易理解、运用的语法规则；二是通过汉外对比，概括语言差异等级和学习难度等级，使教学语法具备跨语言基础，让二语者容易学习；三是通过中介语系统考察，揭示二语者对汉语语法的习得机制，使教学语法具有认知基础，对二语者具有可接受性。

关键词　第二语言　教学语法　对比分析　学习难度

现代汉语语法规则，已经总结出不少；但适用于二语教学的不多。有的规则太复杂，学生不懂，老师不知道如何用；有的规则不够科学，学习者用它们类推，却频频出错。

问题的关键，是第二语言教学语法的缺位。只有构建出一个有用有效的教学语法体系，才能解决上述问题，并推动汉语语法研究的内涵发展。本文探讨汉语二语教学语法的特点与研究内容，重点讨论：如何结合句法、语义、篇章、语用等要素来概括语法规则，如何进行汉外对比、偏误分析与学习难度考察。

一、教学语法的特点及研究内容

1.1　教学语法的特点

关于研究用语法与教学用语法，许国璋（1991）做过精辟论述：

> 供语言学研究的语法，目标是明语法的理；分类要求有概括性和排他性；以最少而又足够的例子说明类别；对象是语言研究者，学术兴趣比较一致。教学用的语法，目的是致语法的用；分类不要求严格，以说明用途为主；例子力求翔实，本身就是学习的材料；对象是语言学习者，学习条件不尽相同。

对母语者与二语者语法的区别，赵金铭（1997）提出：

> 对中国人的语法是一般性的，粗线条的；对外国人的语法是细密的，管辖范围窄的。

下边以助动词为例进行探讨。朱德熙（1982）说：

> 助动词是真谓宾动词里的一类。包括："能、能够、会、可以、可能、得、要、敢、向、应该、应当、该、愿意、情愿、乐意、肯、许、准、（不）

配、值得”，等等。助动词有以下一些特点：（1）只能带谓词宾语，不能带体词宾语；（2）不能重叠；（3）不能带后缀“了”“着”“过”；（4）可以放在“～不～”的格式里；（5）可以单说。

指出助动词性质、成员和特点后，他介绍了各组助动词的意义用法，表述和例子很精练。

这是“供语言学研究的语法”。面对以下二语者的偏误，解释力就不够了：

（1）a.* 他的腿伤了，不会走路了。　　b. * 他会一小时跑 10 公里。

偏误原因有：①母语迁移。多种语言对应汉语“会、能”的是一个词（英语 can），容易导致混淆。②语法书、教材、教师未讲清楚它们的异同，缺少实用的例子、练习。

结合偏误考察汉语，发现“会、能”在表示主观能力时有区别（周小兵，1989）：“能”可表示频率、效率，某种能力的恢复；“会”不行。如：

（2）a. 他能一小时做十道题。 | * 他会一小时做十道题。

b. 伤好后他又能打篮球了。 | * 伤好后他又会打篮球了。

教学语法，就要概括出类似规则，通过足量实例，把“会、能”在意义形式上的区别讲清楚，适当操练，让学生掌握用法。

结合前人论述，我们把二语教学语法的特点概括为：

对象是二语学习者和教学者；目标是让二语者习得语法规则，能用汉语交际。语法单位的分类要细致；语法规则的范围要明确；解释和例子，要让学习者容易理解、模仿和使用。

相应地，教学语法研究的特点则是：

目标、成果服务于二语教学，语法规则深入浅出，易教，易学，易用。

1.2　教学语法研究的主要内容

教学语法的特点，对研究的观测角度、分析工具及表述范式有所影响，形成教学语法研究的主要内容和基本方法。

教什么　教给二语者的语法应该是：母语者最常用的；二语者基本交际必需的；二语者学习、使用难点。研究者感兴趣的内容不能都搬进教学语法，如把字句，没必要把本体研究中的二三十类都教给二语者。

怎么教　对外族人、外国人讲语法，要让他们掌握用词造句的技能，使基本的汉语交际成为现实。因此，对二语者讲规则，应有充分的使用条件，解释明白易懂，例子清楚并容易模仿。这样的规则，一般需要从句法、语义、语篇、语用等角度进行综合考察，详细解释。只说“不比”句是“比”句否定式，学生容易混淆它和“没有”句（* 我一米八，他一米六，他不比我高）。只说程度副词修饰动词，容易诱导偏误（* 我比他很高）。

怎么学　偏误是如何生成的？学生母语跟汉语的异同怎样影响学习？了解二语者如何学汉语语法，揭示语法的认知、习得机制，才能找到概括、讲解语法的最佳方法。语言对比，中介语考察，学习机制的描述，在教学语法研究中不可或缺。

由上述三点，可大致概括出第二语言汉语教学语法研究的主要内容：

一是通过多角度考察，概括出二语者容易理解、运用的语法规则。

二是通过语言对比，找出汉语和学习者母语的特性和共性，概括语言差异等级和学习难度等级，使教学语法具备跨语言基础。

三是通过中介语系统考察，揭示二语者对汉语语法的认知机制、习得顺序和学习难点，使教学语法具有心理认知基础。

二、多角度的语法研究

2.1　形式与语义相互印证

对二语者讲授汉语语法，应该形式、意义相结合。

2.1.1　分类

给语言单位分类，是语言学成为科学的重要条件。从最早的希腊—罗马语法系统的构建，到历史比较语言学的诞生，都离不开分类，如传统语法的词类与句子成分划分、比较语言学的语言谱系分类。分类的原则之一，是形式与内容相互印证。教学语法研究需要考虑的是：给哪些语法项目分类？如何分类？怎样促进教学？

分类应该解决实际难题。如二语者初学汉语时可能出现以下病句：

（3）a.* 我比他很高。　　b.* 我的汉语有点儿好。

如何解释偏误？汉语规则是什么？对程度副词进行科学分类，就能回答上述问题。

王力（1985）、马真（1988）做过相关研究。在前人基础上，周小兵（1995）做了进一步考察，把程度副词分成两类：绝对程度副词（C_1）；相对程度副词（C_2）。

C_1：很 非常 十分 挺 怪 相当 有些 有点儿 不大 不太 太

C_2：最 顶 更 还$_1$ 更加 越发 愈加 比较 还$_2$ 稍微 稍加 略 多少

语义区别为：C_1 独立表示程度；C_2 通过比较显示程度。可从以下几点看出二者的差异：

其一，没有其他比较词语的句子，用 C1 没有比较义，用 C_2 有比较义。如：

（4）

	C_1	C_2
a.	他的成绩非常好。	他的成绩顶好。
b.	北京街道相当宽。	北京街道稍微宽一些。

其二，某些并列复句，后分句若用 C_2，分句间构成不等比关系；用 C_1 无此关系。如：

（5）a. 我身体很好，他身体也很好。

b. 我身体很好，他身体更好。

c. 我身体很好，他身体很好，你身体最好。

其三，某些有比较词语的句子，可以用C_2，不能用C_1。如：

（6）　C_1　　　　　　　　　　　C_2

a.* 相比之下，他相当/挺高。　　相比之下，他最/更高。

b.* 我比王军很/有点儿矮。　　我比王军稍微/略矮一点儿。

绝对程度副词C_1内部还可分为三类：程度过头（C_{11}），如“太”；程度高（C_{12}），如“很、非常、挺”；程度低（C_{13}），如“有些、有点儿、不大”。形式区别如：

（7）	C_{11}	C_{12}	C_{13}
a.	太乱的要重写。	* 挺乱的要重写。	* 有点儿乱的要重写。
b.	他太聪明。	他很聪明。	* 他有点儿聪明。
c.	文章太长。	文章挺长。	文章有些长。

“太 +A+ 的”可以当主语，其他两类无此用法。“有点儿”类不能修饰单独的褒义词，其他两类可以。C_{11}、C_{13}构成的格式大多有贬义，C_{12}构成的格式无贬义。

对程度副词细致分类，有助于向二语者解释相关规则，找出偏误原因。如例（3a）的“很”是绝对程度副词，不用于双项比较，在“比”句中不能修饰谓语。学习者想表达的是“我比他高很/得多”。对比外语可看出偏误原因：

（8）a. He　is　much　taller　than　Xiao-Wang.（英语）

他 系动词　多　高 比较级　介词　小　王。

b. 그는　소왕보다 아주 크다（韩国语）

他 格助词　我　比　很　高。

请注意三点：① 前置词（比～、than ～）汉英相似。② 比较项位置，汉韩相似，都在谓语前。③ 度量差别的位置（much ～、아주～）英韩一样，在谓语前；而汉语“很多”在谓语后。其中③是诱发学生偏误的主因。

这个语法点，印欧语系大部分语言（西班牙语、罗马尼亚语）跟英语相似，土耳其语、日语等跟韩国语相似。这些国家的二语者，都会因母语迁移输出“* 我比他很高”。

例（3b）“* 我的汉语有点儿好”不能说，因表静态意义时“有点儿”只跟贬义、中性形容词结合，“有点儿 +A”（静态）显示说话人不满意的态度。很多语言中跟“有点儿”对应的词语，不具备“有点儿”的上述特点。二语学习者容易出现“有点儿 + 褒义词”的句子。

2.1.2 辨析

相似语法单位的辨析，在教学语法中尤其重要。像“常常、通常”，有时用法相同，如：

（9）a. 他常常 6 点半起床。　　b. 他通常 6 点半起床。

此类有相同语素的词语，二语学习者容易混淆，可能出现误代偏误。如：

（10）a.* 他常常都迟到 5 分钟。　　b.* 他通常迟到。

《现代汉语词典》对“常常”的释义：（事情的发生）不止一次，而且时间相隔不久。对“通常”的释义：一般；平常。但未明确说明二者的区别。汉语教科书很少辨析这两个词。下面从形式区别入手，探求意义区别。

首先，跟谓词结合时，“常常”限制较少，“通常”限制较多。如：

（11）a. 王宝常常锻炼。　　* 王宝通常锻炼。

b. 王宝常常晚上锻炼。　　王宝通常晚上锻炼。

（12）a. 他常常写信。　　* 他通常写信。

b. 他常常用毛笔写信。　　他通常用毛笔写信。

（13）a. 小李常常洗澡。　　* 小李通常洗澡。

b. 小李常常洗冷水澡。　　小李通常洗冷水澡。

“常常”句叙述一般事实；“通常”句蕴含某种对比，修饰焦点在对比成分上。对比成分通常是状语、定语，表示某种条件。有时，这个条件可能在句首，如：

（14）a. 我跟弟弟吵架时，妈妈常常批评我。

b. 我跟弟弟吵架时，妈妈通常批评我。

其次，在跟时间词语共现时，“常常、通常”用法不同。如：

（15）a. 老赵去年常常坐公共汽车上班。

b.* 老赵去年通常坐公共汽车上班。

（16）a. 王厂长常常好几天不在家睡觉。

b.* 王厂长通常好几天不在家睡觉。

“常常”可用于过去时点词后，“通常”不行。例（16）不表示规律性动作的发生，不用“通常”。

第三，跟副词共现时，如：

（17）a. 我并不常常洗热水澡。　　b.* 我并不通常洗热水澡。

（18）a.* 我常常都在饭堂吃午饭。　　b. 我通常都在饭堂吃午饭。

“常常”前边可用“不”，“通常”不行。“都”可逐指“通常”，因“通常”语义特征是 [+ 通指]，“常常”所饰行为的频率不一定超过 50%，不能用“都”逐指。（参见 4.2）

综上所述，在二语教学语法中，我们可以将“通常”的规则、用法解释为：

表示行为、事情在一般情况下有规律、有条件的发生。“通常”往往要修饰带表示时间、地点、方式、条件、次数等修饰成分的谓词语，所饰动词如果带宾语，宾语前往往有限定式定语。“通常”的语义重点一般在这些修饰成分上。

2.2　语篇与语用研究

汉语语法的特点之一，是语法系联篇章、语用。有的语法项目，若不从单句扩展到篇章语用，研究很难深入，规则很难概括，自然也很难向外国学生讲清楚。

2.2.1　“连……也……”

以往研究有以下问题：

其一，“连”是介词，但无法解释为何它能引出那么多语义成分。如：

（19）a. 连天气也好了。（对象）

b. 连潘四爷还恭维着她呢！（施事）

c. 连衣服都没有洗。（受事）

d. 连星期天也不休息。（时间）

e. 连家里也找不着他。（处所）

f. 连看也没看我一眼。（谓语动词）

其二，把该格式分成很多小类，研究烦琐，缺少顶层规则的概括。

其三，格式为何表示强调，说法多，解释力不够。尤其是二语教学，很难跟学生解释清楚。

周小兵（1990）从篇章角度考察，探寻强调义产生的原因。“连”字句可分三大类：

一是基础句式，包括完整复句、删除句、替代句。如：

（20）a. 不仅祖父是矛盾的，不仅大哥是矛盾的，现在连他自己也是矛盾的了。（完整复句）

b. 不仅祖父、大哥，连他自己也是矛盾的了。（删除句）

c. 谁都是矛盾的，连他自己也是矛盾的了。（替代句）

对比前边的语言单位（简称“前件”），“连……也……”自然就有强调语义了。

二是类推句式，包括完整句、周遍句、否定谓词句。如：

（21）a. 四表妹脚缠得很小，连字也不认得几个。（完整句）

b. 所有人都累得走不动了，连张大个子脚上都打了两个血泡。（周遍句）

c. 饭不只没有吃，连做还没做呢。（否定谓词句）

后句的强调语义，也是对比前句而产生的。

三是隐含句式，没有对比前件。如：

（22）连他自己也是矛盾的了。

虽无对比前件，强调义却产生于隐含的对比中。隐含句有时出现在其他两类句式之后，如：

（23）甲：你回去写个体会……。乙：我不会写，我连信都不会写。（基础句）

甲：你回去写个材料……。乙：我连信都不会写。（隐含句）

由此，“连……也……”的规则可以总结为：

“连”字句代表一个分级语义系列，“连……也……”处于这一系列的最高层而受到强调。“连”跟“甚至”的语法意义相似，是连接词；但用法跟“甚至”不同，在特殊情况下才能放在动词前边。

我们发现，在《水浒传》《醒世通言》中，基础句、类推句、隐含句的比例分别是41.3%、45.7%、13%；而在《曹禺选集》（台词）、《家》、《子夜》、《苏叔阳剧本选》（台词）、《小说选刊》（1987.6）中，三种句式的比例分别是29.2%、31.8%、39%。说明“连”字句产生早期，基础句比例很高，隐含句比例最低；随着时间推移，隐含句占了上风。这也证明，隐含句从基础句发展而来，强调义是跟前件对比而产生的。

在汉语二语教学中，可以引进相关研究成果，结合上述规则，使用下列句子：

（24）a. 这个字日本学生不认识，中国学生不认识，连中国老师也不认识。

b. 这个字日本学生、中国学生不认识，连中国老师也不认识。

c. 这个字连中国老师也不认识。

先讲a句：最后分句的意思，在跟前两个分句的对比中受到强调，“连……也……”常表达人们认为最不可能发生的事情；再依次讲解b句、c句。这样，既符合句式产生、发展的历史，也符合人的认知顺序，二语者容易明白“连”字句为何有强调作用。

2.2.2　“不比”句

“不比”句如：

（25）张三不比李四高。

这个句式的意思，语法学界、对外汉语教学界存在争议。吕叔湘（1980：62）认为是“A跟B差不多+形容词”。刘月华（1983：532-533）认为有两种意义：①相当于“A没有B+形容词”；②相当于“A跟B一样+形容词”。后一说法出自留学生语法教学专著。

周小兵（1996）结合句法、语义，从篇章、语用学角度进行考察，指出：根据真值逻辑，“张三不比李四高”为真，意味“张三比李四高”为假。说这句话，就是要否定“张三比李四高”。这通过语篇可以看出来：

（26）甲：张三比李四高吧！

乙：张三并不比李四高。只是张三瘦，看起来高。

（27）陆小凤道：“只可惜有人比我更聪明”。老实和尚：“那个人并不比你聪明。”

“不”否定的是对方话语。邓守信（Teng shou-hsin，1973）论述过句子否定（sentence negation）和话语否定（sentence denial）的区别，上述“不比”句都是话语否认。特点有：①功能是否认、反驳他人话语或某种常识性命题；②多用于后续句；“不”前往往有话语否认标记“并”，或可以加“并”。

有的句子并非否认他人话语，而是对某种常识性话语的否认。如：

（28）毕加索80岁还生儿育女，这些子女不比他年轻时生的子女差。

最后谈语义。“张三不比李四高”，意思是“张三跟李四一样高”，还是“张三没有李四那么高”？事实上，否定式只能表达二维的真值逻辑：“张三不比李四高”为真，说明“张三比李四高”为假。当然，根据多维逻辑，比较句确实可能有三个值：

（29）a. 张三比李四高。（胜比句）

b. 张三跟李四一样高。（平比句）

c. 张三没有李四高。（差比句）

但否定句“张三不比李四高”，并不能表达这么多意思。只能说，该句否定“张三比李四高（a）”，就使客观事实具有了b、c两种可能性。而这两种意思，要用其他句子表达：

（30）a. 张三并不比李四高，其实他们俩一样高。（29b）

b. 张三并不比李四高，其实他比李四还矮一点儿。（29c）

概述上文，我们可以在教学语法书中这样解释“A 不比 B+ 谓词语”的用法：

“A不比B+谓词语”，用于否定上文中出现的或某些人心里存在的“A比B+谓词语”。“不比”前边可出现否定某种看法的“并”。如：

1）甲：张三比李四高。

乙：张三（并）不比李四高。张三比较瘦，看起来比较高。

2）女性的研究能力并不比男性差。

这类句式是二语教学难点。不少教材受语法为纲的影响，教完肯定句，就要教否定句，却没有说明某些否定句的使用条件。“比”字句多出现于全日制汉语教学的第二学期；课文有大量“比”字句，但“不比”句很少出现或不出现。语法解释，大多简单地说“不比”句是“比”字句的否定形式，没有解释语篇、语用因素。这样处理，很容易让学生混淆“不比”句和“没有”句。学生在实际运用时，经常出现以下偏误：

（31）* 玛丽一米六，彼得一米八，玛丽不比彼得高。

可见，某些语法规则的讲解，必须把视角扩展到上下文，扩展到交际情景和交际者。只看单句无法解释清楚的规则，如果引进篇章语用，其实很容易解释。

三、汉外语言对比

对一种语言内部规则的探索，离不开对相关语言的对比研究。面向二语者的语法研究，更要进行全方位的语言对比。

3.1　探寻语言特性

语言对比，当然要探寻两种（或多种）语言的特性。汉语“除”字句，有加合式、排除式两类语义，跟英语（及其他语言）相似。不同语言的区别，主要形式如：

（32）a. 除了他，班里其他人也走了。

Other persons in the class left besides him.

b. 除了他，班里其他人都走了。

Other persons in the class left except him.

对比可知，加合义的表达，英语用介词“besides”，汉语用类同副词“也”；排除义的表达，英语用介词“except”，汉语用范围副词“都”。即：两种句式的语义区别，英语用不同介词，汉语用不同副词。以上是典型句子。再举几例：

（33）a. 除了红茶，他还喝乌龙茶。

b. 除了这一间，所有房间全住满了。

c. 除了注释，这篇文章才 3000 字。

d. 除了稍小一点儿外，这套房间还不错。

a 句是加合式，用附加副词“还”标示；b 句是排除式，用“所有、全”等周遍性词语标示；c 句“这篇”可改为含周遍义的“整篇”而全句意思不变，是排除式；d 前后句基本意义相反，也是排除式。相对于英语，汉语加合式、排除式的表现形式要复杂得多。

扩展对比研究范围发现，上述两类形式区别在多种语言中很接近，如法语、西班牙语等跟英语相似，越南语、日语、韩国语跟汉语相似。这里涉及语言中的共性问题。

母语跟汉语形式不同的汉语初学者，可能受母语影响，容易出现以下偏误：

（34）a.* 除爬山外，他们都游泳了。　　b.* 除了排球，所有球他也喜欢。

如果能参考学生母语，适当进行汉外对比，讲清楚两种语言加合式、排除式在形式上的异同，二语者就会比较容易掌握汉语“除”字句的用法。

3.2 挖掘语言共性

语际对比，要寻找个性，也要挖掘共性。如上所述，汉语“除”字句有排除式、加合式。对比多种语言可知，典型的形式特征只有两类：① 用不同的介词表示，类似英语；② 用不同的副词或其他词语表示，类似汉语。具有特征①或特征②的多种语言，就存在共性。了解这一共性，可以帮助我们认识语言规律，促进语言习得教学研究。

再如名词中心语加修饰语，在不同语言中可能有多种表现形式。如汉、英、越南语：

（35）a. 我们学校数学系的年轻女教师

b. the young woman teacher of the math department in our university

c. giáo viên　nữ　trẻ　của　khoa　toán　trường　chúng　tôi

词译：　老师　女　年轻　的　系　数学　学校　们　我

三种语言各具特色：修饰语，汉语都在中心词前面，越南语都在中心词后边，英语则有前有后。如果我们把修饰语分成四个定语：我们学校（大单位）、数学系（小单位）、年轻（年龄）、性别（女），就很容易看出，汉语和越南语相同定语的位置，刚好相反：

（36）我们学校 $_1$ 数学系 $_2$ 年轻 $_3$ 女 $_4$/ **教师**

giáo viên　nữ$_4$　trẻ$_3$　của　khoa toán$_2$　trường chúng tôi1

词译：**老师**　女　年轻　的　系　数学　学校　们　我

可见，汉语、越南语的定语位置呈现为“镜像关系”。值得注意的是，三种语言虽然定语位置不同，但定语和中心词之间的语义关系，却表现出共性：表示性别的修饰语离中心词最近，表示年龄的离中心词稍远，小部门更远，大部门最远。这种深层语义关系可概括为：

定语与中心词语义关系的亲疏，决定二者的距离：语义关系越密切，定语离中心词越近；语义关系越疏远，距离越远。

3.3 对比等级与难度等级

行为主义学习理论认为，二语学习时第一语言的迁移必然发生：语言差异造成学习困难并导致偏误，语言之间的相同点促进学习。有意思的是，这些差异点和相同点存在等级，等级又跟学习难度相关。下面举例说明 Ellis（1985）的六个等级。

0 级：第一语言和第二语言某个语法项相同。如英语、汉语动词谓语句基本语序都是 SVO。

1 级：第一语言两个语言项对应第二语言一个语言项。如有标志被动句，越南语常用介词 duoc 和 bi，分别表示如意行为和不如意行为；现代汉语常用介词“被”，如意、不如意的行为都可以用：“被打了”“被提拔了”。

2 级：第一语言某语言项在第二语言中不存在。如韩语的敬辞、谦辞等，直接反映在谓语动词上；汉语没有这类成分。

3 级：第一语言某语言项在第二语言中等值项分布不完全一样。如泰语“แล้ว”跟汉语“了”的分布有同有异：

（37）a. เขา-รอ- คุณ-ตั้งนาน -แล้ว.

对译： 他 等 你 很久 了

意译：他等你很久了。

b. เขา-รอ-คุณ-แล้ว-ตั้งนาน.

对译： 他 等 你 了 很久

意译：他等你很久了。

有的学习者以为二者分布完全一样，可能会依照（37b）句生成以下偏误：

（38）* 他等你了很久。

4 级：第二语言某个语言项，第一语言没有。如汉语有个体量词：“一张纸”“一支笔”，而很多语言没有；形容词、动词有重叠式，很多语言没有。

5 级：第一语言一个语言项对应第二语言的两个或多个语言项。如韩国语的조금，可对应汉语的“一点儿”“有点儿”：

（39）a. 밥을　조금　먹었다

对译：饭$_{宾格}$ 一点儿 吃$_{终结词尾}$

意译：吃了一点儿饭。/ 饭吃了一点儿。

b. 학교가　조금　멀다

对译：学校$_{主格}$ 有点儿 远$_{终结词尾}$

意译：学校有点儿远。

조금表示数量少时意义相当汉语“一点儿”，表示程度低时对应汉语“有点儿”或“比较”。学习者可能不清楚什么时候用“一点儿”，什么时候用“有点儿”，容易出现以下偏误：

（40）a.* 学校一点儿远。　　b.* 今天爬山一点儿累。

类似对应情况，英语、泰语、印尼语等也跟韩国语相同：一个词对应汉语两个或多个词。

以上难度评定主要参照语言形式差异，1 级、2 级为低难度，3~5 级为高难度。难度高的语言项目，容易引发干扰性偏误，又称“语际偏误”。如果引进语义因素，对比等级、难度等级的效用会更高。

四、语法偏误分析

4.1　偏误分析的意义

语言中的错误，往往反映大脑认知机制及运行轨迹。汉语二语界把“错误”称为“偏误”，主要是从中介语角度考虑，“偏误”只是在某些方面偏离了目标语。

偏误分析的作用主要体现在：

① 聚焦研究问题。二语者的常见偏误，很可能是最需要研究的问题。

② 促进规则概括和解释。针对具体偏误，适当进行汉外对比，找出汉外语言异

同，并概括出两种（多种）语言的相关规则。以往有些规则，似是而非，语焉不详；离开某体系的术语系统，就无法说清楚。偏误分析，就是要使二语者明白汉语规则，并真正掌握。

③ 促进习得研究与教学。偏误分析，可以找出偏误原因，可以探索汉语二语的认知机制，并促进教学。

下面对副词“都”相关的偏误进行系统分析，由此说明偏误分析的价值和方法。

4.2 副词“都”的使用规则

关于范围副词“都”，前人总结出不少规则和使用条件。如刘月华等（1983）：

条件一：主语所指不止一个，表示主观大量，并突出“全部”义时，一般用“都”。如：

（41）爸爸妈妈都是知识分子。

条件二：主语所指是可切分的个体，交际语境要求明确表示动作涉及的是“全量”。如：

（42）a. 这本教材都看了。　　b. 那个西瓜都吃了。

条件三：前有“每、各、所有、一切、全部、这些、随时、到处、任何”等类词语。如：

（43）a. 每个同学都参加作文比赛。　　b. 无论如何我都不会去。

条件四：句中有表任指疑问代词“谁、什么、哪、怎么”或有“无论、不管”等词时。如：

（44）a. 谁都可以上这门选修课。　　b. 什么事都难不倒他。

使用条件很多，学起来有些困难。而且，学生按照这些条件造句，还会出现偏误。如：

（45）a.* 每星期一他＿迟到。[缺失]

b.* 两个人＿觉得：我们是好朋友，因为两个人连交通事故也一起发生。[缺失]

（46）a.* 他们两个都是同学。[误加]

b.* 我们家都有三口人。[误加]

（47）a.* 人民大学校园里的樱花树都是 39 棵。[用“都”误代“一共”]

b.* 我们一家人每餐也吃得津津有味。[用“也”误代“都”]

（48）a.* 你们都学习汉语，他们都也学习汉语。[错位]

b.* 无论发生什么样的情况，你应当都采取毅然的态度。[错位]

c.* 老师们都以前在中国学过汉语。[错位]

d.* 大家为他学习上的进步都感到高兴。[错位]

这些偏误，用前述条件解释，有的有效，如例（45）；有的无效，如例（46）（47）。“他们两个都是同学”，似乎符合条件一。可见现有规则解释力不够，应该做更细的语义分析，找出更细的使用规则。吕叔湘（1978）谈到“不要满足于笼统的说明”时指出：

> 并列关系包括加合和交替两类，这是语法书上都讲的，可是加合关系里边又可以分成加而不合和加而且合两种情况，这就很少讲了。例如：a. 老张和老李是山东人（加而不合。等于“老张是山东人，老李是山东人”）；b. 老张和老李是同乡（加而且合。不能说“老张是同乡，老李是同乡”，必得“老张和老李”才是“同乡”）。前一种情况可以用副词“都”字，“老张和老李都是山东人”；后一种情况不能用“都”字，不能说“老张和老李都是同乡”。

此解释相当精确。虽然不是专门讨论“都”，但对“都”的规则概括很有启发。由此，可把“都”的语义条件之一概括为：

（ⅰ）主语所指的不同个体，如果跟谓语的关系是“析取”（加而不合），可以用“都”；如果跟谓语的关系是“合取”（加而且合），不能用“都”。

王还（1988）认为，“都”是“指事物的每一个”而不是指全体。董为光（2003）认为，“都”在总括之前，是对前面的事物进行了“逐一看待”。在前人研究基础上，我们认为应把“都”的语义功能概括为“逐指”。“逐指”对象，除了指人主语，还可能是时间（我什么时候都在）、地点（所有地方我都去过）、条件（你无论如何都要去）等。

现在，我们尝试从语义、形式角度对“都”进行规则说明和解释：

（ⅱ）从语义看，“都”的作用，是把它涉及的对象（主语、时地、条件等），逐个跟谓语部分的意义配对。从形式看，“都”逐一指示的对象，可以分为若干个体，逐个跟谓语（及谓语后边的部分）结合成小句。

例如条件三、四涉及的句式：

（49）a. 这本书都看了。（这本书第 1 章看了，第 2 章看了，……第 n 章看了）

b. 乙班每个同学都来了。（设定乙班有 20 个同学。同学 1 来了，同学 2 来了……同学 20 来了）

这样处理，方便二语教学。先讲“逐指”语义，再把句子按逐指方式分解成小句：可分解组句，可以用“都”。最后解释形式的强制性：条件三、四有强制性，必须用“都”；条件一、二无强制性，根据语境而定。这样，学生容易掌握“都”的用法。

4.3 “都”的偏误分析

下面结合规则（ⅱ）分析偏误，归纳规则；并结合汉外对比，探寻偏误原因。

例（45）缺失“都”因母语迁移。如日语动词前出现“每”类词语或表示任指的疑问代词，都不使用跟汉语“都”对应的も。例（46）是“加而且合”，不能用“都”。可以用规则（ⅱ）进行形式检验。如 a 句，假定“他们两个”包括 A、B 两人，主语无法分解后逐个跟谓语搭配：

*A 是同学。/ *B 是同学。

偏误原因：以为句子有“他们两个”“我们”“四口人”，就可用“都”。这当然也跟相关汉语规则（如条件一）不准确有关。再看例（47）：

（47）a.* 人民大学校园里的樱花树都是39棵。[用“都”误代“一共”]

b.* 我们一家人每餐也吃得津津有味。[用“也”误代“都”]

用规则（ⅱ）检验a句：设定樱花树共有39课，“* 第一棵樱花树是39棵……”不成立。此偏误跟母语迁移、教学误导有关。先看日汉对比：

（50）a. 同僚は　全部　外国人　です。

对译：同事助词　全　外国人　是

意译：同事都是外国人。

b. 全部で　540円　です。

对译：一共助词　540日元　是

意译：一共540日元。

日语两句都用汉语借词“全部”，但a句译成“全、都”，b句译成“一共”。教学上看，既然是“39棵”，那么“人民大学的樱花树”当然不止一棵；而这个句子确实说明“全部”，用“都”表示总括，似乎符合使用条件一。可见，原有规则不够科学。用规则（ⅱ）来讲解，就可避免此类偏误。此外结合日汉对比，让学生明白：“全部”后接表计算义的助词で，后边还有对应的数量词组；此时“全部”对应汉语“一共”。

（47b）符合规则（ⅱ）的逐指语义：

早餐吃得津津有味，午餐吃得津津有味，晚餐吃得津津有味。

应该用“都”。偏误原因，有语际干扰。请对比：

（51）我们一家人每餐都吃得津津有味。

私達家族　みなは　毎食　と　も　とてもおいしく食べている。

我们 家人　大家助词　每餐助词　也　非常　美味　吃补助动词

日语も，可对应汉语的“也”或“都”，学习难度最大：学习者不知道该用哪一个。此偏误也有语内因素。汉语副词“都”跟“也”的界限，有时不那么清楚：

（52）a. 春节这几天我哪儿都没去。　　　b. 春节这几天我哪儿也没去。

再看例（48）中错位的偏误：

（48）a.* 你们都学习汉语，他们都也学习汉语。

b.* 无论发生什么样的情况，你应当都采取毅然的态度。

c.* 老师们都以前在中国学过汉语。

d.* 大家为他学习上的进步都感到高兴。

考察例（48a）可概括出一条小规则：

（iii）表示“逐指”的副词“都”，应放在类同副词“也”后边。

学生出现（48a），跟母语迁移有关。请对比泰语、汉语：

（53）**พวกเขา - ทั้งหมด-ก็ - เรียน - ภาษาจีน- เหมือนกัน**

词译：他们　　全都　也　学习　语汉　同样

句译：他们也都学习汉语。

在泰语里，跟“也”对应的词语 **ก็** 放在 **ทั้งหมด**（“都”）前边。

考察（48b）可概括出以下规则：

（iv）跟助动词连用时，“都”一般在助动词前边。

原因是，“都”逐指对象在前，而助动词意义不受“都”逐指。再如：

（54）a. 人和车都要相当的漂亮。　　　b. 我们都可以教汉语。

但在否定式中，“都”可前可后，意思不同。如：

（55）a. 我们都不应该去。　　　b. 我们不应该都去。

例（48c）是时间词语跟“都”共现。再看几个句子：

（56）a. 贵宾都昨天到了。

b. 他们都曾经去过美国留学。

c. 他历来都对子女管教很严。

d. 他们兄弟三人一直都穿解放鞋。

a 句的“昨天”和例（48c）的“从前”都是时间名词，一般在“都”前。b 句的时间副词“曾经”位置相对灵活。c 句的“都”只是逐指频度副词“历来”。d 句“都”既逐指“兄弟三人”，又逐指“一直”。“都”与时间词语位置关系的规则可以概括如下：

（v）时间名词，一般在“都”前。一般的时间副词，可以在“都”前或后出现。高频副词“往往、一直”等如果受“都”逐指，要放在“都”前。

从（48d）可看出，“都”和介词短语的位置关系比较复杂。如：

（57）a. 这样对双方都有好处。

b. 我们都为他学习上的进步感到高兴。

（58）a. 我们都对他很好。

b. 我们对他都很好。

例（57）中的 a 句“都”逐指介词短语，紧跟其后。b 句“都”逐指“我们”，紧跟主语。如果介词宾语改成“他学习上的每一点进步”，逐指重心就在介宾上，“都”就要紧跟介词短语了。例（58）“都”逐指主语，介词短语很短，位置灵活。相关规则可以概括如下：

（vi）“都”如果只逐指介词短语中的介宾，要紧跟介宾。如果只逐指主语，最好紧跟主语；但介词短语音节数量很少时，也可以在介词短语后边。

有两点值得注意：第一，这些细致的规则，只有结合偏误，才有可能总结出来；第二，这些规则虽然细密，但也有普遍性，其中很多规则，也可以用于解释其他副词。

五、语法点学习难度

探索语法点学习难度，可促进二语教学，深化习得研究，推动汉语、外语语法研究。研究内容主要有：难度测定、产生难度的原因、学习顺序。学习难度可从以下几方面考察。

5.1 母语负迁移与语言差异难度

二语者的母语和汉语的差别，可能产生语言差异难度，诱发学习者偏误。参看3.3、4.1、4.2、4.3。

5.2 目的语规则泛化与语言发展难度

二语者可能会把某些汉语规则进行不适当的类推，出现偏误。请看副词使用情况：

（59）a. 很好，挺棒，比较蓝 → *稍微红

b. 不太干净 / 不大干净 → 不太脏 / *不大脏

程度副词大多可跟单独形容词结合；但“稍微”不同，所饰形容词后要有“一点儿”等表示微量的成分。“不大、不太”很多情况下用法一样，但“不大”很少跟贬义词结合。

不同词语中若有相同语素，容易出现规则泛化。如：

（60）甲：你可以还在中国学习五年。

乙：*五年？怎么长时间？

（61）*老板和经理不高兴，但是不知道这么来解决这个问题。

“这么、怎么”都是代词，都可表示方式，语音也接近，容易误代。

再如：

（62）a. 我找过两次小王，他都不在。　　b.* 我找过两次他，他都不在。

学习者以为，既然 a 句可以说，b 句当然也可以说。

规则泛化，跟语言项目的规则化程度有关。规则化程度不高，容易出现泛化（邓守信，2001），如“稍微”的用法。泛化引发的偏误，属语言发展偏误，母语习得也会出现。

5.3　自然度因素与语言认知难度

自然度因素跟认知能力有关，也称“语言认知难度”。语言点的自然度影响习得。自然度可从三个方面考察：语法特征是否凸显，形式简单还是复杂，语义与形式的关系是否明确（R. Ellis，1999）。

5.3.1　语法点的特征

语法点特征明显，学习比较容易。如：

（63）a. 我再试试。

b. 我想再去一次那个地方。

c. 他来了以后，我们再谈这个问题。

李晓琪（2002）让英语母语者用填空法做上述练习，发现 c 句“再”掌握得最好。原因是前面有另一小句，凸显了“再”的使用条件；而 a、b 无前句，学习者对“再”理解不好。

5.3.2　语法点的复杂度

一般说来，学习复杂句比学习简单句难度高。如：

（64）a. 他去了上海吗？　　b.* 我不知道他去了上海吗？

二语者以为所有疑问句都能当“不知道”的宾语。实际上，其宾语不能由是非问句充当。

5.3.3　语义形式的关系

意义与形式关系一一对应，容易学习；否则学习难度高。如表示动作、行为重复发生的“又、再、还”，教材解释为：“又”表示过去行为重复，“再、还”表示将来行为重复。但是学习者据此造句，会出现以下偏误：

（65）a.* 明天再是端午节，我再要去看龙舟比赛。

b.* 下星期他要还去香港。

一般教师会这样解释：有规律且将来必定要出现的，用“又”。“还”在助动词前，“再”在助动词后。但这样解释无法说明下句：

（66）*1991 年我来过广州，三年后又来，我发现广州变化很大。

“来”是过去发生，却只能用“再”修饰。李英、徐霄鹰（2002）的解释是：相对于一个更早发生的行为，“三年后来”是将来行为；“还”只修饰主句谓语，“再”可以修饰从句谓语；因此可用“再”。

此外，这几个词都有其他意思和用法：“再”可在祈使句中表示“更加”（再近一点儿）、假设（再不来就晚了）。“又”可表示几种情况并列（又耐用又便宜）、转折（我想考，又怕考不上）。“还”可表示“仍然”（还那样儿）、“更加”（我比他还高）、程度低（他身体还好）。可见，“再、又、还”形式意义的关系很复杂。相对而言，英语表示行为重复的 again，形式意义关系简单，容易习得（周小兵，2009）。

5.3.4　标记性

自然度跟语言的标记性有关。在二语学习中，遇到有标记、强标记的语言项，难度会比较大，偏误会比较多。先看西班牙语母语者的偏误：

（67）* 学校有多留学生，我也认识了多拉丁人。

偏误原因之一，是西班牙语的影响。请看西班牙语和汉语的区别：

（68）	a. mucha gente	b. *muy mucha gente
对译：	多　人	很　多　人
意译：	很多人	很多人

做定语时汉语“多”要前加“很”，西班牙语“mucho（多）”只能单用。有趣的

是，西班牙人学汉语常遗漏“很”，汉族人学西班牙语极少误加“muy（很）”。原因是，“很多”当定语是有标记的，其他语言中少见；“mucho（多）”当定语是无标记的，很多语言如此。据迁移模式，一个语言项在母语中无标记，在目的语中有标记，迁移容易发生。

一种语言内部的标记性，也会影响习得。如3.3讨论语言对比等级5，韩国语조금对应汉语“一点儿、有点儿”，导致误代偏误。但误代不是双向，而是单向的，如：

（40）a.* 学校一点儿远。 b.* 今天爬山一点儿累。

学习者极少用“有点儿”误代“一点儿”，常常用“一点儿”误代“有点儿”。原因是：“一点儿”使用频率高，使用范围广，是无标记或弱标记的，先习得；“有点儿”频率低，范围窄，是有标记或强标记的，后习得。用弱标记语言项替代强标记语言项，是学习者的普遍倾向。中介语事实证明，用“一点儿”误代“有点儿”，几乎是所有国家、语区二语者的策略。

六、结语

面向二语者的汉语教学语法研究要有全球视野，对比学习者母语与汉语；要把学习者中介语作为一种现实存在的语言系统来考察，使用心理学理论、方法、模式、手段研究语言认知机制。而准确描写语言事实，结合句法、语义、篇章、语用因素进行规则概括与解释，是语言对比、中介语考察的基础。

上个世纪，英语语法研究发展最快。英语二语学习人数在全球急速增长，研究者更多聚焦于二语教学的需求，由此概括出的语法规则，大多可用于二语教学和学习。很多英语语法研究者本人就是英语二语者。

随着汉语二语学习者、使用者的增加，汉语教学语法将会有更快的发展，将会取得实质性的突破。这期间，跨文化、跨语言视角、多维度的汉外语言对比，中介语的全方位考察，将真正推动汉语教学语法研究的健康发展。

参考文献：

邓守信，2001. 对外汉语语法点困难度评定 [A]. 国家汉办教学处编. 对外汉语教学语法探索 [C]. 北京：中国社会科学出版社.

丁声树等，1961. 现代汉语语法讲话 [M]. 北京：商务印书馆.

董为光，2003. 副词"都"的"逐一看待"特性 [J]. 语言研究（1）.

李晓琪，2002. 母语为英语者习得"再""又"的考察 [J]. 世界汉语教学（2）.

李　英，徐霄鹰，2002. 表示重复义的"再"与"还" [A]. 周小兵、赵新等著. 对外汉语教学中的副词研究 [C]. 北京：中国社会科学出版社.

刘　珣，1981. 实用汉语课本Ⅱ [M]. 北京：商务印书馆.

刘月华等，1983. 实用现代汉语语法 [M]. 北京：外语教学与研究出版社.

吕叔湘，1978. 漫谈语法研究 [J]. 中国语文（1）.

马　真，1988. 程度副词在表示程度比较的句式中的情况考察 [J]. 世界汉语教学（2）.

王　还，1988. 再谈谈"都" [J]. 语言教学与研究（2）.

许国璋，1991. 论语法 [A]. 许国璋论语言 [C]. 北京：外语教学与研究出版社.

赵金铭，1997. 汉语研究与对外汉语教学 [M]. 北京：语文出版社.

中国社会科学院语言研究所词典编辑室编，1978. 现代汉语词典 [K]. 北京：商务印书馆.

周小兵，1989. "能"和"会"及其在句中的换用 [J]. 烟台大学学报（4）.

周小兵，1995. 论现代汉语的程度副词 [J]. 中国语文（2）.

周小兵，1996. 句法·语义·篇章——汉语语法综合研究 [M]. 广州：广东高等教育出版社.

周小兵，2004. 学习难度的测定与考察 [J]. 世界汉语教学（1）.

周小兵，2009. 对外汉语教学入门 [M]. 广州：中山大学出版社.

周小兵，王　宇，2007. 与范围副词"都"有关的偏误分析 [J]. 汉语学习（1）.

周小兵，朱其智，邓小宁等，2008. 外国人学汉语语法偏误研究 [M]. 北京：北京语言大学出版社.

朱德熙. 1982. 语法讲义 [M]. 北京：商务印书馆.

Ellis, R. 1985. *Understanding Second Language Acquisition* [M]. Oxford: Oxford University Press.（第二语言习得概论. 上海：上海外语教育出版社，1999.）

Teng Shou-Hsin(邓守信). 1973. *Negation in Chinese* [A].6th LXSTLLS.

下　编

随　笔

（以作者姓名的拼音字母为序）

我的人生经历

端木三 现任美国密歇根大学（University of Michigan）语言学系教授。因“院系调整”，父亲任教的四川大学农学院1956年从成都迁至雅安，改名四川农学院，全家也随之搬迁。1961年入雅安第四小学。1974年毕业于雅安中学高中。1974—1977年下乡，在雅安县草坝区和龙公社简坝大队第三生产队“插队”两年半，学会了各种农活儿以及竹器编织。1976年被四川师范学院录取，作为最后一届“工农兵学员”，于1977年春季入学，就读于英语专业。1977年参加全国外语专业留学生统考并通过，1978—1981年由教育部公派，在英国留学三年。第一年就读于伦敦的伊玲高等教育学院（Ealing College of Higher Education），现称西伦敦大学（University of West London）。第二年就读于杜伦大学（Durham University）圣彼得学院（St. Bede’s College）。第三年就读于里丁大学（University of Reading）语言科学系，获硕士学位。回国后由教育部分配，1981—1986年在复旦大学外文系任助教、讲师。1986—1990年到美国麻省理工学院（MIT）语言学及哲学系（Department of Linguistics and Philosophy）读研究生，师从Morris Halle教授，获博士学位，论文题目是*A Formal Study of Syllable, Tone, Stress and Domain in Chinese Languages*（对汉语音节、声调、重音及调域的形式研究）。1990—1991年师从Samuel Jay Keyser教授在麻省理工学院认知科学中心（Center for Cognitive Science）做博士后。1991年至今在密歇根大学语言学系任教，1997 年由助理教授（assistant professor）升任副教授及终身教授（associate professor with tenure），2004 年升任正教授。研究重点是语言的共性，特别是音系方面的共性，题目包括特征理论、音位理论、音节理论、重音理论、音步理论、声调和变调、词汇和构词，以及音系和句法、音系和词汇的相互影响。专著有 *The Phonology of Standard Chinese*（《标准汉语的音系学》，牛津大学出版社，2000 年第一版，2007 年第二版），*Syllable Structure: the Limits of Variation*（《音节结构：变化的限度》，牛津大学出版社，2008 年），《音步和重音》（北京语言大学出版社，2016 年），及 *A Theory of Phonological Features*（《语音特征理论》，牛津大学出版社，2016 年）。发表的论文可见个人网页：www.umich.edu/~duanmu。

一、早期故事

我于 1955 年 11 月 1 日出生于四川成都。父亲端木道在四川大学农学院农业化学系任教，母亲余承运是成都第六中学校长。姐弟三人。姐姐生于 1948 年，当时父母思想进步，参加了川大的黎明合唱团，盼望新中国的到来，所以给姐姐起名端木黎明。哥哥生于 1951 年，新中国已经成立，起名端木光明。我出生时父母也许想不出其他有理想主义的名字，就按排行起名端木三。

端木是复姓，但不如欧阳、诸葛、司马那么常见，所以很多人不知道。比如年长的经常叫我“小端”，同学经常叫我“木三”，还有人叫我“瑞木三”。其他常见的问题有“你的姐姐哥哥是不是端木一、端木二？”“你的姓《百家姓》里有没有？”“你是不是少数民族？”“你是不是日本人？”所以边缘人的感觉对我来说不陌生。知识渊博点儿的人会问：“你跟端木蕻良是不是亲戚？”(当然不是，因为端木蕻良是笔名，其本人姓曹。)偶尔也有知识更渊博的，他们会说：“啊！你跟子贡同姓。”根据家谱，端木家来自山东，后来宋氏南迁时到了南京。可以确认的是，我父亲家几代前来自南京边的溧水，那里还有端木家的祠堂。

一岁时，农学院从四川大学分出，由成都迁到雅安，改名四川农学院，简称川农。我最早的记忆就是从成都到雅安的旅途。当时的唯一交通通道是条碎石公路，汽车开起来很颠簸。快到雅安时有座山，叫金鸡关，汽车下山时不停地盘旋转弯。我只有一岁，感觉汽车正在落入一个深渊，一片黑洞洞的，所以不停地哭。这个感觉，后来做梦时还经常想起。

父亲仍然是农化系的教授，母亲调到雅安中学任校长。雅安原来是西康省省会，后来是地区首府，共辖八个县。城市不大，川农占了一大片地。川农的围墙内绿树成荫，莘莘学子朝气蓬勃，一派高等学府气象。墙外是个有着两千年历史的古镇，一条大河穿城而过，地图上叫青衣江，本地人叫羌江，据说以前是羌人之地。中学的地理老师说，“羌”就是披着羊皮的人。由于地处山区，跟外界接触不多，当地文化基本上保持着原貌。很多人穿长袍，打绑腿，头上包着厚厚的布。街上的房屋除了少数国营单位，多是两层的木制瓦顶结构，下面开店，上面住人。当街的铺面是活动木板，白天拆掉，晚上装回。沿街除了各种饭馆、中药铺、杂货铺、小人书店等，还有经营各种传统手艺的，比如铁匠铺、裁缝铺、鞋匠铺、理发铺、做毛笔的、做水面的，等等。铺面都敞开着，可以看见店主们在熟练地操作。我很喜欢一家一家地慢慢浏览，觉得很开眼界。

母亲的中学离家不太远，走路半小时。雅安八个县以前只有两所学校有高中，雅中是其中之一，所以有很多外地学生在学校住宿。为了便于随时处理各种事务，母亲平时住在学校，只有星期日在家。小学前我上了川农幼儿园，全托，晚上跟很多其他孩子睡在大房间里。幼儿园除了做游戏，好像不教什么东西，只记得最后一年教过几次拼音，上小学以后倒是很管用，第一年轻轻松松就下来了。不过，我在小学不拔尖儿。班上成绩最好的是两位女生，一位叫刘红，一位叫朱玉珍。算术老师有一次在班上发雷语："我改作业很简单，先把刘红、朱玉珍的拿出来打 100 分，别人的就对着她们的改。"

1966 年"文化大革命"开始，到处抓"牛鬼蛇神"，小学也组织我们上街参加"批斗会"。有一次被斗的曾经是牧师，另一次被斗的以前是什么"坏分子"。他们戴着"高帽子"，胸前挂块牌子，上面写着罪名，像犯人一样。主持人厉声呵斥，让被斗人交代罪行，孩子们有时也跟着喊口号。时不时主持人还当众打人，孩子们看了都愕然。不久，校长也挨斗。我们小学的易校长为人和蔼，所以斗得不厉害。他主动做了检讨，说他妈妈在学校门外的大黄角树下摆摊儿卖零食，赚了学生的钱，是资本主义思想，保证以后不让她摆了。其实，他妈妈非常慈祥，我们都尊称她易婆婆，她的凉拌萝卜片给的分量比别人都多，我有零钱时也喜欢去光顾她的摊子。

中学生、大学生都成了红卫兵，川农很多老师也被批斗、被抄家，特别是国外留学回来的。受不了冲击自杀的也有。我妈妈因为是校长，也被抄家了。那天我回家吓了一跳，东西被翻得乱七八糟，扔了一地。几个红卫兵满脸严肃，冷冷地看了我一眼，继续翻东西。爸爸站在一旁，赶紧叫我别吱声。我当时不懂事，以为妈妈做了什么错事，爸爸也不敢解释，怕我不慎说错话引来更多麻烦。当时妈妈已经被隔离在雅中，不能回家，肯定也被斗过。有一次，爸爸带我去给她送些日用品。到了门口，妈妈看见我，高兴地冲出来，叫着我的名字。可是我转身就跑，不想见她，怕别人知道我妈妈被关起来了。这事一定让她极其伤心。很快，妈妈的一头黑发就全白了。我每次想起来就难过，在妈妈最困难的时候，我没有给她分忧，反而增加了她的痛苦。

学校停课了，孩子们在家闲着。父亲看我成天玩儿，或者看闲书，开始担心，决定教我一些英语。记得开始的一篇是童话故事 *The Golden Touch*（《点金术》）。另外还叫我看一些数理化的书。朋友中也有其他看书学习的，所以我们有时会交流。

“文革”不久，红卫兵之间开始“武斗”。雅安的红卫兵分为两派，以羌江大桥为界，各据一边，白天晚上经常有枪声。雅中红卫兵很多在大桥以北，需要有人服务，就把妈妈叫去，在厨房给一位周师傅打下手，并兼管卖饭票。这次红卫兵比较通情达理，允许妈妈把我带上，住在他们的据点里，让她有个伴儿。红卫兵经常荷枪实弹，有的对妈妈很客气，有的却很凶。

1968 年红卫兵“上山下乡”了，学校开始复课。中学期间遇到肝炎流行，我不幸也感染上了，在专区医院传染科隔离住院一个月。中国的医院总是很挤。我进去时没有空的床位，就睡在走廊的地上，一个多星期后才有了床位。肝炎没有什么痛苦，主要是疗养，就是吃好的，多休息。传染科是一栋西式洋房，下面有花园，环境优美。不过，里面有很多重病人，隔几天就有一位病友去世。有的人痛起来不停呻吟；有的人进来看上去好好的，几天就不行了，包括我边上的一位女孩子，也睡在走廊的地上，大概就十来岁，走的时候父母哭得很伤心。见多了，也不觉得恐惧，而是深感人生的脆弱，离死亡这么近，将来身体好了一定要珍惜，做些有意义的事。除此以外，住院的日子很快乐。我们几个肝炎病友，晚饭后每天一起在花园里聊天，其中有个人特别会讲故事，很有趣的故事，无穷的故事。

1974 年高中毕业，接下来就是“上山下乡”，我被分到雅安县草坝区和龙公社简坝大队第三生产队“插队”。农村的语言很有特色，除了粗俗词汇很多以外，还有不少古典词汇。比如上厕所叫“出恭”，吃午饭叫“吃晌午”或“干晌午”，看重要的人或事件叫“睹”(比如去雅安玩儿叫“睹雅安”)。还有些跟文化有关的术语，比如，劳动之间的休息叫“干烟”，大约相当于抽一支自卷烟的时间。“干”相当于普通话的“吃”，比如吃饭叫“干饭”。男人几乎都抽烟，女人也有。而烟都是自己用烟叶当场卷的，类似西方的雪茄烟，不过没那么长。文化低的人群反而用古典词汇，听起来很奇怪。学了语言学以后才知道，偏僻、边缘的地方语言变化慢，古代语言保留的就多；而大城市、不同文化语言交杂的地方，语言变化快，古代语言保留的就相对少。

生产队分散在一片很陡的山坡上，从下到上要走一个小时，耕地都是小块小块的，东一块，西一块。开始我以为我们“知识青年”到农村会“大有作为”，可以帮助农民解决很多问题。可是很快发现，我们的知识对他们几乎毫无用处。接下来就转而注重“接受再教育”。首先是学各种农活儿，一年下来都会了，包括强劳力干的挑粪、犁田、打谷子、抬石头等。然后是尽量了解农民的世界观。很快又发现，不管我们干活儿多卖力，农民其实并不欢迎这么多外来人。不光因为知青的生活国家不负担，住房全部由生产队免费提供；更主要的是，四川农村是人多地少，每年就产那么些粮食，多一个人分口粮，别人拿到的就少了。我们队一共几十个人，有六个知青，可见别人平均少拿了10%的口粮，可不是个小数目。

一旦发现自己是多余的人，知青都想尽早离开。可是下乡容易，离开难。首先，知青必须满两年后才有资格参加招工。而且，知青多，招工名额少，稍微有点儿“问题”的话，一晃儿就是好几年。我们队有位老知青叫向宁，第一批插队的，身子文弱，戴副眼镜，不偷不抢。我去时他已经待了六年了，每次招工都轮不上，据说因为父亲是“右派”。还有，农民完全没有被招工的资格，可是人们好像习惯了城乡差别，所以也没看见农民抱怨。

招工、招生要靠农村领导“推荐”。推荐的标准，应该是以劳动好坏为主，可经常是看你有没有为当地办过什么事，特别是需要靠家庭帮助的大事，比如建个小水电站。据说还有更离奇的。有的生产队推荐男知青，不推荐女知青。因为男知青一结婚就变成两个人，会分更多的口粮，而女知青一结婚就会离开本队去男方家，使本队少一个人分口粮。甚至还有生产队推荐劳动不好的知青，因为不想让他们留在这里，宁愿让劳动好的留下来。

1976年我下乡满两年，刚好邓小平出来管教育，提出第二年要恢复考试。这一年招生时，当地招办决定提前增加考试作为“参考”。分到公社的名额里好学校不少，北大、清华都有，不过好学校都被各种各样的人内定了。剩下有个名额是四川师范学院英语系，感兴趣的人不多，一方面“文革”时期教师地位很低，一方面大家知道外语不能混。我对教师没偏见，虽然理科成绩不错，对外语也有热衷，就报了这个名额。考试只有十来道题，其中一道是把“我爱北京天安门”译成英语。题目不算难，听说我考了满分，还有人很惊讶，可见“文革”耽误了多少人的学习。

二、大学本科

我们是最后一批“工农兵学员”，1977年初入校。当时的师范院校延续了解放前的传统，全部免费，包括住宿、伙食。我们是分桌吃饭，八人一桌，每次吃饭要把本桌的人约齐了才开始。领饭时每桌三个脸盆，一盆饭、两盆菜。每周只有两顿有肉，其他时间都是蔬菜。我同桌有位女同学不喜欢吃食堂，也不吃肥肉，每次拿上一点儿东西就走了，回寝室加自己的零食。还有位“杨大姐”，吃得也不多。八个人有两个小饭量，其他人都很高兴。寝室是6~8人一间，四个上下铺。因为同学们成天在一起，相处都很熟。

76级的同学水平参差不齐，经历也丰富多彩。有的是民兵连长，有的是伐木工人，有的是工厂干部，有的是中学教师，有的是政府官员，等等。虽然是工农兵学员，大家学习都很刻苦。有两位藏区来的同学没有英语背景，有时五点一过就起来学习，天都没亮，就在路灯下读书，精神可嘉。也有水平很高的。我们班上一位同学绰号“眼镜”，阅读量非常大，看过的书比我多几倍。他虽然发音不太标准，但十分流利，见面时喜欢全部用英语讲话，迫使别人都要用英语，走进哪个寝室都很受欢迎。“眼镜”个子瘦小，却还是个足球能手，特别会虚晃过人。还有位女同学，单词量、阅读量都远不如“眼镜”，可是发音很好，考试也特别仔细，每次分数都比“眼镜”高，使“眼镜”经常感叹。一学期以后，77级进校，又增加了几位高手。有位绰号叫“十万单词”的，据说把字典全部背下来了。跟这样的同学们为伴很令人荣幸。

77级入校不久，邓小平开始搞改革开放，国家决定大量输送留学生。第一批从外语专业开始，全国共300名，200名英语、100名其他语种，通过考试选拔。考试名额定为900人，由教育部分到各大学校。川师分到三个，一个教师名额、两个学生名额，考点在西安。接到通知后，川师马上开始内部选拔，先各班考，再年级考，最后全校考，笔试、面试都有。最后，老师选出一位语法专家，学生一名是我，一名是77级的。“眼镜”和“十万单词”由于年龄超限，都不幸落选。同学们知道我要去西安考试，都很高兴，认为我为76级争了光。出发前，一些好友约我去城里的照相馆照了相。照片拿到手，上面赫然一排大字：“川师英语系76级欢送端木三同学出国留念”。我看了真有点儿担心，西安还没去呢！

坐火车去西安很像在做梦，仿佛时光倒流，看见了古代的学子，长途跋涉进京考试，充满希望。考试期间，我们在西北工大招待所隔离居住了三天，不能与外界接触。笔试内容记不清了。口试是先听一个小故事，然后回答考官的问题。故事不长，没有生词，放了三遍，基本上背下来了，所以觉得问题不难。

通过考试后，我们被招到北京培训。因为我们是第一批统考出国的留学生，国家十分重视，除了介绍西方文化常识，我们还分组参观了祖国的一些亮点。另外，我们每人领到700元制装费，在王府井百货店的一个专门柜台订购了服装。我这组人的参观路线是山西大同煤矿、万人坑，还有农村榜样大寨。回到北京后宣布分配结果。英语专业的有三个国家：英国、加拿大、马耳他。分到英国的都很高兴。有位武汉的老师分到马耳他，脸上流露出失望的神情。

三、英国留学

1978年到1981年，我在英国留学三年。印象深刻的是环境很美，城市里到处都很干净，绿化很好，古老的建筑随处可见。小城市、郊外，自然景色更多。特别是绿色的草坪，剪得整整齐齐，中国当时很难见到。

第一年在伦敦的伊玲高等教育学院，每周有学校为我们安排的文化参观。记得有位老师的丈夫开了个日用化学品厂，也带我们去参观了。那里用的是德国进口的流水生产线，牙膏的灌料、封口、装盒，都是自动的，工人只需要把装满的箱子往下搬就行了。喇叭里放着有节奏的音乐，据说可以让工人们按节奏操作，提高工作效率。

伊玲有十几个中国学生，服装很相似，都是一起定做的。我们还有位“指导员”叫老魏，年纪比别人大些，遇到需要做决定的事，大家就朝他看，英国老师很容易琢磨出他的地位。回想起来，我们一定很显眼，只是英国人讲究矜持（reserved），不大表露出来，我们还以为自己融入得很快。

第二年我们分散到其他学校。我和几位同学转到杜伦（Durham）大学的圣彼得学院（St Bede’s College）。杜伦的历史仅次于牛津、剑桥，在英国排第三。在杜伦遇到两位很好的老师。一位叫 Dr. Lomas，是历史学家，他专门为我们开了门课叫“工业革命”。我们都听说过工业革命，以为它源于瓦特发明的蒸汽机。可是 Dr. Lomas 的角度完全不同。他认为我们对历史事件的了解远远不够，很难从中推出因果关系。另一位老师是 Mr. Peter Grundy，说话快而流利，给我们讲文学，分析精辟，令人印象深刻。特别是他的写作课，使我受到严格训练，终身得益。

1979 年英国杜伦大学中国同学合影。有位同学在照相，没在里面。左三为领馆教育处的老解，右三是我们的“指导员”老魏，右二是我。

从英国学者那里还听到不少其他开眼界的观点。比如，Mr. Grundy 有次在课堂上顺口说了一句：“你们永远搞不清英国人心里到底在想什么，不过他们总的来说对人还是公平合理的。（You never know what an English person is thinking about deep down, but on the whole they are fair.）”我们都想了解英国社会，所以他的话就像迎头一盆冷水，不过仔细想想觉得也有道理。又如一次我跟一位英国学生聊天，我说我喜欢看BBC的电视，觉得它的观点很公正。他却说，BBC总是贬低别的国家。我一听很意外，过了好久才有所理解。又有一次我们参观了马克思的墓，然后到一位犹太学者家坐坐。他说马克思是犹太人，他的共产主义思想源于犹太人的“基布兹公社”。我虽然有些疑问，却深感犹太人对自己文化的骄傲。还有一位杜伦大学的社会学老师，不喜欢英国的上层社会，有次他对我们说，中国的“文化大革命”、上山下乡都是伟大的社会创举，英国也应该这样做。我们很吃惊，以为他不了解情况，试图跟他说问题不那么简单；可是他态度坚决，根本不想考虑别的观点，还说我们站在资产阶级一边。

前两年的学校，都是专门为我们开小班。第三年我决定自己读一个专业，就去了里丁大学读语言学硕士，这是我学习语言学的真正开始。里丁有好几位知名的语言学家，如Frank Palmer、David Crystal、Peter Trudgill、William Hardcastle等。我读的硕士以修课和考试为主，看了不少书，接触了不少理论。不过真正做研究，还是在博士期间才开始。

四、复旦任教

1981年从英国留学回国，由教育部分配到复旦大学外文系任教。复旦的语言学非常活跃，当时有三位主要的推动者。一位是徐烈炯先生，刚从麻省理工学院做了访问学者回来，主攻句法。一位是程雨民先生，刚从哥伦比亚做了访问学者回来，主攻音系。还有一位是Henry Rosemont先生，是复旦邀请的外国专家，主攻语言哲学。Rosemont先生的课吸引了不少研究生和青年教师。另外徐烈炯先生主办了一个语言学沙龙，也是青年学者们定期聚会的场所，别的高校也有人来参加，其中不少人后来都成了语言学专家，如张洪明、包智明、李亚非、张宁、申小龙等。

复旦外文系分为不同的教研室。其中的日语教研室，老师之间对话全是日语，而且还有日本人的礼节，不停地点头鞠躬。我住的青年教师宿舍有位日语老师叫施小炜，每次见人都面带微笑地打招呼，而且略微哈腰，非常有礼貌。据说这是因为日语教研室主任苏德昌教授的母亲是日本人，习惯了讲日语（他父亲苏步青是著名数学家，曾在日本留学，也是复旦的前任校长）。无论如何，总觉得他们的学风很好。俄语教研室也很特殊，据说中国跟苏联闹翻以后就没有招过生。这么多年里，老师们没课，平时不用来学校，只有星期六的“政治学习”才来。

我被分到现代英语教研室，几位老师都是搞语言学的，也都是《现代英语研究》杂志的成员。其中有徐烈炯、程雨民、英语语法的传奇人物葛传槼、搞词汇学的陆国强，还有一位非常博学的老先生，虽然说不出是什么专业、但是什么问题都知道的。“政治学习”本来应该是讨论跟政策有关的报纸文件，不过我们的教研室没人监督，经常就转到一些跟学术有关的话题，所以每次都很得益。

上世纪 80 年代初国内开始讨论设立博士学位，出国读博的浪潮随之而起。Rosemont 先生看到这么多有才干的青年学者，英语也好，就主动提出要帮助我们到美国读博士。这事当然得学校同意。于是 Rosemont 先生找到谢希德校长，首先讲了文科学者读博士的重要性，然后向她提出，只要复旦同意让这些青年学者出国（其中不少人是教师），他可以负责联系美国的学校，获得博士录取和全部资助。谢校长请 Rosemont 先生开一个名单，他很快列了大约 40 个人，谢校长全部同意了。不久，我们陆续踏上了去美国读博士的道路。

1986 年初我被 MIT（美国麻省理工学院）的语言学博士专业录取，秋天开学。这次出国是“自费公派”，手续都要自己办。记得为了打个国际长途电话，去了专门的邮局，先交相当于半个月工资的押金，然后才能拨号。不过复旦也表示了关心，借给每人 50 美元，作为路上的零用钱。经过几道手续后，在财务科领到美元。财务科叮嘱，一年以后一定要还。钱虽然不多，拿到手还是很令人放心。

五、博士经历

飞机先从上海飞纽约。到达时是晚上，从天上往下看，一片灯火通明，甚是壮观。同机有好几位公派学生，纽约领馆派了人来接。我迷迷糊糊地跟人穿过一些大厅，到了出口，一辆新的面包车一下开到面前，Dodge Ram 的羊头商标特别显眼。车上下来一位司机，把我们的行李熟练地装上车，转眼就开走了。一路上开得很快，只觉得灯光交错，目不暇接，一下到了一个节奏很快的国家。

纽约领馆是个大楼，觉得很豪华，听说原来是个星级饭店，里面有自己的食堂。睡的床是席梦思的，很舒服。不过，领馆的人说，外面就是 42 街——纽约的红灯区，不安全，叫我们不要出去。第二天一早，领馆又把需要转机的人送到机场。去波士顿的有我和另外一位学生，到机场柜台时很早，没有其他旅客。柜台后是位黑人妇女，她看我们像学生，就问："你们去哪儿读书？"我说："MIT。"她说："你们中国人真聪明，从小就会用算盘。"我们的行李称也不称，一下就让过了。

MIT 的语言学系有两位中国学长：包智明、李亚非。包智明是复旦的同事，李亚非也到复旦的语言学沙龙来过。我从他们那里得到很多帮助。我到的当天，包智明来接我，把我送到宿舍，还借给我 100 美元，仔细而周到。当天晚上，他还带我去哈佛大学参加中国学生主办的中秋晚会，每人拿到一个大月饼。李亚非敢于闯荡，刚去一年，就在一个学生宿舍找了一个纪律监督的位置，夫妻二人免费住宿，主要负责防止学生太吵闹以及解决他们的纠纷。李亚非曾经给我们总结在美国谋生的诀窍："美国一字诀：tough！"两位学长还带头选修计算机课程，带头在一流学术杂志上投稿，让我学到很多东西。

我的导师 Morris Halle 先生是个很严格的人，也是个直爽的人。高年级同学说，Halle 先生还会骂人。不过在复旦时，徐烈炯先生曾经说，MIT 的文化是，最严厉的批评也是最好的帮助。有批评时说明自己的研究还有缺点，而这些批评正好提供了改进的机会。虽然如此，听说以前不止一个女学生被 Halle 先生骂哭过。

虽然有学长的榜样，以及徐老师的良言，路还得自己走，弯路还得自己摸索。读博机会不容易，人人都很刻苦。我认真上课，认真阅读，按时交作业。我们的博士一共四年，前两年很快过去，我也如期通过了资格考试。不过我很少约见老师。一方面，我在英国读硕士是以上课和考试为主，我或多或少受了这个习惯的影响。另一方面，在 Chomsky 和 Halle 的赫赫大名之下，在其他众多的大师身旁，我感觉很渺小。

比如著名的汉语音系学家 Moira Yip 就在附近任教，经常在 MIT 见到她。以前有人说，如果你搞哲学，无论你朝哪条路走，都会见到柏拉图迎面而来。意思是，这条路他已经走完，开始返回了。我开始研究汉语音系时也有同感，无论想到什么题目，都会找到 Moira Yip 的文章。所以，我力求寻找一个新题目，想等到做出点儿成就时再去找老师讨论。

第三年的一天，Halle 先生通知我去他的办公室。一进门，他劈头就问，“你这两年都在干些什么？为什么很少来见我（或其他教授）？”我很意外，他好像认为我做错了什么事。我说：“我不想浪费您的时间。我想做出有价值的研究后再来见您。”他火气一上，嗓门更高：“没等你的理论做出来，你早就被踢出校门了！”接下来是沉默。我真不知道他为何发火，所以表情一定很困惑。于是，他平下声调，开始解释：“你完全不懂研究生的培养过程。你不能等到做出研究以后再去见教授，而应该在研究问题的过程中去见他们，你和教授们通过讨论，一起寻找答案。”这席话，也许其他同学早就懂，可是我到那时才恍然大悟。然后他补充说：“我们也从研究生那里学到东西。如果 Chomsky 和我不跟研究生交流，我们知道的东西就会很少。我们的很多理论都来自于学生。”短短数言，给了我很大的鼓励：原来跟老师面谈不一定是浪费他们的时间，而是可以互相帮助的。

从那以后，我每周都跟 Halle 先生见面。每次见面前，我先用几页纸写出一个问题，或者是对问题的分析，然后跟他讨论。虽然我前三年没有好好利用，在最后一年里却学到了很多东西。我非常感激 Halle 先生为我指点了正路。我有时想，要是第一年就不走弯路，不知现在的情况如何。

上世纪 90 年代初，与我的导师 Morris Halle 先生在 Ann Arbor 的 Borders Bookstore

博士期间获得的其他治学体会，总结起来有几点。第一，语言的共性非常值得研究，而且共性的程度经常远远超过人们的想象。第二，语言学的很多理论都处于探讨阶段，所以要敢于批判现有理论，提出新的理论。Halle 先生曾经举过一个例子。他说："提出语言学理论的人，就像棒球手，挥很多次棒，也许有一次能击中。我和 Chomsky 不过是比别人的击中率稍微高一点儿而已。"第三，理论的定义要明确，预测要清楚。即使预测的结果尚未获得，也要让人知道如何证明它对、如何证明它错。而且不要怕理论有错，因为找到错误，正好是改进理论的起点。第四，研究的着眼点应该是寻求真理，而不是赢得争议。Halle 先生曾经说，有的学者不会争论，但是有很好的观点；而有的学者很会争论，但是观点却是错误的。所以读文章时，要区分作者有什么观点、有什么论点，不要将两者混淆。

六、密大任教

1990 年博士毕业，我在 MIT 的认知科学中心（Center for Cognitive Science）跟 Jay Keyser 先生做了一年博士后，接着就到密歇根大学任教。密大地处安娜堡，是个美丽的大学城。语言学专业有很悠久的传统。1897 年被聘的 George Hempl 教授是密大的第一位语言学家，独立的语言学系正式成立于 1963 年。

当教授除了做研究，还得上课，并分管行政事务。不过，事无巨细，都有同事们的关照。比如，Jeff Heath 先生教我如何申请研究经费、如何报税。Bill Baxter（白一平）先生介绍我参加密大中国研究中心的活动。Pam Beddor 先生教我如何修改学术论文、如何给本科生上课。密大不但强调研究，对本科生教学也同样重视。不少人认为语言学很枯燥，要把课上好很不容易。而作为一个中国人，要让美国的本科生对这门课感兴趣，更不容易。好在我们系有好几位同事，包括 Beddor 先生，不但研究出色，更是教学高手，居然能把语言学上得生动活泼，吸引了大量的本科生，包括非专业本科生，年年获得学生好评。这些成就的背后，有着大量的辛勤劳动。比如一位有经验的同事说，他每节课都要准备一些笑话。Beddor 先生也说，如果哪天课没上好，她会反复思索，睡不着觉。他们的成就，为我树立了榜样和目标。

七、结　语

如果有人刚开始研究语言学，感到无论选什么题目，都有人说过了，那么我想给你们一些鼓励。语言学仍然是一门年轻的学科。别人走过的路，不一定所有的东西都看到了。你如果多看几眼、看得更仔细一点儿，仍然能发现新东西。而且，很多工具和方法，前人没有，现在却很普及，比如新的实验设备、新的语料、新的计算手段、新的统计方法等。相信下一代学者们一定能后来居上，大有作为。

学术人生

冯胜利 1977级北京师范大学本科生，先在历史系攻古代史，两年后又考入中文系，师从陆宗达先生攻读硕士研究生，主修《说文》及训诂学。1982年毕业留校，教大学语文和古代汉语。1986年获美国宾夕法尼亚大学Annenberg Fellowship奖学金，赴美从拉波夫（William Labov）、柯劳克（Tony Kroch）和里博曼（Mark Liberman）学习社会语言学、历史句法学以及韵律学；1995年获博士学位。1994—1999年在堪萨斯大学东亚语言文化系任助教，1999—2003年在该系任副教授。2003—2010年任哈佛大学东亚语言文明系汉语应用学科教授、中文部主任、哈佛北京书院主任。2005年任北京语言大学长江学者讲座教授。2008年至今任北京语言大学和北京师范大学特聘教授、博士生导师。现任香港中文大学中文系教授，《语言暨语言学》副编辑。香港中文大学—北京语言大学汉语语言学及应用语言学联合研究中心主任。曾兼任国际中国语言学会常务理事、北美汉语教师协会常务理事，以及近十种国内外语言学及语言教学杂志编委和国内外语言学杂志与出版社的审稿人。主要研究方向为训诂学、历史句法学、韵律句法学、韵律诗体学、语体语法以及对外汉语教学的理论和实践。研究成果包括：（1）训诂学，提出文意训诂与同律互证法；（2）韵律和句法的相互作用，开辟韵律句法学的研究（《汉语的韵律、词法与句法》已被译成韩文、正在被译成日文）；（3）韵律与诗体的关系，提出“三音不成步、五言不为诗”的诗体来源；（4）语体语法，提出“当代书面正式语体”的概念及语体语法的理论系统；（5）历史句法学，提出汉语史分期以韵律形态为标志，二分为东汉以前“音段形态类型”的综合型语言（synthetic language）和东汉以后逐步形成的“超音段形态”为主的分析型语言（analytic language）两大类型。出版学术著作有《汉语的韵律、词法与句法》、《汉语韵律句法学》、《汉语韵律语法研究》、*The Prosodic Syntax of Chinese*、《汉语韵律诗体学论稿》、《三一语法》（合著）。出版教材有《古汉语基础》、《汉语书面用语初编》、《入乡随俗》、《文以载道》等。在《中国社会科学》、《中国语文》、*Linguistics*、*East Asian Linguistics* 等国内外刊物上发表中英文论文百余篇。

我从小就羡慕学者，我考上北京师范大学历史系 77 级本科生的前一年，全国上下都在搞“文化大革命”。我们这一代人是在“文化大革命”中成长起来的。

我上四年级的时候“文化大革命”就开始了。“文化大革命”对一个四年级的小孩儿来说是什么意思呢？就是不上课了，非常好玩儿。但是没过两个月就感到特别失落，因为什么课都没有，成天拿着假枪打仗，打着打着就没意思了。那就是小孩儿的“文化大革命”。不久我发现大人们都在烧书，贴大字报，然后游斗。这方面事情大家都知道，我就不多讲了。但对我个人来讲，我当时觉得书也没了，老师也没了，课也没了，早上起来之后就是玩儿，玩儿也没意思了。于是在烧书的时候就想能不能拿一本书呢？据说那些书都是有毒的，谁都不许碰，必须要烧掉，拿锅盖那么大的铁锹铲着书往书堆上堆，然后就放火烧，火很大。但其中有一个人，工作不小心，他一甩就把一本小书甩到了路边沟里头，我就偷偷地拿走了。我想这回可以回家看看到底有什么毒啦，回家一看，是《新华字典》，这就是我那时唯一可看的东西。

就这样过了一段时间开始复课了。恢复以后也上一点儿课，于是到 1970 年、1971 年的时候，中学毕业。据老师说，我在学校里学得还算不错。那年毕业，我们之前的那一届毕业的人很多都“上山下乡”了，到了我们这届，不用都“上山下乡”了，一部分人可以到工厂，大家当然很高兴，我们也等着机会，结果呢，分配还是让我不高兴。虽然不用“上山下乡”，但让我到北京第二师范学校进修一年，出来以后做“臭老九”——当中学老师。“臭老九”谁愿意做啊！当工人多光荣啊。但也好，我原本是想看书的，没有书，找了一本《新华字典》认了不少字。一听说当老师，即使不高兴也不特别难受。首先是不用“上山下乡”了，其次是有书念了，那就行了呗，到中学去看书吧，当臭老九就当臭老九！

结果呢？分配的时候告诉我，不让我念文学。念文学将来就能教语文了。为什么不让我学文学呢？老师说我的学习好，所以得去学数学，将来当数学老师，教代数、几何。我就求当时管分配的老师，能不能给我换一个班呢，让我去学，比如历史也行啊，教历史、教语文都行，可是就是不让换。我从小就喜欢文学，结果捏着鼻子在北京第二师范学校（就在白纸坊那个地方）学了一整年的数学。进修数学以后，就在中学教了整整五年的代数和几何。我的学生比我小两三岁，就这么过了五年。不过对我也有锻炼，因为那时候我当班主任，大概是1972年到1977年之间吧，我在和平门中学教书。北京市的中学生怎么样，我这里不想多说，我是班主任，其中的甜酸苦辣，我想等我再过十年退休以后写回忆录时，写写那段时间的亲身经历，写写那时候我们是怎么做班主任的故事。只举一个例子，一个教研室同事下了课拿着书回办公室，她怀孕了挺着肚子往回走，一步一步，刚到操场中间，一个砖头“嘣”地就砸在她的脑袋上，“哗”的一下血就下来了，她扑通坐在地上，人们马上叫车送急救。每天差不多都有学生或老师被打破头的事件，这就是当时的学校。学生们打老师不奇怪，“臭老九”嘛。有一个年轻女老师上课进教室一推门，“嘣”的一声，上面一盆水落下来，浇了一身水，这位年轻老师哭着跑回去。怎么办呢？赶快换衣服，再上课。那是常有的事。学生打老师，学生打学生，甚至还有用刀子的。就在那种环境下，我坚持教数学教了五年。

后来“文化大革命”结束，我考上了77级的北师大历史系本科生。上历史系的原因很简单：第一，我一直喜欢文科；再有就是在1973年的时候，我遇到了影响我一生的机会。什么机会呢？这要从我教数学说起。我教数学，但我喜欢文学，所以没事的时候就在下面写一点儿古诗。在那个时候写古诗不是很好的行为，因为你不是在学习毛主席的思想，也不是在学习马列的思想，所以老师们在传看我的古诗的时候，背后就说这个小伙子有点儿不像话，喜欢封资修的东西。这话传到了我们一个老师的耳朵里头，她说你把你的古诗拿来，我给你找一个人看看到底是好还是不好。我说我写的东西不给外人看的，我怕说我是封资修。她说：“我爸爸懂古诗，你要是想写古诗的话，他可以帮你看，但是你不要告诉别人。”她就是我的导师陆宗达先生的女儿，陆敞老师，我一直叫她陆老师；她跟我一块儿在和平门中学（当时是第180中学）工作，她是教务处长。她就把我写的那些诗拿过去了。拿去以后陆先生看完就给我改，改完之后又还给我。哇！一看把我吓坏了，因为我的那些诗有的是我抄的，我抄一句李白的，我再抄一句杜甫的，再加上自己编的。我们那里的语文老师水平也不太高，经常看了之后说：“这首诗是宋朝人写的吧。”所以我觉得还挺骄傲的——我自己编的也有宋人的风格啦。可是陆先生说了："你这个是抄某某的，那个是活剥某某的……"全都一一指出来，写下来了。看了以后，我当时非常害羞，满脸通红，很不好意思，不知道怎么办才好。她赶紧说："不要紧，你不要害怕，现在小孩儿喜欢这个的很少，我爸爸说你要是想学的话，他可以给你讲一讲，但条件是你不能跟任何人说。"因为跟任何人一说，在当时的情况下，不说你反动，也是非常落后的、不求上进的做法。但是我觉得古代的东西很有意思，我就说："行啊，我想去。"

就在1973年的时候，我见到了陆宗达先生。陆先生是"反动学术权威"，在家里什么事都不让做，反省或者写检查吧。我一见到老先生，虽然不认识，但一下猜出这就是陆敞老师的父亲。陆敞老师让我叫她父亲"外公"，后来我就跟我的新"外公"学了四年的古文。当时我根本不知道他那么有名，后来才知道他是全国训诂学会的会长、章黄学派的掌门人。我1982年毕业前到武汉参加第一届训诂协会时，陆先生做"文革"后的第一届会长。一起在那里开会的还有陆先生的同门，曾住在一起跟季刚先生念书的黄焯先生，他们两人是训诂学的长老。然而，1973年我碰到陆先生的时候，根本不知道他是这么赫赫有名的学术权威，我只知道他很厉害，像字典似的，我从那么厚的书里抄出一句诗来，他都能知道出处。这把我吓坏了。记得第一次见到陆先生时，他就非常简单地告诉我："你要想学古代文学，《全唐诗》你要看，《昭明文选》你要看，《史记》你要看，那么你就可以搞你喜欢的东西了。"我回去后马上就找来这些书。紧接着，他的女儿就告诉我："你谁都不要讲，现在小年轻都不学这个，你自己要想学的话，就跟着我父亲学，可是你要知道这个东西可不是正路。我父亲是反动学术权威，他是自己在家里闷得慌才给你讲这个，但是你不能跟别人讲。"从那儿开始，陆先生每个礼拜就给我讲一次，后来我发现，不只是我，因为陆先生烦得慌嘛，只有我听课还不过瘾，给他拉煤球的那个推煤的人也听课，后来又多了一个人，旁边肉铺的那个人也来听课，还有一个是老语文教师也来听课，"文化大革命"之后他有很大成果。

那时候我就在陆先生家这么学，但是后来还是有人告发我说我学古代的东西。也有人劝我说："你这么年轻，不追求上进，不争取入党，怎么搞这些东西呢？知识越多可越反动啊！"当时我就面对这个很重要的问题：知识多到底反动不反动？后来我一想，这个说法不对，为什么？毛主席的知识很多啊，毛主席不反动啊。毛主席什么都知道，古代的、现代都知道，所以我知道一点儿没什么问题。所以我就仍然跟着陆先生读。结果呢？有人告诉书记了。所以领导就跟我谈话，说你不能再学古代的封资修了。从那以后，我念古书的时候就把毛主席著作放在古书的上面。我的办公室桌子冲着门，我就面朝门看《左传》，别人来了，我把抽屉一拉，《左传》就掉抽屉里了，毛泽东选集就在上面。别人问我看什么呢，我说毛选啊，别人就没什么说的了。陆先生每次讲的课我都记下来，所以现在我的笔记都在。

1976 年“文化大革命”结束，说第二年可以考大学了，我高兴得不得了，想念书嘛，一下就用上了，学的那些东西考语文绝对是没有问题的，我又是教数学的，考数学也没问题。我起先是为考大学做准备，后来呢，我变成了想考大学的人的老师了。谁想考大学，到我这儿来找我给他们补习。我考上了北师大，当时为什么想考北师大没考北大呢？因为我想考历史系，那年只有北师大的历史系招生。为什么考历史系呢？因为我害怕搞文学，搞文学弄不好就反动了，跟政治关联太多。搞历史呢，用跟陆先生学的《说文》搞历史离政治比较远。当然我跟陆先生念书还有更好玩儿的故事。陆先生开始的时候给我讲唐诗，我很高兴。后来讲着讲着他不讲唐诗和文选了，而是讲起《说文解字》了。我觉得很没劲，因为那是学字儿啊。陆先生很有办法，他就从“冯”“胜”“利”三个字开始讲，他说你的“冯”字是两点儿加一个“马”，那两点儿什么意思啊？为什么这“马”念“冯”啊？然后他就说，前面的两点儿是“冰”，“冰”是声音，“马”是意思，等等。虽然新鲜，可还是觉得没意思。于是硬着头皮听。后来就不想听了。但过了一段时间觉得不听也没意思，因为那个时候我教数学，数学不是我喜欢的，虽然我教得很好，学生很喜欢，可是这不是我的爱好。我想教的是语文，可是又不让我教。平时看书也都是看文史方面的东西，可是又没人给我讲。陆先生知道的很多，但是他不讲别的，他只讲字儿。于是我想，不学白不学，我本着这种思想就跟着听，这样一听就是半年一载的，结果呢，就有点儿上瘾了。所以我想这是陆先生设下的“圈套”，让我从文学开始，钻进圈套以后，他就开始从《说文解字》的第一个字、第二个字……一个字一个字讲，一卷一卷地往下讲，讲到了“文化大革命”结束。考大学的时候我考的是历史系，学的是先秦史，一年半以后得知我们 77

级的本科生允许考研究生，因为“文化大革命”结束后的第一届的本科生小的比我小三四岁，大的比我大十几岁，年龄参差不齐，由于大家的背景都不一样，有的人积攒的经历很多，岁数也够了，所以允许考研究生。我就跟陆先生说了，陆先生说：“我现在可以带研究生了，你要不要来考啊？”我问：“我能考吗？”他说：“你已经学了那么多，可以试啊，你现在别的不用准备了，就把你的外语和政治搞一搞就行了。”结果一考我就考上了。考上了就跟着陆先生又学了三年。从头到尾，我跟陆先生学的是传统的朴学。朴学是什么？朴学就是小学。就是文字、音韵，训诂之学。

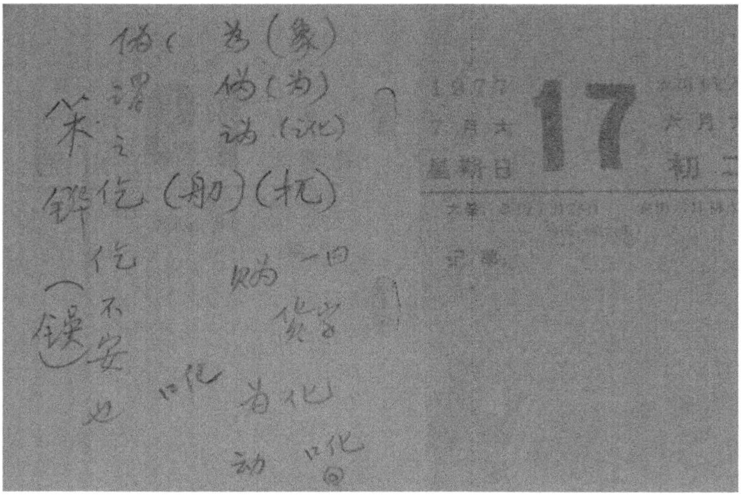

陆宗达先生 1977 年给我授课时的笔记

所以说，我在北京和平门中学教学时跟陆宗达先生的学习相当于过去的上私塾，到 1977 年考上大学在北京师范大学历史系读本科，1979 年考到了中文系读研究生，三年之后毕业留校。我想我毕业后自然而然地就是在古汉语教研室教训诂学或者教古汉语了，然而，分配的结果让我透心凉：不能进古汉语教研室，要到大学语文组教大学语文。这不是大材小用吗！大学语文是什么啊？教学生写作啊！大学语文讲现代和古代汉语、现代和古代文学，总之所有的东西都是这一点儿那一点儿，都是普及性的东西，而且对象也不是中文系的学生，而是全校本科学生，就是公共课。而且最难、最让我受不了的是改学生的作文，每天作文一大摞，每天是硬着头皮改。陆先生跟我讲：“你不要不高兴，这个东西对你有好处。”我心想，您就是没让我上古汉语教研室所以安慰我而已嘛，有什么好处啊，我才不要这好处呢。要说真的好处，您让我去教训诂嘛。中文系还有一个老先生，叫启功。他跟我们讲："真正课教得好的，是不备课的。"一下我们就高兴了。教研室主任说："不备课，是因为都吃到心里的缘故。"启功先生说，他开始就是教大学语文的。这给了我一点儿安慰，我教大学语文教了三四年，后来才有教古汉语的机会，我在北师大教了四年。

1986年我就冒出一个想法，我要考博士，陆先生那时候开始招博士生了。可是系里说："你不能考，你是陆先生的研究生，留下来工作的时间太短，不能考。"可是我一看，现在不能考，再过几年我可能就考不成了。怎么办呢？于是我有了一个非常怪异的想法——有时候怪想法没准是不错的：什么是训诂学？训诂学就是研究词义的演变、文字的演变、声音的演变。但什么是演变呢？中国著名语言学家朱德熙先生在《中国语文》上有一篇文章，说美国有一个叫拉波夫（William Labov）的学者是社会语言学创始人，跟他对着的是形式句法学的创始人乔姆斯基。朱德熙先生说，美国的这个学者是专门研究变异和变化的（variation and change）。我当时就想，我们研究训诂学应该看看演变的理论是什么啊！从1973年我听陆先生的课算起到1986年，我跟陆先生磨炼了十几年了，而且当时陆先生讲的课我都记下来，回家整理好，争取都记住，很是用功。有一个小插曲说明我怎么用功，让我知道陆先生怎么真正想教我。陆先生让我进入《说文》圈套、让我喜欢上这个以后，我就问陆先生："外公，要学您这个，怎么开始真正地学呢？"陆先生眼睛一大，很正经地说："你真要学吗？到中国书店买一套《说文解字段注》，读段注。"我马上就去了，我当时不是在和平门中学教书嘛，琉璃厂、中国书店就在旁边，我去买，结果没有那本书。但我是班主任，我的一个学生的父亲是琉璃厂古书整理组的小组长。我跟学生说："给你一个任务，请你爸爸帮助我买一套《说文解字段注》。"他马上就给我买来了。然后我就拿着书跟陆先生说："外公，我买来了，您看怎么办？"陆先生说回家点读。怎么点？古书没有断句，读的时候要用红笔点断句读。于是我就回去点书，点了一两页发现这根本点不断嘛，也不懂，而且点的肯定都是错的。所以我就拿回去问先生："我不会点，您看对不对。"陆先生说："我不看，从头点到尾点完后，你再拿来给我看。"我说："我点的都是错的。""不怕你错，就是怕你点不到尾。"我说："那错了怎么办？""你就从头点到尾，再拿来。"说完就不理我了。我回去琢磨琢磨，那就点吧。整整花了半年多快一年的时间，我真的把那部段注一个字一个字从头点到最后一页。后来我读研究生的时候，我们几个陆先生的研究生有一句口号：把青春献给双行小注。古代文献都是大字的是原文，下面用两行小字来注解。没有标点，我们就点断句，天天点。最后是谈恋爱也点，女朋友也点，女朋友不点，我就不找。就这样，点、点、点，最后我找我太太的时候，当时她都跟着我做卡片。现在看来，我们的确是把青春献给了双行小注。等我点完段注的时候，陆先生非常高兴，说："你居然点完了！"接着就说："再点一遍！"我说："哎哟，这不是闹着玩儿的。"但是他真的让你再点一遍，可是就在这个时候，我发现外公开始真的给我讲《说文解字》的学问了，讲的和以前不一样了——全方位地讲，文字，字的字形、语源，古韵的通转等。我发现原来如此，陆先生之前给我讲的是一回事，现在讲的是另外一回事。当时分配到大学语文组后，想到这么多年的功底都用不上了，心里很不舒服。后来才知道，先生让我打的是文学系的全面的基础。因为我是从 77 级跳上来的，很多的基础不够，所以教大学语文，整整三四年的时间我把这些基础都打好了。到了 1986 年的时候，我的想法是：在先生教我的这个功底之上，还有什么东西要学呢？那就是演变的理论，朱德熙先生说拉波夫有这个理论，而实际上呢，陆先生也提过：章太炎先生是接受过国外理论的，所以他才有突破。太炎先生是季刚先生的老师，季刚先生是颖明先生的老师，所以我们学的是"章黄学派"的学问，是最传统的，是国学里的国粹。但这不是故步自封、闭门造车的学问。所以我想我们今天也应该像太炎先生一样，不能死守着传统不变。于是我有了一个怪异的想法，或者说是一个非常奇怪的、叛逆的想法：能不能跟拉波夫去学。当然不可能了，怎么可能呢？第一，我的外语虽然在考硕士之前学了一些，但是进了研究生院以后，陆先生就让我们在三个月内把外语全部过关，以后不许再碰，全部的精力和青春都献给双行小注，因此就没有外语能力了。我也知道自己外语不行，要想出去，必须学好外语，所以我在那时候就准备英文，一方面申请，一方面学外语。就在这个过程中，拉波夫跟我讲："如果你要来的话，我们可以给你资助。"我不太清楚他的资助是什么东西，于是拿着他的资助信，找了一个外语系的朋友让他看拉波夫给我的信。他看完后问我怎么得到的这个奖学金，说这是天上掉馅饼。他告诉我这是四年全奖，而且这个全奖是不需要干活儿的。我问他钱够吗？他说这个钱当然多是不多，文科的资助都没有太多的，可是养老婆和念书足够了，人家又不是让你发财。我问去吗？他说像这样的机会你要是不去的话太可惜了。我考虑了很久，自己不是外语系专业的，出去可能念不下来。但机会很难得，我可以到那里好好学学外语嘛。外语过关了，我就可以阅读外文了，就可以知道拉波夫的变化理论了，那么将来再搞训诂学就会有新的心得了。

于是，我就出去了，现在想来真是胆儿大。人生有时候还真得有点儿破釜沉舟的勇气。起先还想要是学不下来就回来，到那儿去之后发现，根本回不来了。为什么？你不敢回来了啊。你回来之后，你的同事和你下面的人就说你败兵而归，脸没地儿放啊，所以叫“破釜沉舟”，硬着头皮也得学好。所以我的一个人生经验是：天下无难事。我母亲总跟我说：“没有过不去的火焰山！”只要你真正把精力放在上头，没有不成的。什么叫把精力放在上头呢？就是你脑子里没有第二件事，就这一件事，什么都不想，连老婆都得忘了。我的女儿那时候才两岁，正是最好玩儿的时候，离开老婆和孩子，想想有多难受。那时候和现在不一样，现在机票一千多块钱，当时的机票贵得不得了，而且我又没钱。电话打一个一抬起来就是十美金，然后一分钟一分钟的再往上加。写信的邮票都舍不得买，写在一张纸信封上，写完之后折折之后就是一个信封，邮的时候很便宜，我和太太就拿那个来交流。为了更好地学外语，我跟美国人一块儿住，有半年的时间我一句中文都没说过，不见中国人——不是不想见，而是不要说中文。就是逼着自己那么做，脑子里做梦的时候都是这个。

我的宾大学习经历里，离不开拉波夫的关爱。2010 年在哈佛开第 18 届国际汉语学会的时候，我把我的另一个导师 Tony Kroch 请来做大会报告，他是搞历史句法的，我跟他聊天时说起我的历史，他说：“你看，你现在能用英文说这说那，可是不记得吗，当时你来的时候英文很差的呢！”我说那时候你干吗要我啊？他说：“实际上你得感谢拉波夫啊！是拉波夫说你一定能学出来的。是他要你的，他说你那时候已经发表文章，是个学者了，你真得谢谢他。”我对拉波夫一直心怀感激。当时他对我说：“你第一个学期得上两门课，这两门课无论如何你不能低于 B，如果低于 B，你的奖学金就没了。剩下的课是跟我上的独立研究（independent study）。”我每个礼拜见他一次，一个小时不到，有时候 10 分钟，有时候 20 分钟。谢天谢地，我的两门课，一个是 B，一个是 B+，奖学金保住了。跟他的课就更有意思了，学了一个多月以后，他说："哎哟，每一次跟你谈话都不一样。"半年以后他跟我说过一句话让我倍受鼓舞，他说："胜利啊，我们都可以给你写小说了，你现在都能够跟我自由对话了，你记不记得你刚来的时候，我说话你还听不懂呢？"怎么回事呢？就是高度的 concentration 的努力结果。而且我还有一个办法，现在念书的人一般都不用了，笨办法，把上课的内容全部录下来，回去之后听，把它都写下来，凡是到了我听不懂的地方就打上记号，让那些一起住的美国朋友帮忙听一下。当时我就把一门"形态学（morphology）"全部录下来，然后转写下来，结果我写下来的笔记最全，全班同学想看完整的笔记都到我这儿来。一年以后，我听课和写作就没问题了。

外语关一过，就开始了我从 1990 年到 1993 年的"学术转型"。上面讲的是上课的语言问题，没有谈我的学术转型的过程。这个转型非常重要，几乎所有的在国内受教育的本科生、研究生要想到外面进修、进一步做学术深造的话，实际上都面临着学术的转型。我们的传统学术和西方的学术路径不一样，这里我自己的感觉非常深刻。先举一个最简单的例子。我在学句法学的时候，教科书告诉我"I like him"不能说成"I like he"，因为"he"是"nominative case for subject"，是主格，"him"是宾格，界线分明。像拉丁文一样，西方当代语言学里面就有一个定律，即名词性的成分如果没有格位标志不能出现在句子里；换言之，没有格位的名词不合法，必须删除。学到这儿的时候，如果你的中文的历史观念很强的话，马上就会得出一个强烈的意识：如果某个语言没有格位也能说的话，那么格位理论就没有用了。这就是现在我们很多当今学者仍然在坚持的一个想法，西方的理论，尤其是乔姆斯基的理论，对我们的语言不适应，因为他说的那些现象，那个屈折语素我们没有。当时我在宾大读书的时候也是这样，我的老师 Tony Kroch 是乔姆斯基的很有名的弟子，我就在课上质问他："如果这个语言里根本就不存在你说的格位的话，那么你这个理论就不能够成立。"他的回答很直接（用的就是西方学术的理论）："没有格位怕什么，你可以设想它有一个格位啊！"这很出乎我的意料，你说的是什么意思啊？没东西我怎么设想啊，设想不是无中生有吗？这能叫学术吗？他看到我这副样子，也不说什么了。恐怕是在想："小子不可教也！"他没法教我，我也没法接受。我们搞训诂的"有为有、无为无"，没有的怎么能假设它有呢！就在这个地方，出现的就是怎么样转型的问题。如果我坚持自己“故我”，结果就一条路，就是像我可怜的同学一样被语言学系踢出门外，他们叫“terminate”，意味着你语言学的学术生涯在我们系由此结束了。在国外，如果在一个系被“terminated”，你是不能到任何这样的系里继续读的，语言学就此拜拜了。我的一个可怜的朋友就是这样，现在想起来也还后怕。当然还有一条路，是我采取的方法，就是放弃自己的“故我”，忘记我以前所学的全部东西，从零开始，假设我知道nothing，我是一张白纸，我什么都不知道。就是太炎先生三智三愚的“愚”。我于是从“introduction”的书开始，从最基本的重新学习。不仅如此，我还看了些有关于为什么他这么样来建立他的学说的那些书，也就是科学哲学，看一些这方面的东西。慢慢地我才感觉到它的道理非常之深，感觉到如果没有经过痛苦煎熬的人是不能够有这样的感悟的。我当时是非常痛苦的，让你学一个你知道完全是胡说八道的东西，你学吗？不但要学，放下架子，你说它胡说八道是因为你有原则，放下一切原则从头学，最后你才发现它的道理所在。我说的学术转型，就是在几年当中，我不但学了课，还完成了我的学术转型；我不但能够知道他的道理何在，而且我能用他的道理跟他去 argue；不但跟他 argue，用他的道理还发现了原来我不可能发现的、非常有趣的东西。举一个最简单的例子：“张三派警察打了他”，其中的“他”指谁？“张三被警察打了他一顿”，这个“他”指谁？前面的那个“他”可以不指张三，后面这个“他”必须指张三，我就是通过从“形式句法学”学来的“assumption”的那个理论里，看到了汉语的被动句和英文的被动句完全不一样，给汉语的被字句提出了一个形式句法学非常特别的句法运作，就是说汉语的被动句是“empty operator movement（空算子移位）”。至今用形式句法学讲汉语被动句的人大多还在用我的这个说法，尽管很多新入门的研究生不知道这一点。那个时候的这类发现给了我很多甜头，因为发现了传统方法研究不能发现的汉语原有的特征。我马上把这些方法用到古汉语，发现古汉语也是如此。后来（2000 年）轻动词句法的引进以及 2005 年发现的古汉语“无介词结构”的轻动词句法运作，都是学术方法转型后发现的结果。

正在那个转型时候，堪萨斯大学招人，我去申请了。结果三个人进入最后的竞争，我得到了工作。据后来招聘的人说，是因为我有古汉语的背景。从那个时候开始，我就考虑在我的博士论文中怎样把我学到的西方的理论精华和我学过的传统的东西结合起来，做一个不总是跟人家屁股后头跑的学术研究。怎么样不跟人跑呢？训诂是解释词义的学问，但要达到这个目的则离不开语音，“训诂之旨，存乎声音”，没有声音，训诂不到位。那么这个原则能否用到我们现在的研究上？我就想，声音管词义，那么声音能不能管构词、声音能不能管造句呢？经过大概六七年的努力，我设计出一个非常有意思的东西，现在叫作“韵律句法学”，当时我就用它来教中文。教学相长，不仅韵律语法和中文教学紧密相关，就是语体语法也不例外。我在堪萨斯大学教中文的时候酝酿出韵律句法学的体系，后来在哈佛大学教中文的时候，从书面语体的教学中发展出了语体语法的理论。

如果说在国内教大学的时间里我获益最大的是教大学语文的话，在海外教大学的时间里获益最大的是教中文。在堪萨斯大学学中文的学生整个加起来不够 100 人，那个学校里有将近 3 万名学生，不到 100 人学中文；可是哈佛大学有 6000 名本科学生，有 300 人学中文，我得管理 20 多名老师的团队，一块儿来教。我从 2003 年到 2010 年在哈佛待了整整七年，创办了哈佛北京书院。哈佛自认为是全球最好的大学，自信自己的学生不需要到外面学习，2003 年开始的时候，学校对我的这番建议表示怀疑，一认为哈佛没必要，二认为哈佛没人去。这是一个暑期班，我预计招生 80 人，但开始并没有得到支持，所以到 2005 年才办成。我把哈佛的学生从象牙塔拉到中国、拉到北京来学习。哈佛燕京学社的杜维明称赞道，此举意义非凡，这意味着哈佛开始走向世界了，走到中国来了。

由于哈佛学生自身能力高，有学生在学习之后能用中文写出优秀文章，并发表到《读书》上或其他的一些报纸上。我就从以下几个方面开展教学，同时也发展了这方面语言本体的研究。有如下几个方面：（1）汉语书面语。汉语书面语是自五四取消了文言文以后，从汉语白话和其他的语言因素综合出来新形成的正式语体。从这个角度来研究书面语，去教中文。（2）语体学。有正式和非正式的特色、典雅与通俗的特色……而如何去表达？我将它们综合起来，汇合成一个独特的领域。韵律的研究还不止这些，从学术上，还想将它推展，推展到文体学。（3）韵律诗体学。古典诗歌最早的有二言诗，后来有四言诗、三言诗、五言诗、七言诗。六言诗几乎没有，三言诗不发达，五言、七言最流行。为什么呢？在学术上，为什么的问题如果从根本得以解答，就能开辟出一个新的学科。我鼓励学生们就此问题继续探究下去。在前面研究了韵律构词和韵律句法的基础上，发展和开辟一个韵律诗体学。经过多年的研究，我们得出这样一个结论：三音节的音步如果没有成立的话，五言诗就产生不了，四音节的复合韵律词如果没有成熟的话，那么七言诗就产生不了。这是从语言的韵律机制上解释诗歌形式的存在、更替与发展。

国学，我是跟陆宗达先生学的。在学习文字音韵训诂的时候，陆先生本着章黄学派（也叫文献语言学）的学理和原则教我们。他常说：搞我们这行的，字就像天安门城门上的铆钉，少一个都不行。此处先生说的“字”是指《说文解字》上的九千三百五十三个字，一个一个地学，一个都不能少，才能把传统国学的基础打好。西学，我是跟随拉波夫学习的，他是社会语言学的创始人；还有托尼·克罗克，他是历史句法学的著名学者；还有马克·李伯曼，他是当代韵律学的创始人。在西学里，机制是研究任何现象的根本，西方学术最关心的是机制。我以此建立韵律句法学，也尝试建立韵律构词学，同时还发展出了韵律诗体学，甚至希望将来到达韵律和认知的关系研究。最近主编的《语言学中的科学》则是这方面的一个尝试。赵元任曾经讲过：如果汉语没有双音节的节律，中国人会有这么强的阴阳、乾坤的概念，是很难想象的。换句话说，我们自古以来相对相成的观念，很可能和我们的语言特征有关系。到底是不是还需进一步研究？而这个研究方向的启动和发展，使用的就是语言机制这一工具。

从我国开始派留学生的清朝末年的时候就有这样的说法：出去留学就要把他们的精华学回来。不要把金子拿回来，而是要把他们点石成金的手指拿回来。什么是西方学术点石成金的手指呢？我所理解而且得益的就是演绎逻辑。这要分几个步骤的训练才能得到。举例而言，在语感上觉得“皮鞋厂”比“鞋工厂”好，还不算真正的最高层次的研究。要想达到学术研究方面的最高境界，需要攀登八个阶梯（或等级）才有希望达到最高峰，亦即学术研究的八层级：（1）Observation（尽观察），（2）Classification（准分类），（3）Characterization（掘属性），（4）Generalization（建通理），（5）Abduction（溯因推理），（6）Deduction（演绎推理），（7）Prediction（预测有无），（8）

Verification（核验现实）。

具体怎么做呢？第一是“观察”。比如观察到“皮鞋厂”(2+1）比“鞋工厂”(1+2）好，“种植树”(2+1）和“开玩笑”(1+2）……。第二是“分类”。当说出哪些好、哪些不好时，就是在分类。大学生即可做，也是研究生的准备。而真正的研究生水平得登上第三个台阶，即“分辨每一类属性”。第四是“概括”。学术的基础就是要对现象的类别给出最一般性的概括。概括就是要给出一个判断句，其中必须有绝对的词汇（所有的、一切的、凡是），不然不能做任何逻辑上的推衍，是不能运算的。比如“种植树”和“开玩笑”的分析就是：凡是动宾结构，动词是两个音节、宾语是一个音节的都不合法。注意：有了一般性的概括后，还要努力发现反例、特例以及例外，进而来处理反例和例外，这个过程才叫作学术。有了诸多的相关的不同的概括，才能够真正开始登级似的学术的开端。我说博士生的论文就应该从概括开始，但很多博士生到概括就完了，这就是我们走不出新的学科来的原因。我们希望有大师级的人物来开创新的学科，这就需要把这些概括综合起来。第五是“假设”。假设不是假的，而是设立一个可以证实推衍的思想和理念。但若到此结束，那么学术就不成体系，这一学科就太单薄，很可能站不住。第六是“演绎”。根据通理和假设的道理，会产生哪些逻辑的定理和结果，这就是演绎。第七是“预测”。“在什么情况下，会怎样”以及“如果理论上会这样的话，那么现实中应该有什么或应该没有什么”，这些就是预测。预测的结果就是要回到现实中来，看看现实中有没有通过演绎预测出来的事实。第八是“证实”。在现实生活中证实它。

可见上面说的八个层级，前四个是基础层次，后四个是提高层次。如果从上述第一到第八反复推衍，方面足够而又可集中而成为一个体系的话，就能构建一个独立的学科。这里还要强调想象的重要性，没有想象力，不可能创建学科。作为科学的语言学的含义就在于此：它可以帮助我们寻来和达到学术的最高境界。

有人问我：钱学森问我们的教育为什么培养不出大家来？从东西文化比较上，您怎么看这个问题？我说：西方不论自然科学还是社会科学，其根本在“演绎逻辑”。东方关注的是“辩证关系”。如果把“关系”抽掉，就没有我们的特色了。我们的大学没有专业性的逻辑分析课（如 Critical Thinking in［不同的学科］)。而这方面的训练课程在哈佛这类大学里是不可缺少的学术工具。我们没有产生大师的批判性思维的土壤。如果“不会想（从反面推演构想和设计）”很难有大师的产生。我想这可能是原因之一。其二，我们所谓的大师，无论有意识还是无意识，都或明或暗地在使用西方标准（或需经过国外的认可），因此即使是有大师，没有国外的认可和鉴定，我们也看不到。第三，最重要的，大师不是培养出来的，而是给足条件后自己成长出来的。长出来后，还要自己认得（或承认）。有时候不是没有，而是我们不承认（或不认得）。有人就此问我：如何用逻辑演绎做假设？英文是否更适合演绎思维或抽象思维？我的回答是：天下没有做假设的固定模式。如果有的话，那么下一个爱因斯坦我们就可以预测了。但假设也不是可以随意的，它是自己对研究对象的深度了解和自己对因果想象力的有机结合，这样才会有革命性的突破想象。这种想象也是下面的两个结合：一是已知对象的概括中潜藏的因素；二是主体对该因素的体现和反映的想象。因此同样的现象和事实，不同的人所得到的假设（想象）可能是很不一样的；同样的现实材料，能生成不同的理论。不同的理论是否成立不仅取决于它的假设是否可以推衍出诸多的可能和不能，更取决于假设以后的演绎和预测再演绎和再预测。演绎预测不能成功，需要马上就推翻重来。总之，要训练科学的头脑。有人说“有什么样的语言就有什么样的大脑”，其实，这个问题可以反过来看：有什么样的大脑就有什么样的语言。大脑创造语言，但是不是它创造的语言还可以反过来激发大脑创造更多更深的思维呢？这是人类认知的大问题。我的兴趣也在于此。

（上面的文字是在于疃和杜莹整理的第 79 期博雅大讲堂讲演基础上修改而成的，谨致谢意！）

何宝璋 1992年在美国俄亥俄州立大学获博士学位。现任College of the Holy Cross副教授。曾任美国哈佛大学教授，哈佛大学东亚语言文明系中文部主任。并曾分别任北京语言文化大学、台湾师范大学客座教授，四川大学对外汉语教育学院顾问。主要研究领域为现代汉语句法、对外汉语教学语法。已出版学术论文、对外汉语教材若干。

今年的暑假本来已经安排得满满当当，学生毕业典礼后应邀去台北参加一个国际学术研讨会，然后去捷克应以前的一个学生邀请在她主办的国际汉语语言学暑校做一个系列讲座。由于时间紧促，没有计划回大陆，打算从台北直接返美然后去捷克。就在这时接到组委会三位仁兄发来的电子邮件，邀请参加这个别出心裁但非常有意义的“2015 年南京大学语言学高峰论坛”。考虑到会议的内容与形式，更考虑到会议应邀嘉宾的共同性，大多是几十年的老友，虽研究领域各异，但都硕果累累；我珍惜这一高峰论坛给学者们提供的各抒己见、畅所欲言的讲台，可以使我大开眼界，在治学旅途中给我加油打气；我更珍惜论坛给我们创造的“酒逢知己千杯少”的机会，老友相聚，共叙旧情。于是我修改了行程，欣然赴会。虽然换机票在经济上有一定的损失，但参加此次论坛在学术上和精神上的收获是无可比拟的。

我进入汉语语言学领域，近年来重于对外汉语教学语法及教材编撰，纯属“歪打正着”，一路跌跌撞撞，但不时受到名家指点和贵人相助才走到今天。

故事得从高中毕业后在北京郊区插队开始。初生牛犊不怕虎的北京孩子来到农村接受贫下中农再教育，第一年把腿弄坏了，第二年把锁骨摔断了。回北京养病，闲散在家，就开始跟著名的经济学家、翻译家陆元诚先生在家学习英文。陆先生是我的启蒙老师，跟陆先生学习英文也使我开阔了视野，开始有了求知的欲望。几年的功夫没有白下，恢复高考后我顺利考上了当时的北京语言学院。

严格地说，在北语我只正规地学了两年多的英文。当时改革刚刚起步，国家急需外语人才，我在三年级的时候被借调到国家文化部电影局给美国迪士尼电影公司与中国合拍的圆周电影《中国奇观》(*Wonders of China*)当翻译，一干就是两年。从新疆、西藏到内蒙古草原，从哈尔滨的冰灯、海南岛的椰林到桂林山水，游遍了祖国的名山大川。为了电影的后期制作和音乐配音还两次往返美国。俗话说“读万卷书不如行万里路”，此次“借调”对我个人的成长来说的确是受益良多。虽然丢失了两年在学校课堂上学习的宝贵时间，但饱览祖国的锦绣河山、了解各地的风土人情是多少人终身的愿望？不能不说我是非常幸运的。

由于拍电影失去了跟同学们共同分配的机会，因此我留校任教教英文。在北语教英文一年有余，我被当时的校长吕必松先生推荐到美国俄亥俄州立大学攻读汉语语言学博士学位，可以说是吕先生把我领进对外汉语教学领域的。上世纪 80 年代，俄亥俄州立大学是汉语语言学研究方面的重镇，培养出了大批优秀的从事汉语语言学研究和对外汉语教学的人才。我到美国后的第一位导师是黎天睦（Timothy Light）先生。那时国内的社会语言学研究仍是尚待开发的领域，我读完硕士后，又在黎先生的指导下专攻社会语言学，试图用西方的社会语言学理论研究中国的具体语言现象。当时初步拟定的博士论文是用社会学中的社会网络理论（social network theory）来对北京人口语中"儿化"的使用做定量分析，进而讨论"儿化"使用的发展和变化。由于种种原因，后来没能够按计划回北京做田野调查。没有田野调查的实际语言资料，定量分析也就无从谈起，这个研究项目只好搁置了。在这样的情况下，易辙改弦，师从戴浩一先生做动词语义方面的学习研究。好在硕士期间和博士资格考试前选的课比较多、比较广，我在三年内完成了博士论文。其间先后在两所大学任教，边教书边写论文，忙碌和紧张的程度是可想而知的。

除了上文提到的黎天睦和戴浩一两位先生以外，在学业和做人方面我有幸受到两位良师益友——陆俭明先生和已故的胡明扬先生——的指点、教诲和提携。读研的时候，陆先生客座俄亥俄州立大学，我聆听了陆先生开的两门课。前边说过，我在大学学的是英文，而且"半途而废"，在美国学习汉语语言学重理论轻本体，是陆先生把我领进汉语本体研究的大门。

我跟胡明扬先生的交往始于上世纪 80 年代中期。1985 年胡先生作为"中美杰出学者交流计划"中的一员，应美国国家科学院的邀请到美国一些大学讲学。就是在先生来俄亥俄州立大学讲学的时候，我们开始结下了不解之缘。1992 年我获得博士学位后到哈佛大学任教，后来主管哈佛大学东亚文明系的汉语教学。那时先生提出强强合作，由中国人民大学对外语言文化学院和美国哈佛大学现代汉语教学部合作编写教材。我跟先生联合主编，其间跟先生接触较多，合作非常顺利，得到更多的教诲也学到了很多东西。虽几经波折，《汉语基础》的出版开专家领衔主编、以科研为基础的中美合作编写国别教材的先河。

受益于几位先生更多的不只是学业上的发展，更多的、更重要的是如何做一个正直的人。我离开哈佛不是一件愉快的事，业内人士都有所了解，在这里无须再提。值得一提的是，这件事让我看到了人性善恶的两个方面。我的两位导师及陆俭明、胡明扬两位先生深明事理，及时给予后进鼓励与鞭策。同时我也得到了同人旧友道义上的支持与鼓励。这些都是终生难忘的，借此机会向大家深表感激之心。挫折只能把人锻炼得更坚强，更珍惜友情、珍惜机会，把工作做得更好。

“塞翁失马，焉知非福”，新的工作是我现在任教的学校，也已经十多年了。在我的老板和同事罗云教授的帮助下，开始书写我教学、研究新的一章。行政、人事的事情少了，更多的时间可以用来专心看书学习搞研究，潜心于有美国特色的对外汉语教学语法研究。由于一直从事第一线课堂教学，对对外汉语教学语法有些自己的感想与体会，写了一些东西。另外就是跟罗云教授及其他几位同事和好友合作编写并出版了初、中级的《现代汉语课程》《现代汉语实用语法练习》《对外汉语教学语法疑难解析》等教科书和语法书。

来美国已三十年有余，第一个十年攻读学位，有些波折；第二个十年在哈佛教书，大起大落，不过在课程设置、教材编写和自己的研究方面还是小有成绩的；第三个十年，潜心教学与研究，乐此不疲。“南京大学语言学高峰论坛”是我学术生涯中的加油站，争取再努力奋斗几年；参会同时“忙里偷闲”写下了如上的一些话算是对自己工作的小结和鞭策。呜呼！光阴飞逝，跌跌撞撞已耳顺。

贺　阳　现任中国人民大学文学院教授，语言学博士。研究方向主要有北京话、现代汉语语法和语言接触。北京话研究方面的论文主要有《北京牛街回民的北京话调查》、《北京牛街地区回民话中的借词》、《北京话语调的实验探索》（合作）、《北京话的语气词“哈”字》等。现代汉语语法研究方面的论文主要有《试论汉语书面语的语气系统》、《汉语完句成分试探》、《性质形容词做状语情况的考察》、《性质形容词句法成分功能统计分析》、《动趋式“V起来”的语义分化及其句法表现》、《定语的限制性和描写性及其认知基础》等。语言接触研究方面有论文《从现代汉语介词中的欧化现象看间接语言接触》、《现代汉语DV结构的兴起及发展与印欧语言的影响》，以及专著《现代汉语欧化语法现象研究》等。

当年我报考中文系是懵懵懂懂的，只知道学中文和“笔杆子”有关系，其他就知道得很少了。多年后，常外出为中文系做招生咨询，每每有学生家长一脸茫然地问：“中文系是学什么的呀？”旁边的同事既有点儿尴尬，又觉得问得可笑，但我想自己当年比这些家长也强不到哪儿去。后来进了中文系，这才知道中文专业分文学和语言学两大块，每一块下面又可以分出很多专业方向。我最后选择了语言学，这当然和兴趣有关，但也不尽然。兴趣之外的考虑就是觉得语言学有点儿像自然科学，远离意识形态，比较安全。这是特殊时代形成的特殊想法，今天的年轻人恐怕不易理解，也真心希望今后不再有滋生这类想法的氛围，毕竟时代不同了。

我系统学习语言学的理论和方法，是从跟随胡明扬先生读研究生开始的。1985年我考入中国人民大学语文系，做了胡明扬先生的研究生，专业方向是“普通语言学”。那时的人大刚复校没几年，校园素朴，设施老旧，大风刮起，操场上尘土飞扬，怎么看都像个“从陕北窑洞里走出来的大学”，学校的硬件远无法和今天相比。好的地方是有像胡明扬先生这样的良师，有可以心无旁骛的学习心态，有可以参与各种讨论和交流的学术氛围，现在回想起来，这些“软件”对学好语言学才是最重要的。胡明扬先生是一位学识渊博、孜孜不倦的长者，他毕业于旧上海的圣约翰大学，主修西洋文学，学生时代曾积极投身革命，当时是一位“文学青年”。后因莫须有的“历史问题”，遭受不公正待遇，这才转向比较“安全”的语言学。在选择语言学上，我和胡先生的考虑多多少少有一点儿类似的地方，这使我对老师有了更多的理解，他不仅把我引入语言研究的大门，在人生道理上也给了我很多教益。

我对语言的研究是从研究北京话开始的。我本人是在北京出生和长大的，但父母都是湖南人，生活的环境又是机关大院而不是胡同四合院，所以算是一个“新北京人”，北京话的语感虽然比不上“老北京人”，但比起外地人，还是要好很多。没有这个语感条件，我对北京话的研究也许会很困难，细微之处便难以察觉和体会。还记得当年和胡明扬先生一起讨论我的硕士论文选题，我先后提出的几个题目都不合适，最后还是胡先生根据我的“新北京人”身份，建议我去调查北京牛街回民的北京话，看看牛街回民的北京话有什么特点，看看新老北京话有什么差异。之后大概有一年半的时间，我差不多天天骑着自行车去牛街居委会“上班”，帮他们做各种工作，借着这些机会与当地的回民交谈，开展调查。调查方法既有传统方言学的，也有社会语言学的，算是对课堂所学理论和方法的一种实战演练吧。在那段时间里，我跟好几个牛街的老人成了忘年交，还认识了牛街礼拜寺的阿訇。有意思的是，他们都一再叮嘱我，将来调查报告发表了，一定不要忘记送给他们看看，老北京人对自己的地方文化有着很深的情感。这次调查的收获，除了发现老北京话有一些不同于新北京话的特点外，还发现牛街回民在日常生活中常常使用一批源自阿拉伯语和波斯语的借词，关于这些借词的报告后来发表在《方言》杂志上。牛街回民北京话调查之后，我留校任教，又先后进行了北京话语调、北京话语气词“哈”等问题的研究，这个领域的研究一直持续到现在。北京话与普通话关系密切，有前辈学者认为北京话是普通话的基础方言，研究北京话对认识普通话自然具有特别的意义。

上世纪 90 年代初，国家“863”计划“人工智能”项目邀请一批语言学家参与“自然语言理解”课题的论证工作，我记得当时参与的语言学家有胡明扬教授、赵淑华教授、史有为教授、林杏光教授等。在我的印象里，计算机专家与语言学家的大规模合作，那次是比较早的。这样的科技工程项目为何会邀请语言学家参加呢？在当时的计算机专家看来，自然语言理解是用计算机模拟人的语言能力，计算机的运算能力当时已不成问题，问题的关键是人的语言能力体现为哪些规则，这些规则该如何刻画，解决这些问题显然需要语言学家的工作和贡献。当时作为胡明扬先生的团队成员，我参与了那次论证工作的主要过程，且获益匪浅。计算机不像人，人的思维可以跳跃，可以有默认的知识、前提和条件，计算机就不行了，它的运算只能按部就班，一步一步地来，推理的前提和条件必须明确，没有什么是不言而喻而无须提供根据的。这样，很多对人来说不成问题的问题，对计算机来说就都是问题。这就难怪在当时的讨论中，计算机专家提出的一些汉语语法问题，在场的语言学家们不仅难以回答，甚至不曾想过。我记得当时的会议很密集，有时是子课题组的研讨会，有时是多个课题组的“联席会”。会上，计算机专家的工程观点和语言学家的学理考量之间时有冲突，但双方又都可以从对方的想法中获得启发和灵感。与计算机专家的合作，很大程度上影响了我的语法研究观念，语法研究应该形式和意义相结合，意义的差异通过形式的差别才能够被识别，在我看来，这已不再是抽象的原则，而是切身的体验。在几年的合作过程中，我承担了一些子课题的研究工作，《试论汉语书面语的语气系统》《汉语完句成分试探》都是在有关研究报告的基础上写成的。这些文章所秉持的形式和意义相结合的原则，一直深刻影响着我以后的语法研究。

留校任教以后，我一直和胡明扬先生同在语言学教研室，这让我可以更方便地得到先生的教诲和指导。胡先生一直关注印欧语对汉语的影响，认为普通话并不“纯净”，欧化是造成普通话内部分歧的根源之一。正是在胡先生的启发和指导下，我开始了对现代汉语欧化语法现象的研究，并以此为博士论文的选题。欧化现象的考察虽花费了大量时间和精力，但如何从总体上评估印欧语对汉语语法的影响，却是我认为最不易的事情。后来有一天我到胡先生家看望先生，碰巧冯胜利兄也在座。大家聊了一会儿，先生留我们吃饭。其间随意谈起汉语的欧化问题，当说到印欧语对汉语语法的影响究竟有多大时，冯胜利兄说道：“印欧语的影响是有，但汉语也长不出三只眼来。”冯兄也许只是随意一说，但我却深受触动，至今难忘。虽说就语言接触而言，任何后果皆有可能，但以汉语和印欧语的接触强度而论，的确难使汉语生出“三只眼”来，一般所谓的“欧化”只是外来影响对汉语语法已有变异的一种“促动”而已，并非真正意义上的外来特征的“并入”。这固然是《现代汉语欧化语法现象研究》一书对“欧化现象”的基本评估，是我在考察汉语事实后形成的看法，但冯胜利兄的话也有很大的影响。可见“学问”“学问”，有“问”才能治学，“问”就是询问，就是请教，就是交流，别人不经意的一句话，也许会让你获益匪浅。

回首往事，岁月如梭，转眼之间已年到花甲，学习和研究语言学也已整整三十年。在这说长不长、说短不短的学术生涯中，自然会有一些感悟、一些难忘往事，今天写下这些，就算是对自己学术生涯的一个简略回顾吧。

一路拾“肥”到耳顺

蒋　平　1971年初至1973年8月“插队”当知青。1973年经当地农民推荐加考试，被录取为华中师范大学中文系工农兵学员。1975年毕业留校参加《汉语大字典》编写工作。1976年“文革”结束后被系里指派师从高庆赐教授，边工作边进修古代汉语。1981年考取华中科技大学语言研究所研究生，师从邢福义教授研习现代汉语语法，1984年获硕士学位并留校任教。1985年赴美国俄亥俄州立大学东亚系留学，1987年获硕士学位。1990年至1995年于加拿大英属哥伦比亚大学语言学系攻读博士学位，师从Douglas Pulleyblank教授，1996年3月获语言学博士学位。1995年9月至1996年8月任教于香港教育学院中文系。1996年9月至今任教于香港中文大学，现为香港中文大学语言学及现代语言系副教授。曾四度获得香港中文大学文学院优秀教学奖。研究方向为音系学。主要研究成果包括专著：*Tone-Vowel Interaction in Optimality Theory*[M]（Muenchen: LINCOM EUROPA, Germany, 1999. 2nd print in 2002. 3rd print in 2006）。主要论文包括：Sonority Constraints on Tonal Distributions across Chinese Dialects[A]. *WCCFL XVII*[C]（Stanford University CSLI Publication, 1999）；汉语方言声调资料库的设计及其理论基础[J]. 方言，1999（2）；汉语诸方言声调系统的优选解释[A]. 陈恩泉主编 . 中国

的语言和方言 [C]（北京：北京语言文化大学出版社，1999）。主持的研究项目包括：（1）*Sonority Constraints on Tonal Patterns in Fuqing, Beijing and Nanjing Dialects*.（HK$100,000, CUHK Direct Grant, 1996-1997）。（2）*Tonal Markedness: A Bilingual Database of Tonal Patterns across Chinese Dialects*.（HK$80,000, CUHK Direct Grant, 1997-1998）。（3）*A Typological Study of Chinese Reduplication*.（HK$80,000, CUHK Direct Grant, 1998-1999）。（4）*Tone-Stress Interaction across Chinese Dialects: A Pilot Study*.（HK$43,450, CUHK Direct Grant, 1999-2000）。（5）*Tonal Asymmetry: An Online Bilingual Database of Chinese Dialects.*（HK$1,094,000, RGC Grant, 1999-2002）。（6）*Morphological Tonal Change in the Jin Group of Chinese Dialects.*（HK$100,000, CUHK Direct Grant, 2003-2005）。（7）*Patterns of Foreign Accent in the Second Language Acquisition of Mandarin*.（HK$200,000, Departmental Research Grant, CUHK, 2009-2010）。（8）*Perception of Mandarin Intonation: A Comparison of Different L1 Listeners.*（HK$200,000, Departmental Research Grant, CUHK, 2010-2011）。

上世纪50年代出生的人大都有过下乡当知青的经历。因为从未见过面的爷爷在土改中被划为地主，我被划为“黑五类”子女（其实应该是孙女），所以不能跟其他同龄孩子一样上高中，刚满15岁就下乡当知青，接受贫下中农的再教育。我插队的地方是湖北省枣阳县梁集公社张岗大队第五小队。当地农民有拾粪的习惯，不论走到哪儿都背个粪篓，只要看到牛粪、羊粪或鸡粪，都会一点儿不剩地捡起来放到背篓里。每年秋末冬初之际，农民都会“沤肥”。沤肥是当地农民自制肥料的一种方法，把草、塘泥、大粪和土堆在一起沤，经过一个冬天，来年春耕前撒在地里做肥料，为庄稼的生长提供养分。我下放的生产队附近有所小学，周围几个生产队都盯上了那所小学的粪池，因为沤肥时所用的大粪越多沤出来的肥料质量越好。但是小学师生们的粪便属于公粪，所属权不明确。一天傍晚，队长派我们几个年轻人去那所小学“偷”粪，不想遇上另外生产队的几个年轻人也来干同样的勾当，于是两拨人展开了抢粪大战。双方都舀起粪池里的粪便往对方身上浇，以此阻止对方抢粪。我们女青年在男青年的掩护下，赶紧挑起粪桶就跑。等我们回到队里，每个人都浑身粪便，个个都成了粪人。从那时起，我明白了粪便在农民眼里是肥料，是宝贝。庄稼没有肥料就不能生长，不长庄稼就没有收成，没有收成农民就得挨饿就无法生存。俗话说，肥水不流外人田。可见农民把肥料看得比黄金还贵重。于是，我也背起粪篓，开始了拾粪。

刚下乡那年我生了一次病，村里人每家送来几个鸡蛋，放在一起居然有一篮子。鸡蛋对当时的农民来说可是家里唯一值钱的东西啊！每家每户买盐，买针线，孩子上学买纸笔，都是靠卖鸡蛋的钱去换的，他们自己都舍不得吃。可是对一个非亲非故的15岁女知青，他们却毫不犹豫地拿出自己最值钱的东西。身为“黑五类”子女的我和我的弟弟妹妹，在城里常被其他孩子追打，幼小的心灵惨遭践踏。可是农民却用他们的善良和质朴温暖了我。在农民身上我看到了当时极其稀缺的品质——善良。善良是农民给我的最宝贵的肥料，它成为我此后一生的行为准则。

经当地农民推荐加上考试，我成为华中师范大学中文系73级最年轻的工农兵学员。报到那天，桂子山桂花飘香。一进校门是一条上坡的大道。在上山道路的分叉路口处，拉着一条巨大的横幅，上面写着：“欢迎你，未来人类灵魂的工程师！”当时不满 18 岁的我，一下子热血沸腾，心中升起神圣的感觉。从那以后，我再没离开过校园，不是读书就是教书。当知青时养成的拾粪习惯，让我在此后数十年的校园生活里不断地汲取养分，从书本里、老师那儿、同学那儿、学生那儿……

1982 年初，作为华中科技大学语言研究所第一批研究生，我有幸听到来自全国最优秀的中年语言学家讲课。华工本是工科院校，当时没有语言学方面的师资。所长严学窘先生想出一个妙招：办班！面向全国招生，请全国最优秀的中年语言学家来授课并兼任我们的论文导师。受邀给我们上课的有邢福义、李临定、胡明扬、叶蜚声、范继淹、喻世长、邢公畹等先生。我们华工的研究生负责整理各位老师的讲课录音，大家公认邢福义先生的课讲得最棒。他的汉语语法理论课不光有逻辑性和系统性，而且还有艺术性，因为他讲课所用的例子都取自文学作品。听邢老师的课是一种艺术享受，完全感觉不到语言学的枯燥。今天当我教语音学和音系学的时候，我所用的练习材料很多都取自文学作品。比如，我用来训练学生用国际音标记音的练习材料有电视剧《上海滩》和《封神榜》的主题曲，还有用各种不同方言朗诵的徐志摩的名诗《再别康桥》。学生们在享受美妙音乐和优美诗句中完成了枯燥的国际音标记音训练。这一妙招就是从我的导师邢福义先生那里学来的。

在美国俄亥俄州立大学东亚系念硕士期间，我有幸修读了陆俭明先生开设的汉语语法研究一课。陆先生于 1986 年春来俄亥俄州立大学客座一个学期。他的课内容丰富，条理清楚，语料充足。他总是列出大量的汉语语法现象质疑现有的语法理论。这种尊重语料的实事求是的治学态度深深影响了我日后的研究工作。我们在国外念音系学的人，通常都是用国内学者发表的第一手田野调查材料作为我们理论分析的语料。很多时候，现有的理论只能解释部分语料而不是全部语料。是为了赶着发表论文而把反例藏起来甚至更改语料，还是尊重语料而宁可不赶着发表，陆先生当年的教导让我选择了后者。课堂之外，我有幸跟陆先生近距离接触，跟他无话不谈，我们的友谊持续至今。

在加拿大英属哥伦比亚大学写博士论文期间，我特别渴望从导师蒲立本（Douglas Pulleyblank）那里得到他对我论文初稿的具体评语，可是他总是令我失望，因为他除了在我的文稿页边上打问号之外，顶多只写两个词“澄清（clarify）”“论证（justify）”。但是有一次也是少有的一次，他写了一句评语，是针对我的文献综述那一章的。我在文稿里批评陈洁雯（Marjorie K. M. Chan）的博士论文对福州话的分析不充分，但是没有指出陈洁雯的博士论文的洞见。蒲立本先生在页边写道：“你不觉得你的‘充分’的分析是建立在她的‘不充分’的分析之上吗？”后来我修改了那一章，指出了陈洁雯的博士论文的洞见及其对我的研究的启发。蒲立本先生的这句评语对我日后的为学和为人影响至深。后来我指导研究生论文的时候，我会要求学生明确写出前人研究的洞见以及前人研究对他们自己研究的启发。做人也一样，要善于看到他人的长处并向他人学习。蒲立本先生的这句评语让我终身受益。

本文的题目受益于本书另一位作者何宝璋的文章题目“金陵随笔：跌跌撞撞到耳顺”。何宝璋是我在俄亥俄州立大学的同窗。我 1985 年到美国留学时，英文极差，耳不顺（听力不好），口也不顺（口语也不好），只能抱着英汉词典啃教材。可当时何宝璋已经能够流利自如地跟教授讨论学术问题了，这让我佩服不已。他不仅英文好得让我望尘莫及，连本文的中文题目我也得拾“肥”于他，不是吗？

在本文动笔之前，我曾拿不定主意该写些什么，于是征求我的博士生陈艾舒和石歆苑的意见。艾舒说：“您写写当知青时抢粪的事吧。”我说：“那事儿跟治学没关系呀。”艾舒说：“当然有关系呀！正是因为当年的经历造就了今天的您，所以不论遇到什么困难，您都能扛下来。”歆苑则说：“您写写您的导师当年给你的论文初稿打问号的事儿吧。”我问：“写那个有意义吗？”歆苑说：“当然有呀！当一个学生不知道老师为什么打问号而苦苦思索的时候，那不但是对思考能力的锻炼，也是对心理承受能力的极大考验。”这不，我从我的学生那儿又拾到了宝贵的“肥”。

一路走来，许多人给了我宝贵的肥料，使我不断成长。从当年农民给我的鸡蛋，到后来老师、同学、同事、朋友、学生给我的支持和帮助，让我一路幸运地走到了耳顺之年，迎来了人生的“白金”岁月。当年插队时农民用他们善良的品质奠定了我做人的基准，因此也让我收获了一生的福分。

日本作家渡边淳一把55岁至85岁的人们称为“白金一代”。他说：“白金一代，虽不像黄金那样炫目，也不像白银那样朴素，但白金一代，是外在不花哨，内在有光彩。”(《优雅地老去》，吴四海译，江苏文艺出版社2013年。）让我们不辜负所剩的“白金”岁月，潇潇洒洒，活出属于我们自己的精彩。下面以我在2015年6月“南京大学语言学高峰论坛”期间写的一首小诗作为本文的结束语。

和宇明兄六十感怀

甲子乃从容，此生味无穷。心有菩提树，无处不彩虹。

蒋平工作照

人生逢甲子，三个二十年

李向农 现任华中师范大学文学院教授。1994 年获授文学博士学位（现代汉语专业，华中师范大学与暨南大学联合培养）。以现代汉语语法为学术主攻方向，兼及语言逻辑和应用语言学。专著《现代汉语时点时段研究》2001 年10 月获湖北省社会科学评奖 1998 — 1999 年度优秀学术著作二等奖。发表学术论文 70 余篇。主持及参加编写教材 5 部。近几年主持国家社科基金项目一般项目《基于网络媒体监测语料库（汉语）的性别语言比较研究》（09BYY018）、教育部人文社会科学重点研究基地重大项目《留学生预科速成汉语教学模式研究》（11JJD740010）、国家语委 2014 年重点项目《新中国语言文字政策与经济社会发展互动研究》（ZDI125-33）。在 CSSCI 来源期刊发表《独词句使用的性别差异——基于网络媒体监测语料库的研究》《网络媒体监测语料库汉字使用的性别差异》《语义韵冲突及语义压制的句法机制考察》《现代汉语兼类词相关成因探析》《对外汉语和汉语国际教育——专业与学科之辨》《留学生预科汉语模块化教学模式的探索与实践》《来华留学生预科汉语学习动机类型研究》等论文。

小时候，听说某人的年龄六七十岁，在感到这个人很老的同时会觉得自己距离这一时日还很遥远。殊不知，一晃儿就到了生辰甲子，我也年届六十岁了。心算下来，三六一万八，六六三千六，五六三百，自己已经生活了二万一千九百多天了，有幸福的家庭生活，还是一所国家重点师范大学的文学院教授和博士生导师。回顾人生历程，从学问的角度，大概可以划分为三个二十年。

一、第一个二十年（1955—1975）——向学

同龄人都知道，我们的少年是在动荡中度过的。我出生在湖北省鄂城县城关镇（今鄂州市城区），小学四年级的时候“文化大革命”开始，随后就是停课，又因为未入中学而不能“大串联”。然后跟“新三届”一起上“五七中学”，在忽而“复课闹革命”、忽而又“反回潮”的断续学程中，学工、学农、学军，也批判资产阶级，就是不怎么学文化。在那样的不正规的教育背景下，我读小学时就喜欢语文的“偏科”倒是得了势，但凡能接触得到的“文革”前的小说、期刊之类的读物，一概饱览，甚至坐在桌子上（以便将就从房梁上直接垂吊的 15 瓦灯泡）看到凌晨。就这样，到 1973 年 3 月作为知识青年到鄂城县东沟公社六十口大队一队插队落户时，我已是戴着 800 度的近视眼镜，不过倒没怎么觉得影响干以体力为主的农活儿，春夏季挑秧把，秋季挑草头，冬季挑河堤，基本上是个挑夫。1974 年秋季到 1975 年春季到湖北咸宁修建阳武干渠，打山洞，扛水泥，拉石渣，挑土方，积极肯干，被评选为“地区劳模”，此为荣誉；填写了“登记表”却因为母亲曾参加国民党三青团的问题而未能入党，此为遗憾；1975 年 6 月被推荐到鄂州师范读中师的中文班，此为幸运，亦下一阶段求学之肇端。

二、第二个二十年（1975—1995）——求学

1977年7月我于鄂城师范毕业后即留校任教中文班，喊我“李老师”的第一届学生有的年纪比我还大。“学然后知不足，教然后知困”，工作之中求学欲望日益增强。一方面是希望提高教学水平，于是1978年9月加入武汉师范学院（今湖北大学）中文高师函授（五年制）学习。另一方面是1977年恢复了全国高考，自己心底里还是存着一个希望实现的大学梦。于是边工作边函授边复习，1979年夏季，符合了参加工作满两年的条件，报名参加了高考（当年的英语为非必考科目），终因数学只考得3分[①]，导致总分距离录取线相差1.5分而未果。自知数学非一日之功也，此乃大问题，加之英语为来年必考科目，以我们当时在中学给英语单词标注汉字来读音的水平，此亦大缺陷。茫然之间，任教鄂城师范大专班[②]的佘斯大老师[③]给我出了一个点子：数学是你的克星。笛子不响掉头吹。中文专业的研究生不考数学，你去报考研究生。在很多人看来，高考不及格之人居然报考研究生，似乎天方夜谭。而我认为既然不考数学，倒不失为终南捷径，然而不可回避的是，固然是可以不考数学，但英、日、俄任选一门的外语是研究生的必考科目。鄂城师范这时虽然办有英语班，跟班学习也是个办法，但我的英语基础几乎为零，且对于英语“挟夙嫌”[④]，接受度太低。其时我的大妹作为业余消遣在用唱机放唱片听日语，我看那简易读本中有不少日语用汉字，看起来比较好接受，于是决定以学习日语为目标。当时鄂城师范还不在城区，无人懂得日语，也没有一本教材，只能靠自学。湖北广播电台有个频道教日语，但进度

① 有一题目：“叙述并证明勾股定理。”本人答曰：勾股定理是“勾三股四弦五”，并据此比例画了一个三角形；但无能力证明之。天可怜见，阅卷老师给了3分。

② 1977年高考第二批录取，大学满员容纳不下，鄂城师范大专班是由鄂城师范中专“戴（黄冈师专）帽子”办的大专。

③ 佘斯大“文革”前毕业于华中师范学院中文专业，后分配至鄂城县乡镇中学教书；1977年选调到鄂城师范任教大专中文班，跟任教中师班的我成为同事；1978年考取华中师范学院古代文学硕士研究生，读研同时兼任大专班课程；硕士毕业后留校华中师范大学文学院任教，又跟14年后留校的我共事，实属佳话。

④ 语出鲁迅《看书琐记（三）》。

极慢，五十音图要教一两个月。好在终于觅得一本日本学研社编写的《あたらしい日本語》和一本汉日小词典，加之自己对于现代汉语语法已基本掌握，于是“不求可读但求可解”地自学起日语来。1981 年，华中师范学院邢福义教授招考首批现代汉语硕士研究生，我闻讯以同等学力报考，终因日语得分不高拖低了总分未能录取。邢先生这一届的开门弟子就是萧国政、李宇明、徐杰。首战失利不敢懈怠，稍事休整强攻日语，1982 年春季再以同等学力转报安徽师范大学张涤华先生招考的现代汉语专业硕士研究生，终于录取。同门师兄弟有周国光、孔令达、李冠华。入学后闻之，录取之前，有关管理部门以我属于同等学力报考，需要加以复试。张涤华先生直言，考试成绩达标，不必复试。由此可见先生不拘一格奖掖后生之胸襟。读研期间，又闻研究生必须具有本科毕业文凭方能申请硕士学位，此时自 1978 年修业的武汉师范学院中文高师函授历时 4 年，大部分课程已经结业。于是联系学院，能否余下的两三门课程（记得有“逻辑学”“马列文论”）采取寄送试卷单独考试的方式。学院函授科同意了我的请求，同时要求我写一篇文章，谈谈如何通过函授学习考取研究生。我以《坚持数年，必有好处》为题写了一篇稿子刊登在学院《高师函授》，在修完最后的课程之后，1983 年 12 月拿到了院长徐章煌颁发的《函授毕业文凭》（文凭登记函字第 831309 号）。其后，1985 年 6 月在安徽师范大学现代汉语专业硕士研究生毕业，获文学硕士学位，留校语言研究所工作。硕士学位论文《现代汉语定心结构中形式与意义的脱节现象》在《安徽师范大学学报》1985 年第 4 期发表后，人大书报资料中心《语言文字学》1986 年第 1 期全文转载。1986 年 3 月妻子和女儿也从鄂州迁移到芜湖安家。1988 年国家教委“七五”哲学社会科学青年科研基金课题立项，周国光、孔令达和我一起申请“汉族儿童虚词习得研究”获批，这也是哲社青年科研基金首批，同时获批的还有华中师大李宇明的“汉族儿童疑问句习得研究”。这一时期以课题为依托，我们共同发表了好几篇论文：（1）《2—5 岁儿童运用“把”字句情况的初步考察》（李向农、周国光、孔令达），《语文研究》1990 年第 4 期；（2）《1—5 岁儿童使用结构助词“的”情况的调查和分析》（孔令达、周国光、李向农），《心理科学通讯》1990 年第 6 期；（3）《儿童比较句和介词“比”习得情况的考察和分析》（李向农、周国光、孔令达），《语文建设》1991 年第 5 期，《中国语文》丛书《语法研究与探索（六）》，语文出版社

1992 年；(4)《1—5 岁儿童使用介词“给”情况的调查分析》(周国光、孔令达、李向农)，《安徽师范大学学报》1991 年第 2 期；(5)《1—5 岁儿童运用方位句及方位介词情况的调查分析》(李向农、周国光、孔令达)，《心理科学》1992 年第 3 期；(6)《儿童语言中的被动句》(周国光、孔令达、李向农)，《语言文字应用》1992 年第 1 期；(7)《儿童动态助词“过”习得情况的调查和分析》(孔令达、周国光、李向农)，《语言文字应用》1993 年第 4 期。

这一时期，是我在语言学领域登堂入室的时期，也是中国中青年语言研究者相当活跃的时期。1986 年首届青年语法研讨会在武汉华中师范大学召开以后，邢福义教授领衔的华中师范大学文学院成为现代汉语语法研究的重镇，我亦心向往之，加之毕竟老家湖北，也有归乡之意。1991 年秋季，邢福义先生首招博士研究生，耿耿于当年未能入得邢门之憾，我当即报名，同届通过考试录取的还有丁力、储泽祥，我此时已经是年长小储 10 岁的老大哥了。因为当时邢先生是国评博导，而华中师大文学院还没有现代汉语专业的博士学位授权，所以我们是华中师范大学与暨南大学联合培养的攻读现代汉语专业博士研究生。在读期间我因品学兼优于 1993 年 10 月获得华中师大首届“金马教育基金奖”一等奖。1994 年 6 月毕业，获暨南大学授予的文学博士学位，留校在华中师大文学院现代汉语教研室任教。同年再将妻子和女儿从芜湖迁来武汉定居。这也意味着第二个二十年的求学历程的结束。

三、第三个二十年（1995—2015）——治学

这个二十年说是治学，其实也未能全力以赴。1995 年到 2005 年的前十年正是年富力强的时光，尽管兼有行政工作[①]，但确实还是潜心治学的，也发表了几篇好论文：(1)《现代汉语时间表达中的“特指时段”》，《语言教学与研究》1995 年第 2 期；(2)

① 自 1994 年 7 月起，我历任文学院汉语党支部书记、院工会主席、副院长（1998 年 4 月至 1999 年 12 月，负责本科教学）、校研究生处副处长（1999 年 12 月至 2002 年 7 月，负责学科建设）、文学院院长（2002 年 7 月至 2005 年 5 月，期间 2004 年 2 月任副校长）。

《时点时段的内涵及构成与汉语社会的时间观念》，《世界汉语教学》1995 年第 2 期；（3）《儿童语言研究的新进展——李宇明〈儿童语言的发展〉评介》，《语言教学与研究》1996 年第 2 期；（4）《“提前、推迟”和“延长、缩短”与时间词语的搭配》，《汉语学习》1996 年第 5 期；（5）《我国语言文字应用研究的新进展——评〈语言文字应用研究〉创刊五周年》（肖国政、李向农、汪国胜），《语言文字应用》1996 年第 4 期；（6）《现代汉语时间参照定位的语表形式——X 前 / 后》，《语言研究》1997 年第 1 期；（7）《论现代汉语时点时段的功能类型》，《华中师范大学学报》1997 年第 2 期；（8）《在动态中观察语言 从发展中寻求规律——语言研究方法随想》，《语文建设》1997 年第 6 期；（9）《现代汉语中时间的参照定位及其语表形式》，《句法结构中的语义研究》（邵敬敏主编），北京语言文化大学出版社 1998 年；（10）《现代汉语“时点”和“时段”的搭配连用》，《汉语法特点面面观》（邢福义主编），北京语言文化大学出版社 1999 年；（11）《再说“跟……一样”及其相关句式》，《语言教学与研究》1999 年第 3 期；（12）《近年武汉市城区流行语考察》，《江汉大学学报》1999 年第 5 期，《双语双方言》2000 年第 7 辑；（13）《汉语时间表述形式的构成理据论析》，《文化语言学（修订本）》（邢福义主编），湖北教育出版社 2000 年；（14）《“V 着 V”结构的意义关系及结构中“V”的语义特征分析》（李向农、张军），《华中师范大学学报》2001 年第 3 期；（15）《复句研究的启示——邢福义先生〈汉语复句研究〉评介》，《华中师范大学学报》2001 年第 5 期；（16）《现代汉语意欲形容词的特征及其分类》（李向农、张军），第一届肯特岗国际汉语语言学圆桌会议论文集《汉语研究的类型学视角》（徐杰主编），北京语言大学出版社 2005 年；（17）《祈使句中状态形容词的句法语义分析》（陈珺、李向农），《汉语学报》2005 年第 3 期；（18）《单双音节意欲形容词的句法语义特征》（李向农、张军），《语言研究》2005 年第 25 卷第 4 期。

2005 年到 2015 年的后十年里，2004 年 2 月至今任华中师范大学副校长（负责本科教学工作十年，2014 年转为分管学校办、信息化、质量监测与评估工作）。所以说，这个二十年的后十年是所谓“双肩挑”，而众所周知，双肩是很难双挑的，难免顾此失彼。尽管也指导博士、硕士研究生，也承担国家社科基金、教育部重点研究基地、国家语委的科研课题，但说实在话，作为校级领导，职责所在，主业为此，行政优先，我主持过2005年的教育部本科教学工作水平评估，获得优秀；2013年的教育部本科教学工作审核评估，受到好评，而学术上肯定会受影响。翻检这十年发表的论文，基本上都是跟研究生合作的。值得欣慰的是，这二十年来指导的研究生，毕业后在大学任教的已有二十余人，他（她）们有的已经在学术上崭露头角，成为教学科研骨干。我年届六十，根据干部管理规定，退出领导岗位指日可待；根据学校的政策，还可以回归教学科研几年。思前想后，颇有意思，打油几句聊作收尾：

人生逢甲子，三个二十年。向学尚青少，抱憾其时艰。
求学成正果，硕博皆实现。治学乃本意，无奈行政兼。
细品个中味，苦乐并酸甜。放眼将来日，桑榆霞满天。

李向农工作照

我的读书经历

李亚非 1990年在美国麻省理工学院获博士学位。美国威斯康星大学语言学系教授，南京大学思源讲座教授。主要研究领域是句法学和句法词法界面。在《中国语文》、《当代语言学》、*Language*、*Linguistic Inquiry*、*Natural Language and Linguistic Theory*、*The Linguistic Review*、*Journal of East Asian Linguistics*、*Language and Linguistics* 等语言学刊物上发表多篇论文。有两部学术专著，由麻省理工学院出版社和剑桥大学出版社出版。

我 1955 年 4 月 16 日生于河北省保定市。自幼喜读杂书。“文革”中断了学业，不过在那个上初中跟挖防空洞密切融合的年代，有幸遇到邓小平先生推行的“修正主义教育路线回潮”，又得益于数位高中老师的渊博知识。之后下乡务农，返城做工，1978 年恢复高考后进入山东大学外文系，1982 年继续在山大外文系攻读硕士学位。其间在各方面对我影响最大的是李延福老师。硕士学习的第一年，恰逢美国麻省理工学院（MIT）教授 Wayne O' Neil 来中国半年，被李老师请到山大授课。整整一个学期的形式语言学令我耳目一新，觉得这么做语法很对自己的口味。为他那门课写的学期论文是我的第一篇形式语言学习作，其中的核心观点在 26 年后成为我与他人合著的 *The Syntax of Chinese* 一书第一章里的内容。学期结束时，O' Neil 教授问我是否愿意去他的语言学系读博士学位。我说愿意，其实心里并不清楚这件事情的含义，因而也没有做任何准备。1985 年寒假，一张录取通知书从天而降。那一年，我既没有考托福也没有考 GRE，懵懵懂懂地变成了 MIT 语言学暨哲学系的博士生。O' Neil 教授的热心和言出必行，我终生感激。

MIT 对我的影响无论怎么说都不为过，细想起来我学到两样东西：一个当然是系统的句法理论和与其配套的思维方式，另一个就是自信心。一种流行的观点是通过鼓励来培养自信心，是否有效我不知道，因为从逻辑上来看，靠不断鼓励生长出来的自信也有可能会脆弱。MIT 采用的方式是让你直面滚滚而来的艰巨任务。若你能熬过来，自然会相信自己应对各种困境和难题的能力。在校园里被津津乐道的说法是“swim or sink”，即把你直接扔进水中，要么你马上学会游泳，要么你沉底。举个代表性的例子。MIT 计算机系（6 系）的第一门课叫 6.001，教学生编程，我修课时使用的是 Scheme 语言。上课第一天，每人拿到一本厚厚的 Scheme 手册，然后就是大量的编程作业。没有人教你如何使用 Scheme。如果你不能依靠手册自己学会这种语言，那么你也许在其他方面有天分，但显然缺乏闯荡计算机专业的素质。试想，在被这样对待了一个学期而且还获得了不错的成绩之后，还会畏惧任何计算机编程方面的困难吗？这便是“MIT 式”的自信。

在MIT有不少有趣的经历。比如某天，我在系办公室外面遇到两个带着录像设备的人等待采访Chomsky。聊了几句之后，一人突然问：你来自中国，是什么让你接受Chomsky的理论？我想了想回答说是因为中医，并做了如下解释：中医的发展没有依靠现代解剖学，而是把人体当作一个黑箱（black box），观察其输入和输出之间的相关关系，从中理出一个理论体系。中医成功治疗了很多病症，说明这条研究路径有助于揭示事物的部分内在规律。Chomsky的语言学理论把语言能力当作一个黑箱，从输入和输出来推断语言的内在机制，走的是同一条路子。既然中医是局部成功的先例，我相信Chomsky的思路也值得认真对待。之所以提到这个例子，还是跟上面谈到的自信心有关。自信心说到底是对自身两个层面的客观评价：一是个人能力，一是自己的文化根基。当代西方学者和中国学者的最大区别之一，就是前者在这两个层面上都自信，而后者群体中有相当多的人只有第一种自信心。我觉得，只要这个区别存在，中国的学术界就不太可能在成就上大规模超越西方。对文化根基的自信不是阿Q式的"我的祖上比你阔"，而是客观分析祖上比你阔的原因，从中汲取适合改变目前贫穷状态的营养和力量，以便日后再次比你阔。

在MIT学习了五年，顺带着超额完成了计算机科学的副科（minor），读了金庸的14部武侠小说，在新英格兰的丘陵中勉强学会了滑雪。毕业后在波士顿西郊的布兰迪斯大学做过一年短期讲师，在位于纽约州北部狭湖深壑之间的康奈尔大学做了两年助理教授，最后落脚在可以开车去密歇根湖租船钓鲑鱼、去城郊的幽暗山林中打猎、也可以在离家不远的小机场学习驾驶螺旋桨飞机的威斯康星大学麦迪逊校区，在语言学系做助理教授、副教授、教授至今。我的研究兴趣是句法和句法词法界面，偶尔也结合生物学和计算机科学的知识思考一些语言哲学的问题。在*Language*、*Linguistic Inquiry*、*Natural Language and Linguistic Theory*、*The Linguistic Review*等理论语言学期刊上发表过大小文章十几篇。专著有麻省理工学院出版社的*X0: A Theory of the Morphology-Syntax Interface*，还有跟别人合著的剑桥大学出版社的*The Syntax of Chinese*。这些工作的具体内容及其对句法理论的贡献，在我的文章中已经做了介绍，恕不冗言。

目前正在写作*The Fact-First Principle*一书，在整理、融合和拓展以上工作的基础上为句法研究提出一个方法论上的指导原则，同时探讨普遍语法理论所面临的一些重大问题以及新的研究方向。如句法理论这样一个仍旧有太多的方面不为我们所了解的领域，其主要注意力一连半个世纪都因循同一个学者的个人观点和兴趣，属于非正常现象。作为其中一员，我认为有责任通过自身的知识积累和开创性思考，不断探索新的研究方向。

书之缘——写在甲子之年

李宇明 1977年考入郑州大学中文系，成为恢复高考制度后的第一届大学生。1981年考入华中师范大学，师从著名语言学家邢福义教授学习现代汉语，成为我国实行攻读学位制度后的第一届硕士生。1984年留中文系任教，历任现代汉语教研室副主任、理论语言学教研室筹办人、文学院副院长、院长、华中师范大学副校长等职。1991年破格晋升副教授，并获霍英东教育基金奖。1993年破格晋升教授。1994年成为"湖北省有突出贡献的中青年专家"，享受国务院发放的政府特殊津贴。1996年被评为湖北省劳动模范，全国妇联和国家教委授予"全国优秀家长"称号。1997年获全国"五一劳动奖章"，并被遴选为汉语言文字学专业博士生导师。1998年确定为湖北省跨世纪学术带头人。2000年成为教育部"人文社会科学跨世纪优秀人才"。2000年12月至2012年3月，任教育部语言文字信息管理司司长。2001年4月至2006年4月，兼任教育部语言文字应用研究所所长、《语言文字应用》杂志主编、中国社会科学院研究生院语言文字应用系主任。2006年6月至2012年3月，任国家语言文字工作委员会副主任。2012年4月起任北京语言大学党委书记。曾获全国"五好家庭标兵户""北京榜样"等荣誉。主要研究领域是现代汉语语法、儿童语言学、理论语言学和语言规划学。主要著作（包括主编、合著）有《儿童语言的发展》（华中师范大学出版社）、《汉族儿童问句系统习得探微》（与唐志东合作，华中师范大学出版社）、《语言理解与发生——汉族儿童问句系统理解与发生的比较研究》（与陈前瑞合作，华中师范大学出版社）、《理论语言学教程》（主编，华中师范大学出版社）、《语言学概论》（主编，高等教育出版社）、《汉语量范畴研究》（华中师范大学出版社）、《语法研究录》（商务印书馆）、《中国语言规划论》（商务印书馆）、《中国语言规划续论》（商务印书馆）、《中国语言规划三论》（商务印书馆）、*Language Planning in China*（Walter de Gruyter [Mouton]）、《全球华语词典》（主编，商务印书馆）等。发表论文 400 余篇，有些论文被译为藏文、蒙古文、日文、法文、俄文和英文。曾两度获得全国高等学校人文社会科学研究优秀成果二等奖。主持策划了《中国语言生活状况报告》（商务印书馆，2006 年起持续出版至今，并不断以 *The Language Situation in China* 为书名译为英语，由德古意特出版社和商务印书馆联合出版）、"汉字规范问题研究丛书"（商务印书馆，2004 年）、《世界汉语教育丛书》（与张西平联合主编，外语教学与研究出版社，2007 年起出版）等项目，主持制定（修订）了《通用规范汉字表》等 10 余项国家语言文字规范标准。现正主持国家"十二五"出版规划项目"全球华语大词典"、国家社会科学基金重大项目"新时期语言文字规范化问题研究"。

我的家乡在豫南，中原官话与西南官话的交接处。当年的具体通讯地址是：河南省泌阳县马谷田区高邑公社史洼大队北张庄小队。这地址，显示着当年人民公社建制的行政区划，不同于现在的乡、村建制。

在那个地方，在那个时代，吃饱肚子，难；十里八村想找本书，更难。而我却酷爱读书。五岁（虚岁）时就自己跑到红土沟小学——我们大队的最高学府，报名上学。四年级初小毕业，请求父母把我转学到高邑完小。六年级该毕业了，“文化大革命”来了，小学竟然上到八年级，创历史之最。《毛主席语录》和“老三篇”，是我当年读到的最“高大上”的书，天天诵读，可倒背如流。为此还作为典型在全县各区“讲用”、背诵。因为年龄小个子矮，听众看不见，常常站到桌子上去背诵。

“文化大革命”中，乡村教育也在发展，红土沟小学办起了“戴帽”中学，我回到母校上初中。有两位老师课讲得很好，他们都是我们县一高的学生，也是我们大队仅有的两位高中生。一位韩老师，应该毕业时，因“文革”推迟了毕业；一位余老师，入高中不久就来了“文革”。当时，废除了高考制度，他们也就回家乡当了民办教师。

初中毕业，我经大队推荐上了高邑高中。高邑中学原来只有初中，在全县排序第八，称“八中”。在初中基础上办起的高中，教师仍是老八中的底子，有陈、侯、张、焦、党、王、吴、刘、宋等诸位老师，水平很高。虽处“文化大革命”中，我在八中仍受到了相对扎实的基础教育。高邑高中是马谷田区唯一的高中，同学来自全区，有书大家一起传着看。记得那时不仅读了《红岩》《红日》《烈火金刚》《林海雪原》《铁道游击队》《保定外围神八路》，而且还趴在被窝里，打着手电筒偷看《醒世恒言》等书。是否把“三言二拍”都看过了，已记不清楚，只记得看《卖油郎独占花魁》时很激动，青春的萌动，伴随着偷偷读书的快感，很有点儿偷吃伊甸园禁果的感觉。

教语文课的焦老师，文学素养很好，喜爱文学创作。他常给一些爱好文学、作文也写得不错的学生“开小灶”，把人聚到他办公室里讲写作知识。我常列席旁听，由此知道了鲁迅、茅盾、巴金及一些俄苏文学家的名字，还读了一本叫作《金蔷薇》的书。学校有个图书室，不对外开放，大约是因为里面的书有些属于“封资修”。监管图书的宋老师知道我爱读书，常把我锁在图书室里，让我尽情阅读。读了些什么书，已经不记得了，但独享图书室的感受却记忆犹新。我做得最“过分”的一件事，是在高中毕业时，竟然贪得无厌，与另外一位好友潜入图书室，背走了一包袱的书。心里不断念叨“偷书不为偷，偷书不为偷”，庆幸没有被宋老师发现。后来才明白，宋老师并非没发现，是故意满足一个爱读书孩子的精神饥渴。

高中毕业，我做了“回乡青年”。比起“下乡知识青年”，“回乡青年”在待遇和被重视程度上，都不能同日而语。不久我当上了大队“辅导员”，职责大约是辅导全大队社员的政治学习。从图书室里背回来的那一包袱书籍，受焦老师以及一群“文学青年”的影响，我也营造起自己的“文学梦”，竟然有了写一部长篇小说《桐柏英雄》的计划。劳动间歇，在背风的地沟里看书；深更半夜，就着煤油灯光“创作”。第二天早上洗脸抠鼻孔，一鼻孔全是又黑又黏的煤油烟子。

大队有个业余的文艺宣传队，一位姓李的老知青做导演，十几位热心而有专长的文艺青年，利用晚上和农闲时间排练节目，到各小队去演出，还挺受欢迎。我以“辅导员”的身份，常跟他们一起活动，有时帮助搞点儿三句半、小快板等应急之作，还能敲打个锣鼓家什，逐渐成了宣传队的“灵魂人物”。1974 年，县里要搞文艺会演，大家攒足了劲儿要参加，商量着让我写一个剧本。我没日没夜，终于写出了剧本《退彩礼》。大概的剧情是：一位乡村女青年移风易俗，把婆家的订婚彩礼退回去了。婆家以为是要退亲，有些小误会、小桥段。演出时，运用豫剧的二八、慢板、流水、散板等声腔板式，演绎得还挺有戏剧性。全县会演，竟还得了个二等奖，马谷田区好几个参加会演的宣传队都嫉妒得牙根痒痒。

1975 年，我被推荐为“工农兵学员”，上了河南省汝南园林学校。我本有着强烈的上大学愿望，但当时的社会环境，只能给我上中专的机会。上学路经地区所在地的驻马店，站在京广线的铁道旁，放肆地过了一把看火车的瘾。那汽笛的长鸣声、那轮臂由慢到快的运动、那火车飞啸而过时的风速，都让我体验到从没有过的震撼。这是我第二次来驻马店，第二次见到火车。第一次是此前不久的“75・8”大洪水之后。1975 年 8 月，超强台风莲娜倾洒特大暴雨，导致淮河上游洪水泛滥，数十座水库垮塌，经济损失过百亿，29 个县市的上千万人受灾，死伤极为惨重。京广线被冲毁 102 公里，铁轨拧成麻花状。灾后，我带了几个人，开着一辆拖拉机，到板桥、沙河店一带去送救灾物资。顺路到了驻马店，第一次吃馄饨，第一次见火车。但那次救灾事急，只看了几分钟的火车，总觉得不过瘾。

园林学校旧称园艺学校，主要是学习培育花草树木的。而我读书时，已经主教果树栽培了，这大约是为了适应当时的农业生产。虽是一个地区中专，但土壤学、植物保护学、遗传学、果树修剪等课程，依然使我有走进科学殿堂的感觉。我的班主任丁老师为人爽朗，多才多艺，与我们相处得很好，亦师亦友。他夫人在汝南师范学校的图书馆工作。汝南是历史文化名城，园林学校和汝师，是她文化桂冠上的两颗明珠。我经常通过师母，去汝师图书馆借书看，至今记得孟德尔、摩尔根关于遗传学的研究。孟德尔根据豌豆杂交的实验结果，提出了三大遗传定律，奠定了遗传学的基础。摩尔根以果蝇为实验材料，将代表某一特定性状的基因，同某一特定的染色体联系起来，创立了遗传学上的染色体理论。后来，我在研究儿童语言发展和病理语言学时，常会带有遗传学的思考，大约与当年读过这些书有关系。

河南工农兵学员的分配制度是“社来社去”。园林学校毕业后，我回到了家乡。高邑中学让我去当教师，当然是民办教师。那时的高邑中学，已经搬到了高邑西边一个叫作罗沙坡的地方。那年冬季，突然传来要恢复高考的消息，我一边教书一边备考。到县城参加高考，语文题目是“我的心飞到了毛主席纪念堂”。我哪会知道毛主席纪念堂是什么样儿啦？除了堆砌些雕梁画栋、金碧辉煌、华表华灯之类的辞藻，只能按照乡下土地庙的样子来描绘纪念堂。作文写到最后，心，还是飞不到纪念堂去。急得没办法，只好说做了一个梦，梦到自己到了毛主席纪念堂，去拜谒毛主席。当时，似乎是本省考生考本省的试卷，只知道郑州大学是河南最好的大学，就报了郑州大学中文系，还是想圆那个文学梦。入学后，当年参加高考阅卷巡视的柴春华老师告诉我：我数学考得很好，几乎被录到数学系。而作文一开始给了较低的分数，把毛主席纪念堂描绘成土地庙，能给高分吗？是郑大的巡视组，在审阅我的卷子时，认为文学功底不错，把纪念堂写成土地庙，那是农村孩子没见过世面，不是水平问题。最后用梦扣题，多机智呀，作文又改评了个高分！作文评分，真是仁仁智智，我也是遇到了贵人！

77 级，是中国高等教育史上很特殊的一个年级。春季入学，大学在教科书、师资等方面也都没有做好招生的准备。当时的大学经过“文化大革命”，也没有多少书。我利用暑假，一边勤工俭学，一边抄教科书，如三卷本的《中国文学史》，还有《中国历代文学作品选》等。后来，书店开始有新书卖，如李泽厚的《美的历程》、王朝闻的《美学概论》，我和同学们激动得什么似的，迅速组成“互助组”，深夜冒着刺骨的寒风，到新华书店的门口排队。我也曾与几位新闻爱好者一道，帮助研究穆青的王老师到郑州图书馆抄写穆青的作品。一直到大学三年级后，学习兴趣转到了语言学上。转变的原因很简单。到大学才知道，中文系不培养作家，顶多也只是培养文学批评家。且郑大中文系集中了张静、李法白、张桁、崔灿、许梦麟、柴春华等一批语言学家。记得三年级时，系里举行了课程竞赛，我参加了语言组，还得了奖，奖品是一支钢笔和一个笔记本（不是笔记本电脑）。我似乎觉得自己有语言天分，于是就从文学转到了语言学。在大学的毕业纪念册上，我曾写道：“当年做过文学梦，而今专扣语言门。门开乎？天知晓！”一位同学给我的留言竟是：“主谓宾，定状补，乐在其中。”现在翻来看看，还让人忍不住地乐。

郑大图书馆有一个文科期刊室，张静先生的夫人在那里工作。我经常去期刊室帮工，得到的“回馈”，就是可以把过刊借出来。历年的《中国语文》等语言学杂志，我都是利用这个机缘浏览的，一时间神交了许多语言学家。郑大图书馆和中文系资料室有关语言学的书，我都阅览过，包括《马氏文通》、王力先生的《汉语史稿》、黎锦熙和刘世儒先生的《汉语语法教材》等。在借书卡上，看到有我熟悉的老师的签名，十分激动：我能与老师看同一本书，我的名字能够与老师签在一张借书卡上！当年，《中国语文》关于对暂拟系统的批评，关于直接成分分析法的介绍，关于“贵宾所到之处，无不受到热烈欢迎”中主语问题的讨论，都深深地吸引着我。这些经历使我至今坚信，把一个大学生带到学术前沿是多么重要，一个大学生阅读本领域的重要期刊是多么有意义。

1981 年，我考上了华中师范学院，师从邢福义教授攻读现代汉语硕士学位。到武汉上学，一是豫南人有“能往南挪一千，不往北挪一砖”的“崇南心理”，我也从小就向往“紧走慢走，一天出不了汉口”的大武汉；二是在《中国语文》上读了邢福义先生以笔名“华萍”发表的文章，特别是他的《论定名结构充当分句》，我非常崇拜语言学界的这位“后起之秀”。邢先生特别重视语言事实的搜集，主张从语言材料中发现问题，找出规律，巧为文章。我为搜集语言资料，常要看大量的文学作品，不仅查看茅盾的《子夜》、巴金的《家》《春》《秋》、老舍的《骆驼祥子》、曹禺的《雷雨》《日出》等，还经常看《人民文学》《小说月报》《中篇小说选刊》《十月》《花城》《收获》《当代》等。看小说和杂志，本是寻找例句，但故事情节太吸引人，结果往往是只顾读小说却忘了找例句。不过这也好，自己的心灵一直在跟随着当代文学行进，跟随着当代文学思潮跃动。

研究生毕业留校，我的学术兴趣迁移至儿童语言上。迁移的现实原因，是我夫人身体不好，我需要付出较多精力照看女儿。上世纪 80 年代中期，中外的学术交流还没有现在便当，国内儿童语言研究的成果不多，国外儿童语言研究的资料还比较难得。我就请在国外留学的徐杰师弟等人帮助复印些材料，我则把邓丽君等人的歌曲磁带给他寄去，以解乡愁——其实反倒加浓了他的乡愁。

2000 年，我调入教育部语言文字信息管理司工作，并兼任语言文字应用研究所所长。为做好工作，我必须研究清末以来的语言规划情况，了解国外的语言政策及其研究状况。语用所的资料室，又为我打开了通往一个新专业的知识门户。半年后，我夫人随调入京，见我书架上、书桌上摆满了一摞摞发黄的书，如《清末文字改革文集》、黎锦熙《国语运动》、刘复《文字历史观与革命论》、吴玉章《文字改革文集》、《倪海曙语文论集》、《1913 年读音统一会资料汇编》、《第一次全国文字改革会议文件汇编》等，惊异地问我怎么钻到故纸堆里去啦！其实，我的每一次学术大转移，都要跟一段疯狂的读书期相伴相随，以便让我较快地进入一个新的学术领域。

从武汉往北京搬家，我把家具都处理了，却没有丢下一本书。其实，很多书也许早就不再翻看了，也许并没有什么用处了，但就是舍不得！我过去读书写文章，基本上要靠烟熏，仿佛我的大脑，就是靠香烟开动的。对我来说，烟与书似乎有着不解之缘。但在 48 岁那年的春节，我竟然戒掉了三十年的烟瘾。戒烟初期，根本不能集中注意力看书。过了一段，可以看书了，但看到的是一个个字，不能连字成句，读不出意思来，仿佛患了“失读症”。再后来，终于能读书了，但不能写文章。因戒烟而不能读书写文章的日子，前后大约有三个月，戒烟不容易呀！那段日子里，内心一直在纠结：是让烟废了身体，还是不读书废了心智。戒烟，使我更明白自己是个不能不读书的人。烟戒了，与书的缘分还保持住了，真是万幸！

高等教育出版社建社50周年，向我约稿。我写了《书的随想》的短文，从一个方面叙写了我的“书之缘”：

作为高等教育出版社的读者与作者，在高教社建社50周年之际，浮现脑际的就一“书”字。

我当年的理想是“三书”：读读书，教教书，写写书。

爱好读书，只因少小无书读，见到的书就那书包里的课本。1977年恢复高考制度，有幸上了大学，但可读之书寥寥。图书馆许多书不开架，书店里很少有精品。听说好书上市，同学“哗”一下组成“互助组”，天不亮就蹲到新华书店门口排队。几个暑假不回家，为的是从图书馆借书抄。时至今日，睡前总得看几眼书；没事逛逛书店，心情比逛超市好得多。人的爱好形成，多数靠耳濡目染，我对读书的爱好却源于对书的渴求。

喜欢教书，是因为一句话。我读研究生的那所师范大学，有句话，常挂在人们嘴边：“教师是阳光下最崇高的职业！”多么激情！多么自豪！就是这句话，把我变成了师范大学的教师。朋友说我有文化责任，想把“文化大革命”隔断的文化薪火传下去。心理咨询者从我少年经验里找理由，的确，在我们家乡，教师是最受尊重最有知识的人。看来还是因为“书”。

大学教师不同于其他人，得搞科研，得“写书”。科学是个特殊王国，能在其中自得其乐者，方可成为科学公民。科学公民可以随心所欲地在未知世界里驰骋，可以尽其想象解释事物与现象，可以创造名词术语，可以定义概念设置公理，可以将心得化为论著与时下及未来的同行分享，“持之有故、自圆其说”的创见，还能获取学术荣誉，以及学术荣誉后面的一切。读研究生就是训练“写书”，写书会写出乐趣，会上瘾，会成为生命的一部分。

在大学的领导岗位上我分管过学校出版社，即兴讲过“三子”：赚一把银子（靠畅销书），树一块牌子（靠文化精品），出一批才子（作者、编者和读者)。生活中多了“一书”：做书。此时方悟到“四书”本为一体：无做书人，便无书读无书教，写书无处出。没有读书教书写书人，给谁做书，哪有书做？

学习化社会促进人的全面发展，推动社会步入小康。学习化社会的形成，靠在全社会养成阅读的习惯，人人能读书，人人爱读书；靠教书人写书人，也靠做书人。

愿高等教育出版社，怀抱“三子”，为我国学习化社会的早日到来做出更加辉煌的贡献。

由“三书人”变为“四书人”，关键还是“书”，是“读书”。读书，我非常认同既要读经典之书，又要读“无字”的生活之书。我曾经为《中学语文教学》2011 年第 1 期写过一篇《亲近经典，体验生活》的卷首语，从一个方面体现了我的“读书观”：

世界上有四大文明古国，唯独我东方华夏亘古至今人种未更换，文明未中断。源远流长的文化，绵延不绝的文献，举世无比。人们常用“汗牛充栋”“浩如烟海”来形容我国典籍之丰富，言语之中充溢着文化的自豪感。但是把话说回来，我国读书的人并不多。半个世纪之前，文盲充斥，能够读书者很少。现在教育普及了，但是爱读书者却不多。据统计，中国人年均读书 4.5 本，而美国人年均读书 29 本，欧洲人最爱读书，年均读书量远超美国。

人类的知识，从本源上说来自实践，实践是知识的唯一源泉。但是就个人而言，知识主要来自阅读。比如说，没有机缘受教于孔夫子，但是可以通过阅读《论语》获教于孔夫子；没有条件登上喜马拉雅山，但是可以通过阅读了解喜马拉雅山。

宋代鸿儒朱熹在《观书有感》中写道：“半亩方塘一鉴开，天光云影共徘徊。问渠哪得清如许，为有源头活水来。”的确，阅读是我们知识的源头活水，长期积流便成永不枯竭之清清池塘，那里有天光云影，蕴含着大千世界。可以这样说，不爱阅读的民族是愚蠢的，不爱阅读的人是痴拙的。

书有千千种，大致可以归为两类：一类是实用性的，消遣性的；一类是经典。实用性的书宜事，消遣性的书怡情，可以读，也需要读，但是更应当亲近经典。经典是在历史长河中筛淘出来的，经典是母语皇冠上的明珠。亲近经典，终身受益。

当然，阅读并不仅仅是获取知识，特别是经典阅读，可以让人心绪平静，可以让人浮想联翩，产生阅读快感和美感，得到思想启迪，甚至产生头脑风暴。诗云："书若湖水静，躁绪速抚平。开卷有风暴，心海波澜生。"

要获得阅读的快感和美感，获得思想启迪，必须重视阅读体验。比如什么是幸福？饥饿时得到一块黑馒头，暴风雨中有人送把伞，将被巨浪吞噬时漂来一块木板。这种幸福感靠传授是得不到的，要靠体验才能感悟，才能真正理解。

阅读需要生活。我们要热爱生活，不断积累生活，时时品评生活，此之谓"阅读生活"。在阅读时，书中内容与生活体验自然关联，书与我相互串通交融，在阅读中体验，在体验中阅读。正因为阅读需要生活阅历，所以古人主张读万卷书时，还要"行万里路"。

有人说，人类已经进入"读图时代"，其实读图不能代替读书。有人说，人们都在食用"文化快餐"，其实文化快餐只能果腹，断不能取代文化经典。在"读图时代"，更需要提倡读书，更需要亲近经典。

提倡阅读，提倡经典阅读。体味阅读快感，形成阅读习惯，终身阅读不倦。重视体验，重视生活体验，重视在体验中阅读，重视阅读后的体验。

当然，除了有目标地读书之外，还要读些闲书。50 岁后，我又开始系统地阅读中国文化书籍。从十三经读到先秦诸子，从《史记》《汉书》《后汉书》读到《世说新语》《贞观政要》《资治通鉴》《古文观止》。读这些书，没有具体的功利目的，故而称为"闲书"。人过五十，俗务缠身，拿出整块时间读书已是奢侈，读这些书多是在候车时、在飞机上、在下榻处，运用的是欧阳修的"三上"（枕上、马上、厕上）读书法。当然，闲书读了或也有实用，我的《〈论语〉之论语》，就是读闲书的副产品。

2014年春节，偷得几日闲。琢磨起读书的事，把“读闲书”三个字颠来倒去地品味，得到如下近乎绕口令的东西。用微信发到朋友圈，还得到不少朋友点赞：

读闲书，闲读书，读书闲，书读闲。此乃读书四境界，亦为读书人四类别：曰书客，曰书友，曰书痴，曰书仙。读书是一种生活方式，甚或一种信仰，故亦是做人四境界也。

不仅读书，而且能读点儿“闲书”，就是优秀的读书人了，可以称为“书客”；有闲散时间就去读书，以书为友，可以名之“书友”；一读起书来，便心闲气定，万千烦忧皆丢脑后，可以褒称“书痴”；不管什么书，有趣没趣，都能作为闲书来读，读出闲趣，便是“书仙”一属了。读书不读书，人分两界别；如何读书，人分数等级。故而读书不读书、如何读书，不仅是生活方式不同，甚至可以看作、也显示着做人的不同境界。

我自幼爱读书，读书至老。幼少时读书，使我感觉不到农村的贫苦，且时时萌动着向上的追求。青年时读书，使我步入学术的殿堂，不管是园林、文学、新闻，还是语言学。工作之后，每一次学术方向的转移，都伴以饕餮般地读书。但当年所读之书，多是专业的、国外的。步入“知天命之年”后，突然希望回归传统文化，希望读些中国传统文化的闲书。2012前，我脱去官服，从政府大院到大学校园，重归学林，做此人生选择，大约也是因为有一颗读书人的心。

以上琐碎所记，便是我的“书之缘”。我有睡前读书、枕书而眠的习惯，一日突发奇想，将“书之缘”附会为夫妻之缘，得《书夫人》四句。粘诗于此，作为束卷之语：

明月半床书半床，人有夫人不荒唐。物理人事赖君教，有感有得共分享。

一直在路上——六十年人生风景一瞥

沈　阳　生于上海。在军队服役期间，本科先后就读于中国人民大学和华东师范大学，1990 年在华东师范大学获硕士学位，1993 年在北京大学获博士学位，1996 年至 1997 年在香港城市大学做博士后研究。现任教育部长江学者特聘教授，南京大学文学院教授兼语言学系主任，国家语委南京大学中国语言战略研究中心主任，北京大学中文系兼职教授，北京大学中国语言学研究中心兼职研究员。曾任北京大学人文特聘教授，北京大学中文系副主任，北京大学人文学部学术委员会委员，北京大学—香港理工大学汉语语言学研究中心执行主任，北京大学出版社“语言学前沿丛书”执行主编等。现兼任全国语言文字标准化委员会语法分委会主任，国家人社部职业汉语能力测试专家委员会秘书长，国家社科基金专家评委，北京语言大学、首都师范大学、江苏师范大学等多所高校兼职教授或兼职研究员，多家学术刊物编委等。曾分别任美国哈佛大学（2 次）、荷兰莱顿大学（3 次）、荷兰亚洲国际研究院（IIAS）、台湾“中央研究院”、香港中文大学、香港理工大学、香港城市大学、澳门大学高级研究学者和客座教授。已出版《现代汉语空语类研究》《生成语法理论和汉语研究》《汉语和汉语研究十五讲》等专著十数部，在国内外重要学术刊物发表论文百余篇，主编高等学校教材 4 部，主编中学教材 2 部，主持修订国家语言文字标准 2 项。

研究成果获全国高校人文社会科学优秀成果奖 4 次（二等奖 2 次、三等奖 2 次），北京市哲学社会科学优秀成果奖 4 次（一等奖 2 次、二等奖 2 次）、江苏省哲学社会科学优秀成果奖 1 次（二等奖）等。教学成果获国家级优秀教学团队带头人、国家和省级精品课程奖和精品教材奖等 8 次，2015 年获南京大学人文社科突出贡献奖。现为国家社科基金重大项目“新时期语言文字规范化问题研究”首席专家，另完成并主持多项国家社科基金、教育部重点研究基地、教育部规划基金、教育部普及读物、国家语委、北京市规划基金，以及国际合作（荷兰 NWO、荷兰 KNAW、中国香港 RGC）科研项目，并作为子课题负责人参加国家“973”重大基础理论研究项目等。

写下上面这个标题，回顾自己六十年“走过的路”，突然想到一个颇具游侠色彩的“特点”，那就是“走南闯北”。这个词原本并不实指，只是形容四处奔波闯荡，但对我来说倒好像恰如其分。因为除了我先后待过和去过的几十个国家和地区，只说在国内真正生活工作过的地方，算起来我的人生“轨迹”还真的就是“南征”和“北战”，而且满打满算其中竟然包括了“三次北伐”和“三下江南”。稍改岳飞词为“六十功名尘与土，八千里路云和月”，如果不论“功名”只谈“风月”，那我这篇随笔就不妨从这“走南闯北”说起，去一瞥那“南来北往路上的风景”。

一、少年从军行

我出生和小时候都在上海，这就姑且算是从娘胎里第一次“南下”吧；6 岁时随父母到了北京，因此是在北京长大的，这也就是我的第一次“北上”。这两个“第一次”倒也没什么可多说的，毕竟那都不是我自己的选择。

其实我在小学和中学都一直是最优秀的学生，不但是少先队中队长和大队长，而且门门功课年级第一名。所以那时无论是家长还是老师，都看准我将来一定是块读书的料。只是天不遂人愿，后来赶上“十年动乱”，大家都无书可读，也都无处可去。虽然初中快毕业时，学校曾动员我留校当老师（据说这是当时我们中学唯一的“留校名额”，差不多就是冯胜利兄文中提到他后来的那种经历），但众所周知在那个年代“老师”是个避之唯恐不及的职业，于是在不满 15 岁时，我居然下决心请家里托人“走后门”去当了兵。说起来我这么一个连打针都会晕倒的人，一个从小连游戏都不做而只会乖乖读书的人，居然要去“扛枪打仗”，这本来就难以置信；而我竟然“一猛子扎下去”，在部队待了十六年，这就更不可思议。在当兵的那十几年里，我也是“转战南北”，先后去过山西的野战军、北京的军委炮兵机关、南京军区和上海警备区，也从“士兵”一直当到了“营长”。这一段经历中其实也就包括了我第二次

“北上”(从山西调到北京军委总部)和第二次“南下”(从北京调到南京军区和上海警备区)。虽然直到现在我见到军人还会不由亲切，听到军队还会莫名肃然，但毕竟那段经历于我就好像是一场长达十六年的“梦游”，现在想起来差不多已有“恍如隔世”的感觉了。

说是当兵，其实我从来就没有正儿八经地扛过枪。一开始是在汽车连修汽车和开汽车(所以我现在还常常跟人吹嘘我已有四十多年的驾龄，只是离开部队时怎么也不会想到“驾照”以后还有用就扔了，以至于后来有了私家车才不得已又上了一回驾校“学开车”)。不过由于我从小就喜欢“舞文弄墨”(小学起就多次在写作大赛中获奖)，所以在部队也很早就被当作“笔杆子”了。我的这个“特长”也导致我后来在部队一直从事跟“笔头”有关的工作。最初“提干”当汽车排长就是挂名，实际是在政治处当代理干事；再后来则是先后调到军委炮兵政治部当干事，到南京军区政治部当干事，以及到上海警备区政治部当首长秘书。那期间我不但负责起草各种文件，也包括起草首长的各种讲话稿(常常是一夜之间就必须交稿，而且是工工整整的“手抄稿”)。所以直到今天，我对自己的“文笔”，尤其是“文思泉涌、文不加点”的能力，还颇有自信，那可真是“枪口下逼出来”的本事。因为作为军人，在“战场上”完不成任务那可是要被“拖出去枪毙”的。

不过虽然当了军人，成了军官，甚至后来还住到了长安街(我们机关大院在公主坟附近)，来到了南京路(大名鼎鼎的南京路上好八连是我们机关的“门卫”)，但我却一直对读书念念不忘、甚至耿耿于怀，毕竟我从小就被称作“书呆子”，是被看作有“读书命”的。“穿一辈子军装”虽然很多人都求之不得，但我却从来就是“不想当将军的士兵”，或者最多也只是“人在江湖”或“身在曹营”，总想着有一天能“摘下帽徽，带上校徽”。于是我常常(甚至多少有“利用职权”之嫌)既“明修栈道”也“暗度陈仓”，不但在北京期间争取进了中国人民大学的干部进修班，在上海期间在华东师范大学完成了中文专业本科，同时还报考了上海外国语学院夜大拿到了英语专业文凭。此外我还利用一切可能的时间看书和复习。在我看来机关里一天的工作用一小时就能干完，因此办公室差不多就成了我的“书房”，有时候挑灯夜读，还被认为是为了工作加班加点而“受到表扬”。

“机会是给有准备的人的”，终于有一天机会来了：那一年总政治部发了个文件，通知允许现役军官报考地方高等学校研究生。这对于我来说简直就是“天赐良机”。于是我一口气“打包”向领导提了三个要求：一是脱军装转业，二是分房子结婚，三是报考研究生，而且声明这三个条件缺一不可。我提出“一揽子要求”的原因很简单，因为那时部队已有意让我转业，所以如果不用第一条来“捆绑”后面两条，那后面两件事可能就办不成了（毕竟给“要扫地出门”的人分房子和开证明同意报考研究生，这种“赔本买卖”谁也不情愿）。而我的要求是，要让我转业，后两条就必须“陪嫁”，否则第一条也就免谈。事实上因为在我最终离开部队前还是现役军官，部队也不得不按规定开证明同意我报考研究生、批准我结婚和给我分了套房子（虽然房子很小，却是市中心的非军产房，离开部队也不用交还）。

这样我就在1986年那一年“摇身一变”换了三个身份：一是成了新婚丈夫，把家安在了上海静安区（紧接着第二年就当上了爸爸）；二是成了地方干部，去上海市卢湾区教育局上了班（说起来也有点儿对不起那边领导，我是“隐瞒”了报考研究生的事才去报到的，结果只在那里待了三个月）；三是成了真正的学生，那之后不久我就收到了华东师范大学中文系硕士研究生的录取通知书了。后来有人调侃我是“一夜暴富”。那个“富”如果不是指钱（说实话那时军官才是“高富帅”，而当研究生每月只有20来元叫不上什么名目的补贴），倒也“名副其实”。毕竟我几乎真的是“一夜之间”就完成了人生经历中又一次重大转折。而且颇有“讽刺”意味的是，从一个在上海滩呼风唤雨的警备司令部“大秘”到一个去挤6人一间宿舍的一文不名的学生，这种看起来是“水往低处流”的转变，却真真实实地发生在我的“而立”之年：那时我刚满30岁。

二、中年求学路

虽然阿Q点儿说，“有一种进攻叫撤退”，我的“而立”其实就是从“解放军这所大学校”（毛泽东语）“毕业”了，这倒也确实不失为我生命之树上一个光荣的“年轮”。

但毕竟残酷的现实是，俗话说“三十不学艺”，但我却必须在这个年龄“重整旗鼓”，甚至“从零开始”(事实上我也真的失去了包括职位和收入在内的全部“既得利益”，而要去跟那些乳臭未干的小孩子一样靠20块钱过日子)。但这毕竟是我自己做的决定，也是我心甘情愿的选择，因此我也就必须接受这种“有所得必有所失”的结果。对这一点不但我当时无怨无悔，而且“有舍才有得”这句话也一直是我以后每当面临重大选择时的“惊堂木”。

而这种“舍得”之间的选择，很快就又一次发生在我的生活中。在华东师大读硕士期间，虽然对新的生活一下子还难以适应，虽然还不知道以后的路究竟该怎么走，但至少我成了家，有了孩子，老婆工作和收入稳定，岳父母帮着照料家务，一切都预示着我毕业后将会顺理成章地在上海这座城市生活下去。事实上我也确实一直很喜欢上海，不但因为那是我的老家及亲戚朋友几乎都在上海，不但因为上海是经济最发达和生活最安逸的城市，不但因为在上海我完全可以找到合适而体面的工作，也因为我当年辛辛苦苦调来上海（透漏点儿隐私，那是为了追一个上海小女兵，我是动用了干部部门关系才实现调动的，只是后来这段“浪漫”以失败告终）和后来颇费周折转业留在上海（再透漏点儿隐私，那也是为了追另一个上海姑娘，她后来成了我的老婆），而且现在已经在上海有了户口，有了住房，这在当时（请注意是指“当时”）所有人看来，都是那么“来之不易”，怎么可能“前功尽弃”呢?

但是出乎所有人预料，其实也出乎我自己的预料，突然有一天，我又做出了一个近乎“疯狂”的决定：离开上海，北上求学！而且不管当时家人和朋友怎么“好言相劝”，怎么“威逼利诱”，我都咬紧牙关，不顾“人之常情”，不惜“抛家别子”，说走就走，义无反顾！如果说我当年“投笔从戎”算得是“年少轻狂”，那这第三次“北上”之旅，就无疑更是我人生道路上的“冲冠一怒”了。

“冲冠一怒”当然不是“为红颜”。说起来也还真的不是头脑发热和一时冲动。原因其实很“简单”：我当时最大的念头就是，既然下决心走上求学做学问这条路，那么仅仅在师大读书，仅仅当硕士生，仅仅留在上海，那都“眼光不远”，那都“格局不大”。而在我看来，如要继续读书深造，如要真正学有所成，那就非得去最好的学校，就非得跟最好的老师。于是去北京大学中文系拜陆俭明先生为师攻读博士学位，就成了我当时又一个“梦想”——尽管在所有人看来那只是“痴人说梦”，其实连我自己也怀疑过这是不是“鸡蛋碰石头”。

而且事实上，我的“梦想”还真的几乎就等于“妄想”。因为那一年北京大学因故原则上停止招收博士生；因为虽然陆先生是最早由国务院批准的博士生导师，却还没有招收过博士生；因为我虽然仰慕陆先生已久（我 1980 年在人大读书时就去听过陆先生的公开讲座），却从未与陆先生见上面说过话；更因为那时别说我“没名没分”，知道我名字的人都几乎没有。这几条无疑都预示着“凶多吉少”。但总算“老天有眼”，那一年我终于“误打误撞”地成了陆老师的开门弟子，而且不但是北大中文系那年全系仅录取的 4 名博士生之一，也成了北大中文系招收博士生有史以来排序第 16 位的博士生（而如今北大中文系每年招收博士生 80 余人，累计总数也已过千人）。所以当我终于走进燕园来到未名湖畔的时候，当我终于坐在学一楼教室中和躺在 25 斋宿舍里的时候，我更多想到的不是“喜悦”和“满足”，而是“梦想”和“疯狂”。生活告诉了我：也许，一个人不能没有“梦想”，更不能缺少“疯狂”；也许，一个“疯狂”的人才配有“梦想”？！

我的这种“疯狂”其实也一直延续到之后我在北大学习和工作的二十多年中。在北大这么多年里我做过的事当然很多，而且当时做了什么也并没什么特别的感觉。但现在回想起来，或许还真的有一些“疯狂”之举值得回味，而且有些事情不但可算是至今无人打破的“纪录”，甚至每每想起来我自己都不禁“感动”而“潸然”。

比如我读书的经历，那真是现代版的“悬梁刺股、囊萤映雪”。我现在看到学生手里拿着电脑甚至手机便可以写文章、看文献、查语料，却还每每“怨天尤人”觉得时间怎么不够用，事情怎么做不完，我真是不知道是该“哀其不幸”，还是该“怒其不争”。而我读博士时哪里有这么轻松惬意，那可是真“苦”。就说上课，为珍惜在北大读书的机会，我那会儿是所有本科生的课都跟着上，外语系、哲学系的课也跟着上，每周一般都要超过 30 课时，而且还要跟本科的孩子们一起做作业、参加考试、做方言调查。而说到做研究，不但要一本书一本书地翻看语料，要成千上万地做卡片，而且那时还没有电脑，写论文真得一个字一个字地“写”出来，而且修改一次就要重新再写一遍。我最终完成的 56 万字的博士论文（即 1994 年出版的《现代汉语空语类研究》），如果要论“写”的字，那可是上百万字也不止，手上磨出血泡都不止一次。而我在突击写论文时，从入冬带一箱方便面关进家里，走出来时竟已是一片春光，那感觉就真的是“不知有汉，无论魏晋”。我现在常常跟学生“讲那过去的故事”，不但学生们听了都不禁瞠目结舌，其实连我自己说出来都感觉像是“天方夜谭”。

再如我游学的经历，那可真不只是“世界那么大，我想去看看”。我其实一直就有个心愿，那就是要去世界上最好的大学留学，至少得去“镀镀金”。虽然我后来并没有为此离开过北大，但这个愿望要说“实现了”也并不为过。因为在北大工作的那些年中，我几乎跑遍了亚洲、欧洲和美洲的主要国家和地区，除去参加学术会议，也包括先后去香港城市大学、荷兰莱顿大学、美国哈佛大学、香港中文大学、台湾“中央研究院”等多家著名高校和研究机构进修学习，累计总时间也超过了四年，这几乎就等于在国外留过一次学了。而更奇特的经历是，我甚至几乎每年都会利用寒假花 1~2 个月的时间去国外或境外找个地方做访问研究，其中印象最深的包括在维罗纳看游行，在时报广场迎新年，在尼亚加拉观雪瀑，在维基基海滩游泳……，乃至于很多新年春节我都是在国外境外度过的。就拿最近几年来说：2011 年在台北，2012 年在巴黎，2013 年在波士顿，2014 年在香港，2015 年在东京，2016 年在莱顿。我去这些地方可真的不是“度假”，而是想保持我“闭关修行”的习惯（即集中精力完成特定写作任务，比如现在这篇文章就是在荷兰莱顿大学访问期间抽两天时间写的）。我这种“疯狂”的游学经历，即使在北大这样高度国际化的大学恐怕也是“绝无仅有”的，想来竟也“如梦如幻”。

最后再说我做事的经历，那可真叫“人有多大胆，地有多大产”。现在回想起来，我操作过的许多重大学术活动，即使北大和中文系官方也不得不承认是“为北大留下了宝贵的遗产”。姑且不说北京大学中国语言学研究中心是我起草报告申报成功的，北大中文系新增设的本科专业“应用语言学”是我具体操作获批的，北京大学—香港理工大学汉语语言学研究中心是我申请设立的，北京大学现代汉语国家级教学团队是我牵头申报的，北大“985 计划”和“211 工程”的语言学科项目（包括数以千万计资金）是我操刀设计的，……。就说我直接运作的重大活动吧：1998 年我操办了全国最大规模的现代汉语语法国际研讨会，这可是国内两个重要语法会议唯一一次“联合举办”。2008 年我还组织了规模空前的“国际中国语言学学会（IACL）年会”，由于这个学会中有大量台湾成员，因此很多年都无法来到大陆开会，而这次会议也成为“92 共识”的一次成功体现。而最值得“炫耀”的一次学术壮举是我在 2010 年具体操作邀请到世界顶级科学家乔姆斯基教授访问北京大学并获授北京大学名誉博士学位，那次活动盛况空前，境内外诸多媒体采访，而这一活动后来也成为北京大学对外宣传片中最亮眼的“名片”。我当然也有过“滑铁卢”，那是 2010 年教育部调整学科目录期间，我作为北大中文系负责研究生工作的副主任，牵头组织全国高校操作申请语言学升级为国家一级学科。可惜由于种种原因，最终功亏一篑。这一结果虽然至今想来还令人无比痛心，但那毕竟是我在北大留下的一个“足迹（功绩）”，我想以后是会有人记得的。

说到“痛心”，我犹豫很久要不要在这里提及在北大发生的一件事。1998 年有一个女孩子（我教过的一个本科生）在家中结束了自己的生命。事后很多人认为（或听闻）这件事“与我有关”，甚至传为所谓“桃色事件”。我不想在这里为自己做什么辩白，毕竟无论我说什么，那个年轻的生命也不能复活；我也不想说那个孩子有什么不好，因为无论我说什么，都似乎是对逝去生命的“亵渎”。我现在唯一感到后悔（甚至悔恨）的是，或许当时我（其实也不仅是或不该是我），真的应该能够做些什么去帮助她，那这个悲剧可能就不会发生？但愿那个孩子在天堂里不再受那种可怕病痛的折磨，能快乐起来！

三、老年再出发

如果说进北大以前我是以“三级跳”的姿态完成了身份的转变，到北大以后我更是以“百米跑”的速度追赶着失去的时间，那这些我确实都做到了。我在北大博士毕业留校后，次年就当了副教授，又过六年当上了教授和博士生导师；我还做过十年现代汉语教研室主任并当了五年中文系副主任，我后来还第一批获聘北京大学人文特聘教授。随着时间流逝和人员更替，终于有一天，我竟也“熬成了”北大中文系最“老”的教授之一。

按常理说，到了这个阶段，到了这个年龄，我的“事业之路”差不多也该“走到头”了。事实上我离国家和北大规定的退休年龄也确实都不远了。但就在那时，即2011年的冬天，教育部发了个通知，启动新的“长江学者奖励计划”，而且那一年申报“长江学者特聘教授”的年龄放宽到了55岁（红线是1955年及以后出生）。而这个年龄点恰好又一次刺中了我那根“疯狂”的神经。虽然我已常用“不如意事十八九”提醒自己要“宠辱不惊”，虽然我的年龄早已到了“却道天凉好个秋”的“知天命”阶段，但面对“天上掉下个林妹妹”（因为这之前我因超过申报年龄是无缘申报的），我还是真有点儿“动心”了。毕竟谁都知道，由于文科没有院士，因此长江学者几乎就是高等学校文科学者的最高“头衔”了。

可惜的是，我的申请在系学术委员会投票时以微弱差距未能通过，也就是说北大中文系不能提名我申报那一年的长江学者（我当然并不质疑投票的公正性，因为任何的结果都是“结果”）。当时我正在欧洲访学，听到这个消息一时还真有点儿不知所措。但毕竟那一年的申请是我的“最后一次”，如果放弃申报也就意味着将永远失去机会。于是，我才不得不再一次想到了“离开”，就像当年离开北京，就像当年离开上海。因为或许只有离开，才会有机会；也或许正像有个小品说的“人不能在一棵树上吊死，不如到其他几棵树上多试几次”。

我当然也知道，无论是“一棵树上”还是“其他几棵树上”，结果可能都是“吊死”；我当然也明白，如果这次“离开”，或许就真的是“万劫不复”了。其实那之前我也曾经多次被其他高校“策反”，比如北京师范大学，比如中国人民大学，而且态度都很诚恳，条件都很优厚（而现实中这种说好听点儿是“良禽择木而栖”，说难听点儿是“背叛是因为诱惑太大”的故事也每每在上演着）。但就是因为真的“不舍”和“不愿”，我才始终没有离开甚至没有想过离开。而这一次，我却不得不“挥泪”了。但我相信，这绝不仅仅因为“诱惑”（诱惑当然有），也绝不仅仅因为“赌气”（赌气当然也有）。但那时的我，毕竟已不是当年那个初生牛犊的15岁少年，也不是当年那个年富力强的30岁中年，我非常清楚这次“离开”对于快60岁的我将意味着什么。

但事实上，如果我不想错过这次申报长江学者的机会，那么让别的学校来为我申报（或者说我作为别的学校的人员来申报）就是“唯一”的出路（“跨校申请”是教育部允许甚至鼓励的）。也就在此时，南京大学文学院丁帆院长表示愿意“拉我一把”，提出南京大学可以为我申报长江学者（甚至把其他人撤下来也先让我报）。对南大和丁院长这种“厚爱”，我当然没有理由拒绝；对万般无奈之时这种“机缘”，我当然也不愿意错过。不过也就是此时此刻，我才深切体会到了当年那些好汉们都是怎么给“逼上梁山”的。

不过“知易行难”，当真把我要离开北大转投南大的事情“摊到桌面上”，可就不那么“简单”了。“四面”来的几乎都是“楚歌”：系领导和校领导轮番“慰留”，我知道虽然他们一定不是“虚情假意”，但更多的恐怕还是对我这一举动的“莫名惊诧”。来自朋友的劝告则更多是“风险提示”，毕竟“申报”和“批准”是两码事，谁能保证报上去就一定会批准呢（事实上即使最终入围终评也有很多人没有成功，包括当年北大中文系上报的人选）。当然更“要命”的还有来自教育部的规定和南京大学的态度。教育部规定，凡跨校申报的长江学者获批后必须“全职到岗”（而且必须事前签字画押），甚至申报时两校人事部门就要出具公函保证一边必须放一边必须收。而南大方面的态度又岂止是“热情”二字了得，他们的说法是“即使最终拿不到长江学者，也必须到南大报到”。这从一方面看当然表明南大邀请我加盟的诚意，但换个角度说也就堵上了我全部可能的退路。即一旦南大为我提交了申请，就算是“收了彩礼”，无论什么后果，我也已经是“嫁为人妇”了。

当然也有很多人支持我的选择。首先是来自恩师陆老师的支持。陆老师虽然也并不愿意我离开北大，毕竟他一手栽培了我；但陆老师也明白这不但是我登上更高台阶的机会，也是我发挥更大作用的机会。陆老师甚至劝我“即使拿不到长江也要过长江”，要“一言既出，驷马难追”。其次是来自家庭的支持。我太太对我再次南下倒很想得通，她甚至成了我的“秘书”，由于时间紧，当时很多文件（比如北大人事部证明）都是刚拿到手就在汽车里用无线设备发送的，她笑称那时就像个“间谍”。当然她支持我南下有个原因是我们早就约定退休后回上海，我现在无非是先行一步罢了。其实最主要的支持还是来自我自己。我早就想明白了，对于我来说，无论在哪里，真正能工作时间都已经不多了，既然“一息尚存”，那又为什么不“苟延残喘”一下呢？而且“滴水之恩当涌泉相报”，人家对你“情真意切”，你又怎能不“以身相许”？所谓“文章千古事，得失寸心知”，在人生的又一个路口，我选择遵从自己的内心。

于是，“老夫聊发少年狂”，我终于踏上了我的第三次“南下”征程。

四、一直在路上

转眼，从2013年春天正式到南大报到算起，我到南京已经满三年了，而2015年我也整整60岁了。这期间虽然也有许多故事，但作为“现在进行时”，已算不得“回忆”。这里就再简单交代几句作为所谓“大结局”吧。

南京大学对我确实很好，而且兑现了大部分承诺。包括给我的住房是和园小区里最大的，给我的办公室是杨宗义楼里最好的，给我的研究生是文学院里最多的，而且还给了我语言学系主任、中国语言战略研究中心主任等“官衔”（虽然我其实并不希望担任任何职务），最近还给我一个“南京大学人文社科突出贡献奖”。我现在也已越来越把自己看作是“南大人”了。这倒不是因为“嫁鸡随鸡”，而是因为“两情相悦”。

我自己当然也“对得起”南京大学，因为我也兑现了大部分承诺。比如我带到南大的“投名状”就是拿到2012年的“国家社科基金重大招标项目”，我还先后拿到包括“国家语委重点项目”“教育部普及读物项目”在内的多个科研项目，出版了多部高校教材，发表了多篇重要论文，拿到了“江苏省人文社科优秀研究成果二等奖”“全国出版系统高等学校教材一等奖”，接手主编《中国语言战略研究》刊物，主持“现代汉语慕课”建设，去年和今年有两批18个研究生毕业……我现在不但日程排得满满的，还欠着“一屁股债（书稿和文稿）”。总之，真的是“痛并快乐着”。

我跟北京大学当然也是“打断骨头连着筋”。我离开北大时手上还有20个研究生，这些学生“不离”，我当然也“不弃”。北大中文系为此聘我做兼职教授继续指导，因此我还是“照常”每个月都跟学生见面、讨论，直到他们已经或即将毕业。有好事者曾“八卦”我的研究生和某某教授的研究生有什么“差别”，为此我统计了一下：我在北大共指导博士生和硕士生 78 人（其中有外国学生 17 人），而中国学生中有 22 人先后到国外著名大学深造和发展（仅这几年中我送到哈佛大学攻读博士学位和联合培养博士生就有 7 人），这大概得算是我带研究生的一项“与众不同”之处吧。

顺便说说我的家庭。现在都传说我“狡兔三窟”，那是指我在北京、上海、南京三个城市都有“家”。其实我现在更是“妻离子散”：我在南京，老婆在北京，儿子在东京。老婆留在北京是为了照顾我年迈的母亲。儿子很令我骄傲：他本科在香港大学读数学，硕士和博士却到日本京都大学攻读“情报学（计算语言学）”，现在是在谷歌（日本）公司做多语自动翻译研究。不管这算不算“子承父业”，但于我而言，他无疑是“长江后浪”。

至于我下一步该怎么走？现在看来倒真是只能“听天由命”了，毕竟我的年龄也决定了我正走向“穷途末路”，我曾多次说过现在无非是在“垂死挣扎”。后来有人好心劝我不要那么悲壮和消极。我倒觉得其实说“死”并不可怕，《孙子兵法》曰“置之死地而后生”，或许我现在就需要这种心态。据说最近有个汉语词英语词典也收了，叫“no zuo no die”。反其意而用之，既然“横也是死，竖也是死”，那就不如再“作”一把，再“疯”几年，“玩儿的就是心跳”！

最后再说一句话作为结束语吧：

六十年走南闯北，一甲子岁月如歌。走过的路虽然漫长，但没走的路仍在前方，我“一直在路上”。

向学三十年，转瞬一甲子

王建勤 1984年毕业于东北师范大学中国语言文学系。毕业分配到北京语言学院（现北京语言大学）留学生一系，任助教、讲师。1990年调入北京语言学院教务处科研科，任科长。1992年赴澳大利亚 Deakin 大学文学院语言与翻译系进修应用语言学课程，同时在墨尔本大学应用语言学系进修应用语言学硕士课程。1994年调任北京语言学院出版社（现北京语言大学出版社）副总编辑。1995年被聘为副教授。2000年任北京语言大学出版社社长兼总编辑。2000年赴澳大利亚 Newcastle 大学教育学院攻读博士学位。2001年被聘为教授。2004年调入北京语言大学对外汉语研究中心。2005年在北京语言大学获博士学位。现任教育部人文社会科学重点研究基地北京语言大学对外汉语研究中心副主任，博士生导师。先后被聘为国家安全政策委员会高级研究员，重庆大学客座教授，宁夏大学国际教育学院客座教授，东北师范大学“东师学者”教学名师、留学生教育学院特聘教授，天津师范大学专业学位研究生校外指导教师、国际交流学院特聘教授，南京大学中国语言战略研究中心兼职研究员，上海外国语大学语言研究院兼职研究员，杭州师范大学客座教授。主要研究领域：汉语作为第二语言的习得研究，国外语言政策与言语战略研究。合作出版学术著作《第二语言习得研究》《全球化背景下的汉语国际传播研究》两部，主编各类学术著作多部，发表学术论文40余篇。主持（含完成）国家级重点项目和一般项目4项、部委级重大项目2项，参与国家级和部委级重大公关项目2项。

说实话，从没想过给自己写什么传。这次几位热心的语言学同庚召集的语言学高峰论坛让我心潮澎湃，同时也意识到，我们共同走过了人生最美好的年华，把自己的大半生奉献给语言学研究的事业了。所以觉得应该写点儿啥。

我很羡慕那些从校门到校门，从本科读到博士并一直从事学术研究的年轻人，因为他们一点儿都没耽误。我们这个年龄段的人，即使是一心向学，求学的路也大都有些坎坷。我是从部队复员后考上大学的。其实我在部队时就想上大学，但是那个年代不是谁都能上大学的。因此说，我们这个年龄段的人上大学赶的是末班车。大学毕业时，我是作为当时教育部的“出国储备师资”被分配到北京语言大学。后来这批“出国储备师资”的资格被取消了，我在北语一干就是三十年，从来没换过地方。这三十年可以用三个十年概括，第一个十年当教书匠，第二个十年做出版，第三个十年做研究。

人这一生，总会遇到几个给你指点人生或学术道路的人。1984 年我大学毕业的年代，没多少人喜欢搞学术，大多数人都热衷于官场，但是我觉得我适合做点儿学问，尽管到目前也没做出什么大的学问。我之所以选择这条路是因为我中学的一位博学、睿智的老师指点。直到现在，我依然很感激他。

从 1984 年到 1990 年，我在当时的留学生一系教了六年书，教过理工汉语、西医汉语，还教过两年中医汉语。当时对外汉语教学界争论得很厉害，有人赞成专业加汉语，有人反对这样做。我个人的教学体验是，这么教真的不灵。我上中医汉语的第一课，要给学生讲中医的“气”，说实话我自己都不明白啥是“气”，更别说给只有基础汉语水平的学生讲明白了。但不管怎么说，那段教学经历使我对对外汉语教学有了切身的感性认识。那段经历包括我在国外的教学经历，使我受益良多。

后来，我被借调到当时的教务处科研科工作。两年之后，我被派到澳大利亚 Deakin 大学文学院语言与翻译系去进修。当时的校领导给我派的任务是让我去进修第二语言习得研究的硕士课程，并希望我把这门学科带回来。说实话，那时候我对第二语言习得研究还是懵懵懂懂。到澳大利亚以后，我不仅选修了 Deakin 大学的应用语言学课程，而且有机会到墨尔本大学去进修。墨尔本大学在应用语言学领域的研究实力比较强，我在应用语言学系选修了几门主要课程。当时由 Terre Quinn 教授主讲第二语言习得研究这门课，给我留下了深刻印象。也就是从那开始，我进入了第二语言习得的研究领域。那段专业学习的经历，为我后来的研究奠定了良好的理论基础。

1994 年回国后，我并不是没有专门做研究的机会，但却被派到出版社做副总编辑。在出版社的十年，难得有机会做学问。我曾向学校提出辞去行政职务的请求，希望能一心做研究。但校领导谆谆教导我说，我们都是“双肩挑”这样过来的，年轻人就得艰苦点儿。说得我没话可答。不过，我要感谢当时的社长兼总编辑赵金铭教授对我在学术研究上的指引和培养。他当时特许我每周有一天不上班，可以在家看书，并要求我每年至少发一篇文章。直到后来我做社长兼总编辑，依然坚持做点儿研究，写点儿文章。

在我刚就任出版社社长的时候，恰好有一个到澳大利亚 Newcastle 大学攻读博士学位的机会。我得感谢当时的校领导，在那个时候能够放我一马。我如愿以偿到 Newcastle 大学教育学院师从陈申教授攻读博士学位。虽然时间不长，但是让我重新体验了做学生的感觉，当学生的感觉真好。第一个学期选了两门课，一门是心理语言学，一门是研究方法。我很珍惜这次学习机会，基本上不逃课。但是偶尔难免缺一两次课。有一次因为去图书馆查资料，没去上心理语言学的课，结果就那一次还是被导师抓住了。因为那天讲的图式理论和我的论文题目有关，导师问我，我没答上来，真是有点儿不好意思。在我离开 Newcastle 前几天，陈申教授请我到海边的一个酒吧喝酒，微风拂面，边喝酒边讨论我的论文，那个晚上，至今让我记忆犹新。我的论文题目就是在那天晚上确定下来的。

回国后，我调任对外汉语研究中心做副主任，当时的主任是赵金铭教授，我因工作需要经教育部批准，转读北京语言大学语言学与应用语言学专业的博士学位，师从赵金铭教授。赵老师既是我的老领导又是我的导师。也就是在研究中心这十年，我大部分精力都用来做研究了。做项目，带学生是我的主要工作。回头数了数，十五年来，除了研究成果，让我最有成就感的是，培养了一批第二语言习得研究专业方向的硕士、博士。他们无论是在国内还是在国外，都是教学科研一线的骨干力量。唯一感慨的是，学生一批一批地毕业了，我们也老了。

何宝璋教授形容他的学术生涯是“跌跌撞撞到耳顺”，其实这就是我们这代人走过的学术道路的真实写照。我何尝不是如此。

谨以此文献给“南京大学语言学高峰论坛”的各位同庚!

时不我待

徐　丹　1982 年考取出国研究生。1987 年获得法国索尔蓬大学（Sorbonne）语言学博士学位。曾在中国社会科学院语言研究所任职。现为法国国立东方语言文化学院（INALCO）特级教授（Classe Exceptionnelle），法国科学院东亚语言研究所兼职研究人员。2007 年至今，被选为法国国立东方语言文化学院学术研究委员会（Conseil Scientifique）成员（2011 年、2015 年再次当选）。2009 年 10 月被选为法兰西大学研究院院士（Membre Senior de l' Institut Universitaire de France，简称：IUF）。代表著作：*Initiation à la syntaxe chinoise,* Paris: l'Asiathèque, 1996/2010（2004 年张祖建先生将此书翻译成中文，以《汉语句法引论》为书名由北京语言大学出版社出版，2015 年被 Baker 翻译成英文电子版）；*Typological change in Chinese Syntax*. London: Oxford University Press, 2006（2014 年世界图书出版公司以《汉语句法的类型转变》为书名在中国出版）；《唐汪话研究》（民族出版社，2014 年）；《传世文献与出土文献的历时句法研究》（商务印书馆，2016 年）。

六十个春秋可谓弹指一挥间。从这个角度讲，上帝是公平的：他绝不会少给你一分钟，也绝不会多给别人一分钟。看看自己已经发表的学术专著，不能说没有工作成果。起码我对得起自己的时间。时间对我来说是那样的宝贵，时间就是生命，但我已经浪费了那么多时间！

我们这一代人都是在最需要学习知识的时候失去了学习的机会。在“文革”后招工农兵学员上大学的时候，自己只能徒有羡慕之心而无任何资格。只有在恢复高考以后，我才考上了北京外国语学院（现北京外国语大学）法语系，成为77级的学生。1982年毕业时考上了出国研究生，在法国索尔邦大学攻读博士学位。很多人都以为我当时目标明确，想做语言学研究。殊不知我当时（1987年初）读完了博士学位都没有想到自己从此能走上研究语言学的道路。是的，那时我从来没有想过要研究语言学。读博士学位是为了完成任务，对得起奖学金而已（我当时得到的是两年中国政府的奖学金，两年法国政府的奖学金）。

1987年，我就这样糊里糊涂地来到中国社会科学院语言研究所开始工作了。只是在那时我才发现，我已经浪费了太多时间！因为我留学的目的不明确，该学的许多东西都没学，我会什么呢？一张博士学位的文凭绝不代表你真的掌握了一门知识，只是你重新起步的一个分水岭。中国社会科学院语言研究所在上世纪80年代时，许多语言学大家还都健在：吕叔湘、李荣等老前辈都曾关心过我，鼓励过我。吕叔湘先生因为我当时写了一篇小文章（《浅谈“这／那”的不对称性》,《中国语文》1988年第2期）还特地让当时的语言所所长刘坚先生找我去见他，并和我谈学术，吕先生告诉我他就是我文章里引用的那位“程远”，“程远”是他的笔名！从什么时候开始也说不清了，只记得从进了语言所后，我才开始明白了时间对我的重要含义。可以说我是彻底地“晚觉晚悟”。从此就再也没有允许自己浪费过时间。时间是有个性的，你努力，它就给你收获；你偷懒，它也慢待你；你在乎它，它就多陪伴你；你不在乎它，它就飞快地离你而去。

1990年后，我重返法国工作，我们的两个孩子都是在那个期间出生的，都是我们亲自带大的。其实时间不是一条高速公路，从头能看到底。时间分成不同的阶段，有高速路，也有山路；有风和日丽，也有狂风暴雨。时间是有松有紧的，并不全然是一个节奏、一种方式。有让你专门学习的时间，让你谈恋爱的时间，让你尽情野游、品尝美味的时间；当然也给你找工作的时间，给你生儿育女的时间……时间不能说是一个太大方的朋友，每个人生时段都给你限定的时间。在每个时段的起始时期，我们拥有某一个阶段的时间，但一个不留神，不知道在哪里走了弯路，你会觉得时间一下子就跑了，使你在某个时段不尽如人意，未实现想做的事。由于人类自身的限制，我们在人生不同的时段会做相应的事情。很少能"逆时而上"，比如不能少年工作、老年生子等。但唯一可以跨时段的是我们可以不断学习新的东西。学习是没有时段限制的。在任何一个时段（少年、青年、中年、老年），我们都可以尽力而为或量力而行。我们常能听到年轻人说，我没有时间。告诉你吧，年轻人，你现在是时间最富有的人，以后，等你成为时间的穷光蛋，你真的就没有回旋的余地了！

我开始的几部书都是在同时养育孩子、同时努力工作时写就的。哪个女性学者不是这样呢？！我从一个领域学到另一个领域，从现代汉语句法到古代汉语句法，从传世文献到出土文献，从汉语到少数民族语言，最后走上了跨学科的研究道路。今天回头看看，时间没有白费，这里面当然有辛勤耕耘的汗水，但汗水是甜的，不是苦的！

现在回顾这些，我自然为时间回馈给我的奖励感到骄傲，但我最得意的是我的一双儿女！他们是我幸福的真正源泉，比我个人的成功更令我高兴和欣慰。大概女性学者都是这样吧。孩子和家庭是最重要的，对，学术是次要的。时间飞逝，他们今天都已长大成材，善良而且优秀。时间是最好的见证人，不花时间教育孩子、照顾家庭，当然不能种豆得豆。大概他们长期受到我们当家长的影响，所以他们最心疼的就是丢时间，最不能容忍的就是浪费时间。我想这是他们后来成功的最基本的要素吧。

时间，我没有愧对你。

曾晓渝 1993 年在南开大学获博士学位。现任南开大学文学院教授，兼任教育部社会科学委员会委员、国家社会科学基金学科规划评审组专家。主要研究领域：汉语语音史，汉藏语历史比较研究。曾应邀在法国国家社科院东亚语言研究所、日本早稻田大学、日本青山学院大学、美国堪萨斯大学、台湾“中央研究院”等讲学、访学及合作研究。出版学术专著 6 部，发表论文 60 余篇。2000 年入选教育部“跨世纪优秀人才培养计划”，曾获中国高校人文社会科学优秀成果二、三等奖及省部级优秀成果奖一、二等奖 11 次，获得全国优秀博士论文指导教师奖励。现为全国社科基金重大招标项目首席专家，主持并完成国家及教育部项目 7 项。代表作有：《汉语水语关系论》（商务印书馆，2004 年）；《语音历史探索——曾晓渝自选集》（南开大学出版社，2004 年）；《“〈中原雅音〉就是〈中州音韵〉”质疑》（《中国语文》1991 年第 1 期）；《汉语水语复音形容词的历史比较研究》（《中国语文》1997 年第 5 期）；《见母的上古音值》（《中国语文》2003 年第 2 期）；《论次清声母在汉语上古音系里的音类地位》（《中国语文》2007 年第 1 期）；《后汉三国梵汉对音所反映的送气声母问题》（《中国语文》2009 年第 4 期）；《语言接触的类型差距及语言质变现象的理论探讨》（《语言科学》2012 年第 1 期）；《天津话源流焦点问题再探讨》（《中国语文》2013 第 2 期）；《基于〈百夷译语〉的傣汉语言历史语言探讨》（《民族语文》2015 年第 1 期）。

我出生于知识分子家庭，10 岁之前被父母和老师宠得娇骄气十足，但那五彩梦幻般的童年转瞬即逝。“文革”中，家庭由于祖辈属资产阶级而受到严重冲击。

15 岁时初中毕业，按当时政策，未满 16 岁的初中毕业生可以直接升入高中，可这条政策对我不管用，升高中的名单中没有我。记得名单公布的当天晚上，生性“万事不求人”的父亲带着我硬着头皮去找学校工宣队队长，询问为什么升高中的名单中没有我，得到的只是一句冷冷的回答：“作为‘可教育好子女’，应该让工农兵子弟读书。”从工宣队办公室出来，月光下父亲步履踉跄一言不发，我跟在他身后无声地淌着泪，那时我已渐渐懂事，再也不会幼稚地问父亲“解放前你为什么去上海读复旦大学而不去参加革命”之类的问题，只是心里充满了屈辱。

1978 年恢复全国统一高考，我终于有了重新上学读书的一线希望。那时我“顶替”母亲在一所中学里教音乐。高考报名时，大多数人的报名表上填的学历是“高中”，而我却是“初中”，这引来了周围一些人讥讽怀疑的目光，对此我无言以对。的确，我能说什么呢？而且究竟能否考上自己心里也没底。终于等到公布考试结果：我的考试成绩在所在区几千名文科报考者中名列第一。由于那年市政府政策规定教师报考者只能填报师范专业，又因当时仍讲“阶级路线”，对自己家庭背景心有余悸，所以我的志愿表上“重点院校”栏空缺，一般院校栏里只填了“西南师范学院”：“第一志愿，西南师范学院中文系；第二志愿，西南师范学院历史系；第三志愿，西南师范学院教育系”。记得交表时区招办负责人见我“重点院校”栏一个没填，找我严肃地说：“你的考分超过全国重点大学收生线 40 多分，你这‘全区第一’都不填，我们区还能有几个考上重点院校？！”我当然固执己见。那年区里究竟有多少人考上全国重点大学不清楚，我则如愿地跨进了自己唯一报考的美丽的西师校园。

在西南师范学院中文系如饥似渴的四年本科学习过程中，我逐渐地对音韵学及语言学产生了浓厚的兴趣。现在想来，大概因为语言学专业是文科中的理科，父亲的理科背景对我产生了较深的潜在影响。

1982 年本科毕业后我留校任教，1986 年考上了本校的在职研究生，在硕士导师刘又辛教授、林序达教授二位恩师的悉心培养下，我在汉语史专业的学习研究方面有了长足进步。获得硕士学位之后，我又继续学业，1990 年考上了南开大学博士研究生，在恩师邢公畹教授门下潜心钻研汉藏语历史比较语言学，博士学位论文出版后获“北京大学王力语言学奖”。

1993 年博士毕业典礼时
与导师邢公畹先生合影

1997 年我调入南开大学工作，1998 年晋升教授，1999 年始任博士研究生导师，并被推荐入选“教育部跨世纪优秀人才培养计划”。我很荣幸工作于南开大学文学院这个大家庭般融洽宽松而又严谨务实、齐力向上、学术氛围十分浓厚的集体之中，置身于中国语言学重镇的学术平台，尤其得益于这里汉藏语历史比较的传统优秀学科，自己不断成长进步。由衷感谢南开大学文学院领导及语言学教研室各位先生同人一直以来给予我的热情关怀与帮助。

回顾以往走过的语言学研究之路，有过困惑的苦闷，更有顿悟的喜悦。在汉语语音史、汉藏语言历史比较领域，我的主要研究体会是：（1）返璞归真——立足于语言田野调查掌握一手资料，正如恩师邢公畹先生的至理名言“二手材料做不出一流成果”；（2）见木见林——个别语言的研究应放在周边（或相接触）亲属语言、方言的大背景下进行，视野开阔才能真正看清某种具体现象的本质特点；（3）音变万象——语言关系存在的树形与网状交织的复杂性、语音演变诸多外因内因的复杂性，决定了音变现象无奇不有，甚至可以说“只有想不到的，没有不可能的”，所以，不能轻易说“无”。

在从事高校语言学教学研究三十多年来的历程中，我不尽感激悉心培育我成长的恩师及各位先生！几十年一路走来，自己有幸一直受到国内外学界的师长与朋友的扶助与奖掖，他们的知遇之恩我永远铭记在心！

回首往事，虽说有过“文革”中的心灵创伤，但如今与许许多多同龄人相比，我毕竟算是很幸运的。就个人家庭而言，我首先要感谢我的父母，他们以自己一生的言行教育我诚实、善良、坚韧、自强不息；同时感谢丈夫对我事业的全力支持。

常常听长辈学者感慨：你们遇到了好时代。是的，能从事自己热爱的语言学专业工作，现在国家又给予科研方面以前所未有的资助力度，国内国际学术交流更加便利，我们这一代学者确实遇到了好时代。

谨此祝愿各位同庚同行朋友健康快乐，阖家幸福！

2013年在云南弥渡田野调查路上

半世耕耘且做零

周小兵 生于广州。现任中山大学教授，博士生导师。半岁时跟随父母移居北京，9岁回到广州。1972年在广州第57中学（现培正中学）高中毕业，在该校任辅导员9个月。1973年4月至1974年7月被分配到广州第一师范学校语文科学习。原本是要当中学教师的，想不到毕业后却分到广东省少年犯管教所工作。1978年3月至1982年1月在中山大学中文系读本科，获学士学位。此后在中山大学教书。1984年至1987年在中大中文系师从傅雨贤老师读硕士（1985年下半年到北京大学进修，主要研习陆俭明等老师的课程），获硕士学位。1993年至1994年在纽约市立学院访问一年。1982年至1992年在中山大学中文系汉语培训中心任助教、讲师；1992年至2004年在中大外国语学院对外汉语教学中心任讲师、副教授、教授，1998年任中心主任；2004年至2008年任国际交流学院副院长；2008年至2015年任国际汉语学院（原国际交流学院）院长。2007年起任全国汉语国际教育硕士专业学位教学指导委员会委员。2009年起任国际汉语教材研发与培训基地主任。2012年获批享受国务院政府特殊津贴。2015年底被聘为广东外语外贸大学云山学者。曾任广东省对外汉语教学研究会秘书长、会长，中国对外汉语教学学会副会长、华南分会会长，世界汉语教学学会理事、常务理事，武汉大学、延边大学、华南理工大学等高校兼职教授。现任广东中国语言学会副会长，重庆大学、广西民族大学兼职教授。主要研究方向：现代汉语语法学，应用语言学，汉语国际教育。发表学术论文140多篇；出版专著10部，如《句法·语义·篇章——汉语语法综合研究》（广东高教出版社，1996年，1998年获广东省高校第二届人文社会科学研究成果三等奖）;《第二语言教学论》（河北教育出版社，1996年）;《对外汉语教学中的副词研究》（中国社会科学出版社，2002年）;《对外汉语教学入门》（中山大学出版社，2004年第一版，2009年第二版，韩国外国语大学出版社2011年出版韩国语版，获中国大学出版协会第二届优秀图书奖优秀教材二等奖）;《外国人学汉语语法偏误研究》（北京语言大学出版社，2008年，2009年获教育部人文社科高校优秀成果三等奖，2014年韩国文化社出版韩文版）;《汉语知识与教学技巧》（北京语言大学出版社，2015年）。出版教材《粤语区人学习普通话教程》（高等教育出版社，1997年），汉语教材3种7册:《中级汉语阅读教程》（2册）、《泰国人学汉语》（3册）、《初级汉语精读教程》（2册）；总主编《阶梯汉语》系列教材7种26册，其中《阶梯汉语·中级口语》2009年越南年轻出版社出版越南语版；汉语国际教育本科教材《对外汉语教学导论》（商务印书馆，2008年）。主持建成全球汉语教材中心（藏教材上万册）和全球汉语教材库（www.ctmlib.com；含16000册教材信息），网上浏览超40万人次。

感谢宇明、沈阳兄邀我参加这个论坛！都是语言研究硕果累累的同行，方向领域不同，国家地区不同，但都逢花甲之年。能学到好多东西，获取好多信息，还可以联络感情，分享经验，发展合作。

从发表第一篇语法论文至今，已有三十二年了！回想当年如何走上语言研究的路程，怎样从语言学研究扩展到应用语言学，有很多感慨，很多启迪，很多珍藏的记忆。我本科在中山大学中文系学中国语言文学专业，毕业后一直从事汉语作为第二语言教学工作；后来读硕士，专业方向是现代汉语语法学；1997 年开始培养硕士，2001 年开始培养博士。语法学研习，汉语二语教学，中外学生培养，三者互动协同，给我三十二年的研究打下了应用语言学的烙印。

下边谈谈自己的学习、研究经历和成长过程，希望对从事语言研究和汉语教育的同行，对未来的同行，能有一点儿启发。

一、为什么爱上语言学

对语言学的喜爱，可追溯到高中毕业。1971 年，盛传要恢复高考，不少高中生刻苦学习，包括我。虽然希望落空，但因成绩好，1972 年高中毕业后分配到广州第一师范学校学数学，毕业后当中学教师。那时大学和师范院校都停办了，教师奇缺。按惯例去一师之前要在原中学当九个月辅导员。只读了四年中学（1968 年至 1972 年，中学学制从六年减至四年）的我，被派到初三（1972 年 9 月，初中从两年变为三年）。因初三缺语文教师，通知我临时教语文。

当时中学语文课本内容非常单调，很多反“封资修”的内容。教师只要按《教师用书》备课，讲课文时代背景、主题思想、结构与段落大意、写作特点即可。无聊之余，却发现初三级组办公室有一本《现代汉语》：厚厚的黄色牛皮纸包着封面，非正式出版物，是华中师范学院编写的。我对这本黄色牛皮纸的《现代汉语》爱不释手，尤其痴迷语法部分：那么多词，可以按构成方式分成若干类，又可以根据功能看出词性；六种成分，组成绝大多数句子；十来种关系，可包含那么多复句。我感觉到了语言学的魅力，感觉到了分类和规则的魅力！

当时流行“学好数理化，走遍天下都不怕”，多数人不愿意学语文、政治。但一师认为我已教了半年语文，硬把我分到了语文班。在一师学了一年零三个月，有语言课和文学课，如“现代汉语”“马列文论”（具体名字记不清了）。毕业后没去中学，而是分到广东省少年犯管教所当干部，给少年劳教人员上一点儿语文课。

1977 年底我参加了“文革”后第一次高考，1978 年 3 月进入中山大学中文系。刚上学时我喜欢文学，参与《红豆》（中大钟楼文学社社刊）和《这一代》（中国大学生文学刊物）的编辑。但从二、三年级起，我就认定语言学是一门科学，值得系统学习，不像文学老跟着形势变。文学靠感悟，只背书讲不好课。不幸的是，大学有些文学教师，背书抄报搬刊物，少有自己的感悟和观点。像我们这些喜欢在图书馆查看资料的人，就觉得那些课索然无味了。

那时中文系有一些老师，如高华年、黄家教、李新魁、傅雨贤，把研究成果融入教学，讲知识也培养技能，选修课上还引导我们接触学科前沿。到高年级，我对语言学更感兴趣，开始研读吕叔湘、朱德熙等大家的论著。学位论文写小句谓语句与主谓宾句的变换，用的是当时国内语法界新兴的“变换分析法”。

毕业前，中文系成立“汉语培训中心”教留学生汉语。系里领导跟我谈话，希望我留校教留学生。那时正好美国一位大学讲师来中山大学做访问学者，普通话特别好，对中国文学、文化很了解，跟中国学生一起上台说相声，获省大学生会演奖。我希望做语言研究，也希望能培养出这样的外国学生，就欣然答应了。

二、怎样学习语法学

教书两年半，考上在职硕士生，系统学语法学。能学成并有所成就，有几个原因。

第一是老师的言传身教和鼓励。

指导本科论文的叶国泉老师是黎锦熙先生的学生。硕士生导师傅雨贤老师是王力先生的学生。他们把导师的知识、自己的研究成果，传授给我。读硕时经导师介绍，到北京大学中文系进修半年，主要研修陆俭明老师的语法学课程，收获极大。记得陆老师结合表格讲述用能否前加“很”，能否带宾语，看三大实词（含心理动词与形容词）的区别；说“很”有点儿像测试溶液是酸性还是碱性的试纸。同时听叶蜚声、石安石老师的课；还到北京外国语大学听朱德熙先生的讲座。在北大学习领悟到“京派”研究方法：扎实描写语言事实；形式、语义相互印证；概括、解释语言规则。

刚到北大进修，朱德熙先生就把新著《语法答问》赠我。后来他受许国璋先生邀请去北外做语法学系列讲座，请我坐他的专车（他那时是北大副校长）去北外听。不但聆听、感悟到朱先生语法研究的要义，还感受到语言学前辈之间的朴素友谊。

进修期间几次到陆俭明老师家请教，获益匪浅。我 1987 年发表在《中国语文》的论文，是陆老师修改并推荐的。读硕期间、毕业之后，请教过邢福义、陈建民、范晓、史有为、刘月华等多位老师。到上世纪 90 年代，我的研究取得了一些成绩，邢福义、陆俭明老师先后在文章或发言中肯定我的成绩，让我很受鼓舞。

上世纪 80 年代读研究生时

第二是对语法论著的研读和受研究风气的浸染。

从大学四年级到读硕，喜欢读吕叔湘、朱德熙等先生的论著，陆俭明、邢福义等老师的论文，还有中年现代汉语语法研究会的成果。不只看结论，而是重点了解作者如何发现问题，如何收集、整理语料，使用什么方法手段进行分析、论证，通过什么程序得出结论。如不少论著认为“呢”是疑问语气词。陆俭明老师用最小差异对的方法，证明在一些句子中（如“你怎么学习呢？”），承担疑问功能的是疑问代词而不是“呢”。去掉“呢”疑问功能照样存在；去掉疑问代词，或没有疑问义，或句子不成立。由熟读到熟知，当时可以把中年语法学者刚发表的论文盖住姓名，读完后就知道作者是谁。

后来参加中年现代汉语语法研讨会，现场聆听，互动讨论，加上平等辩论的风气等让我终身受益。听那些此前只能读到文章的作者发表见解，参与他们的讨论，包括质疑、批评、建议，一下子拉近了跟他们的距离，国内顶尖的语法研究触手可及。

第三是讨论辩论、互动互助的好处。

在北大进修时发现，北大除了老师好，还有两个好：一是学生好，勤于思考，敢于质疑。记得课堂上老师讲，英文名词都有单数和复数之分，如“person”。硕士生崔希亮问：“people 呢？”老师只得纠正自己的说法。二是氛围好，课后的未名湖畔，宿舍饭堂图书馆，许多学生看书，讨论，争辩，各类讲座、研讨会也特多。北大中文系有个研究生论坛，主要是硕士生博士生发言，很多老师，包括朱德熙先生常常参加，听后发表见解。有一次，在北大访问的桥本万太郎参加了，在人类起源问题上他跟朱德熙有过辩论。

本科同学陈平原当时在北大读博，我借住他的学生宿舍。同宿舍的是历史系几位博士生，记得有历史系的阎步克。课后讨论，谈系统论，谈如何用新方法研究。有时吃着饭谈，讲不清楚，就摆上饭碗、勺子，用手指蘸水画各种图表。跟这些历史系的博士生参加各类讲座、研讨会、发布会，收获很大。

在中大也常跟老师同学讨论，有点儿像姜亮夫先生谈清华大学：碰见了都是讲某个杂志有某篇文章，看过了没有？如都看过了两个就谈论起来，如一方没有看过，看过的就说这篇有什么好处，建议对方去看。

第四是养成边学习边研究的习惯。

喜欢在学习教研中发现问题，如一些语法书对复杂定语的解释有漏洞，关于“刚才”句动词后不能带时量宾语的说法不准确；接着研读文献，收集材料；然后用多种理论方法进行思考，分析语料，得出有创新性的结论。读研期间撰写的论文，毕业前发表了 6 篇（含 2 篇译文），毕业后发表了 6 篇。上课、看书、开会时学了很多知识，输入很多信息，但只有用它们研究真实问题并得出结论，这些理论方法才能内化为自己的知识系统。

第五是积极参加各类研讨会。

如 1986 年参加华中师范学院召开的首届青年现代汉语语法讨论会，印象最深。一群志同道合的青年学人，一些有前沿性、挑战性的新鲜议题，一种“知无不言、言无不尽”的自由氛围。记得马庆株、邵敬敏、李宇明、刘丹青、陶红印、张伯江等一批学人，就是那次会议上认识的。我参会论文是《“忍住 VP”和相关句式》，讨论了“忍住 VP、忍不住 VP、忍不住不 VP”等句式，从句法、语义、篇章、语用等层面对肯定否定的不对称、语义羡余现象做了分析。这篇论文被《中国语文》的会议报道提及，后来发表在 1988 年《中山大学学报》上。还有几次会议印象深刻，1987 年黑龙江大学的乔姆斯基生成语法研究会、华南师大的中国语言学年会，1988 年北京苹果园的中年现代汉语语法讨论会，1990 年香山的国际汉语教学研讨会，1992 年南京师大的青年现代汉语语法讨论会。其间都认识了一些新的老师、专家、朋友，都学到了很多新知识。

2015 年在 UCLA 做学术报告

三、如何做语法研究

回想我研究语法的历程，以下几点感触颇深。

（一）研究选题与目标

我从 1982 年起教外国人汉语，常遇到留学生病句（* 教室不会抽烟）。语法研究自然会聚焦这些病句，辨析一些容易混淆的语法点，如“自从、从”“会、能”“刚、刚才”“常常、通常”和限定范围的“只、就”。由此概括出二语学习者、教学者容易理解、运用的规则；同时能解释病句原因，概括两种语言的相关规则。发表论文如《“会”和“能”及其在句中的换用》《试析“不太 A”》《论现代汉语程度副词》。

有些选题源于研读中外论著。一类是受启发而作。如《频度副词的划类与使用规则》(《华东师范大学学报》1999 年第 4 期），从《英语语法大全》(伦道夫 · 夸克等著，1989 年）中有关英语频度副词部分得到启发；用其中的方法，从语义句法、篇章语用、教学实践等角度对现代汉语频度副词进行综合考察，在单独立类、内部分类方面有所创新。第二类是有启发，又有质疑。《现代汉语八百词》(吕叔湘主编，1980 年）让我获益匪浅，如对“刚、刚才”的辨析；但也发现存在问题，由此写成《“刚 +V+M”和“刚才 +V+M”》(《中国语文》1987 年第 1 期）。再如《句义蕴涵与句义等同》(《语言研究》1992 年第 1 期），研读 Geoffrey Leech 的《语义学》很受启发，同时对其中不足进行了论述。

（二）研究范围由点到面

北大进修时，把“刚、刚才”的论文初稿交陆俭明老师审阅。他批注、修改后提出两个方案：一是修改最有新意的部分，二是全面修改。我选择了第一个方案，辨析“刚 +V+M”和“刚才 +V+M”。修改后经陆俭明、陈建民老师的先后推荐在《中国语文》(1987 年第 1 期）发表。而全面描写“刚、刚才”异同的第二方案几年后才实施。第一方案的优点：一是口子小，描写事实、概括规则、解释语义形式关系比较容易；二是“刚、刚才”跟时间、动作的完成有关，动词后时量词M正好是考察“动作发生/完成/持续”的一个量化指标。对新手而言，有了“点”的研究，容易扩展到“面”。

我硕士论文原计划考察口语中最常用的12个助动词。范晓、史有为老师看过提纲后不约而同地指出：范围太广，最好先辨析两个，如“会、能”。于是我先完成了硕士论文《“会”和“能”及其在句中的换用》(《烟台大学学报》1989年第4期)，后完成《口语中常见的助动词》(《语法研究与探索（第五辑）》，北京大学出版社1990年)。可见研究可以先从小处着手，重点突破；再扩大范围，举一反三，由点到面。

（三）由句法语义扩展到篇章语用

我本科、硕士生期间所受的训练，主要是考察形式意义关系，概括语法规则。通过研习吕叔湘、朱德熙等先生的论著，陆俭明、邢福义等老师的文章，北大进修，基本掌握语义形式相互验证的方法。跟教学接轨的，主要是分析留学生病句，概括规则，解释病因。

后来逐步引入篇章、语用元素。原因有几个：

一是研究需要。我研读邓守信、屈承熹、马真等专家的成果，结合实践发现：离开篇章语用，有些现象很难解释；结合篇章语用，能更好概括规则。如双重否定句，前人认为跟单纯肯定句意思差不多。留学生问，既然如此，为什么不用肯定句？结合语篇发现，双重否定句多用于否定某种看法。例如：

甲：你不想参加吗？乙：我不是不想参加，是别人不让我参加。

他下了决心，不跟她吵，……祥子真挂了火，他不能还不说出心中的话。

二是汉语作为二语教学的需要。结合篇章、语用因素讲规则，学习者容易学，教师容易教。如“连……也”为什么表示强调，结合语篇很容易讲解。例如：

这个汉字留学生不懂，中国学生不懂，连中国老师也不懂。

发表的相关论文如《汉语“连”字句》《“比”字句否定式的语用分析》《表示处所

的“在”字结构》。1996 年出版《句法·语义·篇章——汉语语法综合研究》，是 1983 年至 1995 年语法综合研究的一个总结。

（四）为二语者构建教学语法

教留学生汉语，最大的苦恼是，学生问语法规则时，老师很难向学生解释清楚。记得 1992 年在第三届青年现代汉语语法研讨会（南京师大）上，一位年轻的外国汉语教师说：“我在中国学汉语感到最困难的是，老师说：‘不能那样说，应该这样说。’学生问为什么。老师说：‘没有为什么，就是约定俗成。’同学们觉得，好像汉语没有语法规则。”那时（直到现在）汉语规则总结了不少，但适用二语教学的不多。有些规则，学生不懂，老师不好教；根据某些规则类推，容易出错。

我开始思考，什么样的语法规则和语法体系，才能让二语者看得明白，用得方便；才能让二语教师容易掌握，方便教学。我发现马真老师（1983）的研究对我很有启发。她认为，病句“我去过北京，反而没爬过长城”的生造，是因为词典、教科书的解释（“反而”表示转折）不准确。她考察大量语料发现，“反而”常出现于类似下例的复句中。例如：

到了九月底，以为会凉快了，结果不但没凉快，反而更热了。

分句义可概括为：A. 某情况发生；B. 按常理，这会导致另一情况发生；C. 另一情况没发生；D. 出现跟另一情况相反的情况。“反而”出现在 D；其他三项可能会省略一到两项。这样的规则，明白易懂，对二语者有效。

三十二年的教学、研究实践证明：对二语者讲清楚偏误原因和汉语规则，既要考察汉语，还要对比二语者母语，考察二语者的中介语（包含偏误），探索二语者汉语语法的认知机制。只有进行综合、立体的考察，才能构建出有效的二语教学汉语语法体系。

汉语语法研究常遭人诟病。语文学界，不少人认为语法自然习得，无须学习，提出“淡化语法”“取消语法”。二语教学界，不少人认为现有语法研究对二语教和学作用不大。当然，也有不少人认为，计算机科学和二语教学挽救了语法研究。研制出适用于机器和成人学习的语法规则，是我们这一代人的任务。

四、怎样做应用语言学研究

应用语言学，广义如病理语言学、计算语言学、社会语言学，狭义主要指外语教学。在汉语二语领域，除教学语法与语法教学，我主要研究三个方面。

（一）二语习得

对我来说，二语习得研究是一个桥梁，连接本体研究和二语研究。从二语教学看，要教好语法点，必须了解二语者如何学习，偏误为何产生。开始是研究语法习得，从语言对比、语法偏误入手，探讨母语迁移的轨迹，目标语规则泛化的事实，语法点的学习难度、顺序等。如韩国人初学汉语，容易出现“写了多汉字”“去年我多写汉字”。汉韩语言对比发现，这跟母语迁移有关。例如：

나는　어제　많은　한자를　썼다.（我昨天写了很多汉字。）

词译：我$_{添意}$　昨天　多　汉字$_{宾格}$　写$_{过去时}$

작년에　나는　한자를　많이 / 자주 썼다.（去年我经常写汉字。）

词译：去年$_{时间}$　我$_{添意}$　汉字$_{宾格}$　多 / 经常　写$_{过去时}$

韩国语“많”，可修饰名词表示数量多，可修饰动词表示频率高。而“多”修饰名词表数量一般要加“很”，陈述句一般不表示频率高。母语“많”(多)，在汉语对应“很多”“常常”，难度等级高，容易出错。

这个语法点，不少语言（如印尼语、泰语）跟韩国语类似。从认知语言学理论看，频率高，本质是发生次数多，是从数量多引申出来的。频率与数量，并非截然分开。某些语言（韩、泰、印尼）用相同形式表达；汉语虽有区分，但祈使句可用“多”表示频率。其实，除了表数量的定语和表频率的状语，在表示程度和差别量的使用上，二语者也很容易出错。跟汉语“多”对应的词语，在不少语言中的词项、位置相同，而汉语词项、位置却不同。习得考察，可以确知学习难点和学习机制，教学就可以有的放矢，事半功倍。

习得研究中，语言对比、偏误分析相当重要。读硕时研读、翻译王士元 1965 年发表在 *Language*（《语言》）上的论文 Two Aspect Marks in Mandarin（普通话两种体标记），其中普通话、粤方言和英语的对比，使我大受启发，感悟到多语对比的价值与方法。辨析“刚 +V+M”和“刚才 +V+M”时汉英对比，发现前者跟英语现在完成时接近，后者跟英语过去时相似。此后养成习惯，研究汉语，尽可能汉外对比；由此发现不少有趣的语言现象，归纳出汉语、外语的若干规则。

偏误分析，可让研究者明白二语者的学习难点，聚焦研究点，知道语法规则应该细到什么程度，明白怎样向二语者讲述规则。还可以让语言对比有针对性，揭示母语负迁移路径，了解第一语言的作用，更有效地概括、揭示汉语规则。

我的习得研究也是从小到大：个别语法点（“着”）→特定母语者（韩国、越南）→宏观（学习难度）。发表文章如《“着”的习得情况考察》《学习难度的测定与考察》《与范围副词“都”有关的偏误分析》《汉语语法点学习发展难度》。专著《外国人学汉语语法偏误研究》已 6 次印刷，2014 年韩国文化出版社出版了韩文版。

（二）二语教学

研究选题都源于教学实践与需求。如为何日本学生口语表达比不上欧美学生？考察发现，阅读输入是口语教学效果差的重要原因。我探讨了听说之间的生理、心理机制，定性定量考证了听力输入在口语教学中的实际效用，总结出听力输入的具体方法，写出第一篇教学研究论文《口语教学中的听话训练》(《世界汉语教学》1989 年第 1 期)。写作中体会到，二语教学研究，除了用语法学常用的定性研究，还需要用定量研究、证实研究等方法。

此后发表过汉字教学、语法教学、阅读教学等相关论文，出版《第二语言教学论》《汉语阅读教学理论与方法》《汉语知识与教学技能》等专著。每项研究，都希望聚焦实际问题，通过数据收集分析，使用多种理论模式，得出有创新性的结论；一方面丰富教学理论，一方面总结出可操作性的东西，直接促进教学。

上世纪 90 年代末很难找到好的阅读教材。考察发现，跟英语比，汉语二语阅读教材太少，仅有的几种也不适用。于是一边研究，一边编写。发表多篇论文，出版两部专著；主持一个研讨会并主编论文集一部；同时编写《中级汉语阅读教程》，至今已有两版，发行量超过 5 万册。结合应用研究与开发研究，真正满足教学第一线的实际需求，是我的一个目标。

（三）教材研究

前期是编什么，研究什么。编撰二语者学习词典，就研究它与母语者词典的差异，发表了《对外汉语学习词典的编写》(《辞书研究》1997 年第 1 期）。编写精读教材，就学习二语教材编写理论与方法，考察不同教材的异同，写出《中级汉语精读教材的现状和新型教材的编写》(《汉语学习》1999 年第 1 期）。

慢慢发展到独立的教材研究。比如发现合适的商务汉语教材少，由此定量考察 20 多种教材的词汇，写出《商务汉语教材选词考察与商务词汇大纲编写》(《世界汉语教学》2008 年第 1 期）。

2009 年国家汉办在中山大学建立“国际汉语教材研发与培训基地”。我领导基地一方面收集、展示全球汉语教材，建成“全球汉语教材库”(www.ctmlib.com)，含 52 个教学媒介语种的 10000 册实体教材，16000 册教材信息；一方面使用现代技术系统分析研究教材。研究发现，国内不少教材词汇难度过高，无跨文化视角，语言点解释不准确，练习未考虑二语学习特点；某些自称在海外使用的教材，很少考虑当地社会文化教育语言状况、学习者特点和学习难度，不够本土化，不适应当地教学。论文在多个核心刊物发表，如《基于中外对比的汉语文化教材系统考察》《初级汉语综合课教材选词考察》《“一版多本”与海外教材的本土化研究》。有关教材本土化的系列研究，得出很多创新性观点，对汉语教学与教材研发产生很大影响。

研究还发现，跟英语二语教材比，汉语教材很少引进最新语言研究、二语习得研究和二语教学研究成果。如何适当地把语言、二语认知、习得教学的研究成果引入教材，适应、促进第二语言的教与学，是我目前关注的研究领域。

（四）应用语言学研究

应用语言学研究对我来说难度很大，一没有教师，二没有课程。我主要靠自学，靠教学相长，靠合作。二十年来，我研读了大量论著。感谢外语教学与研究出版社编纂出版“当代国外语言学与应用语言学文库”，上海外语教育出版社编纂出版的“外语教学法丛书”，使我看到、学到二语研究的理论模式方法。如 R.Ellis 的 *Understanding Second Language Acquisition*，Carl James 的 *Errors in Language Learning and Use: Exploring Errors Analysis* 等著作，使我受益匪浅。

教学相长对我来说有特殊意义。学好一门课，最好的方法就是教这门课。自 2001 年开始培养对外汉语、汉语国际教育的硕士、博士生，我开设过“二语习得研究”“中介语与偏误分析”“第二语言研究方法”“教材评估与教材库建设”“研究设计与论文写作”等课程。边学边教，把学到的知识跟学生讲清楚，还要让学生理解并掌握，这对我是个极大的考验。

实践证明，要做到这点，有三个条件：第一，必须对所学理论知识有真正的、深刻的理解与把握。第二，必须结合自己的研究实践，自己先走一遍。通过实践，对所学理论模式方法有切身体会。第三，必须跟中外学生、跟合作教师互动协同。跟师生一起，使用别人的理论模式方法手段，来研究实践中发现的真问题；通过搜集数据、资料，通过对它们的分析统计，得出有创新性的结论。这样，理论方法，无论是学习的，还是讲授的，才能融进自己的知识系统，才能变成自己能够灵活使用的东西。

师生的互动协同合作很重要。十几年来，我培养了 41 位博士（含外籍 5 人）、77 位硕士（外籍 19 人）。在读博士生 30 人（外籍 15 人）、硕士生 18 人（外籍 5 人）。培养过程中，跟学生一起考察、总结汉字、词语、语音的认知机制与规律，考察并刻画汉语多个语法点的二语习得过程与特点。在指导外国学生的过程中，发现许多语言现象在多种语言中的异同和规则，揭示出多种母语者对汉语的认知机制和习得路径，对语言对比等级、难度等级和母语迁移机制有了深入的认识，同时对汉语特点也有了更清晰的把握。只是静态观察汉语，很难达成这些目标。我在应用语言学领域发表的论著，有一些是师生合作的成果。我由衷地感到，培养学生，其实就是培养老师。

跟英语学界的同行合作，也是重要方法。第二语言的习得、教学、教材等研究，英语做得最好，有很多理论、模式、方法、成果可以学习借鉴。研读外语界论著，参加外语界主持的各类应用语言学研讨会，与外语学界的接触与合作，让我不断进步。2012 年跟王初明教授合作申请到国家社科重大项目“汉语作为第二语言的认知机制与高效教学模式研究”，促进了我对应用语言学研究的进一步发展。

钱伟长先生曾提出，要“拆除大学四堵墙”，包括大学和社会的墙、教学和科研的墙、国内和国外的墙、教师和学生的墙。这种理念，指导着我应用语言学研究的实践。

五、如何开发教学资源

开发研究将应用研究成果转为产品，直接服务于使用者。编写适合学生学、教师教、学了可以用、可以交际的教材，是开发研究的重要任务。

我从事教材开发，是因为教学需求。从上世纪80年代末开始编写多种缺环性（教学急需却没有适用的）教材。先是编写《留学生病句分析》、《幽默故事阅读》、《听力训练》等教材，在中大内部使用。1998年起，陆续出版《中级汉语阅读教程》、《泰国人学汉语》(与泰国教师合编)、《初级汉语精读教程》。总主编系列教材《阶梯汉语》，共7种26册。其中《阶梯汉语·中级口语》还由越南年轻出版社出版了越南语版。

除汉语学习教材外，我还主编出版了对外汉语本科教材《对外汉语教学导论》、研究生教材《对外汉语教学入门》。后者已有两版，印行3万册；2011年由韩国外国语大学出版社出版了韩国语版。

2009年“国际汉语教材研发与培训基地”建成国际汉语教材信息库，展示16000册教材信息，各国使用者可网上搜索全球汉语教材信息。同时建成国际汉语教材信息展示中心，兼具图书馆、博物馆功能，展示国际汉语教材发展史。

开发研究，目前学界不太重视，业界却很重视。如何把汉语研究、汉语作为二语的教学习得研究成果适当地引入教材研发，编写出外国人喜欢学、老师喜欢教的汉语教材，是我努力的一个方向。

六、其他的话

1990年我在《语言学通讯》发表过一篇文章《语言学的主体与客体》，论述语言学的三个部分：基础研究、应用研究、开发研究。回顾三十二年的研究，正好是从基础研究发展到应用研究，从应用研究发展到开发研究，一步一步地把语言学研究引向实践。当然，发展中并未由于后一阶段的研究而放弃前一阶段的研究，而是越往后，研究的层面越丰富。

今后我计划研究以下内容：第一，在深化汉语语法习得、本体研究的基础上，构建第二语言的汉语教学语法；第二，构建适用于二语学习与教学的语言对比框架和语言习得研究模型；第三，学习国外二语教材研发理论方法，深化二语教材的研究与开发；第四，系统研究汉语第二语言教学史、教材史。以前都说《马氏文通》是第一部汉语语法学著作。教材史显示，此前早有十几部有影响的语法教材，多为欧美人编写（有华人参编）。有文言语法、方言语法，大多是官话语法。汉语语法研究，总不能把外国人研究的成果排除在外吧！除非圈定"中国人研究的汉语语法"。此外，语音、词汇研究成果及教学方法，在汉语二语的历史教材中也很成熟，值得重新审视。西方汉语教材中汉语拼音系统的建立和完善，对 1957 年《汉语拼音方案》的研制、颁布有至关重要的作用。用拼音文字（含拉丁文字、朝鲜谚文）的教材，比较准确地记录了当时汉语（包括官话和方言）语音和语音变化，对汉语研究也是价值连城。其中第四点，对我而言是全新的研究领域。

总之，语言研究的路途对我来说还很长。一个甲子的结束，只是另一个甲子的开始。我将作为一名新兵，在这条道路上重新启程。

很高兴能到南京大学仙林校区参加这个论坛，跟朋友们、同行们一道分享语言研究的成果，分享语言探索的乐趣。最后，赋诗一首以赠同行：

论语仙林听雨声，十三甲子聚江东。学游万国一杯酒，半世耕耘且做零。

后 记

大家现在看到的这本书书名叫作《甲子学者治学谈》。不过明眼人都能看出来，“谈治学”只是“幌子”，而“甲子学者”才是“本意”。因此不必讳言，这本书实际上也就是一本集体庆祝“六十大寿”的文集，或者不妨说是一批花甲老人一起创作的“兰亭集”。我不敢东施效颦作《兰亭集序》，只好狗尾续貂写段“后记”，只是交代个中一二。

对于中国人来说，“六十”是天干地支一个甲子，也就是人生的一个轮回。因此对于一个人的“六十大寿”，当然是值得纪念和庆祝的。在学界其实也早就有召开“纪念会议”和出版“贺寿文集”的传统。只是一方面我本人一直尊崇“随遇而安”的信条，甚至对“老之将至”有一种莫名的恐惧；另一方面现在中央“八项规定”的态势下似乎也不允许大张旗鼓地操办“婚丧嫁娶”之事。所以至少我自己从来就没有想过要庆祝六十大寿，乃至我的学生曾提议要为我开个会出本书，我也毫不犹豫地谢绝了。但2015年某一天，我突然接到冯胜利、李亚非二位兄长来信，说是他们想到我们三位都是1955年生人，既然“哥们儿今年六十了”，因此至少应该聚一下聊一聊，甚至也可以邀上自己的家人和学生们，来一场“冠者五六人，童子六七人，浴乎沂，风乎舞雩，咏而归”的风花雪月之举。他们甚至具体建议了时间地点，即最好是趁他们6月份都在国内的时候就在南京碰头。这个建议确实使我喜忧参半:“喜者”是几个相识相知几十年的兄弟相聚确不失为一件乐事，而“忧者”则在于如何在南京操办这件事毕竟很让人挠头。作难诸点之中，究竟“谁来买单”还在其次，如何“名正言顺”才是关键。急中生智之下我便出了个主意：不如索性多找几位有一定学术成就的同龄人，在南京大学开个“语言学高峰论坛”，会后也出本论文集，即搞成一次像模像样的“学术活动”，只是对外并不以“贺寿”名之。而且这样一来，既能解决经费来源之困，也可避开个人祝寿之嫌。我的这个建议得到胜利和亚非二位的赞同，随之我们商定：亚非主要负责联络海外学者，胜利主要负责落实出版文集，我则主要负责联系国内学者和筹办会议。

事情出乎意料地顺利：胜利那边很快得到北京语言大学出版社的答复，愿意无偿出版这本文集；亚非和我也很快联络到同样是1955年出生的14位国内外学者，而且受邀者全都兴高采烈地表示愿意参加这次聚会；而我这边也顺利得到南京大学文学院的支持，同意由南京大学主办这次“语言学高峰论坛”(包括提供一部分会议经费，另一部分费用我来出)。于是，这次“2015年南京大学语言学高峰论坛”就于6月如期在南京大学召开了。由于受邀者中的华中师大李向农教授临时有其他重要会议而未能赶到南京，因此实际参会的是13位学者，但这也倒恰巧凑够了“十三太保”或“十三棍僧”的“名号”(当然不能说是“十三门徒”)。此次会议隆重而简朴，热烈而轻松。虽然参会者的研究方向不同，但毕竟都是各自领域的“翘楚”，所谈也都是各自研究的“重头”，所以本来只是名义上的“高峰论坛”，最终倒也实实在在地演出了一场“语言学大戏”，或许也算是可载入2015年中国语言学史册的一桩盛事。

会后胜利、亚非和我三人受命主编《甲子学者治学谈》一书。根据我们设想，此书将分为上下两编：上编是学术论文，主要反映作者的研究成果和学术成就；下编是随笔杂记，主要记述作者的人生经历和治学感悟（也包括个人简介、作者照片和相关的诗画作品）。经过差不多半年时间的等待，文章算是基本收齐了。不过参加会议的美国威斯康星大学张洪明教授因工作太忙，最终未能交稿，但未参加会议的华中师大李向农教授倒是补交了文章，这样本书的作者最终还是13位。现在看来，除了文章字数不等外（论文最长的有2.5万字，最短的5000字；随笔最长的1.5万字，最短的只有千把字），但从内容上看倒是都符合编辑此书的基本要求。至少我读下来，感觉所有论文确实反映出各位作者在某个领域的重要贡献，都可视为“经典之作”，各篇随笔也确实表达了各位作者在治学过程中的真情实感，确不失为“经验之谈”。相信读者看完这本书后会知道我此言不虚。

在这本书正式出版之际，我愿意代表这次活动的共同策划和这本文集的共同主编冯胜利教授和李亚非教授，向多年来一直关爱和帮助我们的师长、同人和朋友表示衷心感谢，向支持和资助这次学术活动的南京大学文学院、北京语言大学出版社以及各位作者所在单位表示衷心感谢，向参加这次活动的来自全国各地的老师和学生们表示衷心感谢，也要向协助筹办会议的南京大学博士研究生刘凡、吕娜、周金雷等同学，特别是担任本书编辑助理的刘凡同学，表示衷心感谢。我作为本次活动的主持人，更要向参加此次活动的所有“同庚”朋友表示衷心感谢。

毛泽东诗云：“雄关漫道真如铁，而今迈步从头越。”六十岁虽然预示着我们这拨人都已进入“老年”，但这却一定不是我们人生的句号。如果非要用标点符号来做比喻（顺便说一句，新版“国家标准·标点符号用法”是我主持修订的），那么我想就不如用叹号、冒号和省略号：叹号表示“惊叹和警醒”，冒号表示“引出的方向”，省略号表示“无限的可能”。朱熹注《论语》曰：“一息尚存，此志不容少懈，可谓远矣。”虽然我们无法奢望“卷土重来，东山再起”，虽然我们不敢自诩“老骥伏枥，志在千里”，但至少我们一定会“不待扬鞭自奋蹄”。我们也期盼着，正如那句脍炙人口的歌词：“再过二十年，我们来相会！”

附笔：本文前面提到《兰亭集序》，虽我们的聚会和这本文集不敢与之比肩，但读来似乎倒也多有契合。谨抄录如下，聊备一哂。

> 永和九年，岁在癸丑，暮春之初，会于会稽山阴之兰亭，修禊事也。群贤毕至，少长咸集。此地有崇山峻岭，茂林修竹；又有清流激湍，映带左右，引以为流觞曲水，列坐其次。虽无丝竹管弦之盛，一觞一咏，亦足以畅叙幽情。是日也，天朗气清，惠风和畅，仰观宇宙之大，俯察品类之盛，所以游目骋怀，足以极视听之娱，信可乐也。
>
> 夫人之相与，俯仰一世，或取诸怀抱，悟言一室之内；或因寄所托，放浪形骸之外。虽趣舍万殊，静躁不同，当其欣于所遇，暂得于己，快然自足，曾不知老之将至。及其所之既倦，情随事迁，感慨系之矣。向之所欣，俯仰之间，已为陈迹，犹不能不以之兴怀。况修短随化，终期于尽。古人云：“死生亦大矣。”岂不痛哉！

每览昔人兴感之由，若合一契，未尝不临文嗟悼，不能喻之于怀。固知一死生为虚诞，齐彭殇为妄作。后之视今，亦犹今之视昔。悲夫！故列叙时人，录其所述，虽世殊事异，所以兴怀，其致一也。后之览者，亦将有感于斯文。

沈 阳

2016年3月31日于栖霞山